Millennium 6/2009

Millennium 6/2009

Jahrbuch zu Kultur und Geschichte
des ersten Jahrtausends n. Chr.

Yearbook on the Culture and History
of the First Millennium C.E.

Herausgegeben von / Edited by

Wolfram Brandes (Frankfurt/Main), Alexander Demandt (Lindheim),
Hartmut Leppin (Frankfurt/Main), Helmut Krasser (Gießen)
und Peter von Möllendorff (Gießen)

Wissenschaftlicher Beirat / Editorial Board

Albrecht Berger (München), Thomas Böhm (Freiburg), Barbara E. Borg (Exeter),
Hartwin Brandt (Bamberg), Arne Effenberger (Berlin), Jas Elsner (Oxford),
Geoffrey Greatrex (Ottawa), John Haldon (Princeton), Peter Heather (Oxford),
Gerlinde Huber-Rebenich (Jena), Rosamond McKitterick (Cambridge),
Andreas Luther (Kiel), Gabriele Marasco (Viterbo), Mischa Meier (Tübingen),
Walter Pohl (Wien), Karla Pollmann (St. Andrews),
Christoph Riedweg (Zürich und Rom), John Scheid (Paris),
Heinrich Schlange-Schöningen (Saarbrücken), Andrea Schmidt (Louvain),
Johannes Zachhuber (Berlin), Constantin Zuckerman (Paris)

Walter de Gruyter · Berlin · New York

∞ Gedruckt auf säurefreiem Papier, das die US-ANSI-Norm
über Haltbarkeit erfüllt.

ISBN (Print): 978-3-11-020887-0
ISBN (Online): 978-3-11-020888-7
ISBN (Print + Online): 978-3-11-020889-4
ISSN 1867-030X

Bibliografische Information der Deutschen Nationalbibliothek

Die Deutsche Nationalbibliothek verzeichnet diese Publikation in der Deutschen
Nationalbibliografie; detaillierte bibliografische Daten sind im Internet über
<http://dnb.d-nb.de> abrufbar.

Inhalt

Editorial

Ein zeitlicher Schwerpunkt dieses Bandes von Millennium liegt auf der frühen und hohen Kaiserzeit. Elke Hartmann (*„ Euer Purpur hat unsere Togen aus dem Dienst entlassen" – Zum Wandel des städtischen Klientelwesens im Rom der frühen Kaiserzeit*) entwickelt im Dialog mit literaturwissenschaftlich ausgerichteten Forschungen Überlegungen zur historischen Auswertbarkeit kaiserzeitlicher Dichter wie Martial und Juvenal in Hinblick auf das stadtrömische Patronagesystem der frühen Kaiserzeit. Durch eine kombinatorische Quelleninterpretation, mit welcher sie die Dichtungen zu anderen Quellengattungen in Beziehung setzt und ihren Aussagewert verdeutlicht, zeigt sie wesentliche Entwicklungen des kaiserzeitlichen Patronagesystems auf, die es deutlich von der republikanischen Zeit unterscheiden. Für die Elite, die sich auf den Kaiser ausrichten muss, entstehen ganz neue Formen der Beziehungen, auch der Klientelisierung von Teilen der Elite, was auch auf die Ärmeren ausstrahlt, die indes immer weiter aus dem Patronagesystem verdrängt werden.

Einen Bogen von der Philologie zur Religionsgeschichte und Geschichte der Ästhetik schlägt Jan Stenger (*Dion von Prusa und die Semiose des Götterbildes*), indem er den *Olympikos* des Dion von Prusa behandelt, mit dem dieser das Zeusstandbild des Phidias feiert wie auch verteidigt und daraus einen Anlass gewinnt, um darüber nachzudenken, ob die Statue des Gottes auf das Göttliche verweisen kann. Dafür entwickelt Dion, indem er das Götterbild als ein Kommunikationsmittel auffasst, eine komplexe Zeichentheorie, die den traditionellen Glauben mit der philosophischen Religionskritik verbinden kann.

Den Umgang mit dem Göttlichen auf dem Lande erörtert Gian Franco Chiai (*Allmächtige Götter und fromme Menschen im ländlichen Kleinasien der Kaiserzeit*), der sich auf die Auswertung scheinbar aussagearmer Inschriften stützt und an ihnen deutlich macht, daß zwar bestimmte kommunikative Praktiken des Zentrums übernommen werden, doch die regionalen Besonderheiten bestehen bleiben. Es entsteht das Bild einer ländlichen Welt, die allwissende, allmächtige Götter kennt, welche territorial gebunden sind, in ihrem Raum aber für Gerechtigkeit sorgen. Es zeigt sich eine gewisse Annäherung an monotheistische Vorstellungen, die aber lokal fest verwurzelt bleibt.

In die Welt der Intellektuellen und der Städte während des 3. Jahrhunderts führt Laura Mecella (*Ῥήτωρ καὶ συγγραφεύς: cultura, politica e storiografia nell'opera di Dexippo di Atene*), die den Historiographen Dexippos in seine Zeit einordnet, wobei sie seine Nähe zur Zweiten Sophistik betont. Zugleich unterstreicht sie, daß der Historiograph nicht mehr so sehr die Integrationskraft des Römischen Reiches betont, sondern die Unruhen seiner Zeit, so daß er seine Geschichte um die Entwicklung Griechenlands und Athens herum schreibt.

Die Kontakte zwischen dem Mittelmeerraum und Kulturen ganz anderer Regionen spielen eine zunehmende Rolle in der altertumswissenschaftlichen Forschung. Timothy Pettipiece widmet sich dem Bekanntwerdens Buddhas in der Mittelmeerwelt, für das die Manichäer eine wichtige Rolle als Mittler spielten (*The Buddha in Early Christian Literature*). In ihrem Respekt vor dem *barbarian wisdom* standen die frühen Christen in einer hellenistischen Tradition, andererseits betrachteten sie gerade wegen des manichäischen Hintergrundes Buddha zunächst unter häresiologischen Vorzeichen, doch blieb er letztlich ein Name, weder über sein Wirken noch über seine Lehre wusste man Genaueres.

Die Verbindungen zwischen lateinischem Westen und griechischem Osten auch in der frühmittelalterlichen Mittelmeerwelt haben in der letzten Zeit ebenfalls verstärkt Aufmerksamkeit gefunden. In die frühbyzantinische Zeit gelangt Stephan Borgehammar (*Heraclius and the Cross. Two Early Latin Accounts Composed for the Celebration of Exaltatio Crucis*). Er ediert, übersetzt und erörtert in ihrer historischen und liturgiegeschichtlichen Bedeutung zwei lateinische Texte, die Legende von der *Reversio Sanctae Crucis* und eine nah verwandte Predigt, den *Sermo de Exaltatione*, die das Ereignis aus der Regierungszeit des Heraklios (610–641) behandeln, das im Westen am bekanntesten war: Die Rückgewinnung des Kreuzes und seine Wiederaufstellung in Jerusalem, die am Fest der *Exaltatio crucis* auch im Westen gefeiert wurde. Die neuen, auf eine bald nach dem Perserkrieg entstandene Tradition zurückgehenden Texte sind für die ereignisgeschichtliche Rekonstruktion ohne Bedeutung, legen aber eindrucksvoll Zeugnis ab von der intensiven Auseinandersetzung mit dem Thema in der lateinischsprachigen Welt.

Aus der Sicht der Erzählforschung widmet Sigmar Döpp (*Narrative Metalepsen und andere Illusionsdurchbrechungen: Das spätantike Beispiel Martianus Capella*) sich der Menippeischen Satire *De nuptiis Mercurii et Philologiae* des Martianus Capella (5. Jh. n. Chr.). Narrative Metalepsen beobachtet er zumal in jenen Partien des Werks, in denen ein Ich-Erzähler hervortritt und wo sich auch andere Formen der Illusionsdurchbrechung feststellen lassen. Gewöhnlich vermitteln sie nicht-aggressiven Witz, Ironie und Selbstironie, sollen aber nicht den Gestus der enzyklopädischen Lehre in Frage stellen; vielmehr dienen sie vor allem der Reflexion über das literarische Genre der Satire und lockern dabei die Strenge der Didaxe auf.

Jitse Dijkstra und Geoffrey Greatrex (*Patriarchs and Politics in Constantinople in the Reign of Anastasius [with a Reedition of O.Mon.Epiph. 59]*) widmen sich in Auseinandersetzung mit Mischa Meiers Aufsatz zum Staurotheis-Aufstand, der in Millennium 4 (2007) erschienen ist, der Interaktion zwischen Politik und Religion um 500. Dabei erörtern sie, hauptsächlich auf der Grundlage eines neuedierten Ostrakons mit einem Brief des Severus an Soterichus, vor allem die Absetzung der Konstantinopolitaner Patriarchen Euphemius und Macedonius und heben hervor, wie stark die Patriarchen waren, die auf den Rückhalt weiter Teile der Bevölkerung zählen konnten. Diese Bevölkerung hatte vor allem chalkedonische Sympathien. Zumal nach Anastasius können die Autoren nur noch wenige Unterstützer antichalkedonischer Auffassungen erkennen. Zu starre doktrinäre Labels erweisen sich jedoch in dieser Zeit, da die verschiedenen Richtungen sich ihrerseits spalteten und die einzelnen Christen auch Loyalitäten wechselten, als unzureichend.

Zwei mikrohistorische Analysen befassen sich mit der spätantiken Militärgeschichte: Dariusz Brodka (*Einige Bemerkungen zum Verlauf der Schlacht bei Adrianopel [9. August 378]*) beleuchtet die Rolle des Kaisers Valens bei der Schlacht von Adrianopel, indem er zeigt, daß der Kaiser zwar Fehler machte, aber letztlich kontingente Umstände die Schlacht entschieden. Der Kaiser habe sich aber dem Geschehen nicht durch Flucht entzogen, sondern unter seinen Soldaten sterben wollen. Helmut Castritius (*Barbaren* ante portas: *Die* gentes *zwischen Beutemachen und Ansiedlung am Beispiel von Bazas*) widmet sich den Geschehnissen um das fortwährend bedrohte südgallische Bazas. Dabei rekonstruiert er aus römischen Quellen die Rationalität des Agierens der Barbaren.

Der Facettenreichtum der Forschung zum ersten Jahrtausend nach Christus wird in diesem Band wieder sichtbar. In weiten Bereichen ist Grundlagenarbeit, die Edition von Texten, nach wie vor von herausragender Bedeutung und kann neue Perspektiven erschließen, die nüchterne ereignisgeschichtliche Untersuchung bleibt ebenfalls wichtig. Zugleich zeigt sich, wie theoretische und kulturwissenschaftliche Modelle dazu beitragen, wohlvertraute Texte in ein neues Licht zu setzen.

Wolfram Brandes   Alexander Demandt   Helmut Krasser
        Hartmut Leppin   Peter von Möllendorff

Editorial

One of the focal points of this volume of Millennium is the Early and High Imperial Periods. Incorporating research from the field of literary science, Elke Hartmann (*"Euer Purpur hat unsere Togen aus dem Dienst entlassen" – Zum Wandel des städtischen Klientelwesens im Rom der frühen Kaiserzeit. "Your purple dismissed our togas from service" – On Change in Urban Patronage in Early Imperial Rome*) considers the historical evaluability of Imperial-Age poets, such as Martial or Juvenal, in regard to the urban Roman patronage system of the early Imperial Period. By combining interpretations, i.e. by correlating the poetical sources with others types of source material and thus clarifying their informative value, she is capable of demonstrating essential developments of the patronage system during the Imperial Period, visibly distinguishing it from that of the Republican era. For the élite compelled to orientate itself towards the emperor, moreover for the patronisation of parts of the élite, entirely new forms of relationships come into existence. These also influence the poor, who, consequently, are more and more ousted from the patronage system.

Focussing on Dion of Prusa's *Olympikos*, Jan Stenger (*Dion von Prusa und die Semiose des Götterbildes. Dion of Prusa and the Semiosis of the Divine Image*) connects such diverse fields as philology, the history of religion and the history of aesthetics. Dion both celebrates and defends Phidias' statue of Zeus, thus providing Stenger with the opportunity to contemplate the possibility of this statue's reference to the divine. Thus, by perceiving the divine image as a means of communication, Dion develops a complex semantic theory enabling him to conjoin traditional beliefs with a philosophical critique of religion.

Based on the evaluation of inscriptions of an ostensibly poor information value, Gian Franco Chiai (*Allmächtige Götter und fromme Menschen im ländlichen Kleinasien der Kaiserzeit. Almighty Gods and Pious Men in Imperial-Age Rural Asia Minor*) discusses the relationship with the divine in a rural setting. He demonstrates that, despite the adoption of certain communicative practices from the centre, regional distinctions abided. A picture emerges of a rural world with knowledge of omniscient and omnipotent gods, territorially bound and ensuring justice within their realm. We are presented with a certain approximation towards monotheistic concepts, which, however, remain firmly locally grounded.

Laura Mecella (*Ῥήτωρ καὶ συγγραφεύς: cultura, politica e storiografia nell'opera di Dexippo di Atene. Culture, Politics and Historiography in the Works of Dexippus of Athens*) introduces us to an intellectual and metropolitan world during the 3rd Century. Underlining his proximity to the Second Sophistic, she describes the historiographer Dexippus within this age. Simultaneously she emphasises his no longer merely having accentuated the integrative powers of the Roman Empire, but also the turmoil of his time, making him compose his history around the development of Greece and Athens.

The contacts between the Mediterranean and cultures from entirely different regions play an increasingly important role for Classical studies. This is examined by Timothy Pettipiece (*The Buddha in Early Christian Literature*) using the example of the Mediterranean world's becoming acquainted with Buddha, for which an important intermediary role was played by the Manicheans. In their respect for *barbarian wisdom*, the early Christians stood in a Hellenistic tradition, on the other hand it was precisely his Manichean background that cast Buddha in a heretical light. In the end, however, he remained merely a name with no details known of either his life or teachings.

Another topic of research coming more and more into focus is the connection between the Latin West and Greek East in the Early Medieval Mediterranean world. Stephan Borgehammar (*Heraclius and the Cross. Two Early Latin Accounts Composed for the Celebration of Exaltatio Crucis*) takes us to the Early Byzantine Era. He presents an edition and translation of two Latin texts, the legend of the *Reversio Sanctae Crucis* and a closely related sermon, the *Sermo de Exaltatione*, discussing their importance for liturgical history. Their subject matters both deal with that event from the reign of Heraclius (610–641) best known to the West: the recovery of the cross and its reinstallation in Jerusalem, also celebrated in the West at the feast of *Exaltatio crucis*. These new texts, based on a tradition that developed shortly after the Persian War, have no importance in the scope of a reconstruction of historical events. However, they offer impressive evidence for the Latin World's intensive discussion of the subject.

From the point of view of folkloristics, Sigmar Döpp (*Narrative Metalepsen und andere Illusionsdurchbrechungen: Das spätantike Beispiel Martianus Capella. Narrative Metalepses and other Breaches of Illusion: the Late-Antique Example of Martianus Capella*) scrutinises Martianus Capella's 5th-century Menippean satire *De nuptiis Mercurii et Philologiae*. He observes narrative metalepses particularly for the appearances of a first-person narrator and in those cases where also other types of breach of illusion can be ascertained. They usually convey non-aggressive humour, irony and self-mockery, without, however, attempting to challenge the notion of encyclopaedic teaching as such. Rather, their primary use is as a reflection on the literary genre of the satire itself, thereby serving to somewhat loosen up the rigours of the didaxis. In a discussion of Mischa Meier's article on the Staurotheis-Uprising published in Millennium 4 (2007), Jitse Dijkstra and Geoffrey Greatrex (*Patriarchs and Politics in Constantinople in the Reign of Anastasius [with a Reedition of*

O.Mon.Epiph. *59]*) scrutinise the interaction between politics and religion around the year 500. Based on the new edition of an ostrakon with a letter by Severus to Soterichus, they mainly examine the deposition of the Constantinopolitan patriarchs Euphemius and Macedonius. Hereby they accentuate the strength of the patriarchs, who were able to rely on support from a broad section of the population; inhabitants with largely Chalcedonian sympathies. Particularly based on Anastasius, the authors are only able to discern few remaining supporters of an anti-Chalcedonian persuasion. However, during this period, in which the different positions became themselves divided and their respective Christian adherents were wont to switch loyalties, too strict a doctrinaire labelling proves to be inadequate.

Two micro-historical analyses deal with Ancient military history: In one, Dariusz Brodka (*Einige Bemerkungen zum Verlauf der Schlacht bei Adrianopel. Some observations on the Battle of Adrianople [9. August 378]*) explores the role of Emperor Valens at the Battle of Adrianople by demonstrating that, while the emperor himself made some errors, it was contingent circumstances that decided the battle. However, the emperor did not try to withdraw from the events by fleeing, but wished to die amongst his soldiers. Helmut Castritius (*Barbaren* ante portas*: Die* gentes *zwischen Beutemachen und Ansiedlung am Beispiel von Bazas. Barbarians* ante portas*: the* gentes *between Looting and Settling as Exemplified by Bazas*) deals with the events surrounding the continuously endangered town of Bazas in Southern Gaul. Using Roman sources he reconstructs the rationality of the actions of the Barbarians.

This volume is a further testimony to the diversity of research on the first millennium A.D. In several areas the foundation work, the edition of texts, remains of eminent importance, enabling the development of new perspectives. Elementary research on the history of events also remains crucial. At the same time, it appears obvious how theoretical models and those garnered from cultural sciences are capable of contributing to the shedding of new light on familiar texts.

Wolfram Brandes   Alexander Demandt   Helmut Krasser
          Hartmut Leppin   Peter von Möllendorff

„Euer Purpur hat unsere Togen aus dem Dienst entlassen" – Zum Wandel des städtischen Klientelwesens im Rom der frühen Kaiserzeit

Elke Hartmann

Die stadtrömische Gesellschaft der frühen Kaiserzeit war ein soziales Gebilde eigener Art. Mit dem sich neu formierenden Kaiserhof waren Tausende von Menschen im Bannkreis des neuen politischen Zentrums aktiv: In der kaiserlichen domus zur Beratung, Bedienung und zum Amüsement des Kaisers, von dessen Gunst der Unterhalt der Höflinge ebenso abhing wie ihr Rang, ihr Auf- und Abstieg. Darüber hinaus orientierte sich ein erweiterter Kreis auf den Kaiser hin: Bestehend aus der alten Elite des Senatoren- und des Ritterstandes, aufstrebenden Literaten und ‚Glücksrittern', die sich von der Nähe zum Kaiser einen Statusgewinn erhofften. Und auch die breite Masse des Volkes richtete sich auf den princeps aus, von dessen Freigiebigkeit sie profitieren konnte. Meinolf Vielberg verwendet zur Beschreibung dieser Sachlage die Metapher des Magnetfeldes, das vom princeps induziert worden sei und dazu geführt habe, dass sich die gesamte Gesellschaft wie Eisenspäne auf die „neue Kraftquelle" hin ausrichtete.[1] In diesem Beitrag soll untersucht werden, inwiefern das städtische Klientelwesen in Rom in der zweiten Hälfte des 1. Jh.s und zu Beginn des 2. Jh.s n. Chr. von diesem Kräftefeld beeinflusst wurde. Im Zentrum steht eine Form von Patronage seitens in der Stadt anwesender Honoratioren, die in der Rolle des Patrons agierten, gegenüber ihnen verpflichteten Klienten-Scharen.

Patronage ist ein Phänomen, das gerade in vormodernen Gesellschaften häufig beobachtet werden kann, in denen die Lebenschancen des Einzelnen nicht in erster Linie auf einem verbürgten Rechtsstatus und freiem Marktzugang basieren, sondern auf der Einbindung in vertikal organisierte, familiale oder kommunale Verbände, über die die Verteilung von sozialen und ökonomischen Ressourcen sowie die Teilhabe an politischer Macht vorgenommen und

---

1 Meinolf Vielberg, Untertanentopik. Zur Darstellung der Führungsschichten in der kaiserzeitlichen Geschichtsschreibung. München 1996, 11. Zur Determinierung der Patronagebeziehungen durch das politische Zentrum vgl. Egon Flaig, Den Kaiser herausfordern: die Usurpation im Römischen Reich. Frankfurt am Main 1992, 102 ff.; Werner Eck, Der Senator und die Öffentlichkeit – oder: Wie beeindruckt man das Publikum?, in: Ders./Matthäus Heil (Hrsg.), Senatores populi Romani. Realität und mediale Präsentationen einer Führungsschicht. Kolloquium der Prosopographia Imperii Romani. Stuttgart 2005, 1–18, 3.

gewährleistet wird.[2] Für die stadtrömische Gesellschaft der Antike lassen sich von der Frühzeit bis in die Spätantike vielfältige Ausformungen von Patronagebeziehungen[3] nachweisen, denen in der Forschung eine große Bedeutung für die Politik, die Wirtschaft und das soziale Leben beigemessen wird,[4] dennoch liegen wenige umfassende Darstellungen vor.[5] Es mangelt aber nicht an Studien, die sich einzelnen Spielarten der Patronage mit unterschiedlichen Akzentuierungen widmen.[6] Ein gewisser Konsens besteht dahingehend, dass in der Zeit der Republik das politische Entscheidungssystem zu einem erheblichen Teil auf Klientelbeziehungen basierte,[7] während politische Entscheidungen im frühen Prinzipat durch den princeps monopolisiert wurden; dies bedeutet allerdings

---

2   Wilfried Nippel, Klientel, Gesellschaftsstruktur und politisches System in der römischen
      Republik, in: Humanistische Bildung 21/22 (2002) 137–151, 143; Aloys Winterling,
      Freundschaft und Klientel im kaiserzeitlichen Rom, in: Historia 57 (2008) 298–316, 299.
      Allerdings kann Patronage auch in modernen, bürokratischen und verrechtlichten Or-
      ganisationsformen von Bedeutung sein: Vgl. Shmuel N. Eisenstadt/Luis Roniger
      (Hrsg.), Patrons, Clients and Friends. Interpersonal Relations and the Structure of Trust
      in Society. Cambridge u. a. 1984; Hans-Heinrich Nolte, Patronage und Klientel: das
      Konzept in der Forschung, in: Ders. (Hrsg.), Patronage und Klientel. Ergebnisse einer
      polnisch-deutschen Konferenz. Köln u. a. 1989, 1–25, mit Reflexionen über das Konzept
      von Patronage und Klientel in der Forschung und Fallstudien zu unterschiedlichen
      Ländern und Epochen. John M. Bourne, Patronage and Society in Nineteenth-Century
      England. London 1986, 8 f.; Antoni Maczak (Hrsg.), Klientelsysteme im Europa der
      Frühen Neuzeit. München 1988.
3   Bereits Fustel de Coulanges versuchte 1890 zur besseren Übersicht verschiedene Typen
      von Patronage zu klassifizieren: Vgl. dazu Matthias Gelzer, Die Nobilität der römischen
      Republik [Original 1912], Die Nobilität der Kaiserzeit [Original 1915], mit einem
      Vorwort und Ergänzungen zur Neuausgabe von Jürgen von Ungern-Sternberg. 2. Aufl.
      Stuttgart 1983, 50.
4   Vgl. etwa Jochen Bleicken, Die Verfassung der römischen Republik. 3. Aufl. Paderborn/
      München/Zürich 1982, 20. Christian Meier, Res publica amissa. Eine Studie zu Ver-
      fassung und Geschichte der späten römischen Republik. [Original Wiesbaden 1966] 2.
      Aufl. Stuttgart 1988, 28 bezeichnet das Klientelwesen als „Ferment der gesamten Ge-
      sellschaft". Peter Garnsey/Richard Saller, Das römische Kaiserreich. Wirtschaft, Ge-
      sellschaft, Kultur. [Original London 1987] Deutsche Übersetzung Frankfurt am Main
      1989, 211 betonen das dem Klientelwesen innewohnende Potential, aufgrund der darin
      geleisteten Umverteilung von Ressourcen Spannungen und Konflikte zu mildern.
5   Klientelbeziehungen von der römischen Frühzeit bis in die hohe Kaiserzeit behandelt
      die in der Forschung wenig beachtete Studie von Norbert Rouland, Pouvoir politique et
      dépendance personelle dans l'antiquité romaine. Genèse et rôle des rapports de cli-
      entèle. Brüssel 1979.
6   Vgl. den Forschungsüberblick bei Nippel (s. Anm. 2) insbes. zu Patronagebeziehungen
      in der Republik, zur Kaiserzeit Winterling (s. Anm. 2), 302 f.
7   Nippel (s. Anm. 2), 150. Dazu grundlegend Élizabeth Deniaux, Clientèles et pouvoir à
      l'époque de Cicéron. Rom 1993.

nicht, dass es keine Patronage mehr gab.[8] Vielmehr bestanden patronale Beziehungen fort, wurden ausdifferenziert und konnten verschiedentlich instrumentalisiert werden, etwa zur Vermittlung von Ämtern und Posten in Heer und Verwaltung[9] oder zur Förderung von Literaten.[10] Die patronalen Netzwerke wurden also trotz der veränderten politischen Rahmenbedingungen nicht von den Kaisern monopolisiert, wohl aber im Sinne der Regierung und zum Zweck der Herrschaft genutzt.[11]

Auf einen allgemeinen Nenner gebracht sind Patronage-Verhältnisse dadurch bestimmt, dass eine Person mit größerem Sozialprestige bzw. gesellschaftlichem Ansehen mit einer Person, deren Prestige geringer eingeschätzt wird, ein rituell veranschaulichtes (und daher in gewisser Weise formalisiertes), potentiell dauerhaftes Sozialverhältnis eingeht, in dem Güter bzw. Leistungen unterschiedlicher Natur ausgetauscht werden. Die Gegenleistung muss dabei zeitlich nicht unmittelbar folgen, was dazu führt, dass keiner der Beteiligten eine ausgeglichene Bilanz von Leistung und Gegenleistung unterstellen kann und so wahrscheinlich wird, dass das Verhältnis beständig ist. Diese Charakterisierung orientiert sich an der von Richard Saller in seiner grundlegenden Studie vorgeschlagenen, sozialwissenschaftlich inspirierten Minimaldefinition.[12] Der Vorteil dieses recht abstrakten Patronagebegriffs besteht darin, dass man sich vom antiken Sprachgebrauch löst, der auch hierarchische, asymmetrische Patron-Klient-Verhältnisse mitunter als Freundschaft fasst und so das de facto bestehende soziale Gefälle zwischen den Beteiligten zu Gunsten einer scheinbaren Egalität verschleiert, um den sozial Schwächeren nicht zu diskriminieren bzw. ihn aufzuwerten.[13] Der Nachteil einer solch umfassenden Definition von Pa-

---

8 Zusammenfassend zum Wandel Andrew Wallace-Hadrill, Patronage in Roman society: from Republic to Empire, in: Ders. (Hrsg.), Patronage in Ancient Society. [Original 1989] London 1990, 63–87, insbes. 80 ff.

9 Dazu grundlegend Richard P. Saller, Personal Patronage under the Early Empire. Cambridge 1982; Flaig (s. Anm. 1), 104 ff.; Paul M. M. Leunissen, Conventions of Patronage in Senatorial Careers under the Principate, in: Chiron 23 (1993) 101–120.

10 Peter White, Amicitia and the Profession of Poetry in Early Imperial Rome, in: JRS 68 (1978) 74–92 und Ders., Promised Verse: Poets in the Society of Augustan Rome. Cambridge 1993; James E. G. Zetzel, The Poetics of Patronage in the Late First Century BC, in: Barbara K. Gold (Hrsg.), Literary and Artistic Patronage in Ancient Rome. Austin 1982, 87–102; Richard P. Saller, Martial on Patronage and Literature, in: CQ 33 (1983) 246–257; Barbara K. Gold, Literary Patronage in Greece and Rome. Chapel Hill 1987.

11 Ich folge hier Saller (s. Anm. 9), 130 und Wallace-Hadrill (s. Anm. 8), 80 f.

12 Vgl. Saller (s. Anm. 9).

13 Richard P. Saller, Patronage and Friendship in Early Imperial Rome. Drawing the Distinction, in: Wallace-Hadrill (s. Anm 8), 49–62, 57; Nippel (s. Anm. 2), 140. Im Commentariolum petitionis wird die Ausweitung des Freundschaftsbegriffs auf Klienten zum Zweck der Wahlwerbung eigens thematisiert: Comm. pet. 16, dazu Günter Laser,

tronage liegt darin, dass er auf verschiedene Konstellationen angewandt werden kann, die sich hinsichtlich des Statusgefälles der beteiligten Personen, der getauschten Güter und Leistungen, der Verbindlichkeit und des Sinngehaltes durchaus unterscheiden können, und so die jeweiligen Spezifika aus dem Blick geraten.[14]

Im folgenden soll der Versuch unternommen werden, einige Eigenheiten einer vor allem in den literarischen Texten der frühen Kaiserzeit thematisierten Spielart von stadtrömischer Patronage herauszuarbeiten. Es geht um das Patron-Klient-Verhältnis zwischen Klienten, die sich nach Ausweis unterschiedlicher Quellen zur morgendlichen Begrüßung (salutatio)[15] in den Häusern ihrer Patrone in der Stadt Rom einfanden und diese im Rahmen der sog. adsectatio[16] auf den Wegen im öffentlichen Leben begleiteten. Als Gegenleistung konnten Klienten vom Patron Verköstigung, Beistand vor Gericht und finanzielle Hilfe erwarten.[17]

Die altertumswissenschaftliche Forschung hat sich dieser Spielart von Patronagebeziehungen zunächst im Rahmen kulturgeschichtlicher Studien ge-

---

Klientelen und Wahlkampf im Spiegel des commentariolum petitionis, in: Göttinger Forum für Altertumswissenschaft 2 (1999) 179–192, 181.

14 Zur Kritik am Begriff in diesem Sinne auch Claude Eilers, Roman Patrons of Greek Cities. Oxford/New York 2002, 7, der aber dennoch den Begriff verwendet. Winterling (s. Anm. 2), 299 vermeidet den Begriff der Patronage, durch den ihm zufolge der Blick zu stark auf den Austausch von Gütern und Leistungen gerichtet werde, andere Dimensionen wie Statusmanifestation und Kommunikation jedoch ausgeblendet blieben. Er unterscheidet zwischen inneraristokratischer, relativ egalitärer Freundschaft und schichtenübergreifenden, asymmetrischen Klientelbeziehungen. Aus meiner Sicht gerät mit der Prämisse, dass zwischen Angehörigen der Aristokratie per se Freundschaft vorherrsche, das Phänomen der Klientelisierung aus dem Blick (dazu unten).

15 Eine ausführlichere Untersuchung zur Salutatio ist von Fabian Goldbeck in Arbeit. Grundlegend dazu August Hug, salutatio, in: RE I A2 (1920) 2060–2072, 2066–2069. Vgl. zur Republik: Rolf Rilinger, Domus und res publica. Die politisch-soziale Bedeutung des aristokratischen „Hauses" in der späten Republik, in: Aloys Winterling (Hrsg.), Zwischen „Haus" und „Staat". Antike Höfe im Vergleich. München 1997, 73–90, 82–84. Zur frühen Kaiserzeit: Joachim Marquardt, Das Privatleben der Römer. 2 Bde. Nachdruck der Ausgabe von 1886. Darmstadt 1980, 205; Saller (s. Anm. 9), 128 f.; Aloys Winterling, Aula Caesaris. Studien zur Institutionalisierung des römischen Kaiserhofes in der Zeit von Augustus bis Commodus (31 v. Chr.–192 n. Chr.). München 1999, 117 ff. mit Hinweisen auf ältere Literatur.

16 Die adsectatio wird in der Forschung weniger beachtet als die salutatio, obwohl die Begleitung auf den öffentlichen Wegen (zumindest in der frühen Kaiserzeit) fast noch wichtiger für das Ansehen des Begleiteten zu sein scheint. Vgl. dazu den kurzen Artikel von Paul Habel, Adsectator, in: RE I 1 (1893) 422.

17 Das Prinzip von Leistung und Gegenleistung wird explizit bei Cic. Mur. 71 benannt. Auch Iuv. 5, 12 f. nennt die Einladung zum Mahl beim Patron Belohnung für die Klientendienste (officia).

widmet, denen es um die Rekonstruktion des Alltagslebens ging.[18] Ludwig Friedländer behandelt das stadtrömische Klientelwesen in seiner großen Sittengeschichte im Zuge der Darstellung der Bevölkerung Roms, interessanterweise im Kapitel zum „dritten Stand": Er geht nämlich davon aus, dass die Klienten, die ihre Patrone morgens begrüßten und von ihnen Gaben in Form von Essensrationen bzw. Geldspenden (sog. sportulae) empfingen, den niederen Klassen angehörten. Wenn er einräumt, dass auch manche „aus bessern Verhältnissen" dazu zählten, begreift er dies als Folge eines gesellschaftlichen Abstiegs.[19] Andere Altertumswissenschaftler des ausgehenden 19. und frühen 20. Jahrhunderts behandeln diese Klienten aus dem Volk abschätzig, und man mag hierin gewisse Ressentiments der bürgerlichen Wissenschaftler gegenüber dem „Lumpenproletariat" ihrer Zeit gespiegelt sehen. Anton von Premerstein, der sich seit der Jahrhundertwende mit dem Phänomen befasst, bezeichnet die Klienten als „Schmarotzer der großen Gesellschaft".[20] Auch in neueren kulturgeschichtlichen Beiträgen wird – wenn auch ohne wertende Kommentare – davon ausgegangen, dass die salutatio-Klienten der armen Masse der Bevölkerung entstammten, die Anwesenheit von Aristokraten bei den salutationes wird allenfalls am Rande bemerkt.[21]

---

18 Marquardt (s. Anm. 15); Ludwig Friedländer, Darstellungen aus der Sittengeschichte Roms in der Zeit von Augustus bis zum Ausgang der Antonine. 4 Bde. Hrsg. von Georg Wissowa. 10. Aufl. Leipzig 1921–1923, Bd. 1; Karl-Wilhelm Weeber, Alltag im Alten Rom. Das Leben in der Stadt. [Original 1995; 2. Aufl. 2000] 3. verbesserte Aufl. Düsseldorf 2006, 211–215.

19 Friedländer (s. Anm. 18), 1, 225 ff., hier: 233. Ähnlich bereits Marquardt (s. Anm. 15), 205.

20 Hier: Anton von Premerstein, Vom Werden und Wesen des Prinzipats. München 1937, 116. Vgl. bereits Dens., Clientes, in: RE IV 1 (1900) 23–55, hier: 53. Ähnliche Vorbehalte gegenüber dem Mob finden sich auch bei Marquardt (s. Anm. 15), 206 f., der in seiner Darstellung des frühkaiserzeitlichen Klientelwesens das Bild einer Degeneration zeichnet, für die erster Linie die Klienten verantwortlich zu sein scheinen, die nunmehr egoistisch und unverschämt aufträten; die Patrone scheinen an dem ‚Verfall' keinen Anteil zu haben. Für August Hug, Sportula, in: RE III A2 (1929) 1883–1886, 1884 f. sind die Klienten „eben arme, arbeitsscheue Leute".

21 Für Paul Veyne sind die salutatio-Gänger „arme Teufel, Dichter und Philosophen (darunter viele Griechen), die auf Almosen des Patrons angewiesen sind und die es […] entehrend fänden zu arbeiten" (Paul Veyne, Das Römische Reich, in: Ders. [Hrsg.], Geschichte des privaten Lebens. 1. Band: Vom Römischen Imperium zum Byzantinischen Reich. [Original Paris 1985] Deutsche Übersetzung Frankfurt am Main 1989, 19–228, 96); vgl. auch Dens., Brot und Spiele. Gesellschaftliche Macht und politische Herrschaft in der Antike. [Original Paris 1976; deutsche Übersetzung 1988] Darmstadt 1990, 596–600, insbes. 599 mit aus meiner Sicht irritierend uneindeutigen Aussagen. Weeber (s. Anm. 18) geht nicht explizit auf die soziale Situation der Klienten ein, scheint aber ebenso vornehmlich die kleinen Leute im Blick zu haben, die auf die Unterstützung der Patrone zur Finanzierung des Lebensunterhaltes angewiesen waren. Weeber (s. Anm. 18), 211–215, hier: 214. Herwig Kenzler, „Armut galt als Schande".

Die jüngere politik- bzw. strukturgeschichtlich orientierte Forschung, die vor allem nach der politischen Relevanz der Klientelbeziehungen fragt, vernachlässigt hingegen die „lower-class clientes" – wie Richard Saller sie nennt; die im antiken Schrifttum bezeugte Anwesenheit von Aristokraten bei der salutatio ist für Saller ein Indiz des kontinuierlichen Fortbestehens politisch instrumentalisierbarer Patronagebeziehungen seit der Republik.[22] Das Hauptaugenmerk gilt hier der Bedeutung der Patronage für die Anwerbung und Ausbildung der Elite, für rechtliche und finanzielle Unterstützungsleistungen innerhalb der Oberschicht und für die aufstrebenden Dichter. Koenraad Verboven kommt gar zu der Auffassung, dass die ‚wirklich Armen' aus dem Patronagesystem gänzlich ausgeschlossen waren – „the truly poor were left out". Die städtischen Klienten seien vielmehr zum einen Teil als Angehörige der kulturellen Elite und zum anderen Teil als Angehörige der „middle-class" zu verstehen, die zwar ihr eigenes bescheidenes Einkommen gehabt hätten, aber im Falle von Versorgungsengpässen in Folge von Missernten, Feuersbrünsten etc. auf die Hilfe ihrer Patrone angewiesen waren.[23]

Aloys Winterling, der sich im Rahmen seiner Studie zum Kaiserhof auch mit dem Ritual der salutatio – sowohl bei Hofe wie auch in den aristokratischen Häusern – befasst, geht nicht auf die soziale Lage der Klienten ein, sondern fragt nach deren Bedeutung für die aristokratischen Patrone. Unter den Bedingungen des Prinzipats habe dieses Ritual nur noch der (vom Kaiser misstrauisch beäugten und zum Teil sanktionierten) Machtprätention dienen können und nicht mehr – wie in der Republik – dem Machterwerb.[24] Da die Aristokraten ihrerseits gehalten waren, dem Kaiser ihre Aufwartung bei Hofe zu machen, wurde die Teilnahme an dem kaiserlichen Begrüßungsritual zu einem neuen Bestandteil der aristokratischen Rangmanifestation. In seinem Aufsatz „Freundschaft und Klientel im kaiserzeitlichen Rom" greift Winterling die These vertiefend auf: Er stellt zunächst die seit der Republik ungebrochene, ja noch gesteigerte symbolische Bedeutung von Freundschafts- und Klientelbeziehungen für die Statusmanifestation der Aristokratie fest und arbeitet heraus, dass das Prinzip der inneraristokratischen amicitia mit dem Prinzip der Gunst des Kaisers, von der jeder Machtzugewinn der einzelnen abhing, inkompatibel gewesen sei. Dies führte Winterling zufolge die Zeitgenossen zum Teil zu

Die römische Gesellschaft, in: Rudolf Aßkamp/Marijke Brouwer/Jörn Christiansen/ Herwig Kenzler/Ludwig Wamsern (Hrsg.), Luxus und Dekadenz, Römisches Leben am Golf von Neapel. Mainz 2007, 56–63, 60 f. behandelt nur die Armen als Klienten.

22 Saller (s. Anm. 9), 129, insbes. 134

23 Konraad Verboven, The Economy of Friends. Economic Aspects of „amicitia" and Patronage in the Late Roman Republic. Brüssel 2002, 111–115, insbes. 113. 115. Das Zitat: 105.

24 Winterling (s. Anm. 15), 117–144, insbes. 138 ff. Jetzt auch Winterling (s. Anm. 2), insbes. 312 ff.

zwiespältigen Handlungsweisen und neuen normativen Vorstellungen von Freundschaft. Auch hier stehen die Beziehungen innerhalb der römischen Aristokratie sowie die der Aristokraten zum Kaiser im Zentrum; die Frage, inwieweit die unteren Schichten Roms in das Klientelwesen einbezogen und/oder dadurch in die Gesellschaft integriert waren, bleibt unberücksichtigt.[25]

Es wird also eine eigentümliche Akzentuierung erkennbar: Die kulturgeschichtlichen Arbeiten fokussieren die armen Klienten/den Pöbel als Empfänger patronaler Wohltaten, die politik- bzw. strukturgeschichtlich ausgerichteten Studien die elitären Klienten und die Mechanismen der Patronage. Je nach Perspektive gerät die eine oder andere Statusgruppe innerhalb der Klientel aus dem Blick; wie sich das Nebeneinander von Klienten mit unterschiedlichem sozialen Profil im Alltag konkret gestaltete, welche Konflikte sich daraus ergaben, bleibt ungeklärt.

Dieser Diskussionsstand ist nicht zuletzt darin begründet, dass in den beiden Forschungsdiskursen auf unterschiedliche Quellen rekurriert wird. Gerade die politik- bzw. strukturgeschichtlichen Arbeiten beziehen sich maßgeblich auf Bemerkungen von antiken Autoren, die allesamt der politischen Elite zuzurechnen sind: Von zentraler Bedeutung sind die moralphilosophischen Briefe und ethischen Abhandlungen des Staatsmannes Senecas (ca. 4–65 n. Chr.), die Privatbriefe des Senators Plinius des Jüngeren (62–114 n. Chr.) und die Werke des Geschichtsschreibers Tacitus (ca. 55–116/120 n. Chr.). Die älteren kulturgeschichtlichen Studien haben vor allem auf die kaiserzeitliche Dichtung rekurriert – die Epigramme Martials (ca. 40–102 n. Chr.) und die Satiren Juvenals (etwa 60–140 n. Chr.),[26] deren Interpretation heute meist den Philologen überlassen wird, da ihr historischer Quellenwert umstritten ist. Die Schwierigkeiten der historischen Auswertung der Epigramme und Satiren beginnen bei der Einordnung der Autoren. Der Satirendichter Juvenal bietet allerdings aufgrund der spärlichen Überlieferungslage weniger Stoff zur Diskussion als sein älterer Kollege Martial, in dessen Werk sich viele widersprüchliche, vermeintliche Selbstaussagen finden.[27] Zwar wird die Be- oder (genauer gesagt) Verur-

---

25 Winterling (s. Anm. 2), 301 spricht zwar selbst davon, dass er nur „Freundschaft und Klientel in den unteren Schichten ohne Beteiligung des Adels" unberücksichtigt lassen will, doch geht es im folgenden eigentlich ausschließlich um die gehobenen Klienten und aristokratischen Freunde.

26 Rund 130 Epigramme Martials widmen sich dem Thema „Patron/Klient": Niklas Holzberg, Martial. Heidelberg 1988, 68. Eine nützliche Zusammenstellung zu diesem Motiv liefern auch S. L. Mohler, The Cliens in the Time of Martial, in: George D. Hadzsits (Hrsg.), Classical Studies in Honor of John C. Rolfe. Philadelphia 1931, 239–263 und Francis L. Jones, Martial, the Client, in: CJ 30 (1934/35) 355–361. Zur Übernahme der Motive Martials bei Juvenal: Robert E. Colton, Juvenal's Use of Martial's Epigrams. A Study of Literary Influence. Amsterdam 1993.

27 Zu den spärlichen Informationen über Juvenal vgl. Susanna M. Braund, Juvenal Satires Book I. Cambridge 1996, 16. Zu den Bemühungen, Juvenal und seine Äußerungen zu

teilung dieses Dichters als „Bettelpoet" in der jüngeren Forschung nicht mehr
geteilt, doch gehen die Auffassungen über den sozialen Hintergrund des
Dichters, über die Tendenz seines Werkes und dessen Realitätsbezug ausein-
ander.[28] Mit gewisser Sicherheit darf davon ausgegangen werden, dass beide
Poeten ihrerseits von Patronen gefördert wurden.[29] Als einflussreich erweisen
sich die Arbeiten zu Martial von Niklas Holzberg, der dafür plädiert, die Texte
als reine Fiktionen zu lesen, deren Stilistik, Aufbau und Spiel mit Elementen der
literarischen Tradition und Figurentypen zu analysieren, und den jeweiligen
Sprecher der Epigramme als eine fiktionalisierte Dichter-persona anzusehen.[30]
Es erscheint lohnenswert, sich auf diese Art der Lektüre einzulassen, um gerade
die literarischen Eigenheiten der Gattung zu untersuchen, das Spiel mit unterschiedlichen Betrachtungsperspektiven zu verfolgen, Topoi, Klischees und
Typen herauszuarbeiten.[31] Dem Anspruch, von den Texten Martials auf eine
historische Realität zu schließen, erteilt Holzberg dabei eine klare Absage,
wenn er ausführt:

> ...Martials Rom ist [...] für eine bestimmte Aussage funktionalisiert, also eine
> „Textstadt" [...], und die in dieser Stadt wohnenden Menschen sind Typen, wie sie
> dem Dichter von der Gattung vorgegeben waren. Wie man sieht, ist es nicht die
> Realität des Lebens im Rom der frühen Kaiserzeit und ebenso wenig die Realität

---

dem hier behandelten Thema eindeutig einordnen zu können siehe Robert Marache,
Juvénal et le client pauvre, in: REL 58 (1980) 363–369 mit Hinweisen auf ältere Literatur.

28 Zur älteren Forschung zusammenfassend Rudolf Helm, Valerius 233. M. Valerius
Martialis, in: RE VIII A1 (1955) 55–85, insbes. 59. Zur jüngeren Martial-Forschung
zusammenfassend Sven Lorenz, Erotik und Panegyrik. Martials epigrammatische Kaiser. Tübingen 2002, 9 f.

29 Zur Dichterpatronage allgemein White (s. Anm. 10). Speziell zu den vermeintlichen
Gönnern Martials Saller (s. Anm. 10); Marc Kleijwegt, A Question of Patronage: Se-
neca and Martial, in: Acta Classica 42 (1999) 105–120. Die Frage, wer genau als Gönner
Martials anzusehen ist, kann hier vernachlässigt werden.

30 Niklas Holzberg, Martial und das antike Epigramm. Darmstadt 2002. Vgl. auch Lorenz
(s. Anm. 28) und Hans Peter Obermayer, Martial und der Diskurs über männliche
‚Homosexualität' in der Literatur der frühen Kaiserzeit. Tübingen 1998. Dass die fiktionalen Figuren Martials auch auf reale Personen anspielten, suggerieren allerdings
verschiedene Andeutungen in seiner Epigrammsammlung. Vgl. Mart. ep. 2, 23. 3, 11. 3,
99. 9, 95b. Das berühmte programmatische Diktum „die Personen zu schonen und von
den menschlichen Schwächen zu sprechen" (10, 33) könnte man als Rechtfertigung der
Verklausulierung ansehen. Den Ansatz, reale historische Personen im Werk Martials
aufzuspüren, verfolgt z. B. Ruurd R. Nauta, Poetry for Patrons. Literary Communication
in the Age of Domitian. Leiden 2002 und Ders., Die mächtigen Freunde des Spötters.
Martial und seine Patrone, in: Eck/Heil (s. Anm. 1), 213–259.

31 Cynthia Damon hat dem literarischen Typus des Parasiten in der römischen Literatur
eine eingehende Untersuchung gewidmet; zwar leugnet sie nicht die Bezüge dieser
klischeebesetzten Figur zur Realität, vermag sie aber nur vage zu benennen. Cynthia
Damon, The Mask of the Parasite. A Pathology of Roman Patronage. Ann Arbor 1997,
bes. 255.

der eigenen Lebenserfahrung, die Martial in seinen Epigrammen beschreibt, sondern eine fiktive Welt.[32]

Diese Verneinung eines Bezuges zur Alltagswelt erscheint vor dem Hintergrund dessen, was über die Rezeptionsbedingungen der Texte, die zu Lesungen vorgetragen und in Buchform gelesen wurden, sehr apodiktisch.[33] Zwar müssen sowohl die Epigramme Martials als auch die Satiren Juvenals (wie im übrigen alle aus der Antike überlieferten Texte) als elaborierte literarische Konstruktionen gelesen werden, doch dürften die darin geschilderten Zustände, sozialen Praktiken und Figuren an die alltäglichen Erfahrungen der Rezipienten angeknüpft, somit Wiedererkennbares geliefert haben, damit diese über die Schilderungen lachen konnten. Der Grad der Überzeichnung und Karikierung ist dabei freilich schwer zu ermessen und allein anhand einer gattungsimmanenten Betrachtung einzelner, inhaltlicher Elemente oder Motive nicht zu bestimmen.[34] Aber gerade die Anknüpfungspunkte sind meiner Ansicht nach von Interesse, um diese Textgattung historisch auswerten zu können. Es erscheint nötig, gerade in anderen literarischen Gattungen vergleichbare soziale Konstellationen oder Praktiken aufzuspüren, und die unterschiedlichen Befunde miteinander in Beziehung zu setzen. Für die Rekonstruktion gesellschaftlicher Taxonomien ist es dabei unerheblich, ob ein artikulierter Standpunkt demjenigen des Dichters als historischer Person entspricht, oder einer fiktiven persona.

Auf der Grundlage der vorangehend skizzierten Forschungslage erweisen sich folgende Überlegungen als richtungweisend:

1. Es sind sämtliche Quellen heranzuziehen, die Informationen über das Klientelwesen liefern; dabei muss versucht werden, divergierende Haltungen oder Interessenlagen auszuweisen und zu deuten. Gerade für die Epigramme bzw. Satiren erscheint es sinnvoll, nach den unterschiedlichen Perspektiven zu

---

32 Holzberg (s. Anm. 30), 15. Einen ähnlichen Ansatz verfolgt Duncan Cloud, The Client-Patron Relationship: Emblem and Reality in Juvenal's First Book, in: Wallace-Hadrill (s. Anm 8), 205–218 in seiner Analyse Juvenals, der versucht, Kriterien zu entwickeln, um zwischen „sozialem Faktum" und „eleganter Fantasie" zu unterscheiden. Dabei geht er lediglich so vor, dass er ,seriösere Quellen' hinzuzieht, um damit Juvenal zu falsifizieren. Dass das von Juvenal vielerorts gezeichnete Bild von dem armen Klienten nicht der Realität entspreche, wird mit dem Hinweis auf einen einzigen Beleg bei Tac. hist. 1, 4 untermauert (210). Zwar vermag Cloud im einzelnen den Duktus und den kritischen Impetus der Satiren herauszuarbeiten, doch wirft er zu schnell die „Konstrukte" Juvenals über Bord, ohne zu fragen, welchen Sitz im Leben diese haben könnten.

33 Gewissermaßen anders herum argumentiert Victoria Rimell, Martial's Rome. Empire and the Ideology of Epigram. Cambridge 2008, 20 in Anlehung an postmoderne Konzeptionen der ,Stadt als Text', die davon ausgeht, dass Martial maßgeblich das Bild bestimmt, ja sogar das ist, was wir für die Realität im Rom des späten ersten Jahrhunderts halten.

34 Zu den satirischen Techniken Juvenals vgl. die grundlegende Studie von Christine Schmitz, Das Satirische in Juvenals Satiren. Berlin u. a. 2000.

fragen, aus denen heraus Zustände beschrieben oder kritisiert, Figuren verlacht oder bewundert werden.[35] Dabei gilt es besonders auf geschilderte Missstände zu achten.[36] Auch die Klagen über den Verlust guter Sitten oder Tradition ermöglichen es, formulierte Ideale der Patronagebeziehung in den Blick zu nehmen. Inwiefern die Dichter auf lebensweltliche Erfahrungen Bezug nehmen, kann geklärt werden, indem überprüft wird, ob und in welchem Zusammenhang von den Dichtern behandelte Aspekte auch in anderen literarischen Gattungen der späten Republik und der frühen Kaiserzeit zur Sprache kommen. Dabei ist besonders darauf zu achten, welche Konnotationen bestimmten Handlungen und Gesten anhängen und ob sich diese verändern.

Die Gegenüberstellung der unterschiedlichen Quellengattungen zielt insgesamt darauf ab, zu eruieren, ob und mit welchen Implikationen in der Dichtung einerseits, in den Schriften der Prosa-Autoren andererseits gesellschaftliche Phänomene behandelt werden, die auf Veränderungen speziell der hier untersuchten Patron-Klient-Verhältnisse und des sozialen Gefüges der Stadt Rom allgemein unter den politischen Bedingungen des Prinzipats schließen lassen.

2. Die Statusunterschiede innerhalb der stadtrömischen Klientel werden in den bisherigen Forschungsbeiträgen zu wenig beachtet bzw. geraten durch unterschiedlich akzentuierte Erkenntnisinteressen aus dem Blickfeld. Zwar hat Nippel zu Recht bemerkt, dass weder die Patrone noch die Klienten jemals eine genau abgrenzbare soziale Gruppe darstellten.[37] Doch erscheint es sinnvoll, das ‚Profil‘ der am Patron-Klient-Verhältnis beteiligten Personen genauer zu erfassen. Dazu ist es nötig, nicht nur den sozialen und ökonomischen Hintergrund zu berücksichtigen, sondern auch zu fragen, welche Funktion und welcher Stellenwert den jeweiligen sozialen Rollen eines Patrons/eines Klienten beigemessen werden.

Da es sich bei dem städtischen Klientelwesen um ein sehr komplexes soziales Phänomen handelt, ist es nötig, sich auf einige markante Aspekte zu beschränken. Inhaltlich konzentriert sich die folgende Darstellung 1. auf den von den Klienten geleisteten Dienst der salutatio und adsectatio und 2. auf die von den Patronen als beneficium gewährte sportula bzw. die Einladung zum Abendessen.[38] In jedem Abschnitt wird zunächst dargestellt, was über die Tra-

---

35 Hier folge ich den Überlegungen von Holzberg (s. Anm. 26), 65–73. Vgl. auch Konrad Vössing, Mensa Regia. Das Bankett beim hellenistischen König und beim römischen Kaiser. München/Leipzig 2004, 257 mit Beispielen unter Anm. 3.

36 Dies stellt Uwe Walter, M. Valerius Martialis. Epigramme. Paderborn u. a. 1996, 289 zu Recht heraus, der allerdings die geschilderten Missstände nicht systematisch abhandelt.

37 Vgl. Nippel (s. Anm. 2), 142.

38 Unbehandelt bleiben hier der zweifellos wichtige Bereich der wechselseitigen Dienstleistungen vor Gericht (dazu Flaig [s. Anm. 1], 106 f.) sowie die finanziellen Dienst-

dition der jeweils untersuchten sozialen Praxis seit der Zeit der Republik bekannt ist, bevor einige diese Thematik berührende Epigramme Martials bzw. Satiren Juvenals betrachtet werden, um anschließend die literarischen Zeugnisse anderer Gattungen auszuwerten. Dabei kann in diesem Rahmen nicht der Anspruch erhoben werden, der Vielschichtigkeit der hier nur exemplarisch herangezogenen Textstellen der Dichtung auch nur ansatzweise gerecht zu werden.[39] Somit stellen die folgenden Ausführungen den Versuch dar, Dichtung und Prosa als unterschiedliche Textgattungen differenzierend zu behandeln und doch beide für die historische Analyse zu nutzen.

1. salutatio und adsectatio

Dass die Klienten sich bei ihrem Patron morgens zur Begrüßung einfanden, scheint in Rom eine alte Sitte zu sein, ohne dass jedoch aussagekräftige Quellen vorliegen, die über den genauen Ablauf und Sinngehalt in der Frühzeit Auskunft geben. Kroll geht davon aus, dass die Sitte ihren Ursprung „in den alten patriarchalisch-ländlichen Verhältnissen" hatte, in denen sich die Abhängigen beim Gutsherrn einfanden, um laufende Angelegenheiten zu besprechen sowie Rat und Hilfe einzuholen.[40] Sicherlich wäre es sinnvoll, ländliche und städtische Verhältnisse differenziert zu behandeln,[41] doch liegen für die späte Republik ohnehin nur einige Hinweise in Ciceros Schriften vor: Daraus wird vor allem ersichtlich, dass die Gefolgschaften, die sich bei den Angehörigen der Elite in den ersten beiden Stunden des Tages zum Morgengruß einfanden, eine immense Bedeutung für das Ansehen des Patrons hatten: Je mehr sich zeigten, desto größer die Ehre.[42] In der Forschung wird zuweilen davon ausgegangen, dass es bereits zur Zeit der Republik üblich war, dass sich selbst ranghohe Personen bei

---

leistungen (vom Patron gewährte Darlehen und die zwischen Patron und Klient ausgetauschten Geschenke; dazu Verboven [s. Anm. 23]).

39 Aus philologischer Sicht schiene es geboten, die Stellung der ausgewählten Textbeispiele innerhalb der Werke stärker zu berücksichtigen, zumal etwa im Oeuvre Martials oft Gruppen bzw. Reihen mit bestimmten Schwerpunktsetzungen gebildet werden (dazu zusammenfassend Gregor Damschen/Andreas Heil [Hrsg.], Marcus Valerius Martialis Epigrammaton liber decimus. Das zehnte Epigrammbuch. Text, Übersetzung, Interpretation. Frankfurt am Main 2004, 12 mit Hinweisen auf weitere Literatur). Dies kann im hier gegebenen Umfang nicht berücksichtigt werden.

40 Wilhelm Kroll, Die Kultur der ciceronischen Zeit. [Original Leipzig 1933] Nachdruck Darmstadt 1963, 187.

41 Vgl. Mohler (s. Anm. 26), 246.

42 Vgl. die bei Kroll (s. Anm. 40) angeführten Belege. Beate Wagner-Hasel, Verschwendung und Politik in Rom. Überlegungen zur poltischen Semantik des Luxuskonsums in der späten Republik und frühen Kaiserzeit, in: Historische Anthropologie 10 (2002) 325–353, 336.

noch höherrangigen zum Morgenempfang einstellten,[43] es muss allerdings wohl
unterschieden werden, ob man sich gezielt dem Ritual der salutatio unterzog
oder lediglich den Zeitpunkt der sicheren Anwesenheit eines Mannes nutzte,
um z. B. ein Gespräch zu führen. Im Commentariolum petitionis wird jedenfalls
von einer klaren Hierarchie innerhalb der Gefolgschaft von Klienten gesprochen, in der die salutatores als einfache Leute (vulgares) bezeichnet werden, die
den geringsten Dienst (minimum officium) leisten, dabei allerdings durchaus
mehrere Patrone nacheinander aufsuchen.[44] Die Klienten erschienen mitunter
so zahlreich, dass sie dem Patron nicht alle persönlich bekannt waren und nicht
alle gleichzeitig (wie es traditionell üblich war) im Atrium Platz fanden.[45] Man
setzte als Hilfskräfte sogenannte Nomenclatoren ein, denen zunächst vor allem
im Wahlkampf die Aufgabe zufiel, dem Namensgedächtnis des Patrons auf die
Sprünge zu helfen, seit dem frühen Prinzipat jedoch auch, die Zulassung der bei
der salutatio anwesenden Personen zu reglementieren.[46] Wie sich der konkrete
Ablauf einer salutatio in einem stadtrömischen Haus der frühen Kaiserzeit
gestaltete, lässt sich anhand einiger (allerdings durchweg kritischer) Bemerkungen Senecas einigermaßen rekonstruieren.[47] Die Morgenbesuche wurden

---

43 Polybios behauptet, dass die vornehme römische Jugend schon im 2. Jh. v. Chr. einen
    großen Teil ihrer Zeit mit Morgenempfängen ausfüllte (Polyb. 31, 29, 8.). Vgl. dazu
    Kroll (s. Anm. 40); Rilinger (s. Anm. 15), 83. Im Zusammenhang mit der Catilinarischen
    Verschwörung wird verschiedentlich erwähnt, dass die das Attentat auf Cicero pla-
    nenden Männer, bei denen es sich nicht um einfache Bürger, sondern um Ritter han-
    delte, die Situation der salutatio bei ihm ausnutzen wollten: Sall. Catil. 28, 1; Cic.
    Catil. 1, 10; vgl. auch Cic. Sull. 52 und Cic. ad fam. 9, 20, 3 [= 9, 18, 3 Kasten]: Cicero
    schreibt an Paetus Anfang August 46 v. Chr.: „So verbringe ich jetzt meine Tage:
    morgens empfange ich daheim Besuche, viele Optimaten, aber bedrückt, und diese
    strahlenden Sieger, die mir persönlich überaus gefällig und liebenswürdig begegnen.
    Wenn sich die Besucher verlaufen haben, vergrabe ich mich in meine Bücher…". Vgl.
    Nippel (s. Anm. 2), 142 Anm. 14. In anderen Zusammenhängen wird allerdings deutlich,
    dass die salutatores überwiegend aus dem sog. niederen Volk stammten: Cic. Comm.
    pet. 35 (magis vulgares sunt).
44 Comm. pet. 35. Es wäre zu überlegen, ob das Ritual der salutatio in dem Moment
    gewissermaßen nobilitiert wurde, als der Kaiser die Elite zum Morgenempfang lud.
45 Zur Zunahme der Zahl von Klienten und Freunden und den sich daraus ergebenden
    Interferenzen Winterling (s. Anm. 2), 307.
46 Joseph Vogt, Nomenclator. Vom Lautsprecher zum Namenverarbeiter, in: Gymnasium
    85 (1978) 327–338.
47 Seneca kritisiert die zeitgenössische Praxis des in seinen Augen unpersönlichen Mas-
    senbetriebes und geht ausführlich auf die Einteilung der salutatores in Rangklassen ein,
    welche bereits von C. Gracchus und Livius Drusus praktiziert worden sei. Demnach
    seien nur die engsten Vertrauten des Patrons in einem Raum des Hauses empfangen
    worden, im atrium haben sich die weniger engen Freunde als zweite Gruppe einge-
    funden; und wenn die Masse der humiles – die dritte Gruppe – nicht ohnehin außerhalb
    des Hauses bleiben musste, erhielt sie nur kollektiv Zugang. Während offen bleiben
    muss, ob Seneca die Praxis der Gracchenzeit korrekt beschreibt, wird daraus zumindest

demnach in den ersten Stunden des Tages gemacht. Alle, die zur Begrüßung erschienen, mussten eine Toga – Tracht und Erkennungszeichen des römischen Bürgers – tragen[48], sie warteten vor der Tür des Hauses, bis diese von einem Sklaven geöffnet wurde. Vermutlich wurde anhand einer Liste überprüft, wer zugelassen werden sollte. Während einige schon an der Türschwelle (limen) zurückgewiesen wurden,[49] ließ man die Berechtigten dann in Gruppen in bestimmte Bereiche des Hauses vor. Je weiter ein Klient in das Innere des Hauses und somit in die Nähe des Hausherrn gelangte, desto höher durfte er seine Position im Nahverhältnis zum Patron einstufen.[50]

Im Anschluss an die salutatio konnte eine weitere Dienstleistung der Klienten erfolgen, die sog. adsectatio. Unklar ist, ob dieser Dienst von denselben Personen übernommen wurde, die Quellen der späten Republik differenzieren hier stärker als die der frühen Kaiserzeit.[51] Wenn der Patron sein Haus

---

ersichtlich, dass gestaffelte Vorlassungen in seiner Zeit vorstellbar waren und daran für Außenstehende eine Rangordnung ablesbar war. Sen. benef. 6, 33, 3 ff., insbes. 34, 2. Vgl. dazu Winterling (s. Anm. 15), 119–122.

48   Dazu Hans Rupprecht Goette, Studien zu römischen Togadarstellungen. Mainz 1990, 2–7.

49   Bei verschiedenen Autoren ist oft von der Schwelle die Rede, die die salutatores aufsuchen. Dabei handelt es sich offenbar nicht um ein pars pro toto für das Haus insgesamt, denn gerade Sen. benef. 6, 33, 3 ff. macht deutlich, dass die salutatores unterschiedlich weit in das Innere des Hauses zugelassen werden konnten. Man muss daher die Erwähnung der Schwelle wohl also in einigen Fällen wörtlich nehmen: Vgl. z. B. Sen. tranq. an. 12, 3, 6; brev. vit. 14, 3. Vgl. auch Laus Pisonis 110, wo ganz klar gesagt wird, dass der Arme an die Schwelle tritt. Ebenso „schwirren" bei Columella nur die sog. bezahlten Guten-Morgen-Wünscher (mercennarii salutatores) um die Schwellen der Männer von Einfluss (Colum. de agr. praef. 9).

50   Zur archäologisch nachweisbaren Veränderung der Ausstattung der Häuser Pompejis in der Kaiserzeit Jens-Arne Dickmann, Domus frequentata – Anspruchsvolles Wohnen im pompejanischen Stadthaus. München 1999, 299 ff. 370 f. Zu Rom: Henner von Hesberg, Die Häuser der Senatoren in Rom, in: Eck/Heil (s. Anm. 1), 19–52, 41 ff.

51   Dazu Habel (s. Anm. 16), 422. Im Comm. pet. 33 f. wird zunächst allgemein von der Begleitung gesprochen, dann wird zwischen dem geringsten Dienst der einfachen salutatores, dem „officium maius" der deductores, die den Patron auf das Forum begleiten, und dem „summum beneficium" der adsectatores, die den ganzen Tag um ihn sind, unterschieden. Letztere rekrutieren sich aus Personen, die sich der Patron insbesondere durch die Vertretung von Rechtsansprüchen verpflichtet hat. Cicero nennt diese dauernde Gegenwart die „Sache befreundeter kleiner Leute, die nicht beschäftigt sind". Cic. Mur. 70 f. benennt die Begleitung als Ausdruck des Dankes der kleinen Leute: Homines tenues unum habent in nostrum ordinem aut promerendi aut referendi benefici locum, hanc in nostris petitionibus operam atque adsectationem. neque enim fieri potest neque postulandum est a nobis aut ab equitibus Romanis ut suos necessarios candidatos adsectentur totos dies („Die kleinen Leute haben eine Gelegenheit, unserem Stande einen Dienst zu erweisen oder zu erwidern: die Mühe der Begleitung bei unseren Bewerbungen. Denn es ist weder möglich noch zumutbar, daß Männer unseres Standes oder römische Ritter ihre nach einem Amte strebenden Freunde tagelang begleiten.") (Ü.: Fuhrmann). Für die frühe Kaiserzeit wird angenommen, dass die Gruppe

verließ, um Besuche zu machen, Geschäfte oder Gerichtstermine wahrzunehmen, wurde er von Klienten begleitet, die ihm vorauseilten, um Platz in der Menge zu bahnen oder ihm folgten. Verschiedene Quellen legen den Schluss nahe, dass diese Begleitung sich in der frühen Kaiserzeit über den gesamten Tag erstrecken konnte.[52] Da das Reiten und die Benutzung von Wagen innerhalb der Stadt Rom Restriktionen unterlagen,[53] war es üblich, zu Fuß zu gehen; ein Patron, der es sich leisten konnte, benutzte für seine Wege einen Tragstuhl (sella) oder eine verhangene Sänfte (lectica), die von vier bis acht Männern getragen wurde.[54] Sänften dienten als Statussymbole und verwiesen auf den Wohlstand ihrer Besitzer.

Zwei Epigramme Martials, welche diese von Klienten geleisteten officia berühren und in denen das literarische „Ich" aus der Perspektive eines Klienten spricht, seien an dieser Stelle exemplarisch ausführlicher behandelt.[55] Im ersten Beispiel (Epigramm 5, 22) wird zunächst auf die feine Wohngegend des Patrons auf dem besser belüfteten Hügel Esquilin abgehoben, auf den sich der Klient auf seinem morgendlichen Gang begeben muss, während er selbst in der niederen subura zu Hause ist.[56] Der Weg wird als äußerst beschwerlich beschrieben: Das zu überwindende Gefälle, der Regen, der Schmutz, die überfüllten Straßen machen den Morgenbesuch für den Klienten zu einer Strapaze,[57] die darin kulminiert, dass der Türsteher des Patrons erklärt, der Herr sei nicht zu Hause. Die Pointe besteht aber nicht nur darin, dass alle Mühen des Klienten umsonst waren, weil er den Herrn nicht zu sehen bekommt. Es wird deutlich: Würde der Herr lediglich noch schlafen, also einfach nur unhöflich sein, könnte man darüber hinwegsehen. Viel gravierender ist der begründete Verdacht, der

---

der salutatores mit denen der adesectatores, mitunter auch anteambulatores genannt, identisch ist (so Friedländer [s. Anm. 18], 1, 229; Georg Heuermann, Untersuchungen über die Sportula der Clienten, in: Programm des Evangelisch Fürstlich Bentheim'schen Gymnasii Arnoldini. Burgsteinfurt 1875, 3–9, 7; Mohler [s. Anm. 26]). Es ist allerdings vorstellbar, dass nur einige der salutatores zur Begleitung ausgewählt wurden.

52 Vgl. die gesammelten Belege bei Friedländer (s. Anm. 18), 1, 229 f.
53 Vgl. Dazu ausführlich Wissowa in Friedländer (s. Anm. 18), 4, 22–25.
54 Hans Lamer, Lectica, in: RE XII 1 (1924) 1056–1107.
55 Alle hier zitierten Übersetzungen Martials sind der Ausgabe von Paul Barié und Winfried Schindler, 2. Aufl. Düsseldorf/Zürich 2002 entnommen.
56 Vgl. zum Epigramm auch den Kommentar von Peter Howell, Martial Epigrams V. Warminster 1995, 102–104.
57 Vgl. ganz ähnlich: Iuv. 5, 76–79. Howell (s. Anm. 56), 103.

Herr (hier mit der alt-ehrwürdigen Anrede „König" bedacht)[58] sei selbst zu einer salutatio unterwegs.[59]

Mart. ep. 5, 22

Mane domi nisi te volui me-ruique videre,	Hätte ich es nicht gewünscht und verdient, dich heute morgen zu Hause zu besuchen,
sint mihi, Paule, tuae longius Esquiliae.	dann könnte für mich, Paulus, dein Esquilin getrost noch weiter entfernt sein.
sed Tiburtinae sum proximus accola pilae,	Aber ich wohne ganz in der Nähe des Tiburtinischen Pfeilers,
qua videt anticum rustica Flora Iovem:	dort wo die ländliche Flora auf den alten Jupiter-tempel blickt.
[5] alta Suburani vincenda est semita clivi	Den steilen Pfad von der Subura hügelaufwärts muß ich bewältigen
et nunquam sicco sordida saxa gradu,	und die schmutzigen Steine, und das niemals tro-ckenen Fußes,
vixque datur longas mulorum rumpere mandras	und kaum ist es möglich, die langen Reihen der Maultiere zu durchbrechen
quaeque trahi multo mar-mora fune vides.	und die Marmorblöcke, die man, du siehst es, mit so vielen Seilen zieht.
illud adhuc gravius quod te post mille labores,	Härter noch ist, daß der Türhüter nach tausend Strapazen
Paule, negat lasso ianitor esse domi.	mir, dem Erschöpften erklärt, du, Paulus, seiest gar nicht zu Hause.
exitus hic operis vani togu-laeque madentis:	Das ist dann der Lohn vergeblicher Anstrengung und einer triefend nassen Toga:
vix tanti Paulum mane videre fuit.	es lohnte kaum der Mühe, frühmorgens den Paulus zu besuchen.
semper inhumanos habet of-ficiosus amicos?	Hat denn ein eifriger Klient immer nur unhöfliche Freunde?
rex, nisi dormieris, non potes esse meus.	Wenn du nicht noch schläfst, kannst du nicht mein Patron sein.

Auf den ersten Blick scheint es, dass Martial an dem schlichten Sachverhalt der Rollendopplung Anstoß nimmt, dass der Patron des Ich-Sprechers gleichzeitig der Klient eines anderen ist. Dieser Tatbestand allein wird jedoch in der Zeit kaum jemanden überrascht haben, Rollenüberschneidungen dieser Art müssen sich in Rom zwangsläufig ergeben haben, gerade wenn man davon ausgeht, dass die gesamte Oberschicht sich im Prinzip zur morgendlichen Begrüßung des Kaisers im Palast einzufinden hatte.[60] Man wird daher wahrscheinlich, um die

---

58 Die Anrede „rex" zählte wie auch „dominus" zu den ehrenvollen Bezeichnungen, mit denen Klienten ihre patroni begrüßten. Dazu Howell (s. Anm. 56), 99; Vössing (s. Anm. 35), 240 mit Anm. 5.

59 Dass eben darin die Pointe liegt, nimmt auch Howell (s. Anm. 56) in seinem Kommentar unter Verweis auf die Parallele in Mart. ep. 2, 18, 3–4 an.

60 Dazu Winterling (s. Anm. 15), 122 ff.

Pointe des Epigramms einschätzen zu können, weniger darauf zu achten haben, *dass* der Patron selbst als Klient eines anderen dargestellt wird, sondern auf *welche Weise* er diese Rolle ausführt. Das Problem besteht wohl vor allem darin, dass der Patron, indem er die salutatio – einen traditionell niederen Klientendienst – leistet, sich selbst derselben, im vorangehenden als anstrengend, erniedrigend und geradezu unmenschlich beschriebenen Tortur unterzieht wie der vorgeführte Klient. Beide – der angesprochene Patron wie der Klient – verhalten sich gleich, vollziehen dieselben Gesten der Unterwerfung; ein Statusgefälle ist somit für den Klienten nicht länger erkennbar, und darin liegt das Problem, das im Epigramm kritisch apostrophiert wird.[61]

Die sich aus solchen Konstellationen potentiell ergebende Konkurrenz innerhalb der Klientel eines Patrons ist das Thema im Epigramm 10, 10.[62] Zwei Klienten werden hier vorgestellt, die demselben Patron dienen, der – durch den Verweis auf Sänfte und Tragstuhl – als wohlhabend und in seiner Neigung, Gedichte vorzutragen als kulturbeflissen charakterisiert wird. Die beiden konkurrierenden Klienten unterscheiden sich deutlich in ihrem sozialen Profil: Mit dem Hinweis auf die Insignien, die der angesprochene Paulus (eine fiktive Figur) zum Jahresbeginn trägt, wird klar gemacht, dass es sich bei ihm um einen Konsul handelt.

Der Ich-Sprecher stellt sich als Angehöriger des Volkes Numas vor, als Teil des großen Haufens (10, 10, 4) und später als schlichter/unvermögender Mann (pauper: 10, 10, 11) sowie als Togaträger. Er weist sich so als freier römischer Bürger aus, der nicht über ein Vermögen verfügt, das eine Zugehörigkeit zu einem der oberen ordines impliziert. Dieser Klient wird als ein ur-römischer, bodenständiger, schlichter, ehrlicher Typ charakterisiert, der gegenüber seinem Patron nichts anderes in die Waagschale werfen kann als seine Dienste. Doch diese – und das ist der Gegenstand der Klage – finden beim Patron keine Beachtung mehr, wenn sie von Personen vom Schlage des ranghohen Paulus geleistet werden, der bereitwillig selbst den niedrigsten Dienst übernimmt – das

---

61 Vgl. in diesem Sinne auch Mart. ep. 2, 18: Auch hier zeigt sich, dass die vorausgesetzte Asymmetrie von Patron und Klient nicht länger gegeben ist, da sich der Patron selbst wie ein serviler Klient verhält. Das Verhalten führt aus Sicht des Klienten das Verhältnis ad absurdum.

62 Vgl. dazu auch die Interpretation von Kerstin Faust in Damschen/Heil (s. Anm. 39), 72–73.

Tragen der Sänfte des Herrn.[63] Auch sonst vermag er eleganter und beflissener gegenüber dem Patron aufzutreten als sein schlichter Konkurrent.[64]

Mart. ep. 10, 10

Cum tu, laurigeris annum qui fascibus intras,	Da du, der mit lorbeergeschmückten Rutenbündeln ins neue Jahr geht,
mane salutator limina mille teras,	frühmorgens zum Gruß tausend Schwellen abtrittst,
hic ego quid faciam? quid nobis, Paule, relinquis,	was soll ich dann hier machen? Was läßt du, Paulus, mir übrig, der ich zum Volke Numas und zum
qui de plebe Numae densaque turba sumus?	großen Haufen gehöre?
[5] qui me respiciet dominum regemque vocabo?	Wer sich nach mir umblickt, soll ich den meinen ‚Herrn‘ und ‚König‘ nennen?
hoc tu – sed quanto blandius! – ipse facis.	Du tust das ja schon, und wieviel einschmeichelnder als ich!
lecticam sellamve sequar? nec ferre recusas,	Soll ich der Sänfte, dem Tragstuhl folgen? Du weigerst dich nicht, sie zu tragen,
per medium pugnas et prior isse lutum.	und kämpfst darum, mitten durch den Dreck vorauszugehen.
saepius adsurgam recitanti carmina? tu stas	Soll ich mich öfter erheben vor dem, der Gedichte zitiert? Du stehst bereits
[10] et pariter geminas tendis in ora manus.	und streckst beide Hände zugleich zum Mund.
quid faciet pauper cui non licet esse clienti?	Was soll ein unvermögender Mann tun, der nicht mehr Klient sein darf?
dimisit nostras purpura vestra togas.	Euer Purpur hat unsere Togen aus dem Dienst entlassen.

Über den konkreten Realitätsgehalt dieser Schilderungen lässt sich freilich streiten. Ist es vorstellbar, dass sich ein Konsul tatsächlich zur salutatio bei mehreren Patronen aufmachte, also „zum Gruß tausend Schwellen" abtrat? Auch wenn dies völlig überzogen anmutet, ist wohl nicht von der Hand zu weisen, dass es Martial mit diesem Szenario gelingt, eine von ihm auch andernorts scharf beobachtete und attackierte servile Haltung einzufangen, in der

---

63   Verschiedentlich klingt in den Epigrammen an, dass das (ja auch körperlich anstrengende) Tragen der Sänfte als besonders niederer Dienst der Klienten eingestuft wurde, sogar aus der Perspektive der Klienten: Vgl. dazu Mart. ep. 3, 46 und 3, 36, wo suggeriert wird, dass ein langjähriger Klient bessere Dienste verdient habe als ein Neuling, der u. a. den Sessel durch den Schlamm zu tragen habe. Somit veranschaulichen die unterschiedlichen Positionen innerhalb der Anhängerschaft eine Hierarchie innerhalb der Gruppe der Klienten, die von den Zuschauenden ‚gelesen‘ werden konnte.

64   Zur Betonung der Konkurrenz durch zahlreiche Komparative und zur im Epigramm ablesbaren Steigerung des Übertreffens des armen Klienten durch Paulus auch Kerstin Faust in Damschen/Heil (s. Anm. 39), 73.

sich selbst die Hochstehenden gegenüber Höheren anbiedern. Er zeichnet also ein Bild, das Verhaltensweisen kritisiert, und dabei geht es nicht um eine einzelne Person, sondern sein fiktiver Paulus steht für die Gruppe der Standesgenossen der Purpurträger. Darunter sind Angehörige des Senatorenstandes zu verstehen, die zum Tragen des breiten Purpurstreifens (latus clavus) an der Tunica berechtigt waren, wie auch Angehörige der Ritterschaft, deren Tunica einen schmalen Purpurstreifen (angustus clavus) zieren durfte.[65] Martial illustriert in seinem Epigramm einen von ihm in der Realität beobachteten Prozess, den man als Klientelisierung der Elite bezeichnen könnte, er zeigt dessen Folgen für diejenigen auf, die ihrem Vermögen und sozialen Rang nach nicht zu diesem Kreis zählen, jedoch traditionell den Dienst der Klienten übernahmen. Um diesen Prozess in einem dichten Bild einfangen zu können, führt er vor, wie zwei, ihrem sozialen Profil nach ganz unterschiedliche Personenkreise als Klienten agieren und dabei zu Konkurrenten werden: Ranghöhere Mitglieder der Bevölkerung, welche die genuinen Aufgaben des ‚einfachen Mannes‘ übernehmen, gefährden dessen Integration in das Patronagesystem.

Diese ‚einfachen Klienten‘ werden in den Epigrammen Martials häufig als Personen vorgeführt, die zwar materiell nichts zu bieten haben, dafür aber ethische Qualitäten aufweisen: traditionelle Tugendhaftigkeit, Treue, Zuverlässigkeit als Freund.[66] Pauperes werden sie oft genannt, und es wird unterstellt, dass diese sich selbst gewissermaßen als einen ordo betrachten: Sie legen einen gewissen Standesdünkel an den Tag; analog zu den andernorts geschilderten Statusanmaßungen von Angehörigen der oberen ordines[67] werden auch von den pauperes all jene in ihre Schranken verwiesen, die sich diesen Status zu Unrecht anmaßen.[68]

---

65 Vgl. Plin. nat. 33, 29.
66 Tugend: vgl. Mart. ep. 4, 5: „vir bonus et pauper"; Freundschaft: 4, 67. 5, 18, 6 ff. 5, 19, 10 ff. Ganz ähnliche Werte des einfachen Mannes arbeitet der anonyme Autor der Laus Pisonis (Z. 118 ff.) heraus, wenn er auf den reinen Sinn (mens casta) und die untadelige Lebensweise der armen Klienten verweist, die von den Patronen oft nicht hoch genug geschätzt würden. Zu dieser Quelle und deren Einordnung: Hartmut Leppin, Die Laus Pisonis als Zeugnis senatorischer Mentalität, in: Klio 74 (1992) 221–236.
67 Vgl. zur Kritik an einem Freigelassenen, der im Theater auf einem Senatorensessel Platz nimmt, Mart. ep. 2, 29. Vgl. auch Mart. ep. 5, 23. 5, 35. 5, 38. 5, 41. Zur Statusanmaßung in der römischen Gesellschaft generell: Meyer Reinhold, Usurpation of Status and Status Symbols in the Roman Empire, in: Historia 20 (1976) 275–302, insbes. 285.
68 Vgl. Mart. ep. 11, 32. Mit einem ähnlichen Clou wartet das kurze Epigramm 8, 19 auf: Ein fiktiver Cinna wird vorgeführt, der zu den Armen zählen möchte, also gleichsam eine Zugehörigkeit zu einer Gruppe erheischt. Die Pointe liegt in der ‚von oben herab‘ erfolgenden Feststellung, dass er wirklich arm ist. Das Epigramm spielt mit ambivalenten Implikationen des Wortes ‚Armut‘ (paupertas), die sich aus unterschiedlichen Werthaltungen und Blickrichtungen ergeben. Das Wort kann im Oeuvre Martials einerseits (herablassend) Armseligkeit von Lebensverhältnissen bezeichnen, andererseits (anerkennend) deren Schlichtheit; dies tritt gerade dort hervor, wo eine (Selbst-)aus-

Auch Juvenal unterscheidet in seinen Satiren sehr deutlich zwei Gruppen von Klienten, er nennt zum einen die reichen Freunde, die bei den Patronen willkommen sind, gut bewirtet und freundlich behandelt werden und zum anderen die „schlichten" oder „unbedeutenden".[69] Deren Herabsetzung steht in klarem Zusammenhang mit ihrer Armut, die sich insbesondere in schadhafter Kleidung offenbare.[70] Ganz ähnlich formuliert es der Autor der Lobrede auf Piso, der vor der Negativfolie der üblichen Sitten als guter Patron vorgestellt wird: Selten gebe es in Rom ein Haus, das nicht einen bedürftigen Freund zurückweise oder voller Verachtung auf einem Klienten herumtrampele (Z. 118 ff.); kaum jemand erweise sich großzügig gegenüber einem armen, aber „wahren Freund" (amicus verus).

Verfolgt man, was in anderen literarischen Quellen über die Anwesenheit und das Verhaltens des Patrons bei der salutatio, den sozialen Hintergrund der aufwartenden Klienten sowie über deren Dienste geäußert wird, ergibt sich ein ganz ähnliches Bild.

Seneca beschwert sich über die Stillosigkeit mancher Patrone (die im übrigen besser daran täten, zu philosophieren), welche den Klienten, die ihnen „ihre bezahlte Aufwartung machen", entweder gar nicht oder extrem desinteressiert vor die Augen träten. Konkret wirft er diesen Patronen vor, abwesend zu sein, zu schlafen, an den Klienten „mit heuchlerischer Eile" vorüber zu rennen oder sogar „durch verborgene Nebeneingänge" zu entfliehen. Viele auch würden bei der Begrüßung „kaum die Lippen bewegen und den ihnen tausendmal zugeflüsterten Namen mit herablassendem Gähnen wiederholen"![71]

Auch unterscheidet Seneca zwei Gruppen von umtriebigen Klienten:[72] Zum einen die, für die sich die mühselige Prozedur der salutatio eigentlich gar nicht lohne – die armen Bürger. Zum zweiten die, denen er bedeutungslose Motive (das Streben nach Rang und Ansehen – hohlem Glanz aus Sicht des Philoso-

---

sage impliziert ist, die mit einem gewissen Wert- oder Ehrgefühl einhergeht. Zur Schlichtheit vgl. Mart. ep. 4, 77. 2, 90. 10, 4. 2, 48. 11, 11. 2, 53, zur Not vgl. 11, 56.

69 Vgl. insbes. Iuv. 15, 107. 146.

70 Vgl. insbes. Iuv. 3, 152 ff.

71 Sen. brev. vit. 14, 3 f. Ähnlich auch Lukian. merc. cond. 10 f.: ἀλλὰ πολλῆς μὲν τῆς διαδρομῆς δεῖ, συνεχοῦς δὲ τῆς θυραυλίας, ἕωθέν τε ἐξανιστάμενον περιμένειν ὠθούμενον καὶ ἀποκλειόμενον καὶ ἀναίσχυντον ἐνίοτε καὶ ὀχληρὸν δοκοῦντα καὶ ὑπὸ θυρωρῷ κακῶς συρίζοντι καὶ ὀνομακλήτορι Λιβυκῷ ταττόμενον καὶ μισθὸν τελοῦντα τῆς μνήμης τοῦ ὀνόματος. [...] Ὁ δὲ οὐδὲ προσβλέπει πολλῶν ἑξῆς ἡμερῶν („...du mußt früh aufstehen, um dich dann beim Warten herumstoßen zu lassen, vor verschlossener Tür stehen und auch noch den Eindruck zu erwecken, du seist ein unverschämter und zudringlicher Kerl, du mußt von einem Türsteher in schlechtem Syrisch und einem Nomenklator aus Libyen Anweisungen entgegennehmen und dem letzteren obendrein ein Trinkgeld geben, um seinem Namensgedächtnis auf die Sprünge zu helfen. [...] Er [der Patron] schaut viele Tage hintereinander noch nicht einmal hin.") (Ü.: Möllendorff). Zum traditionellen Ideal des aufmerksamen Patrons: Comm. pet. 35.

72 Sen. tranqu. an. 12, 3, 6.

phen) unterstellt, wenn sie überall antichambrieren. Dabei hat er zweifellos ambitionierte Angehörige der oberen Stände im Blick.[73] Diesen gelten seine ausführlichen Ermahnungen, ihre sinnlose Geschäftigkeit einzudämmen: Er vergleicht sie mit Ameisen, die planlos hin- und herliefen, und sich sogar Fremden zu Diensten anböten (alienis se negotiis offerunt). Manche erweckten durch ihre gehetzte Beschäftigung gar den Eindruck, als müssten sie einen Brand löschen:[74]

Sen. tranqu. an. 12, 4

...usque eo impellunt obuios et se aliosque praecipitant, cum interim cucurrerunt aut salutaturi aliquem non resalutaturum aut funus ignoti hominis prosecuturi, aut ad iudicium saepe litigantis, aut ad sponsalia seape nubentis, et lecticam assectati quibusdam locis etiam tulerunt.	...so sehr schubsen sie Entgegenkommende und bringen sich und andere zu Fall, während sie schon weitergelaufen sind, um jemanden zu begrüßen, der ihren Gruß nicht erwidern wird, oder sich dem Trauerzug eines unbekannten Verstorbenen anzuschließen oder dem Prozess irgendeines Streithammels oder der Trauung einer sich oft Verheiratenden, und eine Sänfte geleitend, tragen sie diese gelegentlich sogar.

Hier werden also neben der salutatio weitere Angelegenheiten genannt, zu denen die Schar der Umtriebigen sich geradezu beliebigen Personen anschließt, von denen sie sich Statusgewinn und materielle Vorteile verspricht. Der Besuch von Trauerfeiern, Prozessen und Hochzeiten steht auch auf der täglichen Agenda eines Mannes im Rang des Plinius; solche Anlässe boten Gelegenheit, um Verbundenheit zu dokumentieren und gegebenenfalls (etwa als eingesetzter Erbe) auch davon zu profitieren.[75] Doch lassen die Selbstaussagen des Plinius keinen Zweifel daran, dass sich für ihn aus einem bestehenden Nahverhältnis die Präsenzpflicht ergibt, während Senecas Kritik darauf abzielt, dass die von ihm beschriebenen Ameisen dem Glauben anhängen, durch die Performanz ein Nahverhältnis herstellen, ja geradezu erzwingen zu können, um davon letztlich vor allem materiell zu profitieren.

Um den Schein eines tatsächlich bestehenden Nahverhältnisse zu inszenieren, übernehmen sie im extremen Fall jenen Dienst, der vielleicht am

---

73 Dass man die Klienten, welche bei der salutatio in Erscheinung treten, nach Herkunft und Motiven – den einen geht es um die Befriedigung grundlegender Bedürfnisse, den anderen um Ehre, finanzielle Vorteile und Ämter – in zwei Gruppen unterteilen konnte, legen weitere Autoren nahe: Der unbekannte Autor der vermutlich in neronischer Zeit entstandenen Lobrede auf Piso (Z. 117) unterscheidet „höchste" und „niedrige" Klienten. Vgl. auch Colum. de agr. praef. 9 f.; Lukian. Nigr. 22 ff.

74 Sen. tranq. an. 12, 3, 4. Vgl. dazu Plin. ep. 1, 9 und Lukian. merc. cond. 10.

75 Vgl. z. B. Plin. ep. 1, 9 zur Betriebsamkeit der Aristokraten; 2, 9 zur Sichtbarkeitspflicht auf dem Forum; 1, 62 zu Besuchen am Krankenbett.

deutlichsten den Status des Klienten dokumentiert – das Tragen der Sänfte.[76] Dies mag geradezu als symbolischer Akt der Unterwerfung zu verstehen sein: Wer sich so verhielt, stellte sich auf eine Stufe mit jenen Klienten, deren Dienst ebenso wie ihr Status traditionell als „niedrig" eingeschätzt wurde.[77]

Wieder ist zweifelhaft, ob hier alltägliche Beobachtungen oder der Wunsch nach Überspitzung Seneca dazu veranlasste, das Bild des Sänftenträgers zu bemühen. Insgesamt jedoch scheint er Martials Beobachtung von der Übernahme des Klientendienstes durch die Purpurträger zu teilen, wobei er ein anderes Problem verfolgt: Während seine Kritik sich auf das Sozialverhalten der Elite bezieht, stellt Martial zunächst einmal die Folgen für die armen Klienten heraus, deren Dienst überflüssig wird.

2. sportulae und cena recta

Traditionell war der Patron verpflichtet, seine Klienten zum Essen zu laden.[78] Unklar ist, ob diese Einladung regelmäßig oder gar täglich erfolgen sollte, ob der Klient persönlich zu Tisch gebeten werden sollte oder lediglich eine Portion aus der Küche des Patrons erhielt. Man kann sich hier alle möglichen Varianten vorstellen; sehr anschaulich beschreibt Lukian, wie selbst ein im Hause eines Reichen angestellter grammaticus zum ersten Mal zum Essen eingeladen und mit einem persönlichen Trinkspruch geehrt wird, und ihm diese persönliche Zuwendung des Hausherrn den Neid und Groll der „alten Freunde" einbringt, die beim Essen in der zweiten Reihe stehen oder liegen müssen.[79] Vermutlich gab es bereits in der Zeit der Republik die Praxis, eine Essensration in einem Korb (sporta) bzw. einem Körbchen (sportella) auszuhändigen, die danach sportula genannt wurde.[80] Auch war es üblich, dass Gäste während des Mahls

---

76 Laut Lamer (s. Anm. 54), 1097 war das Tragen der Sänfte eigentlich eine Sklavenarbeit; es finden sich nur wenig Belege dafür, dass diese Tätigkeit von freien Bürgern ausgeübt wurde. Vielleicht dient auch die Schilderung Senecas vor allem dazu, den Diensteifer und die Eilfertigkeit der hier Angesprochenen auf die Spitze zu treiben.

77 Vgl. auch Laus Pisonis Z. 134 f.

78 Cic. Mur. 71. Hug (s. Anm. 20), 1884; Vössing (s. Anm. 35), 193. 243; Elke Stein-Hölkeskamp, Das römische Gastmahl. Eine Kulturgeschichte. München 2005, 92 ff. Eine solche Einladung zum Abendessen musste sicherlich nicht täglich ergehen: Iuv. 5, 15 f. spricht sarkastisch davon, dass der Patron den Klienten nach zwei Monaten seines Dienstes zum Essen einlädt.

79 Lukian. merc. cond. 17.

80 Cic. ad. fam. 9, 20, 2. Zu der sportula: Heuermann (s. Anm. 51); Hug (s. Anm. 20), 1884 f. Zum Wort: Joel Le Gall, La „Nouvelle plèbe" et la sportule quotidienne, in: Raymond Chevallier (Hrsg.), Mélanges à André Piganiol. Bd. 3. Paris 1966, 1449–1453, 1449 f.; Verboven (s. Anm. 23), 95 ff.; Vössing (s. Anm. 35), 193 f. mit Literatur, insbesondere zu sportulae-Verteilungen in den Städten des Imperiums unter Anm. 5.

Speisen in einer mitgebrachten Serviette (mappa) verstauten, um sie als Geschenke mit nach Hause zu nehmen.[81] Im 1. Jh. n. Chr. wurden vor allem anlässlich der öffentlichen, seitens von Privatleuten, Magistraten oder dem Kaiser finanzierten Speisungen (epula publica) Körbchen (sportulae) mit Essen verteilt, die mit nach Hause genommen werden konnten.[82] Die Kaiser ließen solche Körbchen häufig gerade anlässlich der Spiele verteilen, Sueton überliefert dies z. B. für Caligula, Nero und Domitian.[83] Dieses Verfahren der Beköstigung wurde wahrscheinlich unter Nero dahingehend vereinfacht, dass den Empfängern eine bestimmte Summe Geld ausgehändigt wurde, so dass sportula auch die Bedeutung Geldgeschenk haben kann.[84] Sueton erwähnt dies im Zusammenhang mit nicht näher bestimmten Maßnahmen Neros gegen den Luxus: „...öffentliche Mahlzeiten wurden zur Verteilung von Geldgeschenken..." (publicae cenae ad sportulas redactae).[85] Bereits Domitian bemühte sich laut Sueton, solche Geldzahlungen zu unterbinden und zu der alten Tradition zurückzukehren: „Er hob die Geldsportula (sportulae publicae) auf und führte stattdessen den Brauch der ordentlichen Mahlzeiten (cenae rectae) wieder ein", wobei darunter Gastmähler mit Tischen, Speisesofas und Geschirr zu verstehen sind, wie sie auch beim häuslichen Gastmahl zur Anwendung kamen.[86] Die Motive der Kaiser Nero und Domitian, die jeweils gängige Praxis der öffentlichen Verköstigung zu verändern, werden im antiken Schrifttum nicht expliziert und in der Forschung wenig beachtet. Einige Forscher deuten die Maßnahme Neros als einen Versuch, Prachtentfaltung auf dem Gebiet des Speiseluxus zu unterbinden.[87] Wäre jedoch die Eindämmung des Speiseluxus intendiert gewe-

---

81 Vössing (s. Anm. 35), 199. 221.
82 Marquardt (s. Anm. 15), 208. Winterling (s. Anm. 15), 144 zur Unterscheidung von öffentlichen Gastmählern und cenae rectae.
83 Suet. Cal. 18, 2: hier werden allerdings größere Körbe panaria erwähnt, Suet. Nero 16 und Dom. 4, 5. 7.
84 Winterling (s. Anm. 15), 145.
85 Suet. Nero 16, 2. Ausführlich zu den Sueton-Stellen Vössing (s. Anm. 35), 281 f. mit Wiedergabe des Forschungsstandes zur Deutung dieser Passage, die stark an der Übersetzung von publicae cenae hängt: Sind damit kaiserliche Speisungen (so Friedländer u. a.), Speisungen von Patronen außerhalb des Hauses (so Vössing) oder jedwede Verköstigung von vielen Geladenen im Haus (so m. E. zu Recht Heuermann [s. Anm. 51], 6) gemeint?
86 Suet. Dom. 7, 1. Saller (s. Anm. 9), 129 Anm. 66 sieht in der Maßnahme Domitians die einzige Initiative eines Kaisers, das Patron-Klient-Verhältnis zu regulieren, äußert sich jedoch nicht über denkbare Intentionen, sondern stellt lediglich fest, dass die Maßnahme „keine gravierenden Änderungen mit sich brachte". Zum typischen Inventar der cena recta: Winterling (s. Anm. 15), 145.
87 So Brian H. Warmington, Suetonius Nero. [Original 1977] London 1990, 73; Wilhelm Kierdorf, Sueton. Leben des Claudius und Nero. Paderborn/München/Wien u. a. 1992, 181; Vössing (s. Anm. 35), 282. Dass Sueton die Einführung der Geldsportula im Zu-

sen, hätte man dies auf dem Weg konkreter Vorgaben im Sinne der schon in älterer Zeit bezeugten leges sumptuariae verfolgen können. Daher ist es wahrscheinlicher, dass die Maßnahme darauf abzielte, die Verköstigung gegenüber einer großen Zahl von Empfängern zu vereinfachen und den Nutzen für die Zielgruppe zu optimieren: Eine Geldspende war schnell und unkompliziert auszuhändigen, während der logistische Aufwand für eine verabreichte Essensration erheblich höher gewesen sein dürfte. Für bedürftige Empfänger war das Geld von größerem Nutzen, da es zu verschiedenen Zwecken genutzt werden konnte, zumal sich Nero laut Sueton gleichzeitig darum kümmerte, dass die Garküchen auch erschwingliche Speisen anboten.[88] Darüber, warum Domitian wiederum der cena recta den Vorzug gegenüber der Geldsportula gab, lässt sich nur spekulieren. Möglicherweise ging es darum, die Sichtbarkeit der Aristokraten als Spender vor dem Hintergrund kaiserlichen Misstrauens zu verringern.[89] Ob es bei den von Sueton erwähnten Neuerungen der Kaiser ausschließlich um von den Kaisern organisierte Speisungen/Geldverteilungen geht, oder um vom Kaiser ausgegebene Regeln, die für jedweden Patron gelten sollen, wie oft unterstellt wird, ist unklar.[90] Einige Quellen lassen den Schluss zu, dass die Patrone allerdings (sofern keine generelle Vorschrift existierte) das kaiserliche Spendenverhalten adaptierten. So bezeichnet sportula im speziellen Sinn seit der Mitte des 1. Jh.s ein Geldgeschenk des Patrons an seinen Klienten.[91] Die von Sueton nur am Rande erwähnte Neuerung Domitians (statt Verteilung von sportulae Rückkehr zur Tradition der cena recta) wird in Mar-

---

sammenhang mit gegen Luxus gerichteten Maßnahmen erwähnt, kann darauf zurückzuführen sein, dass er den Hintersinn dieser Maßnahme nicht mehr verstanden hat.

88 Nero trat im übrigen selbst als großzügiger Spender gegenüber der plebs auf, die er nicht nur mit Geld, sondern auch anlässlich der Spiele mit weiteren Geschenken beglückte, weswegen Tacitus auch glaubt, dass „die ärmliche, an Zirkus und Theater gewöhnte Masse, das Lumpenpack der Sklaven und das […] auf Kosten Neros unterhaltene Gesindel" besonders unglücklich über den Tod des Herrschers gewesen sei – im Unterschied zu allen anderen Gruppierungen der Gesellschaft: Tac. hist. 1, 4, 3.

89 So Vössing (s. Anm. 35), 284. Winterling (s. Anm. 2) geht davon aus, dass Domitian auch gegen aristokratische salutationes vorgegangen sei, was er aus der Bemerkung bei Plin. paneg. 62, 7, dass nun (unter Trajan) die Tore der Privatwohnungen der Älteren wieder gefahrlos offenstehen und die Jungen ihre Vorbilder besuchen könnten, schließt.

90 Dazu Heuermann (s. Anm. 51), 5 f.

91 Der erste datierbare literarische Beleg für sportula im Sinne von Geldgeschenk ist Petron. 45, 10; hier geht es allerdings um den Ersatz einer von Amtsbewerbern finanzierten öffentlichen Speisung durch einen Geldbetrag zum Zweck der Wahlpropaganda. Da hier der Ersatz der Speisung durch Geld bereits als Normalität angesehen wird, schließt Vössing, dass die Praxis in der Zeit schon geläufig gewesen sein muss. Vgl. Vössing (s. Anm. 35), 193 Anm. 6. Von einer bezahlten Aufwartung der Klienten beim Patron spricht Sen. brev. vit. 14, 3. Die Praxis der Austeilung von Geldgeschenken von Patronen an Klienten ist in der Forschung zu Unrecht bezweifelt worden; Zweifel gründen sich auf die Einschätzung des Realitätsgehalts Martials und Juvenals: Verboven (s. Anm. 23), 96.

tials drittem Buch der Epigramme, das wohl Ende 87 / Anfang 88 n. Chr. entstand, mehrfach explizit mit Bezug auf das Patron-Klient-Verhältnis thematisiert: „Keine sportula wird mehr ausgeteilt, doch umsonst kannst du als Gast zu
Tische liegen…" heißt es im Epigramm 3, 30; einhellig wird bei Martial aus der
Klientenperspektive diese Neuerung verurteilt. Bereits im 4. Buch der Epigramme Martials (Ende 88 publiziert) und in den späteren Büchern wird allerdings wieder von der Geldsportula gesprochen, ebenso in Juvenals 1. Satire.
Da auch andere Autoren von den „bezahlten Klienten" sprechen, ist wohl
davon auszugehen, dass sich die Geldzahlungen letztlich (wieder) durchgesetzt
haben, was jedoch nicht bedeutet, dass überhaupt keine Essenseinladungen an
Klienten mehr ergingen, die ebenso weiterhin von den Dichtern thematisiert
werden.[92] Man könnte nun annehmen, dass vielleicht gerade die armen Klienten
mit der Geldsportula ‚abgespeist' wurden, während die gehobenen amici zum
Mahl geladen wurden, doch zeigt die folgende Analyse, die zunächst auf die
Geldsportula und anschließend auf die Einladung zum Essen eingeht, dass dem
nicht so war.

Der Modus der Aushändigung der Geldsportula wird in den Quellen nicht
einheitlich geschildert.[93] Die Dichter erwähnen die Ausgabe anlässlich der
morgendlichen salutatio (Iuv. 1, 94 ff.), aber auch während des Tages, am Abend
(Mart. ep. 9, 85) oder gar in der Nacht (Mart. ep. 1, 80); vermutlich jeweils in
enger zeitlicher Verbindung mit den von den Klienten geleisteten Diensten.[94]
Die Höhe des gezahlten Betrages hing von der Großzügigkeit bzw. dem Vermögen des Patrons ab; 100 Quadranten werden häufig genannt, vermutlich
handelte es sich dabei um eine Art Standardsatz, oder diese Summe wurde im
Sprachgebrauch der Klienten als Chiffre für einen nicht als ausreichend empfundenen Betrag – etwa im Sinne von ‚die paar Kröten' – verwendet.[95] Wo
Martial die Perspektive der Klienten einnimmt, wird häufig die Geringfügigkeit

---

92   So auch Heuermann (s. Anm. 51), 9; Vössing (s. Anm. 35), 206.
93   Cloud (s. Anm. 32) meint darin ein Indiz zu erkennen, dass die Geldsportula nur ein
     literarisches Motiv der Dichter sei. Dies überzeugt nicht, da man sich vorstellen kann,
     dass die Praxis tatsächlich unterschiedlich war.
94   Plin. ep. 2, 14, 4 erwähnt die Auszahlung im Gerichtssaal und sogar im Triclinium; die
     Auszahlung im Gerichtssaal legt Mart. ep. 1, 95 nahe, in der Therme: Mart. ep. 3, 7, 3.
     10, 70.
95   Mart. ep. 1, 59. 6, 88. 10, 70. 10, 75, 11–14. Verboven (s. Anm. 23), 98 warnt davor,
     diesen Betrag wörtlich zu nehmen. 100 Quadranten entsprachen $6\frac{1}{4}$ Sesterzen; ver-
     mutlich konnte eine Person vom täglichen Empfang einer solchen Summe leben. Vgl.
     dazu die bei Weeber (s. Anm. 18), 281 zusammengestellten Preise; s. auch Wolfgang
     Szaivert/Reinhard Wolters, Löhne, Preise, Werte. Quellen zur römischen Geldwirt-
     schaft. Darmstadt 2005.

der üblichen hundert Quadranten herausgestellt.[96] Die Perspektive des Patrons nimmt das Epigramm 8, 42 ein: Ein Klient namens Matho wird gerügt, dass er anderen Patronen mit einem besseren Angebot die Aufwartung mache; indem der sprechende Spender angibt, für seine sportula könne man immerhin 100 mal baden gehen, bekennt er sich (nach der heutigen Kenntnis über römische Badepreise) zum Standardlohn von 100 Quadranten.[97] Vermutlich besteht der Witz gerade darin, dass die ärmeren Klienten das Geld zum Lebensunterhalt brauchten und für sie gar nicht daran zu denken war, davon den Eintritt für eine Therme zu bezahlen.

Dennoch wurde nach Ausweis der Epigramme das empfangene Münzgeld geschätzt, gerade weil dieses für grundlegende Bedürfnisse des täglichen Lebens ausgegeben werden konnte. Als konkrete Verwendungszecke werden benannt: Die Miete für eine „düstere Kammer", die für den Klientendienst unabdingbare Toga, die Bezahlung einer Prostituierten,[98] bei Juvenal Toga und Schuhe, Brot und Kohl sowie Feuerkohle.[99]

Mehrmals werden Personen porträtiert, die sich mit Hilfe der sportula gerade eben über Wasser halten können; auch wird die Ansicht vorgeführt, dass man auf jeden Fall mehrere sportulae empfangen muss, um nicht zu verhungern.[100] Die Praxis der Austeilung von Geldgeschenken erhöhte offenbar die Attraktivität der Stadt bei Leuten vom Land.[101] Ein Epigramm stellt die Reaktion auf die schockierende Nachricht über den Ausfall der Geldsportula aus der Perspektive der Betroffenen dar: Sie fordern nunmehr ein ordentliches Gehalt (salarium).[102] Diese Forderung lässt deutlich werden, wie weit sich das Verhältnis von Patron und Klient von dem alten Freundschaftsideal, das Martial

---

96 Vgl. z. B. Mart. ep. 10, 75, 11–14, häufig ist im selben Atemzug von Hunger und Armseligkeit die Rede (3, 38. 3, 14). Selten wird erwähnt, dass ein Mann als Klient aufgrund der sportula seine wirtschaftliche Situation verbessern kann: Mart. ep. 8, 44.

97 Vgl. auch Verboven (s. Anm. 23), 98.

98 Mart. ep. 3, 30. Interessanterweise wird nirgends auf die Bedürfnisse einer Familie abgehoben, die damit zu ernähren sei. Ich erkenne darin einen Hinweis auf die übliche soziale Situation eines einfachen Klienten: Dieser lebte allein in einem Zimmer in einer der Mietwohnungen Roms; seine tägliche Arbeit bestand im Dienst an dem Patron.

99 Iuv. 1, 118 ff. Juvenal, dessen erste Satire wohl zu einem Zeitpunkt entstand, als die Verteilung von Geldsportulae sich wieder durchgesetzt hatte, scheint der traditionellen Versorgung mit Essen den Vorzug zu geben. Denn er kritisiert, dass die aktuelle Praxis der Geldsportula dazu führe, dass der Patron auf den leeren Polstern ganz alleine liege, um sein ganzes Erbe zu verschlingen.

100 Mart. ep. 1, 80.

101 Mart. ep. 3, 14 suggeriert, dass ein „Hungerleider" sogar eigens aus Spanien angereist sei, um mittels der sportula in Rom über die Runden zu kommen; doch an der Mulvischen Brücke habe er das Gerücht vom Ausfall der Geldsportula erfahren und kehrtgemacht. Vgl. auch Mart. ep. 3, 38. 4, 5.

102 Mart. ep. 3, 7, 4 ff.

an anderen Stellen anspricht, entfernt hat.[103] Manchmal wird in den Epigrammen dargestellt, dass ein Klient in eine akute Notsituation gerät, wenn das Geldgeschenk ausbleibt.[104] Ob es sich bei den Epigrammen, die dies suggerieren um abstruse Übertreibungen handelt, oder ob diese Gefahr realiter bestand, lässt sich schwer entscheiden. Fest steht, dass die Geldsportula nach Ausweis Martials Klienten zu Gute kommt, die davon ihren dürftigen Lebensunterhalt bestreiten.

Anders als Martial entwirft Juvenal in seiner ersten Satire das Szenario, dass zur morgendlichen Geldverteilung im Hause des Patrons nicht nur die „altgedienten Klienten" erscheinen, deren Lebensunterhalt von der Spende abhängt, sondern sowohl reiche Freigelassene als auch ranghohe Amtsinhaber – diese darüber hinaus noch in Begleitung ihrer Gattinnen, für die sie ebenfalls eine Spende erbitten.[105] Er schildert, wie die Reihenfolge der Zulassung nach Rang mit dem Zeitpunkt des Erscheinens konkurriert, er wettert gegen die Statusanmaßung der Freigelassenen, deren Selbstverständnis ‚Reichtum ist dem Rang überlegen' ironisch kritisch dargestellt wird.[106]

Iuv. 1, 95 ff.

… nunc sportula primo limine parva sedet turbae rapienda togatae.	… heute steht das kleine Geschenkekörbchen ganz vorn auf der Schwelle, damit die Schar in der Toga es plündere.
ille tamen faciem prius inspicit et trepidat, ne suppositus venias ac falso nomine poscas: agnitus accipies. iubet a praecone vocari [100] ipsos Troiugenas, nam vexant limen et ipsi nobiscum. „da praetori, da deinde tribuno!"	Jener jedoch [= der Patron] überprüft zuvor das Gesicht und ist ängstlich besorgt, dass du als Unberechtigter kommst unter falschem Namen forderst: bist du identifiziert, empfängst du. Er befiehlt dem, Herold [gemeint ist der Nomenclator], selbst die Trojaentstammten [gemeint sind vornehme Geschlechter] herbeizurufen, denn auch sie suchen mit unsereinem die Schwelle heim. „Gib dem Praetor, gib dann dem Tribun!" Aber der
sed libertinus prior est. „prior" inquit „ego adsum. cur timeam dubitemve locum defendere, quamvis natus ad Euphratem, molles quod in aure fenestrae arguerint, licet ipse negem? sed quinque tabernae quadringenta parant. […]"	Freigelassene war früher da. „Ich war", sagt er, „früher zur Stelle. Warum sollte ich mich fürchten und zögern, meinen Platz zu verteidigen, obwohl ich am Euphrat geboren bin, was die weibischen Ringlöcher im Ohre verraten, sollte ich es

---

103 Vgl. Mart. ep. 4, 5. 5, 19; Iuv. 5.
104 Mart. ep. 12, 32.
105 Zu den Patron-Klient-Verhältnissen in Juvenals erster Satire einführend Braund (s. Anm. 27), 32 f., die jedoch die Komplexität der realen sozialen Verhältnisse zu stark vereinfacht, insbesondere im Kommentar zu Zeile 95 ff. (98).
106 Juvenal wird im folgenden zitiert nach der Textausgabe und Übersetzung von Jürgen Adamietz, München/Zürich 1993.

selbst leugnen? Aber fünf Ladengeschäfte
bringen mir Vierhundertausend. [...]"

...expectent ergo tribuni,
[110] vincant divitiae, sacro ne cedat
honori nuper in hanc urbem [...] venerat
[...],
quandoquidem inter nos sanctissima di-
vitiarum
maiestas ... [...]

...so mögen denn die Tribunen sich ge-
dulden, es siege der Reichtum, damit
nicht einem unverletzlichen Amtsträger
jemand Platz mache, der erst kürzlich in
diese Stadt [...] kam, da nun einmal bei
uns die heiligste Macht der Reichtum
ist... [...]

Es wird klar herausgestellt, dass sowohl die ausländischen Freigelassenen trotz
vorhandenen Reichtums als auch Amtsinhaber aus vornehmen Familien das
Geldgeschenk vor allem deswegen annehmen, um in die Nähe des Patrons zu
gelangen. Auf diese Weise kritisiert der Dichter das Antichambrieren von
Wohlhabenden, die sich nicht zu fein sind, im Modus des armen Klienten zu
agieren, um Zugang zu einem Patron zu erlangen, von dem sie sicher etwas
anderes erhoffen als ein Taschengeld. Man hat dies durchweg für eine ironische
Übertreibung gehalten.[107] Aus meiner Sicht ist es jedoch – ähnlich wie bei
Martial – keineswegs sicher, ob es hier allein darum geht, vermittels eines fiktiven Szenarios das unwürdige Anbiedern jener Leute vorzuführen. Vielleicht
verkennen wir die Relevanz jener Gesten, die unmissverständlich eine Unter-
ordnung zum Ausdruck brachten, und denen eine ungeheuer große Bedeutung
zukam – in einer Gesellschaft mit einem ausgeprägten Sinn für soziale Hierarchien, die vor allem durch die unmittelbare Verständigung ihrer Mitglieder
immer neu ausgehandelt wurden. Möglicherweise war es nicht nur vorstellbar,
dass Personen Geldgeschenke annahmen, die es zwar eigentlich nicht nötig
hatten, sondern sie taten es tatsächlich: Nämlich um damit ihre Positionierung
als Klient gegenüber dem Patron sinnfällig zum Ausdruck bringen zu können.

Mit der Karikatur des höchsten Amtsinhabers, der nicht nur um eine
Spende für sich, sondern obendrein noch für seine Gattin bettelt, spielt Juvenal
wahrscheinlich darüber hinaus auf das auch in anderen Quellen bezeugte Problem der Geldknappheit von Angehörigen der oberen ordines an.

Iuv. 1, 117 ff.

sed cum summus honor finito computet
anno
sportula quid referat, quantum rationibus
addat,
quid facient comites quibus hinc toga,
calceus hinc est

Wenn aber der höchste Würdenträger
am Ende des Jahres zusammenrechnet,
was ihm die Sportel erbringt, wieviel er
den Konten hinzufügen kann, was sollen
die Begleiter tun, die davon die Toga,
die davon die Schuhe und das Brot und
das Feuer im Hause bezahlen müssen?

---

107 Vgl. z.B. Braund (s. Anm. 27), 103.

[120] et panis fumusque domi? densissima centum
quadrantes lectica petit, sequiturque maritum
languida vel praegnas et circumducitur uxor.
hic petit absenti nota iam callidus arte
ostendens vacuam et clausam pro conigue sellam.
[125] „Galla mea est" inquit, „citius dimitte. moraris?
profer, Galla, caput. noli vexare, quiescet."
ipse dies pulchro distinguitur ordine rerum:
sportula, deinde forum iurisque peritus Apollo
atque triumphales [...].

Dicht gedrängt erbitten die Sänften die 25 As: es folgt dem Ehemann die kranke oder schwangere Frau und wird mit umhergetragen. Einer fordert für die Abwesende, indem er gerissen den schon vertrauten Trick anwendend die leere und geschlossene Sänfte vorweist an Stelle der Gattin. „Es ist meine Galla", sagt er. „Entlass mich ganz schnell! Du zögerst? Steck den Kopf raus, Galla! Stör sie nicht, sie wird schlafen!" Der Tag selbst wird durch die schöne Abfolge der Aufgaben gegliedert: die Sportel, dann das Forum und der rechtskundige Apollo sowie die Triumphalstatuen [...].

[132] vestibulis abeunt veteres lassique clientes
votaque deponunt, quamquam longissima cenae
spes homini: caulis miseris atque ignis emendus.

Aus den Vorhallen ziehen die altgedienten erschöpften Klienten davon und lassen ihre Wünsche fahren, obwohl beim Menschen die Hoffnung auf ein Mahl sehr lange anhält, kaufen müssen die Armen den Kohl und die Feuerkohle.

Das zentrale Problem, auf das er kritisch aufmerksam macht, besteht darin, dass die altgedienten Klienten nicht mehr zum Zuge kommen, da sowohl das Geld von denjenigen kassiert wird, die es im Grunde nicht nötig haben, als auch die Tagesdienste am Patron (konkret wird neben der salutatio die Begleitung auf das Forum, insbesondere zu Gerichtszwecken benannt) von den ‚gehobenen' Klienten, ja den ranghöchsten Personen, übernommen werden. Juvenal entwirft somit – ähnlich wie Martial – ein Szenario von der Verdrängung der ärmeren römischen Bürger aus dem Patronageverhältnis, stellt aber den Punkt deutlicher heraus, dass die Klienten damit von der Verteilung der Ressourcen abgeschnitten werden.

Die Negierung der Geldsportula unter Domitian führte offenbar dazu, dass der Klient wieder (wie es früher üblich gewesen war) eine reguläre Mahlzeit (cena recta) erwarten durfte: im besten Fall im Rahmen einer Einladung zu Tisch mit Geschirr und mehreren Gängen.[108] Dass solche Einladungen auch tatsächlich an Klienten ergingen, suggerieren nicht nur die Epigramme Martials, sondern auch die Satiren Juvenals und weitere Quellen.[109] Eine Klage, die in der Dichtung topische Züge hat, betrifft die minderwertige Qualität des Essens, das

108 Vgl. zum Begriff der cena recta Vössing (s. Anm. 35), 193. 243.
109 Vgl. Vössing (s. Anm. 35), 243.

den geladenen Klienten dabei vorgesetzt wird.[110] Besonders deutlich wird die Kritik aus dem Munde des geladenen Klienten in einem Epigramm Martials formuliert, in dem die neue Sitte der Essenseinladung explizit mit dem Wegfall der Geldsportula in Verbindung gebracht wird.[111]

Mart. ep. 3, 60

Cum vocer ad cenam non iam venalis ut ante,
cur mihi non eadem quae tibi cena datur?
ostrea tu sumis stagno saturata Lucrino,
sugitur inciso mitulus ore mihi:
[5] sunt tibi boleti, fungos ego sumo suillos:
res tibi cum rhombo est, at mihi cum sparulo.
aureus inmodicis turtur te clunibus implet,
ponitur in cavea mortua pica mihi.
cur sine te ceno cum tecum, Pontice, cenem?
[10] sportula quod non est prosit: edamus idem.

Da ich zum Essen eingeladen werde, seit ich kein bezahlter Klient mehr bin wie früher, warum setzt man mir dann nicht das gleiche Essen vor wie dir?
Du nimmst dir Austern, die im Lukrinersee sich sättigen,
ich sauge die Miesmuschel aus und schneide mir dabei in den Mund.
Du hast Champignons, ich muss mir die Saupilze nehmen.
Du hast es mit dem Steinbutt, ich hab's mit der Brachse zu tun.
Eine goldgelbe Taube füllt dir mit ihren mächtigen Keulen den Magen,
mir wird eine Elster vorgesetzt, die im Käfig starb.
Weshalb speise ich ohne dich, da ich doch, Ponticus, mit dir speise?
Daß es die Sportula nicht mehr gibt, soll mir nützen: Essen wir das gleiche!

Auf den ersten Blick sehen die dem Klienten hier dargebotenen Speisen in mehreren Gängen immer noch recht opulent aus und nicht nach einem Essen für einen im Alltagsleben armen Schlucker. Bei genauerer Betrachtung aber wirkt das hier vorgeführte Spiel mit ungleichem Gleichen geradezu zynisch: Der ausgehungerte Klient bekommt zwar Speisen derselben Art, die jedoch mindere Qualität aufweisen, und geeignet sind, den Ausgehungerten beim Essen lächerlich zu machen, wenn er versucht, Miesmuscheln wie Austern auszuschlürfen und sich dabei in den Mund schneidet, sich an der grätenreichen Brachse versucht oder an dem toten Haustier knabbert. Auch wenn Martial in diesem Epigramm dem Klienten die Stimme leiht, der beherzt eine echte Gleichheit der Speisen und eine wahre Gemeinschaft fordert, ist die Zielgruppe seines Epigrammes, die sich über diese aus ihrer Sicht anmaßende Forderung nur vor Lachen ausschütten kann, doch wahrscheinlich die Gruppe der Reichen, welche die Anwesenheit der Armen an der Tafel nutzen, um diese lächerlich zu

---

110 Mart. ep. 4, 68. 4, 85.
111 Vgl. den Kommentar von Allessandro Fusi, M. Valerii Martialis Epigrammaton liber tertius. Introduzione, edizione critica, traduzione e commento. Hildesheim u. a. 2006, 396–399.

machen und sich dabei besser zu fühlen. Auch Juvenals 5. Satire führt vor, wie
der reiche Patron Virro dem Klienten Trebius, der zu den „schlichten" oder
„armen Freunden" zählt,[112] minderwertiges Essen vorsetzt.[113] Und in der Lob-
schrift auf Piso (der im übrigen auch in Juvenals 5. Satire als großzügiger Patron
angesprochen wird)[114] wird kritisch bemerkt, dass es unter den Patronen verbreitet sei, einen Armen für einen lumpigen Preis zu kaufen, um beschämende
Witze über ihn an der Tafel zu reißen (Z. 124 ff.). Hier klingt an, dass die Armen
geradezu angemietet wurden, um dann verspottet zu werden. Auffällig ist, dass
gleichwohl der arme und der reiche Klient an einer Tafel teilhaben; und es steht
zu vermuten, dass hier auf eine gängige Praxis angespielt wird, deren Reiz für
die Gastgeber gerade in dem sozialen Gefälle der Gäste besteht. Konrad Vössing geht zu Recht davon aus, dass sich die in den Epigrammen häufig zu fin-
denden Klagen über das den Klienten vorgesetzte minderwertige Essen darauf
richteten, dass die übliche und allgemein akzeptierte Differenzierung zu weit
getrieben, ein gewisser Stil nicht gewahrt wurde.[115] Auch Plinius schildert in
einem Brief an Avitus eine Begebenheit, die er selbst erlebt zu haben vorgibt.[116]
Ein namentlich nicht genannter, aber von Plinius als schmutzig und noch dazu
verschwenderisch charakterisierter Gastgeber habe sich folgendermaßen verhalten:

Plin. ep. 2, 6

Nam sibi et paucis opima quaedam, ceteris vilia et minuta ponebat. vinum etiam parvolis lagunculis in tria genera discripserat, non ut potestas eligendi, sed ne ius esset recusandi, aliud sibi et nobis, aliud minoribus amicis (nam gradatim amicos habet), aliud suis nostrisque libertis.	Denn sich und einigen wenigen setzte er allerhand Delikatessen vor, den übrigen billiges Zeug und in kleinen Portiönchen. Auch den Wein hatte er in kleinen Flaschen in drei Sorten aufgetragen, nicht, damit man die Möglichkeit habe zu wählen, sondern damit man nicht ablehnen könne, eine für sich und uns, eine andre für die geringeren Freunde – er macht nämlich Rangunterschiede bei seinen Freundschaften – , eine dritte für seine und unsere Freigelassenen.

Sehr deutlich wird auch hier in kritischer Haltung auf die Praxis der Un-
gleichbehandlung von Gästen hingewiesen, die deren Rang veranschauliche:
Den höchsten Rang beansprucht der Gastgeber für sich und seine Gäste im
Format des Plinius, darunter werden die geringeren Freunde angesiedelt, und
zuletzt kommen die Freigelassenen des Gastgebers und der höheren Gäste.
Plinius macht sich zwar auch nicht für die großzügige Speisung von armen

---

112 Vgl. insbes. Iuv. 5, 107 ff. 146 ff. Dazu auch Vössing (s. Anm. 35), 257.
113 Dazu Stein-Hölkeskamp (s. Anm. 78), 96 f.
114 Iuv. 5, 109.
115 Vössing (s. Anm. 35), 254 ff.; Stein-Hölkeskamp (s. Anm. 78), 97 f.
116 Plin. ep. 2, 6. Dazu Vössing (s. Anm. 35), 255 ff.

Klienten als Tugend stark, wohl aber für eine Gleichbehandlung auf niedrigem Niveau. Aus seiner Sicht ließ sich mit der Kargheit der Bewirtung die altrömische Tugend der Sparsamkeit veranschaulichen,[117] die sich gleichfalls als distinktives Stilmittel kultivieren ließ, um sich gegenüber der hemmungslosen Prasserei abzusetzen, welche als topische Untugend der reichen Freigelassenen jener Zeit in der Literatur abgehandelt wird.[118]

Auch wenn zweifellos das Gastmahl zur privaten Prachtentfaltung instrumentalisiert werden konnte, bei der man sich – wie in der Forschung oft betont wird –[119] im aristokratischen Agon zu überbieten suchte, bleibt festzuhalten, dass doch die „unbedeutenden Freunde" nicht für wert befunden wurden, sich für sie zu verausgaben. Vielmehr wurden diese eingeladen, damit sich die ranghöheren Gäste gut oder besser behandelt fühlen konnten. Das Ritual des gemeinsamen Mahles konnte seine integrierende Funktion, Statusgruppen übergreifend zu verbinden, nicht mehr erfüllen.[120]

Auch wenn die zahlreichen Schilderungen knauseriger Patrone auf den ersten Blick vor allem das Problem der zu kurz gekommenen Klienten thematisieren, so ist gleichermaßen ein Dilemma der Patrone angesprochen, das im folgenden kurz beleuchtet werden soll. In vielen Epigrammen Martials, ebenso bei Juvenal, wird es als einige gängige Praxis der Reichen dargestellt, das Vermögen in Luxusgüter zu investieren, die als Statussymbole dienen.[121] Häuser mit glänzenden Marmorsäulen, teure Möbel, Kristall- und Silbergefäße, kostbare Textilien und elegante Fortbewegungsmittel wie Sänften werden als ‚must-haves' der Elite vorgeführt. Dass konkret die Klienten darunter leiden, wenn ein Patron sein Vermögen in andere Bereiche investiert, wird kritisch bemerkt.[122] Juvenal stellt in seiner 14. Satire aber auch sehr deutlich heraus, dass dieser Luxus mit einer extremen Sparsamkeit bei alltäglichen Aufwendungen einhergehen konnte: Um Ausgaben zu begrenzen, würden bei reichen Leuten

---

117 Zu Reichen, die sich den Anschein der Schlichtheit/Armut geben, auch Apul. apol. 19, 5. Zum Ideal der Kargheit als altrömischer Tugend auch Plin. ep. 1, 62. 3, 12.

118 Klaus Rosen, Römische Freigelassene als Aufsteiger und Petrons Cena Trimalchionis, in: Landesinstitut für Erziehung und Unterricht (Hrsg.), Sklaven – Plebejer – Aufsteiger. Die Welt der Unterschicht in der Antike. Stuttgart 1993, 24–46, insbes. 84–85; Uwe Walter, Soziale Normen in den Epigrammen Martials, in: Farouk Grewing (Hrsg.), Toto notus in orbe. Perspektiven der Martial-Interpretation. Stuttgart 1998, 220–242, 224 ff.

119 Wagner-Hasel (s. Anm. 42).

120 Stein-Hölkeskamp (s. Anm. 78), 100.

121 Vgl. z. B. Mart. ep. 9, 22. Zum Villenluxus vgl. insbes. Iuv. 1, 94 f. 14, 141 f.

122 Mart. ep. 9, 2, 10 kritisiert die Verschleuderung des Geldes eines Patrons für eine teure Geliebte, während der Klient in Schuldhaft abgeführt werde. In 4, 67 bittet ein Mann seinen reichen Freund um 100.000 Sesterzen, die ihm zur Aufnahme in den Ritterstand fehlen, doch der Freund investiert lieber in Pferde als in Ritter! Iuv. 5, 113 beklagt, dass es bei vielen verbreitet sei, „reich für sich selbst" und „arm für die Freunde" zu sein (dives tibi, pauper amici).

nicht bloß die Sklaven kurz gehalten, sondern die Herrschaften hungerten geradezu selbst, sie äßen halbvergammelte und minderwertige Lebensmittel, die nicht einmal ein Bettler zu sich nehmen würde.

Iuv. 14, 126 ff.

servorum ventres modio castigat iniquo ipse quoque esuriens, neque enim omnia sustinet umquam mucida caerulei panis consumere frusta, hesternum solitus medio servare minutal [130] Septembri nec non differre in tempora cenae alterius conchem aestivam com parte lacerti signatam vel dimidio putrique siluro, filaque sectivi numerata includere porri: invitatus ad haec aliquis de ponte negabit.	Die Mägen der Sklaven kasteit er [der Reiche] mit zu knappem Maß, hungert auch selbst, denn er bringt es nicht über sich, je alle Brocken des vom Schimmel blauen Brotes zu verzehren, ist gewohnt, mitten im September das Gehackte vom Vortag aufzubewahren und für den Zeitpunkt eines weiteren Mahles Bohnenbrei im Sommer versiegelt aufzuheben, samt einem Stück Makrele oder einem halbfaulen Silurus, und die Stempel des Schnittlauchs abgezählt einzuschließen; würde man einen von der Brücke dazu einladen, er schlüge es aus.

Juvenal prangert dies als Zeichen von Geiz an, unterstellt jedoch auch, dass diese Sparsamkeit eine Begleiterscheinung von allzu hohen Ausgaben in anderen Bereichen sei. Die vorhandenen Reichtümer seien im Rahmen eines solchen Lebens „unter Qualen zusammengerafft" (per tormenta coacta).[123] Für Juvenal ist es ein Zeichen von Irrsinn, dass „um reich zu sterben, das Leben eines Armen" geführt werde.[124] Der moderne Journalismus hat für ähnliche Verhaltensweisen den Begriff der „verschämten Armut" geprägt: Von Betroffenen wird um jeden Preis versucht, die tatsächlich empfundene Armut gegenüber der Außenwelt zu verbergen, um den Schein eines gewissen Sozialprestiges, das an einen bestimmten Lebensstil gebunden ist, aufrecht zu erhalten oder vorzuspiegeln. Gerade dieses Verhalten nimmt auch eine Reihe von Epigrammen Martials aufs Korn, in denen die Kluft zwischen dem nach außen zur Schau gestelltem Habitus des Reichen und tatsächlich fehlender Liquidität herausgestrichen wird.[125] Der Wunsch, in der Außendarstellung Wohlstand zu präsentieren, führte in der Zeit übrigens nachweislich auch vermehrt dazu, dass man gefälschte Luxusgüter zur Schau stellte.[126] Auch andere Quellen bezeugen,

---

123 Iuv. 14, 135.
124 Iuv. 14, 137.
125 Vgl. Mart. ep. 2, 57. 9, 59.
126 Reinhold (s. Anm. 67), 284. Zur Herstellung gefälschter Gemmen: Plin. nat. 37, 75–76. 197–200. Bei Mart. ep. 11, 31 wird ein Mann verspottet, der aus Kürbissen alle möglichen Speisen imitiert.

dass es innerhalb der oberen ordines zu monetären Engpässen kam, die man nach Möglichkeit im Rückgriff auf Freunde und Verwandte auszugleichen suchte,[127] die allerdings vielfach sogar zu einem Ausschluss aus dem ordo führten.[128] Für die städtische Bevölkerung wurden solche ‚Verschiebungen' vor allem im Theater nachvollziehbar, wo für die Senatoren und die Ritterschaft besondere Sitzplätze vorgesehen waren; gerade unter Domitian wurde offenbar streng darauf geachtet, dass nur Berechtigte dort ihre Plätze einnahmen.[129] Die vielfach bezeugten Eingriffe seitens der Kaiser, um das Abrutschen einzelner oder auch ganzer Gruppen aus dem Vermögensstand zu verhindern, müssen wohl nicht allein als Maßnahmen gedeutet werden, die ordines zu erhalten, sondern können auch als Bemühungen interpretiert werden, die Patronagefähigkeit der Patrone abzusichern und damit das soziale Netz des Klientelwesens zu erhalten.

Fazit

Entgegen der in der jüngeren philologischen Forschung vertretenen Auffassung, dass die Dichtung Martials und Juvenals kaum als historische Quelle für die sozialen Verhältnisse Roms herangezogen werden könne, wurde hier im Rah-

---

127 Plinius greift einem Freund bei der Finanzierung der Mitgift seiner Tochter in der Höhe von 50.000 Sesterzen unter die Arme, damit ihr Ansehen „äußerlich bekundet und gefestigt wird", zumal ihrem Gatten öffentliche Ämter eine gewisse Prachtentfaltung auferlegen: Plin. ep. 6, 32. An anderer Stelle wird deutlich, dass Plinius selbst flüssiges Geld von der Schwiegermutter leiht, da er sein Vermögen fast nur in Landbesitz angelegt hat: Plin. ep. 3, 19.

128 Sueton berichtet zum Beispiel über Nero, dass der Kaiser selbst Senatoren durch jährliche Zahlung von 500.000 Sesterzen unterstützte, um ihnen die Möglichkeit zu bieten, die nötige Vermögensqualifikation ihres Standes zu erhalten (Suet. Nero 10, 1). In der Tat halfen fast alle Kaiser der ersten beiden Jahrhunderte n. Chr. Senatoren in finanziellen Schwierigkeiten aus; in den Kaiserbiographien ist die Umgangsweise des Herrschers mit den Senatoren unter diesem Aspekt „geradezu eine feste Rubrik": Matthäus Heil, Sozialer Abstieg: Beredtes Schweigen? in: Eck/Heil (s. Anm. 1), 295– 312, 302. Dazu auch Sigrid Mratschek-Halfmann, Divites et praepontes. Reichtum und soziale Stellung in der Literatur der Prinzipatszeit. Stuttgart 1993. Dies als Maßnahme gegen die „Verarmung" von Senatorenfamilien zu deuten (so Aloys Winterling, ‚Staat', ‚Gesellschaft' und politische Integration in der römischen Kaiserzeit, in: Klio 83 [2001] 93–112, 94), ist irreführend, insofern die betroffenen Familien weniger von Verarmung bedroht waren als vom Statusverlust, da der ostentative Konsum unabdingbar war für die Statusrepräsentation der Elite.

129 Vgl. dazu zusammenfassend Christoff Neumeister, Das antike Rom. Ein literarischer Stadtführer. München 1991, 199; zur Verschärfung der Kontrolle der Sitzplätze unter Domitian: Suet. Dom. 8; Arthur Stein, Der römische Ritterstand. Ein Beitrag zur Sozial- und Personengeschichte des römischen Reiches. München 1927, 22–28; Reinhold (s. Anm. 67), 282.

men einer exemplarischen Gegenüberstellung der bei den Dichtern beschwo-
renen Krisenszenarien bezüglich des Klientelwesens mit einschlägigen Aussagen
von Autoren anderer Gattungen gezeigt, dass einige Phänomene sowohl von
den Dichtern als auch von den Prosa-Autoren thematisiert, wenn auch weitgehend unterschiedlich bewertet werden.

Sowohl in der Dichtung wie auch in den Texten der Prosa-Autoren wird die
strukturelle Veränderung des Personenkreises, der die traditionell als „niedrig"
eingestuften Klientendienste (die morgendliche Begrüßung des Patrons sowie
dessen Begleitung) leistete, thematisiert. Diese Dienste würden nun auch von
Personen ausgeführt, die ihrem sozialen Profil nach wohlhabender und besser
angesehen waren als die sog. kleinen Leute, denen diese Pflicht ursprünglich
oblag, und die von den dafür empfangenen Gaben auch ihren Lebensunterhalt
bestritten. Diese Veränderung wird durchaus negativ bewertet: Senecas Kritik
richtet sich auf das in seinen Augen unwürdige Anbiedern der ambitionierten
Klienten, die sich von ihren Patronen materielle und persönliche Förderung
versprechen. Martial und Juvenal stellen heraus, dass die ärmeren Leute aus
dem Patronageverhältnis herausgedrängt werden, da ihre Dienste von besser
gestellten übernommen werden. Diese Auswirkungen werden interessanterweise von Seneca oder von Plinius nicht thematisiert; wahrscheinlich, weil sie
als Angehörige der Elite von diesem Prozess nicht unmittelbar betroffen waren.

Der mit der Veränderung des Personenkreises einhergehende Wandel alt-
hergebrachter Werte und Tugenden, welche vom Klient einerseits und vom
Patron andererseits erwartet wurden, wird ebenfalls von allen Zeitgenossen –
aus unterschiedlichen Perspektiven – bemerkt und kritisch beurteilt. Als mar-
kanter Punkt der Kritik wird die fehlende Verbindlichkeit der Patron-Klient-
Verhältnisse benannt, die sich etwa im Desinteresse der Patrone insbesondere
an den schlichten Klienten oder in der verächtlichen Behandlung beim Mahl
zeige. Gerade in dieser Hinsicht glaubte man sich vom überkommenen Ideal
eines persönlichen, auf wechselseitiger Treue und echter Tischgemeinschaft
basierenden Verhältnisses entfernt zu haben.

Während die Dichter die sich aus finanziellen Engpässen ergebende ‚ver-
schämte Armut' der Elite vorführen und zeigen, wie Angehörige der oberen
ordines gerade wegen des finanziell aufwendigen Lebensstils an die Grenzen
ihrer Patronagekapazitäten stießen, sprechen Autoren wie Seneca und Plinius
dieses Problem nicht an, von dem sie wohl auch nicht persönlich betroffen
waren. Geht man davon aus, dass sich in den hier zusammengefassten Äußerungen ein sozialer Wandel ablesen lässt, ist zu bezweifeln, dass das Klientelwesen im ausgehenden 1. und zu Beginn des 2. Jh.s n.Chr. maßgeblich zur
vertikalen Solidarität innerhalb der stadtrömischen Gesellschaft beigetragen
hat, somit die Funktion erfüllte, die dem Klientelwesen der Republik aus moderner Sicht zugesprochen wurde. Dies bedeutet jedoch nicht, dass die soziale

Figuration insgesamt oder die ihr innewohnenden Bindungskräfte obsolet wurden.

Indem hier dem sozialen Profil der Klienten und der Symbolik, die den zwischen Patron und Klient ausgetauschten Leistungen innewohnte, besondere Beachtung beigemessen wurde, konnte ein Phänomen gründlicher beleuchtet werden, auf das in der jüngeren Forschung bereits hingewiesen wurde: In der Spätphase der Republik diente das Klientelwesen als vermittelnde Instanz zwischen den Belangen der Masse und den Erwartungen der Führungsschicht. Jedes Mitglied der Führungselite richtete sein Handeln auch im Hinblick auf seinen Anhang im ordo des populus aus.[130] Das Ansehen hing von der Integrationskraft des aristokratischen Hauses ab. Zwar verlor der Glanz, den zahllose Klienten dem Patron zu verschaffen vermochten, auch während des Prinzipats nicht seine Strahlkraft, doch büßten die Klienten ihren Wert für den konkreten Machterwerb ein, als die Magistratswahlen nicht mehr in den Volksversammlungen, sondern im Senat durchgeführt wurden. Unter den veränderten Bedingungen des Prinzipats richtete jeder, der politisch erfolgreich sein wollte, sein Handeln auf diejenigen hin aus, die eine engere Beziehung zum Kaiser hatten.[131] Die vorangehende Analyse hat darüber hinaus vier Ergebnisse erbracht.

1. *Die Umpolung des sozialen Feldes.* Bei gleichbleibender äußerer Form der Kommunikations- und Handlungsweisen zwischen den am Klientelverhältnis Beteiligten, wurden diese zum Teil von anderen Personen und zu anderen Zwecken genutzt, wobei gleichsam eine Umpolung des sozialen Feldes vollzogen wurde. Nun brauchten nicht mehr die Patrone die Klienten zum Machterwerb, sondern umgekehrt: Es war strategisch sinnvoll, sich zum Zwecke des Aufstiegs wie ein Klient einem Höherstehenden zu unterstellen; diese ‚Klienten neuen Typs‘ instrumentalisierten die Patrone zur Verbesserung ihrer sozialen und wirtschaftlichen Position.

2. *Die Instrumentalisierung der Gesten.* Das Statusgefälle zwischen Patron und Klient, das in der Zeit der Republik gerade in dem Verhältnis zwischen dem elitären Patron und dem Klient aus dem Volk beiderseitig akzeptiert war, lag in den sich in der frühen Kaiserzeit ergebenden Konstellationen weniger klar auf der Hand, wenn sich potentielle Patrone selbst zum Zweck des Prestige-, Macht- oder Geldgewinns in die Rolle von Klienten begaben. Gerade wo ein Statusgefälle anhand von Differenzkriterien wie etwa familiärer Abkunft und/oder Vermögen zwischen Patron und Klient nicht mehr eindeutig erkennbar war, konnte es durch Handlungen und Gesten aus dem traditionellen symbolischen

---

130 Laser (s. Anm. 13), 189; Rilinger (s. Anm. 15), 86; Wagner-Hasel (s. Anm. 42), 337; Winterling (s. Anm. 2), 308.
131 Vgl. dazu Flaig (s. Anm. 1), 108; Winterling (s. Anm. 2), 309. Vgl. Dickmann (s. Anm. 50), 372 f., hier 373.

Inventar des Klientelwesens gewissermaßen künstlich inszeniert werden. So ließe sich erklären, warum Gastgeber mitunter auf eine Ungleichbehandlung der Gäste besonderen wert legten. Ob es sich bei in den Texten entworfenen Szenarien, dass selbst angesehene Bürger die Sänfte ihres Patrons trugen oder sich sogar vermögende Klienten ein Geldgeschenk des Patrons abholten, lediglich um literarische Bilder handelt, die Strategien des Anbiederns zu umschreiben suchen, oder um reale soziale Praktiken, ist schwer zu entscheiden. Feststeht, dass Gesten und Rituale, die vormals als Abbild bestehender sozialer Hierarchien galten, nun als Strategien verstanden werden konnten, die den Wunsch nach patronaler Förderung auszudrücken vermochten, bzw. – auf der anderen Seite – geeignet erschienen, Patronagefähigkeit auszudrücken.

3. *Die Klientelisierung von Teilen der Elite.* Unabhängig von dem exakten Realitätsgehalt einzelner Schilderungen heben die Zeitzeugen durchweg darauf ab, dass sich Angehörige der Elite ‚klientelisierten‘, indem sie mit jeweils Ranghöheren im Modus des Austausches von Leistungen operierten. Der Wirkungsradius des ursprünglich schichtenübergreifenden Patronagesystems verringerte sich, er bezog sich nun vornehmlich auf einen Teilnehmerkreis der sozial und finanziell Bessergestellten. Erbschaften, empfangene Schenkungen oder (vor allem auch kaiserliche) Beförderungen – also Zugewinn, der mittels der Patronage zu erreichen war – boten prinzipiell jedem, der in das patronale Netzwerk integriert war, die Möglichkeit, schnell zu Vermögen zu kommen und damit selbst patronagefähig zu werden. Gleichzeitig geriet man durch die sozialen Vorgaben des Geltungskonsums leicht in die Gefahr, erworbenen Reichtum wieder zu verlieren.

4. *Die Verdrängung der ärmeren Klienten aus dem Patronagesystem.* Nach Aussage der Dichter ging die ‚Klientelisierung‘ der Elite mit einer Verdrängung der ärmeren Klienten aus dem Patronagesystem einher, die ihre Klientelfähigkeit einbüßten, als ihre traditionellen Dienste von ambitionierten, wohlhabenderen, ranghöheren Klienten angeboten wurden. Die „schlichten Klienten“ gerieten in die Rolle von lästigen Bittstellern um materielle Unterstützung.[132] Dieser Befund lässt sich durch andere Quellen in dem Sinne relativieren, dass kein totaler Ausschluss dieser unvermögenden Klienten erfolgte. Dies ist sicher weniger auf die Einsicht der Wohlhabenden um die gesellschaftsstabilisierende Wirkung der ökonomischen Umverteilung zurückzuführen; vielmehr behielt

---

132 Inwieweit die Kaiser mittels der Getreideversorgung oder anderen Vergünstigungen die materiellen wie auch die sozialen Auswirkungen dieses Prozesses milderten oder auffingen, ob dies gezielte Maßnahmen oder (eigentlich nicht intendierte) Nebeneffekte kaiserlicher Freigiebigkeit waren, wäre eine eingehende Untersuchung wert. Vgl. zur Thematik: Rolf Gilbert, Die Beziehungen zwischen Princeps und stadtrömischer Plebs im frühen Prinzipat. Bochum 1976, 40 ff.; Veyne (Brot und Spiele, s. Anm. 21), insbes. 591 f.; Evelyn Höbenreich, Annona. Juristische Aspekte der stadtrömischen Lebensmittelversorgung im Prinzipat. Graz 1997, insbes. 29.

auch der arme Klient einen gewissen Nutzen, wenn es um die Quantität der Besucherzahlen ging, und nicht zuletzt konnte ein Patron die armen Klienten gewissermaßen als Randmarkierungen des sozialen Spektrums verwenden, um Relationen der Wertschätzung innerhalb seiner Gefolgschaft zum Ausdruck zu bringen.

Abstract

This article aims to analyse the remarks of ancient authors of various genres concerning urban patronage in early imperial Rome. Late Republican and early imperial sources are examined by observing both the self-portrayals of patrons and clients as well as the symbolism of the exchange of their reciprocal services. The following results are elaborated in the paper: 1. Although the modes of communication and interaction between patrons and clients seem to remain stable since the time of the late Republic, they were performed at least partially by persons with a different social and economic background and for varied purposes. 2. Because the social gap or asymmetry of status between patron and client in the imperial society was no longer as apparent as in the late Republic, it was reinforced and artificially staged by traditional practices, costumes, habits and gestures. 3. Even members of the elite acted as clients by offering officia to people of higher standing. 4. In accordance to the evidence of the early imperial poets the poorer clients were thereby crowded out of the patronage-network and relegated to incommodious suppliants, as their original services were now taken over by more ambitious, wealthier clients of higher rank. These statements can be modified by prose-authors, who testify to the fact that even destitute clients could be appreciated concerning their multitudinous appearances as guests or as a marker labelling intra-communal distance.

Dion von Prusa und die Semiose des Götterbildes[1]

Jan Stenger

I. Das Problem der Götterbilder

Götterbilder verschiedener Art waren in der griechischen Antike allgegenwärtig und alltäglich, sei es in Form von Gemälden, sei es in Gestalt von Statuen, sei es so, wie die Dichter sie in ihren Versen zeichneten. Gemeinsam war diesen visuellen und sprachlichen Repräsentationen, daß sie, anders als etwa die Religion der Ägypter, den Göttern die Gestalt und das Verhalten des vollkommensten irdischen Geschöpfes, des Menschen, verliehen. Hierbei ging man bis an die Grenzen des Naturalismus, wenn immer wieder berichtet wurde, wie Götterstatuen gesprochen oder geweint hatten, wenn man sie wusch und kleidete oder wenn die Dichter sie Ehebruch begehen, miteinander streiten oder mit Menschen verkehren ließen.[2] Der eindrücklichen Bildhaftigkeit all dieser Darstellungen war es zu verdanken, daß sich kaum jemand diesen anthropomorphen Gottesvorstellungen zu entziehen vermochte, und so traf Herodot mit seiner

---

1   Diesem Aufsatz liegt ein Vortrag zugrunde, den ich im Sommersemester 2008 im Habilitationscolloquium an der Christian-Albrechts-Universität zu Kiel gehalten habe. Ich danke den Teilnehmern der Diskussion für ihre Hinweise und Anregungen.

2   Siehe dazu etwa Fritz Graf: Zeichenkonzeptionen in der Religion der griechischen und römischen Antike, in: Semiotik. Ein Handbuch zu den zeichentheoretischen Grundlagen von Natur und Kultur, hg. von R. Posner, K. Robering und Th. A. Sebeok. Berlin; New York 1997, 939–958, 948, Tanja S. Scheer: Die Gottheit und ihr Bild. Untersuchungen zur Funktion griechischer Kultbilder in Religion und Politik. München 2000 (Zetemata 105), 54–66 und Fritz Graf: Plutarch und die Götterbilder, in: Gott und die Götter bei Plutarch. Götterbilder – Gottesbilder – Weltbilder, hg. von R. Hirsch-Luipold. Berlin; New York 2005 (Religionsgeschichtliche Versuche und Vorarbeiten 54), 251–266, 252–257; zu den homerischen Göttern Walter Burkert: Homer's Anthropomorphism. Narrative and Ritual, in: ders.: Kleine Schriften. Bd. 1: Homerica, hg. von Chr. Riedweg. Göttingen 2001 (Hypomnemata Suppl. 2), 80–94 [zuerst 1991] und Wolfgang Rösler: Kanonisierung und Identität. Homer, Hesiod und die Götter der Griechen, in: Sinn (in) der Antike. Orientierungssysteme, Leitbilder und Wertkonzepte im Altertum, hg. von K.-J. Hölkeskamp u.a. Mainz 2003, 105–116. Einen guten Überblick zur griechischen Götterwelt bietet Heinz-Günther Nesselrath: Die Griechen und ihre Götter, in: Götterbilder – Gottesbilder – Weltbilder. Polytheismus und Monotheismus in der Welt der Antike. Bd. 2, hg. von R. G. Kratz und H. Spieckermann. Tübingen 2006 (Forschungen zum AT II.18), 21–44.

Bemerkung, Homer und Hesiod hätten den Griechen ihre Götter gegeben (Hdt. 2. 53), den Kern der Sache.

Gleichwohl wurden die menschengestaltigen Götter nicht fraglos hingenommen, sondern kritisiert und diskutiert, und zwar nicht erst in christlicher Zeit.[3] Der frühesten erhaltenen Kritik begegnen wir bei Xenophanes von Kolophon, der scharf mit solchen Vorstellungen ins Gericht ging, als er darauf aufmerksam machte, wie unangemessen solche fragwürdigen Götter wie die Homers seien und wie das Bild des Gottes durch den kulturellen Kontext bedingt sei.[4] Vom Unbehagen an der traditionellen Vorstellung von den Göttern zeugen nicht zuletzt die Erörterungen der Philosophen, mit deren metaphysischem Gottesbegriff sich der Gott Homers nicht vertrug. Neben anderen Aspekten war es zumal das unmoralische Verhalten der homerischen Götter, das Platon bewog, die Epen aus seinem Idealstaat zu verbannen.[5] Da aber die philosophische Kritik auf lange Sicht nichts gegen die Wirkungsmacht der populären Götterbilder ausrichten konnte, versprach der Weg, diesen mit rationaler Erklärung die Anstößigkeit zu nehmen, mehr Erfolg. Die Untergliederung der Gottesvorstellung nach der *theologia tripertita* in die Bereiche der *theologia naturalis* (Philosophie), der *theologia fabulosa* (Mythen, Dichtung) und der *theologia civilis* (öffentlicher Kultus)[6] erlaubte es immerhin, sich gleichzeitig von dem anthropomorphen Gottesbild abzugrenzen und dieses auf dem Weg der Allegorese als bloße Illustration von Eigenschaften der Gottheit der philosophischen Theologie unterzuordnen.[7] Wie die anhaltende Diskussion zeigte, war das Problem mit dieser versuchten Harmonisierung jedoch nicht gelöst.

Das Problem, das hier erörtert wurde, bestand, allgemein gesprochen, in der Angemessenheit von Götterbildern.[8] Die Kategorie des Gottgeziemenden

---

3   Nesselrath (s. Anm. 2), 21–26.

4   Xenophan. 21 B 11–12 und 14–16 DK.

5   Plat. rep. 2, 377b–378d.

6   Varro ist der früheste Autor, für den die *theologia tripertita* namentlich bezeugt ist: Varro fr. 6–10 Cardauns (= Aug. civ. 4. 27 und 6. 5). Godo Lieberg: Die theologia tripertita in Forschung und Bezeugung, in: ANRW I.4, 1973, 63–115, Burkhart Cardauns: Marcus Terentius Varro. Einführung in sein Werk. Heidelberg 2001, 54–59.

7   Zur Homer- bzw. Mythenallegorese siehe Jean Pépin: Mythe et allégorie. Les origines grecques et les contestations judéo-chrétiennes. 2. Aufl. Paris 1976; Robert Lamberton: Homer the Theologian. Neoplatonist Allegorical Reading and the Growth of the Epic Tradition. Berkeley; Los Angeles; London 1986 (The Transformation of the Classical Heritage 9). Texte zur antiken Allegorese sind jetzt gesammelt bei Ilaria Ramelli (Hg.): Allegoristi dell'età classica. Opere e frammenti. Mailand 2007; vgl. auch dort die Einleitung von R. Radice auf S. IX–XLVIII.

8   Zur Frage nach der Relation von Gott und Bild in der griechischen Antike, genauer zur Frage, ob zwischen beiden eine Identität angenommen wurde, vgl. Scheer (s. Anm. 2), 44–146 und Heinz-Günther Nesselrath: Tempel, Riten und Orakel. Die Stellung der Religion im Leben der Griechen, in: Kratz/Spieckermann (s. Anm. 2), 45–67, 46–48.

spielte im Denken der Griechen eine wichtige Rolle und schien mit den allzu menschlichen Vorstellungen eines Homer unvereinbar.[9] Wie sollte der Gebildete oder der Philosoph mit solchen Vorstellungen umgehen? Wie ließ sich überhaupt über Gott sprechen bzw. Gott repräsentieren? Mit dieser theologisch-philosophischen Diskussion verband sich eine zweite, ästhetische. Ging es doch ebenso um die Grenzen des Darstellbaren, insofern Künstler wie Dichter vor der schier unlösbaren Aufgabe standen, etwas zu gestalten, was sich doch der sinnlichen Wahrnehmung entzog. Was konnte das in der Kunsttheorie und Literaturkritik zentrale Konzept der Mimesis in diesem Zusammenhang bedeuten, wenn die Darstellung von etwas Transzendentem gefordert war?

Die Gelegenheit, in diese Diskussion einzugreifen und eine eigenständige Lösung anzubieten, ergriff Dion von Prusa, als er Anfang des zweiten Jahrhunderts[10] in Olympia, im Angesicht der Zeusstatue des Phidias, eine Festrede präsentierte.[11] Just vor der Statue des Zeus ließ Dion den Bildhauer des fünften vorchristlichen Jahrhunderts auftreten und seine Auffassung von bildender Kunst erläutern.[12] Nach einer Vorrede über das Verhältnis von Philosophen und Sophisten wendet sich Dion der Statue als dem eigentlichen Anlaß seiner Rede

---

9   Siehe Oskar Dreyer: Untersuchungen zum Begriff des Gottgeziemenden in der Antike. Mit besonderer Berücksichtigung Philons von Alexandrien. Hildesheim; New York 1970 (Spudasmata 24).

10   Für die Darbietung des *Olympikos* kommen die Olympischen Spiele des Jahres 101 und die des Jahres 105 in Frage. Eine eindeutige Entscheidung läßt sich hier nicht treffen. Siehe Donald A. Russell (Hg. und Komm.): Dio Chrysostom, Orations VII, XII and XXXVI. Cambridge 1992, 16 und Hans-Josef Klauck: Dion von Prusa. Ὀλυμπικὸς ἢ περὶ τῆς πρώτης τοῦ θεοῦ ἐννοίας. Olympische Rede oder Über die erste Erkenntnis Gottes. Eingeleitet, übersetzt und interpretiert. Mit einem archäologischen Beitrag von Balbina Bäbler. Darmstadt 2000 (SAPERE 2), 25–27, mit der älteren Literatur.

11   Text, deutsche Übersetzung, Anmerkungen und interpretierende Essays findet man bei Klauck (s. Anm. 10). Dort wird auch eine umfassende Bibliographie geboten. An neuerer Literatur nachzutragen sind Marina Rosso: Il dio dello scultore. L'orazione XII di Dione Crisostomo, in: Quaderni del Dipartimento di filologia, linguistica e tradizione classica Augusto Rostagni 1999. Bologna 1999, 331–346, dies.: Su Omero e Fidia. Un incontro tra Dione Crisostomo (XII) e Massimo di Tiro (II, IV, XXVI), in: Quaderni del Dipartimento di filologia, linguistica e tradizione classica Augusto Rostagni, N.S. 1, 2002, 237–249, Hans Dieter Betz: God Concept and Cultic Image. The Argument in Dio Chrysostom's Oratio 12 (Olympikos), in: Illinois Classical Studies 29, 2004, 131–142, ders.: Paraenesis and the Concept of God According to Oratio XII (Olympikos) of Dio of Prusa, in: Early Christian Paraenesis in Context, hg. von J. Starr und T. Engberg-Pedersen. Berlin; New York 2004 (Beihefte zur ZNW 125), 217–234, Danielle van Mal-Maeder: Mémoire collective et imaginaire bridé. Homère, Phidias et la représentation de la divinité dans la littérature impériale, in: Incontri triestini di filologia classica 4, 2004/5, 301–313, Mary-Anne Zagdoun: Dion de Pruse et la philosophie stoïcienne de l'art, in: REG 118, 2005, 605–612.

12   Zur Statue des Zeus in Olympia, einem der Sieben Weltwunder, siehe Balbina Bäbler in Klauck (s. Anm. 10), 217–238.

zu, in der Absicht, Dichtung und bildende Kunst miteinander zu vergleichen. Als roter Faden seiner Erörterung dient ihm die Frage, ob es etwas gibt, das der menschlichen Vorstellung über das Göttliche eine Form verleiht und ihr zur Darstellung verhilft (§ 26). Im Zentrum steht mithin das Problem, ob sich die Erkenntnis Gottes in künstlerischen Medien mitteilen läßt. Zunächst differenziert Dion die verschiedenen Quellen der Gottesvorstellung, an erster Stelle im stoischen Sinne die sich auf natürlichem Wege einstellende Idee (ἐπίνοια κοινή).[13] Ihr folgen die erst erworbenen Vorstellungen, welche die Dichter, Gesetzgeber, Philosophen und Künstler den Menschen vermitteln (§ 39–47). Eingehender untersucht wird im folgenden jedoch augenscheinlich nur die bildende Kunst.[14] Denn Dion imaginiert einen Prozeß, in dem sich Phidias für die anthropomorphe Darstellung des höchsten Gottes rechtfertigen muß (§ 49–84).[15]

Wie der ausführlichen Analyse der Bildhauerkunst in der fiktiven Apologie des Phidias zu entnehmen ist, verfolgt Dion die Absicht, die aufgeworfene Frage dadurch zu beantworten, daß er die Relation zwischen dem Bildwerk und dem Gott möglichst präzise zu bestimmen sucht, also diskutiert, inwiefern die Statue den Gott repräsentiert. Eine befriedigende Antwort scheint nur möglich zu sein, wenn man das Götterbild nicht als bloßen, gegebenen Gegenstand für sich betrachtet, sondern von der Prämisse ausgeht, es handele sich um eine kommunikative Praxis.[16] Man kann im Hinblick auf Dion geradezu von einer Rhetorik der Kunst sprechen, analysiert er doch die bildende Kunst in Kategorien,

---

13 Dion Chrys. 12. 27–32. Zur Provenienz der Gedanken, die Dion im *Olympikos* vorträgt, siehe Zagdoun (s. Anm. 11), die zeigt, daß er neben stoischen auch platonische und aristotelische Ansichten präsentiert. Zu den Quellen der literarischen Ästhetik Dions Zsigmond Ritoók: Some Aesthetic Views of Dio Chrysostom and their Sources, in: Greek Literary Theory after Aristotle. A Collection of Papers in Honour of D. M. Schenkeveld, hg. von J. G. J. Abbenes, S. R. Slings und I. Sluiter. Amsterdam 1995, 125–134. Einer Verbindung von stoischen und platonischen Lehren begegnet man auch in Dions *Borysthenitikos* (or. 36): vgl. Heinz-Günther Nesselrath u.a.: Dion von Prusa. Menschliche Gemeinschaft und göttliche Ordnung: Die Borysthenes-Rede. Eingeleitet, übersetzt und mit interpretierenden Essays versehen. Darmstadt 2003 (SAPERE 6), 139–153.
14 Den Gesetzgeber schließt Dion ausdrücklich von seiner Analyse aus (§ 48), während die dichterische und die philosophische Gottesvorstellung insofern durchaus erörtert werden, als sie in Phidias' Apologie stets präsent sind.
15 Die Einführung mythologischer oder historischer Personen als redende Figuren war gerade in der Zweiten Sophistik ein beliebtes rhetorisches Mittel. Dion verwendet solche Prosopopoiien des öfteren, beispielsweise Dion Chrys. 3. 26 f. (Hippias und Sokrates), 4. 16–81 (Diogenes und Alexander). Vgl. Klauck (s. Anm. 10), 170–176.
16 Vgl. van Mal-Maeder (s. Anm. 11), 307 f. Der kommunikative Aspekt von Bildwerken spielt auch vor Dion eine Rolle: Plat. Krat. 430a–432a; rep. 10 passim (Parallelisierung der Wirkung von Malerei und Dichtung auf die Seele); Xen. mem. 3. 10. 6–8.

die seit langem zur Beschreibung der Rhetorik geläufig waren.[17] Die Kunst
verfolge als Ziel die Persuasion des Publikums.[18] Der Künstler versucht nämlich,
ein bestimmtes Gottesbild im Betrachter zu verankern, diesen also von der
Gültigkeit dieser Vorstellung zu überzeugen. An die Stelle sprachlicher Mittel
der Persuasion treten die visuellen der Kunst, die ebenso wie diese dazu beitragen sollen, den dargestellten Gegenstand glaubwürdig wirken zu lassen.[19] Auf
die Nähe zur Rhetorik verweisen die Kategorien, nach denen das Kunstwerk
beurteilt wird, obgleich zu bedenken ist, daß die Rhetorik in ihrer Terminologie
selbst Anleihen in der visuellen Wahrnehmung gemacht hatte. Schon die Kategorien der ἐνάργεια[20] und der μεγαλοπρέπεια[21] lassen die Verwandtschaft
zwischen rhetorischer und bildender Kunst anklingen,[22] vollends augenfällig
wird sie bei dem im gesamten fiktiven Prozeß angelegten Maßstab des πρέπον,
der Angemessenheit.[23] Ihre fundamentale Verwandtschaft legitimiert in den
Augen Dions den Vergleich zwischen den beiden Medien des Wortes und der
bildenden Kunst, der zum Leitfaden der Rede des Phidias wird.[24] Statt zwischen
beiden Medien einen Wettstreit zu inszenieren, etwa auf dem Wege einer ausführlichen Ekphrasis der Zeusstatue,[25] verfolgt Dion also das Anliegen, das
Kunstwerk diskursiv, mit den Mitteln des Wortes, zu analysieren.

---

17   Die Parallelisierung von bildender Kunst und Sprache bzw. Dichtung blickte auf eine
     lange Tradition zurück. Vgl. das Zitat des Simonides: ὁ Σιμωνίδης τὴν μὲν ζωγραφίαν
     ποίησιν σιωπῶσαν προσαγορεύει, τὴν δὲ ποίησιν ζωγραφίαν λαλοῦσαν. Plut. de glor.
     Ath. 3 (mor. 346 f–347a).
18   Dion Chrys. 12. 46, 56, 71. Hiermit reihte sich Dion in eine lange Tradition ein. Bereits
     Platon bedient sich im *Sophistes* und im *Kratylos* im Hinblick auf Bilder derjenigen
     Kategorien, die dann bei Dion zentral sind, nämlich Ähnlichkeit, Wert und Angemes-
     senheit. Siehe Plat. soph. 235d/e; Plat. Krat. 430b–431d und 439a/b.
19   Dion Chrys. 12. 46. Siehe etwa auch Xen. mem. 3. 10. 7. Das πιθανόν ist für Dion ebenso
     ein wichtiges Kriterium zur Beurteilung von Literatur, bes. in or. 52 und 60, ferner etwa
     11. 107. Siehe schon Aristot. poet. 9, 1451b16. Vgl. Ritoók (s. Anm. 13), 127–129.
20   Dion Chrys. 12. 71. Sie gilt ebenso Plut. de glor. Ath. 3 (mor. 347a–c) als Ziel sowohl der
     Malerei als auch der Rede.
21   Dion Chrys. 12. 77. Siehe J. J. Pollitt: The Ancient View of Greek Art. Criticism, Hi-
     story, and Terminology. New Haven; London 1974 (Yale Publications in the History of
     Art 25), 196–198.
22   Vgl. die Stellen bei Heinrich Lausberg: Handbuch der literarischen Rhetorik. Eine
     Grundlegung der Literaturwissenschaft. 4. Aufl. Stuttgart 2008, 399–407 (ἐνάργεια),
     507–511 (πρέπον), 523 (χαρακτὴρ μεγαλοπρεπής).
23   Dion Chrys. 12. 52, 55, 75, 80, 85. Pollitt (s. Anm. 21), 217 f.
24   Dementsprechend zieht sich die Parallelität von Sehen und Hören durch den ganzen
     Olympikos, beispielsweise § 16, 28, 33 und bes. 46 f. Außerdem fällt auf, daß der bil-
     dende Künstler Phidias von Dion als versierter Redner eingeführt wird (§ 55), der
     schließlich für seine glänzende Verteidigungsrede bekränzt wird (§ 84).
25   Daß Dion von einer Ekphrasis der Statue absieht, fügt sich in seine Konzeption des
     Götterbildes, das er, wie noch gezeigt wird, als Mittler auffaßt. Eine Ekphrasis hätte
     dem Äußeren des Bildes zu viel Gewicht verliehen. In § 2 f. hingegen bietet Dion eine

Im folgenden wird gezeigt, wie Dion versucht, durch eine semiotische Analyse den Anthropomorphismus der Götterbilder zu legitimieren und das Bild als ein Mittel der Erkenntnis aufzuwerten.[26] Er antizipiert damit Fragen, denen auch in der heutigen Diskussion über den Status von Bildern zentrale Bedeutung zukommt.[27] Gleichwohl muß eingeschränkt werden, daß Dion im *Olympikos* keine erschöpfende, systematische Kunst- oder Bildtheorie vorlegt,[28] sondern sich auf den Spezialfall der Götterstatue konzentriert.[29] Seine Ergebnisse sind trotzdem ebenso für andere Arten von bildlichen Darstellungen relevant.[30]

II. Dions Methode und Analyse

Dion will, wie er ausdrücklich ankündigt, auf dem Wege des Vergleichs klären, welchen Beitrag das solchermaßen als Kommunikationsmittel verstandene Bild zur Erkenntnis des Gottes zu leisten vermag (§ 26, 48). Der die Apologie des Phidias beherrschende Vergleich mit der Dichtung Homers bot sich zumal deshalb an, weil man allgemein die Zeusstatue in Olympia mit der homerischen *Ilias* in Verbindung brachte. Immer wieder wurde sie nämlich als Illustration des Zeus betrachtet, der im ersten Gesang der *Ilias* Thetis Gewährung zunickt und dabei den Olymp erbeben läßt.[31] Auch Dion versäumt es nicht, auf die Ab-

---

ekphrastische Beschreibung des Pfaus. Zur Ekphrasis vgl. die grundlegende Darstellung bei Gottfried Boehm; Helmut Pfotenhauer (Hg.): Beschreibungskunst – Kunstbeschreibung. Ekphrasis von der Antike bis zur Gegenwart. München 1995 sowie demnächst die Studie zur rhetorischen Ekphrasis der Antike von Ruth Webb: Ekphrasis, Imagination and Persuasion in Ancient Rhetorical Theory and Practice. Aldershot 2009.

26 Bereits Aristot. poet. 4, 1448b15–17 spricht davon, daß der Betrachter durch ein Bild etwas lerne. Allerdings geht es dort nur darum zu erkennen, wer oder was auf dem Bild dargestellt ist.

27 Zu diesem in Kunstgeschichte wie Philosophie gleichermaßen diskutierten Thema siehe beispielsweise Oliver R. Scholz: Bild, Darstellung, Zeichen. Philosophische Theorien bildlicher Darstellung. 2. Aufl. Frankfurt/Main 2004 und Stefan Majetschak (Hg.): Bild-Zeichen. Perspektiven einer Wissenschaft vom Bild. München 2005.

28 Alain Billault: Dion Chrysostome avait-il une théorie de la sculpture?, in: Bulletin de l'Association Guillaume Budé 1999 (2), 211–229 betont zu Recht, daß Dions Analyse der Bildhauerei nicht systematisch sei, wird ihr allerdings nicht gerecht, wenn er ausschließlich den Aspekt der Vergänglichkeit der Statuen ins Auge faßt.

29 Bei seiner Aufzählung berühmter bildender Künstler hebt Dion das Götterbild als den Gipfel der Kunst von den übrigen künstlerischen Hervorbringungen ab (§ 45).

30 Von archäologischer Seite hat Dions Theorie erstaunlich wenig Aufmerksamkeit erfahren, obgleich sie ein heuristisches Mittel für einen Zugang zu antiken Götterbildern sein könnte.

31 Hom. Il. 1. 528–530 (ἦ καὶ κυανέῃσιν ἐπ' ὀφρύσι νεῦσε Κρονίων· | ἀμβρόσιαι δ' ἄρα χαῖται ἐπερρώσαντο ἄνακτος | κρατὸς ἀπ' ἀθανάτοιο· μέγαν δ' ἐλέλιξεν Ὄλυμπον). Zum angeblichen Rekurs des Phidias auf diese Stelle siehe Pol. 30. 10. 6; Strab. 8. 3. 30; Plut. Aem. 28. 2; Val. Max. 3. 7, ext. 4. Die antiken Quellen zu Phidias sind gesammelt bei

hängigkeit der Statue von dem Epos hinzuweisen.[32] Das die Rede durchziehende Prinzip der Synkrisis gestattet es, die spezifischen Eigenheiten bildlicher Kommunikation klarer herauszustellen, da trotz der grundsätzlichen Gemeinsamkeit der Kommunikation sich bildende Kunst und Sprache in einigen Aspekten voneinander unterscheiden, wie Phidias darlegt. Beteiligt sind an dem visuellen Kommunikationsprozeß gemäß den Ausführungen des Bildhauers drei Faktoren, deren Verhältnis zueinander ausführlich dargestellt wird. Zum ersten haben wir den schöpferisch tätigen Künstler, zum zweiten das von ihm produzierte Bildnis und zum dritten den Betrachter, bei dem das Bildnis bestimmte Reaktionen hervorruft. Dions Analyse liegt das klassische Kommunikationsmodell von Sender, Botschaft und Empfänger zugrunde, wie es ebenso in der antiken Rhetorik Verwendung fand.[33] Während Phidias diese drei Faktoren nicht säuberlich getrennt voneinander abhandelt,[34] sollen sie hier der Deutlichkeit halber nacheinander vorgestellt werden.

Noch vor Beginn der Apologie des Bildhauers bietet sich, was den Status des Künstlers betrifft, ein ambivalentes Bild, wie wir es auch aus der griechischen Chorlyrik kennen. Einerseits wird überhaupt nicht in Abrede gestellt, daß der bildende Künstler in fremdem Auftrag, in der Regel für Städte, tätig wird, mithin nicht autonom schafft, sondern auf Erwartungen der Auftraggeber Rücksicht nehmen muß (§ 45). Andererseits attestiert Dion Phidias ohne Einschränkung, daß er ein weiser und göttlicher Schöpfer des Kunstwerks sei (§ 49). Der philosophische Redner der Kaiserzeit scheint den klassischen Bildhauer demnach als Kollegen zu akzeptieren, indem er ihn zu einem Philosophen stilisiert.[35] Dementsprechend trägt Phidias in seiner fiktiven Rede Theorien über Kunst und Kommunikation vor, die mit Fug und Recht als philosophisch unterrichtet gelten können.[36] Außerdem deutet Dion an, woher die Weisheit stammt, wenn er den Künstler als göttlich (δαιμόνιος) apostrophiert. Quelle des Schaffens ist demzufolge göttliche Inspiration, freilich ohne daß dies näher erläutert würde. Diese Auffassung vernehmen wir sodann auch aus dem Munde

---

Johannes Overbeck: Die antiken Schriftquellen zur Geschichte der bildenden Künste bei den Griechen. Leipzig 1868 [ND Hildesheim 1959], 113–144 (Nr. 618–807).

32 Dion Chrys. 12. 25 f. Auch Dions Phidias spielt darauf in § 79 an, stellt jedoch in Abrede, daß es ihm überhaupt möglich gewesen sei, den Gott in dieser Weise darzustellen.

33 Aristot. rhet. 1.3, 1358a37–39; vgl. Wolfram Ax: Art. Aristoteles, in: Handbücher zur Sprach- und Kommunikationswissenschaft. Bd. 7.1: Sprachphilosophie, hg. von M. Dascal u. a. Berlin; New York 1992, 244–259, 251.

34 Zum Aufbau der Rede des Phidias siehe Klauck (s. Anm. 10), 29 f.

35 Vgl. auch Rosso (Il dio dello scultore, s. Anm. 11), 339, 345.

36 Genau genommen trägt Phidias sogar stoische Ansichten vor, die der historische Bildhauer in dieser Form noch gar nicht gekannt haben kann (etwa § 65). Das zeigt, daß es Dion nicht um historische Treue ging, sondern um eine Analyse auf dem Stand seiner eigenen Zeit.

des Phidias. Er beginnt nämlich seine Apologie mit einer gleichzeitig stolzen und scheinbar bescheidenen Feststellung:

> ἐνθυμεῖσθε δὲ ὅτι οὐκ ἐγὼ πρῶτος ὑμῖν ἐγενόμην ἐξηγητὴς καὶ διδάσκαλος τῆς ἀληθείας. οὐδὲ γὰρ ἔφυν ἔτι κατ᾽ ἀρχὰς τῆς Ἑλλάδος οὐδέπω σαφῆ καὶ ἀραρότα δόγματα ἐχούσης περὶ τούτων, ἀλλὰ πρεσβυτέρας τρόπον τινὰ καὶ <τὰ> περὶ τοὺς θεοὺς ἤδη πεπεισμένης καὶ νομιζούσης ἰσχυρῶς.

> Bedenkt aber, daß ich nicht als erster bei euch als Ausleger und Lehrer der Wahrheit auftrat. Denn ich war noch nicht einmal geboren in den frühesten Zeiten, als Griechenland noch keine deutlichen und festgefügten Ansichten in diesen Fragen besaß, sondern erst, als Griechenland gewissermaßen bereits älter war und im Hinblick auf die Götter schon Überzeugungen hatte und einen festen Glauben. (Dion Chrys. 12. 56)

In Anlehnung an das Selbstverständnis frühgriechischer Dichter sieht sich der Bildhauer in der Rolle des Hermeneuten, der den Menschen die Wahrheit vermittelt und deutet. Auch diese Haltung verweist implizit auf die göttliche Sphäre, da in der literarischen Tradition die Dichter gerade deshalb die Wahrheit auszulegen berufen waren, weil sie von Göttern und Musen inspiriert worden waren. Abschließend kehrt Phidias zu diesem Gedanken zurück, indem er mit Pindar darin übereinstimmt, daß Zeus selbst der erste und vollkommenste Künstler gewesen sei.[37] Was Phidias und seine Kollegen auf Erden tun, entspricht der Tätigkeit des höchsten Gottes im Himmel.[38]

Wie ist vor diesem Hintergrund nun das Schaffen des Künstlers zu verstehen? Phidias macht dazu nur kurze, gleichwohl aufschlußreiche Bemerkungen: τὸ δὲ πάντων χαλεπώτατον, ἀνάγκη παραμένειν τῷ δημιουργῷ τὴν εἰκόνα ἐν τῇ ψυχῇ τὴν αὐτὴν ἀεί, μέχρις ἂν ἐκτελέσῃ τὸ ἔργον, πολλάκις καὶ πολλοῖς ἔτεσι ("Was von allem das Schwierigste ist: Beim bildenden Künstler ist es erforderlich, daß ein und dasselbe Bild stets in seiner Seele bleibt, bis er sein Werk vollendet hat, oftmals sogar für viele Jahre", § 71). Demzufolge formt er seine Statue nicht mit Blick auf irgendein Modell oder eine zweidimensionale Skizze, sondern er setzt ein vor dem geistigen Auge befindliches Bild, eine Imagination, in das Kunstwerk um.[39] Da Phidias die Schwierigkeit betont, sich diese Imagination zu bewahren, darf man folgern, daß es sich um eine kurzfristige, punktuelle Schau des Vorbildes handelt, die nicht ständig zur Verfügung steht. Darauf führt auch eine Beobachtung, die Phidias selbst zwar auf den Dichter bezieht, allerdings im Rahmen seines Vergleichs mit dem bildenden Künstler. Von einer einzigen Idee (ἐπίνοια) und einem einzigen Impuls seiner Seele er-

---

37 Dion Chrys. 12. 81 mit Pind. fr. 57 M.: Δωδωναῖε μεγασθενές | ἀριστότεχνα πάτερ. Siehe auch Plut. praec. ger. reip. 13 (mor. 807c) und ser. num. vind. 4 (mor. 550a).

38 Zum Gott als künstlergleichem Schöpfer (δημιουργός) vgl. auch Plat. soph. 265c; rep. 6, 507c; Tim. 28a–31b.

39 Ebendies betonen auch andere Autoren: Cic. orat. 9; Sen. contr. 10. 5. 8; Philostr. Ap. 6. 19; Plot. 5. 8. 1.

griffen, schöpfe der Dichter aus einem unermeßlichen Vorrat an Wörtern, ehe ihn das Gedankenbild (φάντασμα) und die Idee, die er gefaßt habe, wieder verließen.[40] Die bildende Kunst hingegen sei mühevoll und langsam. Dichter wie Künstler ergreifen Dions Phidias zufolge möglicherweise durch intellektuelle Tätigkeit oder Intuition ein geistiges Bild vor ihrem inneren Auge, nach dem sie ihre poetische bzw. bildliche Darstellung anfertigen. Daß diese Imagination nicht ständig präsent, sondern ein transitorisches Phänomen ist, ergibt sich eindeutig aus diesen Ausführungen.

Offen bleibt einstweilen, wie dieses Bild in der Seele zustande kommt. Jedenfalls läßt sich festhalten, daß der Künstler, zumindest wo er einen Gott darstellt, keine Mimesis der Erfahrungswelt betreibt. Mit der kopierenden Nachahmung sinnlich wahrnehmbarer Dinge ist es offensichtlich nicht getan, da sich Gott diesem Zugriff entzieht. Trotzdem begreift Phidias seine Kunst als mimetisch, wie ein Blick auf die von ihm gewählten Ausdrücke zeigt. Er bezieht sich auf seine Kunst zum einen als ἀπεικασία und εἰκάσαι, zum anderen verwendet er das Wortfeld der Ähnlichkeit (ὁμοιότης) und, besonders signifikant, μίμησις und μιμεῖσθαι.[41] Was er aber darstellt, ist jenseits der Erfahrungswelt angesiedelt, bildet er doch, wie er sagt, die göttliche und unbeschreibliche Natur ab (μιμήσασθαι τὴν θείαν καὶ ἀμήχανον φύσιν, § 74). Mit diesem Konzept der Mimesis folgt Dion dem üblichen und auch bei Platon vorausgesetzten Gebrauch des griechischen Begriffs μίμησις, dessen Inhalt keineswegs, wie des öfteren angenommen wird, die kopierende Nachahmung eines in der Sinnen-

---

40 Dion Chrys. 12. 70. Unzulässig ist es, Dion hier als Gewährsmann für eine angebliche Kunsttheorie der Phantasia heranzuziehen, die das Paradigma der Mimesis abgelöst habe. Demnach wäre in der Kaiserzeit das Prinzip künstlerischer Imagination an die Stelle einer naturalistischen Abbildung der sichtbaren Realität getreten. So Pollitt (s. Anm. 21), 52–55, 296 f. Das Mißverständnis, eine Phantasia-Theorie habe in Konkurrenz zur Mimesis-Theorie gestanden, beruht auf der unbegründeten Verengung des platonischen Mimesis-Begriffs auf die Bedeutung ‚kopierende Nachahmung‘. Pollitt folgt damit Bernhard Schweitzer: Der bildende Künstler und der Begriff des Künstlerischen in der Antike. Μίμησις und Φαντασία. Eine Studie, in: Neue Heidelberger Jahrbücher 1925, 28–132 und ders.: Mimesis und Phantasia, in: Philologus 89, 1934, 286–300; siehe ferner Rosso (Il dio dello scultore, s. Anm. 11), 342–344. Zwei Zweige der antiken Kunsttheorie, nämlich einen der die sinnliche Welt nachahmenden und einen der die Ideenwelt zeigenden Kunst, unterscheidet auch Erwin Panofsky: Idea. Ein Beitrag zur Begriffsgeschichte der älteren Kunsttheorie. 2. Aufl. Berlin 1960, 1–16. Kritik an Pollitts Ansicht üben Thomas G. Rosenmeyer: Φαντασία und Einbildungskraft. Zur Vorgeschichte eines Leitbegriffs der europäischen Ästhetik, in: Poetica 18, 1986, 197–248, 234–240 und Stephen Halliwell: The Aesthetics of Mimesis. Ancient Texts and Modern Problems. Princeton; Oxford 2002, 308–312.

41 Dion Chrys. 12. 55, 57–59, 74, 77 f. Vgl. auch 44–46. Das Thema von Mimesis und Ähnlichkeit spielt bereits in § 2 eine Rolle, wenn Dion über das Rad des Pfaus spricht, das wie ein schönes Theater oder der auf einem Bild gemalte Himmel erscheine. Hier ist es also ein Naturphänomen, das menschlichen Artefakten gleicht.

welt existierenden Objekts impliziert. Vielmehr meint Mimesis ein bildliches
Darstellen, das ebenso auf eine reine Vorstellung referieren oder, wie im Falle
einer literarischen Figur, das dargestellte Objekt allererst hervorbringen kann.[42]

Auf die Spur zur Quelle seines inneren Bildes, ohne das die Darstellung des
Gottes unmöglich ist, führt Phidias selbst. Wie wir eben gesehen haben, erhebt
er gar nicht den Anspruch, der erste Künder der Wahrheit gewesen zu sein
(§ 56). Ihm seien die Dichter darin vorausgegangen. Diese hätten, spezialisiert
auf die Götter, in den Menschen feste Vorstellungen vom Göttlichen verankert,
an denen der bildende Künstler nicht mehr vorbeikomme. Obgleich er seine
Zeusstatue nicht explizit mit der *Ilias* Homers in Verbindung bringt, bestreitet
Phidias nicht, den Gott der Dichter in ein anderes Medium umgesetzt zu haben.
Damit verlagert er jedoch das Problem nur auf eine andere Ebene, so daß zu
erklären ist, woher die Dichter ihre Vorstellung von Gott beziehen. Hier hat
Dion dem Verständnis den Weg geebnet, indem er, gleichsam als Grundlegung
für das folgende, zwischen die Ankündigung seines Themas und die Rede des
Phidias Erörterungen ebendieses Themas eingeschaltet hat (§ 27–47).

Dion widmet sich dort der Frage, wie die Menschen eine Vorstellung von
Gott gefaßt hätten, und bedient sich zuerst des stoischen Arguments des *consensus omnium*.[43] Nach dieser Argumentation ist der übereinstimmende Glaube
aller Menschen an Götter ein Indiz für deren Existenz.[44] So geht auch Dion von
einer allgemeinen Vorstellung, einer ἐπίνοια κοινή, aus, die von Natur aus in alle

---

42   Maria Kardaun: Der Mimesisbegriff in der griechischen Antike. Neubetrachtung eines
     umstrittenen Begriffes als Ansatz zu einer neuen Interpretation der platonischen
     Kunstauffassung. Amsterdam u. a. 1993 (Verhandelingen der Koninklijke Nederlandse
     Akademie van Wetenschappen, Afd. Letterkunde, N. R. 153), Halliwell (s. Anm. 40).
     Siehe bereits Fritz Wehrli: Die antike Kunsttheorie und das Schöpferische, in: MH 14,
     1957, 39–49. Arbogast Schmitt (Übers. und Komm.): Aristoteles, Poetik. Übersetzt und
     erläutert. Darmstadt 2008 (Aristoteles Werke in deutscher Übersetzung 5), 204–213
     verteidigt (etwa gegen Jürgen H. Petersen: Mimesis – Imitatio – Nachahmung. Eine
     Geschichte der europäischen Poetik. München 2000, 19–35) die gängige deutsche
     Übersetzung ‚Nachahmung‘, da dieser Begriff nicht kopierendes Abbilden meine, son-
     dern daß man sich etwas zum Vorbild nehme. Zum Mimesis-Konzept Platons siehe auch
     Stefan Büttner: Literatur und Mimesis bei Platon, in: Mimesis – Repräsentation –
     Imagination. Literaturtheoretische Positionen von Aristoteles bis zum Ende des 18.
     Jahrhunderts, hg. Von J. Schönert und U. Zeuch. Berlin; New York 2004, 31–63. Breiter
     angelegte Einführungen in die Debatte über Mimesis in Antike und Neuzeit bieten
     Petersen a.a.O. und Matthew Potolsky: Mimesis. New York; London 2006.
43   Zur stoischen Auffassung eines in jedem Menschen vorhandenen Konzepts von Gott
     vgl. Cic. nat. 2. 5 f., 45–47; S. Emp. adv. math. 9. 61. Siehe Jula Wildberger: Seneca und
     die Stoa. Der Platz des Menschen in der Welt. 2 Bde. Berlin; New York 2006 (UaLG
     84), 26–28, 376–386 (mit weiterer Literatur auf S. 508 f.). Zum *consensus omnium*
     Keimpe A. Algra: Stoic Theology, in: The Cambridge Companion to the Stoics, hg. von
     B. Inwood. Cambridge 2003, 153–178, 160 f.
44   Algra (s. Anm. 43).

Menschen eingepflanzt sei[45] und keines Lehrers bedürfe. Sie gehe zurück auf die ursprüngliche Verwandtschaft von Menschen und Göttern. Da es sich nur um die allgemeine Fähigkeit, sich das Göttliche vorzustellen, handelt, ist die Interaktion mit der sinnlichen Wahrnehmung zur Entfaltung dieser Fähigkeit nötig. Mit einer aufnahmebereiten Seele ausgestattet, nehme der Mensch in der Natur das Göttliche wahr, da diese – auch hier ist Dion wieder stoisch beeinflußt – von Gott sinnvoll eingerichtet sei.[46] Zu der natürlichen tritt eine erworbene Idee hinzu, die in den Bereichen der Philosophie, der Dichtung, der Gesetzgebung und der Kunst wirksam wird. Im Sinne der schon genannten *theologia tripertita* vermitteln die Philosophen eine Gottesvorstellung durch Belehrung, die Dichter durch Mythen und die Gesetzgeber durch Zwang.[47] Basis dafür ist aber jedesmal die von Natur aus vorhandene allgemeine Vorstellung. Dion stellt nun unter diesen Bereichen des Gottesbildes eine Hierarchie auf: Während der Philosoph der wahrhafteste und vollkommenste Ausleger der göttlichen Natur sei (§ 47),[48] könnten die Dichter in ihren Mythen auch Irrtümer verbreiten

---

45 Dion Chrys. 12. 27. Wenn Joachim Krueger (Hg.): Ästhetik der Antike. Berlin; Weimar 1983, 349 bzw. 351 und Klauck (s. Anm. 10), 190 ἔμφυτος mit „angeborene" übersetzen, so trifft dies den Sachverhalt nicht genau. Denn nach Auffassung der Stoa, der Dion hier folgt, sind diese Begriffe deshalb ‚natürlich', weil sie sich ohne absichtliche Gestaltung und Unterricht bei allen Menschen von selbst einstellen. Aus den auf die Seele einwirkenden Sinneswahrnehmungen ergeben sich Erinnerungen, und aus vielen gleichartigen Erinnerungen bildet sich dann eine Erfahrung. Insofern diese Begriffsbildung (weiß, rund, gerade etc.) bei allen Menschen gleich ist, heißen diese Begriffe κοιναὶ ἔννοιαι (SVF 2. 83 = 277 FDS). Siehe Josiah B. Gould: The Philosophy of Chrysippus. Leiden 1977 (Philosophia antiqua 17), 56–66.

46 Dion Chrys. 12. 28 f. Vgl. Cic. nat. 2. 15–19 und S. Emp. adv. math. 9. 75–122.

47 Dion variiert hier das Schema der *theologia tripertita* insofern, als er zum einen aus ihr eine historische Entwicklung der Gottesvorstellungen ableitet und zum anderen keine konsequente Zählung der Vorstellungen durchhält. Nachdem er zunächst grundsätzlich zwischen der von Natur aus eingepflanzten und der nachträglich erworbenen Idee differenziert hat, nennt er als Kategorien der letzteren diejenigen der Dichter und der Gesetzgeber, mithin die zweite und dritte Quelle der Gottesvorstellung. Zu diesen drei Faktoren tritt anschließend als vierter die bildende Kunst hinzu (§ 44). Gleichwohl spricht Dion sodann nur noch von den drei Lehrern der Gottesvorstellung, also Dichtung, Gesetzgebung, Kunst, ehe er als vierten die Philosophie hinzunimmt (§ 47). Diese steht jedoch in der Hierarchie der erworbenen Ideen an oberster Stelle, da der Philosoph der wahrhafteste und vollkommenste Ausleger der göttlichen Natur sei (ebd.). Siehe Paolo Desideri: Religione e politica nell'„Olimpico" di Dione, in: Quaderni storici 15, 1980, 141–161, 146 f.; Andrew Sprague Becker: The theologia tripertita in Dio Chrysostom's Olympian Oration, in: Classical World 87, 1993, 67–71.

48 Daraus folgt freilich nicht, daß die natürliche und die philosophische Weise der Gotteserkenntnis zusammenfallen. Diesem Irrtum erliegt Hans Schwabl: Dichtung und bildende Kunst (Zum Olympikos des Dion Chrysostomos), in: Αρχαιογνωσία 4, 1985/6, 59–75, 61; richtig hingegen Russell (s. Anm. 10), 18. Vielmehr unterstreicht Dions Kritik an der Gottesvorstellung der Epikureer (§ 36 f.), daß auch die Philosophen

(§ 40). Der Künstler wiederum folge in seinem Gottesbild den poetischen Mythen sowie den Gesetzen und füge nur wenig Neues hinzu (§ 45 f.). Demgemäß
speist sich die Imagination des Künstlers sowohl aus der allen Menschen gemeinsamen Vorstellung als auch aus den erworbenen Vorstellungen der drei
anderen Genera. Sie ist einerseits dadurch die am weitesten abgeleitete, andererseits verkörpert sie gewissermaßen die Synthese der drei Teile der Theologie,
da zumindest ein herausragender Künstler vom Schlage eines Phidias wie erwähnt eine Art von Philosoph ist.

Wie bereits in dem eben zitierten Passus angeklungen ist, besteht die
Schwierigkeit des Schaffensprozesses darin, die immaterielle Imagination in das
materielle Kunstwerk zu transponieren.[49] Aus der Konfrontation mit der
Dichtung, welche die ganze Rede des Phidias durchzieht, erhellt, mit welchen
Schwierigkeiten der Bildhauer dabei zu kämpfen hat. Schon auf Grund des
Materials sind dem Künstler enge Grenzen gesetzt:[50] Zum einen werden die
dem Menschen verfügbaren Substanzen dem Gott niemals gerecht (§ 80–83),
zum anderen erfordert ihre Bearbeitung große körperliche Anstrengung und
Mühe, so daß die Kunst sich niemals gänzlich vom Handwerk zu emanzipieren
vermag (§ 44, 69 f.). Während der Wortkünstler durch die Fülle an Ausdrucks-
mitteln und den linearen Modus literarischer Repräsentation zahlreiche Facet-
ten des Gottes darstellen kann, muß sich der Bildhauer auf eine einzige Form
und wenige Aspekte beschränken (§ 70, 74).[51] Diesem Zwang zur Reduktion

fehlgehen können. Möglich sind solche Irrtümer, weil die erworbenen Gottesvorstellungen durch die für Fehldeutungen anfällige Interpretation der Sinneseindrücke entstehen. Mit Bedacht spricht Dion an der Stelle bildhaft davon, daß die Epikureer von
Sinneseindrücken abgeschnitten seien. Die natürliche Vorstellung hingegen kann nicht
fehlgehen (§ 39). Der Stoa zufolge muß differenziert werden zwischen dem durch eigene
Wahrnehmung entstandenen Begriff (πρόληψις) von Gott sowie der generellen Über-
zeugung aller Menschen, daß es etwas gibt, was diesem Begriff entspricht, einerseits und
den vielfältigen, je spezifischen Konzepten, die der einzelne Mensch von den Göttern
hat, andererseits (ἔννοιαι im engeren Sinne).

49 Bereits Aristoteles zieht bei seiner Differenzierung der Ursachen Statue und Bildhauer
    als Beispiel heran, um das Verhältnis von Ursache und Materie zu illustrieren (phys. 2.3,
    195a/b).
50 Zur Materialität der Götterstatuen siehe Scheer (s. Anm. 2), 98–103 und Balbina Bä-
    bler; Heinz-Günther Nesselrath: Der Stoff, aus dem die Götter sind – zum Material
    griechisch-römischer Götterbilder und seiner ideellen Bedeutung, in: Die Welt der
    Götterbilder, hg. von B. Groneberg und H. Spieckermann. Berlin; New York 2007
    (Beihefte zur ZAW 376), 145–168.
51 Diesen Gegensatz betont im übrigen auch Lessing bei seinem Vergleich von Dichtung
    und Bildhauerei im Laokoon (1766). Weitere Übereinstimmungen zwischen Dion und
    Lessing sind der Primat der Dichtung vor der bildenden Kunst, die Ausrichtung der
    Kunst ausschließlich am Schönen und die Betonung der Materialität der bildenden
    Kunst. Vgl. D. Thomas Benediktson: Lessing, Plutarch De gloria Atheniensium 3 and
    Dio Chrysostom Oratio 12,70, in: Quaderni Urbinati di cultura classica 56, 1987, 101–
    105.

wohnt nach Phidias andererseits der Vorzug inne, daß sein Zeus im Gegensatz
zum homerischen keine widersprüchlichen Eigenschaften verkörpert, sondern
in nuce den Hauptcharakterzug des Gottes abbildet, die väterlich gütige Majestät.[52] Auch wenn die nachdrückliche Betonung der Grenzen der Kunst innerhalb der Apologie die Funktion erfüllt, die Leistung des Phidias als um so
beeindruckender erscheinen zu lassen, ist die Erkenntnis von zentraler Bedeutung, daß das materielle Kunstwerk den Gott nur approximativ zeigen kann.
Die Imagination des Künstlers und die Statue kommen niemals vollständig zur
Deckung.

Indem er den künstlerischen Schaffensprozeß als Umsetzung einer Gottesvorstellung in Materie analysiert, legt Dion die Grundlage dafür, daß das
Gottesbild tatsächlich als kommunikative Praxis begriffen werden kann, wie er
als Prämisse voraussetzt. Denn nur wenn ersichtlich wird, wie der Künstler
überhaupt eine Idee von Gott faßt, läßt sich sagen, daß über das Medium des
Götterbildes ein Inhalt transportiert wird. Während nach Platons in der Politeia
entwickelter Ansicht der mimetische Künstler gar kein Wissen von dem besitzt,
was er darstellt, sondern nur eine Meinung,[53] verfügt der Bildhauer Dion zufolge durch die natürliche Vorstellung und durch Belehrung über einen Zugang
zum Göttlichen. Zwar erreicht dieser Zugang *qua* δόξα nicht gänzlich die
Wahrheit, doch geht sie über bloßes Scheinwissen hinaus, da die ἐπίνοια κοινή
auf der sinnlichen Wahrnehmung der Einrichtung des Kosmos beruht. Und die
Sinneswahrnehmung kann aus stoischer Perspektive durchaus als Mittel zur
Erkenntnis dienen.[54]

Der zweite Faktor innerhalb des Kommunikationsmodells ist die Botschaft,
also in diesem Falle die Statue. Wir haben es mit einem menschengestalteten
Götterbild zu tun, das, da es sich auf wenige Aspekte beschränken muß, nur eine
Reduktion der Wirklichkeit erlaubt, das heißt, nicht sämtliche Eigenschaften
des Gottes zum Ausdruck bringen kann. Grundlage für das Funktionieren der
Botschaft sind die spezifischen Bedingungen optischer Wahrnehmung, die sich
gemäß Phidias deutlich von der Wahrnehmung des Wortes unterscheiden.

---

52 Die Deutung von Phidias' Zeus war in der Antike freilich nicht so einhellig, wie es Dion
    hier suggeriert. Sen. contr. 10. 5. 8 sieht in ihm den Donnerer, Epikt. 2. 8. 25 den festen
    Entschluß, Quint. inst. 12. 10. 9 und Plin. nat. 36. 18 betonen den Aspekt der Schönheit.
    Dion blendet auch vollkommen aus, daß die am Thron dargestellten Szenen zumindest
    teilweise Gewalt und Bestrafung hervorhoben, also gerade nicht Friedfertigkeit und
    Güte (Tötung der Niobiden, Amazonenkampf, Aias' Vergewaltigung der Kassandra,
    Jünglinge zerfleischende Sphingen). Das Bild bot durchaus Ansätze zu divergierenden
    Interpretationen, statt eine einzige zu evozieren. So bereits Hubert Schrade: Dio
    Chrysostomos über den Zeus des Phidias, in: Das Werk des Künstlers 1, 1939/40, 197–
    214, 210 f. Eine detaillierte Beschreibung des Thrones bietet Paus. 5. 11. 1–8.
53 Plat. rep. 10, 598a–602b.
54 Vgl. SVF 2. 72 (295 FDS), 2. 76 (286 FDS), 2. 78 (296 FDS), 2. 105 (255 FDS).

Während ein Dichter den Leser geradezu täuschen und überlisten kann, indem er sich über die physikalischen Grenzen der Erfahrungswelt hinwegsetzt (§ 72), bleibt der bildende Künstler stets darauf verwiesen, daß die Augen viel schwieriger zu überzeugen sind. Sie verlangen ein größeres Maß an Eindeutigkeit, da die optische Wahrnehmung mit dem, was gesehen werde, direkt übereinstimme (§ 71).[55] Dions Phidias nimmt also eine große Exaktheit des optischen Eindrucks an. Mag dies bei Dingen der sinnlich wahrnehmbaren Welt akzeptabel sein, so ergeben sich Schwierigkeiten bei Phänomenen, die nicht direkt sichtbar sind. Der Bildhauer macht selbst auf Charakter und Denkvermögen aufmerksam, die kein Künstler unmittelbar abbilden könne:[56]

> νοῦν γὰρ καὶ φρόνησιν αὐτὴν μὲν καθ' αὑτὴν οὔτε τις πλάστης οὔτε τις γραφεὺς εἰκάσαι δυνατὸς ἔσται· ἀθέατοι γὰρ τῶν τοιούτων καὶ ἀνιστόρητοι παντελῶς πάντες. τὸ δὲ ἐν ᾧ τοῦτο γιγνόμενόν ἐστιν οὐχ ὑπονοοῦντες, ἀλλ' εἰδότες, ἐπ' αὐτὸ καταφεύγομεν, ἀνθρώπινον σῶμα ὡς ἀγγεῖον φρονήσεως καὶ λόγου θεῷ προσάπτοντες, ἐνδείᾳ καὶ ἀπορίᾳ παραδείγματος τῷ φανερῷ τε καὶ εἰκαστῷ τὸ ἀνείκαστον καὶ ἀφανὲς ἐνδείκνυσθαι ζητοῦντες, συμβόλου δυνάμει χρώμενοι.

> Verstand und Denkvermögen selbst an sich wird weder ein Bildhauer noch ein Maler abbilden können; denn alle Menschen sind völlig außerstande, derartiges zu betrachten oder zu erforschen. Weil wir aber das, worin dies hervortritt, nicht bloß ahnen, sondern wissen, nehmen wir zu ihm Zuflucht, indem wir einen menschlichen Leib als ein Gefäß für Denkvermögen und Vernunft dem Gott zuschreiben. Aus Not und in Ermangelung eines Musters versuchen wir durch das Sichtbare und Abbildbare das nicht Abbildbare und Unsichtbare zu zeigen, wobei wir uns der Kraft des Zeichens (Symbols) bedienen. (Dion Chrys. 12. 59)

Demnach behilft sich der Künstler, wenn er einen Gott abbilden soll, durch ein Zeichen. Er wählt, da im Gott wie im Menschen dieselbe Vernunft tätig ist, einen menschlichen Körper, um die Gestalt des Gottes anzudeuten. Dion zufolge ist diese symbolische Repräsentation ein wesentlicher Bestandteil menschlicher Wahrnehmung und Erkenntnis überhaupt.[57] Denn in Anlehnung

---

55   Vgl. Hdt. 1. 8; Aristot. poet. 24, 1460a11–17; Hor. ars 180–182.
56   Dion greift hier ein Problem auf, das bereits Xenophon seinen Sokrates im Gespräch mit dem Maler Parrhasios hatte erörtern lassen (Xen. mem. 3. 10. 1–5). Indem er auf Augen und Mimik hinweist, bringt Sokrates den Maler zu der Erkenntnis, daß sich Emotionen und Charaktereigenschaften an bestimmten Zeichen ablesen, mithin auch in der Malerei anzeigen ließen. Im Gespräch mit dem Bildhauer Kleiton (3. 10. 6–8) wird dann vorausgesetzt, daß Affekte künstlerisch dargestellt werden können. Felix Preißhofen: Sokrates im Gespräch mit Parrhasios und Kleiton, in: Studia Platonica. FS Hermann Gundert, hg. von K. Döring und W. Kullmann. Amsterdam 1974, 21–40.
57   Den Terminus σύμβολον verwendet Dion sonst noch an folgenden Stellen: In or. 31. 22 und 83 spricht er davon, daß Ehrenstatuen ein Symbol für die Vortrefflichkeit des Geehrten seien. Außerdem interpretiert er ein persisches Fest als Symbol, dem eine moralische Botschaft entnommen werden könne (4. 68). Die Vernunft des Menschen und sein Wissen um Gut und Böse seien von der Gottheit eingepflanzte σημεῖα und σύμβολα für seinen Anspruch auf Achtung und Gleichberechtigung (7. 138). Ferner

an die stoische Erkenntnistheorie geht er davon aus, daß der Mensch alles, was er wahrnimmt, mit Zeichen belegt, so daß man es mitteilen bzw. – aus Sicht des Empfängers – erkennen kann.[58] Im Falle der Götterstatue ist die Beziehung zwischen dem Zeichen und dem Bezeichneten nur bis zu einem gewissen Grade historisch bedingt und durch Konvention motiviert, also arbiträr.[59] Zwar kommt die anthropomorphe Gestalt der Statue mit der wahren Natur des Gottes nicht zur Deckung, aber sie ist deshalb adäquat, weil das Wesen, das alle anderen an Schönheit und Würde überragt und eben auch Denkvermögen aufweist, dem Gott am ähnlichsten ist.[60] Insofern beruht die Relation zwischen Zeichen und Bezeichnetem nicht ausschließlich auf Vereinbarung, sondern auf einer gemeinsamen Eigenschaft. Der Mensch als das vollkommenste Geschöpf ist prädestiniert, im Sinne eines ikonischen[61] Zeichens auf seinen Schöpfer zu ver-

---

versteht er den Filzhut der Freigelassenen als ein Symbol der Freiheit (14. 24). Demnach sind für Dion Symbole Zeichen, die in geradezu allegorischer Weise auf nicht sichtbare Prinzipien verweisen und der Interpretation bedürfen. Der Interpret muß ähnlich wie in der Allegorese eine Übersetzung des Symbols vornehmen. Der Symbolkonzeption Dions ähnlich ist diejenige Plutarchs, für den σύμβολον ein außersprachliches Zeichen ist, das in der Regel eine ethische Bedeutung hat und zu einer Handlung auffordert. Ebenso wie beim Rätsel muß seine tiefere Bedeutung erst durch Interpretation erschlossen werden. Vgl. Rainer Hirsch-Luipold: Plutarchs Denken in Bildern. Studien zur literarischen, philosophischen und religiösen Funktion des Bildhaften. Tübingen 2002 (Studien und Texte zu Antike und Christentum 14), 134–138. Allgemein zum Symbolbegriff in der Antike siehe Walter Müri: Σύμβολον. Wort- und sachgeschichtliche Studie, in: ders.: Griechische Studien. Ausgewählte wort- und sachgeschichtliche Forschungen zur Antike, hg. von E. Vischer. Basel 1976 (Schweizerische Beiträge zur Altertumswissenschaft 15), 1–44 [zuerst 1931].

58 Dion Chrys. 12. 28 f.

59 Das macht insbesondere der Vergleich mit den anders beschaffenen Götterbildern fremder Kulturen deutlich (Dion Chrys. 12. 61). Dieser Vergleich wurde immer wieder zu den theriomorphen Bildern der Ägypter gezogen; vgl. Plut. de Iside 71–76 (mor. 379d–382c); Max. Tyr. 2. 5; Philostr. Ap. 6. 19.

60 Überliefert ist an dieser Stelle folgender Wortlaut: ὁ δὲ πλεῖστον ὑπερβαλὼν κάλλει καὶ σεμνότητι καὶ μεγαλοπρεπείᾳ, σχεδὸν οὗτος πολὺ κράτιστος δημιουργὸς τῶν περὶ τὰ θεῖα ἀγαλμάτων. Da jedoch der Kontext zeigt, daß Dion hier nicht über den Künstler, sondern über das Kunstwerk spricht, der Begriff κάλλος mithin auf das Bild zu beziehen ist, scheint mir die Konjektur von Schwartz angemessen: δημιουργοῖς <τύπος> statt δημιουργός. Siehe auch Russell (s. Anm. 10), 199. Sinnenstellend ist die Übersetzung von Klauck (s. Anm. 10), 89 zu § 59, der ebenfalls die Konjektur übernimmt („Wer aber die anderen Menschen an Schönheit, Erhabenheit und Würde am meisten überragt, der dürfte wohl für die Künstler das bei weitem beste Muster für Statuen, die göttliches Wesen einfangen wollen, abgeben."). Dion will nicht sagen, daß ein bestimmter Mensch sich vor den anderen Menschen auszeichnet (Phidias hat seinen Zeus ja nicht nach einem Modell geschaffen), sondern daß der Mensch über allen anderen Lebewesen steht und damit dem Gott am nächsten kommt. Dion rechtfertigt hier also implizit die anthropomorphe Darstellung von Göttern, indem er sie über die theriomorphe stellt.

61 Ich lehne mich hier an die Terminologie von Charles Peirce an, der zwischen Index, Ikon und Symbol differenziert. Das ikonische Zeichen ist ihm zufolge charakterisiert

weisen.[62] Wie Phidias später ausdrücklich bemerkt, ist die Verwandtschaft zwischen Menschen und Göttern Fundament für das Funktionieren des Symbols (§ 77). Nach Dions Auffassung besteht also die Grundlage für das symbolische Verständnis in einer analogischen Beziehung zwischen dem Symbol und dem Symbolisierten. Für die Benennung dieser Korrelation war der Begriff des Symbols wie geschaffen, da er seiner ursprünglichen Bedeutung nach – nämlich als Erkennungsmarke – gerade auf die enge Entsprechung zwischen zwei zusammengehörigen Teilen aufmerksam machte.[63]

Daß man das Zeichen nicht mit dem Bezeichneten verwechseln bzw. identifizieren darf, erhellt besonders aus dem Vergleich der Zeusstatue mit der homerischen Dichtung. Anders als der Bildhauer vermenschliche Homer nämlich die Götter, wenn er sie schlafen und Gelage feiern lasse, ja er gleiche sogar Agamemnon den charakteristischen Merkmalen des Zeus an, nämlich dessen Antlitz.[64] Der Dichter läßt sich also den Fehler zuschulden kommen, die Grenze zwischen dem Zeichen und dem Bezeichneten zu verwischen, bzw. er vergißt offenbar, daß die anthropomorphe Gestalt des Gottesbildes nur ein Behelfsmittel ist.[65] Demgegenüber ist sich der fiktive Phidias der Differenz immer bewußt (§ 63).

Wir haben es demnach mit einem Bild zu tun, das etwas Abwesendes repräsentiert, das sich einer sinnlich wahrnehmbaren Darstellung eigentlich entzieht.[66] Wie es in dem von Dion gebrauchten Terminus des Symbols liegt, sagt das Götterbild mehr bzw. etwas anderes, als es zeigt; es schließt mehrere Bedeutungsebenen in sich, eine wörtliche und eine übertragene. Es kann jedoch

---

durch Ähnlichkeit mit dem, was es repräsentiert, während der Index in direktem physischen Kontakt mit dem Bezeichneten steht und das Symbol auf Konvention beruht. Die Ähnlichkeit des Ikons muß nicht notwendigerweise eine sinnlich wahrnehmbare sein. Collected Papers of Charles Sanders Peirce, hg. von Ch. Hartshorne und P. Weiss. Bde. 1 und 2. Cambridge (Mass.) 1960, 1.372 und 2.275–282.

62   In ähnlicher Weise wie Dion faßt dann Maximus von Tyros das Götterbild auf (dial. 2). Zu den Übereinstimmungen zwischen beiden Autoren siehe Rosso (Su Omero e Fidia, s. Anm. 11).

63   Siehe H. G. Liddell; R. Scott; H. S. Jones: A Greek-English Lexikon. 9. Auflage 1996, 1676, s. v. σύμβολον. Müri (s. Anm. 57), 2–9.

64   Dion Chrys. 12. 62. Dion zitiert hier Hom. Il. 2. 478. Ähnliche Vergleiche finden sich in den homerischen Epen des öfteren, beispielsweise Il. 11. 295, 3. 16; Od. 4. 121 f., 6. 151 f., 17. 37, 19. 54. Das Problem, Menschen in ihrer Erscheinung mit Göttern zu vergleichen, diskutiert im übrigen auch Luk. pro im. passim (bes. 25).

65   Der Vorwurf ist natürlich insofern ein wenig ungerecht, als Homer die Götter in seinem Epos nur als tatsächlich ‚menschlich‘ agierende Figuren zeigen kann, wenn er nicht gänzlich auf den Götterapparat verzichten will.

66   Eine andere Konsequenz als Dions Phidias zieht Lykinos in Luk. pro im. 23 aus diesem Umstand. Da seiner Ansicht nach die wahre Erscheinung der Götter menschlicher Mimesis überhaupt nicht zugänglich ist, sind für ihn die Götterstatuen eines Phidias oder Praxiteles lediglich gekonnte Handwerksarbeiten, die über das göttliche Wesen nichts aussagen.

kein Zweifel bestehen, daß die wörtliche Bedeutung, hier die Darstellung eines auf einem Thron sitzenden Menschen, nur ein Hilfsmittel ist, während die übertragene, in diesem Falle der Gott Zeus, die eigentliche Bedeutung ist. Damit rückt Dions Symbol in die Nähe sowohl der Personifikation als auch der Allegorie. Mit der Personifikation ist es dadurch verbunden, daß etwas, das nicht menschengestaltig ist, durch ein anthropomorphes Bildnis sinnlich erfahrbar gemacht wird. Freilich ist das, was die Personifikation bezeichnet, ein unbelebter Gegenstand oder ein abstrakter Begriff wie Freiheit oder Gerechtigkeit, wohingegen das Götterbild auf einen agierenden und (zumindest bei den Stoikern) materiellen Gott verweist.[67] Die Übereinstimmung zwischen Dions Symbolkonzeption und der Allegorie liegt darin, auf Grund der Differenz von Gestalt und Bedeutung einen Zugewinn an Sinn zu erzielen. Auch die Allegorie verlangt vom Rezipienten eine Übertragung, da nur dann der in der Regel wichtigere Sinn erfaßt wird.[68] Anders als beim Symbol besteht jedoch bei der Allegorie keine notwendige Beziehung zwischen den beiden Sinnebenen, sondern die Beziehung wird willkürlich gesetzt.[69] Die beiden Bedeutungsebenen der Allegorie sind zwar systematisch aufeinander bezogen, aber klar voneinander getrennt und entstammen verschiedenen Kontexten (beispielsweise Schiff und Staat). Wie bei der allegorischen Mytheninterpretation nimmt Dion die Anstößigkeit des Götterbildes zum Anlaß, zwischen dem ‚Literalsinn' und einem verborgenen, eigentlichen Sinn zu differenzieren.

Sobald ein Betrachter das Kunstwerk wahrnimmt, übt dieses als Zeichen eine Wirkung auf ihn aus, der er sich anscheinend nicht zu entziehen vermag. Ebenso wie die Dichtung ruft es im Rezipienten eine Vorstellung von dem Bezeichneten hervor, in diesem Falle also eine Vorstellung von Gott. Dion wählt für diesen Begriff den Terminus der δόξα, der seit Platon eindeutig konnotiert war. Es handelt sich um eine Meinung, jedoch nicht um exaktes Wissen. Ab-

---

67 Gleichwohl konnten in der Antike auch Personifikationen göttliche Mächte sein, die kultisch verehrt wurden. Beispielshalber sei hier der Streit zwischen Cicero und Clodius erwähnt, ob es sich bei der von Clodius in Ciceros ehemaligem Haus aufgestellten weiblichen Figur um eine Personifikation der *libertas* oder lediglich die Darstellung einer Dirne aus Tanagra handele. Wäre es die Darstellung der Göttin *libertas*, so könnte Cicero das Grundstück nicht zurückerstattet werden, da dieses dann ein geweihter Bezirk wäre (Cic. dom. 110–112). Zur Möglichkeit, den Terminus der Personifikation auf die antike Kunst und Dichtung anzuwenden, siehe Barbara E. Borg: Der Logos des Mythos. Allegorien und Personifikationen in der frühen griechischen Kunst. München 2002, 49–58, die hierfür folgende Definition vorschlägt: Bezeichnung für alle anthropomorphen Figuren, deren Name zugleich als Appellativum existiert.

68 Zur Allegorie siehe Gerhard Kurz: Metapher, Allegorie und Symbol. 5. Aufl. Göttingen 2004, 30–69 und Borg (s. Anm. 67), 41–48.

69 Vgl. die allegorische Interpretation eines Bildnisses von Zeus und Hera durch Chrysipp in SVF 2. 1071–1074. Zur stoischen Allegorese von Kunstwerken Mary-Anne Zagdoun: La philosophie stoïcienne de l'art. Paris 2000, 247–250.

hängig ist diese Meinung oder Vorstellung von dem jeweiligen Fassungsver-
mögen und der Naturanlage des Rezipienten. Da sie nicht den Status des
Wissens erreicht, kann sie auch nicht den Anspruch erheben, die Wahrheit voll
zu erfassen. Gleichwohl ist Phidias im Hinblick auf die Dichtung zuversichtlich,
daß diese Meinung nicht viel schwächer sei als die Wahrheit (§ 65). Als ein
Eindruck, der sich auf visuellem Wege einstellt, ist die δόξα, obgleich sie
durchaus mit der Vernunft verknüpft ist, deutlich geschieden von der auf den
Intellekt wirkenden Belehrung des Philosophen, die der Wahrheit am nächsten
kommt. Ihre Wirkungsweise veranschaulicht Phidias mit dem Hinweis, die
Menschen verspürten, von einem inneren Drang zum Göttlichen beseelt, das
heftige Verlangen, mit dem Gott in Kontakt zu treten. Sie glichen Kindern, die
im Traum die Hände nach den Eltern ausstreckten.[70] So stellt das Kunstwerk
zwar eine Verbindung zwischen dem Menschen und dem Gott her, doch gleicht
diese einer Imagination. Dion spricht in diesem Zusammenhang von einem
inneren Bild oder einem Traumgesicht (§ 53). Sofern der Betrachter imstande
ist, das Kunstwerk als Zeichen zu dechiffrieren, erkennt er idealiter durch Intuition im Wortsinne die Idee oder Vorstellung des Gottes, die der Bildhauer in
die Statue gelegt hat. Das Verhältnis zwischen Bildnis, Vorstellung und Gott
ließe sich nach Art des semiotischen Dreiecks folgendermaßen beschreiben:
Das Zeichen oder Symbol, die Statue, erweckt einen Begriff von Gott, also
einen Interpretanten,[71] der sich auf das Objekt, den Gott, bezieht.[72]

Nachdem nun die drei Faktoren der Kommunikation genauer bestimmt
sind, bleiben noch die verschiedenen Dimensionen des Zeichenprozesses zu
analysieren, damit sich abzeichnet, welchen Aspekt der Semiose Dion in den
Mittelpunkt stellt.[73] Der Redner gibt durch seine Ausführungen zu erkennen,
daß er um die Syntax der Götterstatue weiß. Allein der Vergleich mit Homer
zeigt schon, wie eng die von Künstlerhand geschaffenen Götterbilder auf
dichterische Mythen bezogen sind. Es verweisen aber nicht allein dichterische
Texte auf die Götter, sondern Dions Rede selbst verweist auf Zeus, und zwar im
Sinne eines philosophischen Hymnos. Denn der Autor sieht seine Festrede ex-

---

70 Dion Chrys. 12. 61. An dieser Stelle gibt Dion zu erkennen, daß Götterbilder bis zu
    einem gewissen Grade eine Sache der Konvention sind, insofern andere Völker die
    Götter anhand von nicht-menschengestaltigen natürlichen Zeichen verehren. Ausführ-
    lich diskutiert wird dies von Max. Tyr. 2. Siehe ferner Philostr. Ap. 6. 19.

71 Siehe Peirce (s. Anm. 61), 1.339, 541 f., 553 f.

72 Genau genommen ist die Zeichenbeziehung noch eine Stufe komplexer: Die men-
    schengestaltige Statue verweist zunächst einmal auf den Menschen, und dieser wie-
    derum ist Signifikant für den Gott. Dion vereinfacht jedoch dieses Modell, indem er
    nicht weiter zwischen der Statue und dem Menschen differenziert.

73 Zu den drei semiotischen Aspekten der Syntax, Semantik und Pragmatik siehe Charles
    William Morris: Grundlagen der Zeichentheorie. Ästhetik der Zeichentheorie. Frank-
    furt/Main 1988 [engl. Foundations of the Theory of Signs. Chicago 1938], 20–68.

plizit als Pendant zu Götterhymnen.[74] Darüber hinaus liegen im Fest, in dessen Rahmen der *Olympikos* vorgetragen wird, und in der architektonischen Ausgestaltung des Heiligtums Verweise auf den Gott vor. Das künstlerische Götterbild ist in ein komplexes religiöses Zeichensystem eingebunden, in dem es auf Grund seiner eigentümlichen Beschaffenheit eine spezifische Aufgabe erfüllt.

In semantischer Hinsicht repräsentiert, wie wir gesehen haben, die Statue als Signifikant auf symbolische Weise ein bestimmtes Signifikat, nämlich eine Gottesvorstellung. Innerhalb der triadischen Relation ist der Verweis des Zeichens auf das Bezeichnete in doppelter Hinsicht indirekt, da er zum einen symbolisch erfolgt und zum anderen über die Vermittlung der Vorstellung von Gott. Von der Ähnlichkeit der Darstellung läßt sich daher hier nur in einem weiteren Sinne sprechen, insofern diese sich nicht auf die äußerliche Beschaffenheit bezieht. Mimesis kann im Falle des Götterbildes von vornherein nicht in einer naturalistischen Abbildung bestehen, sondern heißt, daß das Wesen des Gottes auf einer anderen Ebene repräsentiert wird.

Für das Funktionieren der symbolischen Kommunikation genügt jedoch nicht die bloße Relation zwischen Zeichen und Bezeichnetem. Dion läßt keinen Zweifel daran, daß es nicht jedem beliebigen Menschen gelingen wird, das anthropomorphe Götterbild angemessen zu verstehen. Vorausgesetzt wird ein Empfänger, der imstande ist, einen adäquaten, das Symbol nutzenden Gebrauch von dem Götterbild zu machen.[75] Er übersteigt den Oberflächensinn des Bildes und gelangt zu dem eigentlichen, nicht direkt darstellbaren Sinn. Nur dann kommt ein gelungener Zeichenprozeß zustande, dessen Resultat die Erkenntnis des Gottes ist. Gegenbeispiel sind für Dion die naiven Leute, die das Kultbild für eine naturalistische Wiedergabe des Gottes, ja für den Gott selbst halten.[76] Nach Dion besteht die Semiose also nicht einfach in einer statischen Beziehung zwischen dem Zeichen und dem Bezeichneten, sondern vielmehr fällt dem Aspekt der Pragmatik eine entscheidende Bedeutung zu. Es bedarf nicht allein der Herstellung des Bildnisses oder einer irgendwie gearteten Beziehung der

---

74 Dion Chrys. 12. 22 (τήν τε φύσιν αὐτοῦ καὶ τὴν δύναμιν ὑμνῆσαι). Betz (God Concept, s. Anm. 11), 132.

75 Zur kompetenten Rezeption von Bildern vgl. Scholz (s. Anm. 27), 163–188.

76 Dion Chrys. 12. 60 f. erklärt jedenfalls die Existenz von Götterbildern aus dem menschlichen Bedürfnis, die Götter aus der Nähe zu ehren und sie zu berühren. Daß Menschen die Götterbilder fälschlich für die Götter selbst halten, wird immer wieder kritisiert: Cic. nat. 1. 77; Plut. de superstitione 6 (mor. 167d/e); de Iside 71 (379c/d); Luk. pro im. 23. Luk. Iupp. trag. 7–12 nimmt diese naive Haltung aufs Korn, indem er die Götter nach ihrer materiellen Beschaffenheit, also nach dem Material ihrer Kultbilder, klassifiziert.

Ähnlichkeit zwischen dem Bildnis und dem Dargestellten,[77] sondern eines kompetenten Interpreten, der das Verhältnis von Signifikant und Signifikat erfaßt. Ihm erschließt sich die Zeichenfunktion des Götterbildes in vollem Umfang und damit auch dessen Erkenntnispotential. Wie Phidias ausführt, schließt der Betrachter von der menschlichen Darstellung des Zeus auf die Majestät, die Ausgeglichenheit, die Friedfertigkeit und Güte des höchsten Gottes. Dies ist die Idee, die von der Statue symbolhaft visualisiert wird.[78]

III. Das Götterbild als Mittler

Worin besteht nun Dions Leistung? Erstens begreift er das Götterbild konsequent als Kommunikationsmittel, so daß er es semiotisch analysieren kann. Obgleich es dazu schon vor ihm Ansätze gegeben hat,[79] ist nirgends so explizit eine Zeichentheorie des Götterbildes ausgearbeitet worden. Zweitens findet nach Dion ein Prozeß der Semiose statt, und die pragmatische Dimension der Zeichenrelation, der Gebrauch des Bildes, wird in den Vordergrund gerückt. Und drittens schreibt Dion so klar wie niemand zuvor, soweit ich sehe, dem Götterbild eine Erkenntnis ermöglichende Funktion zu. Freilich ist nicht zu übersehen, daß Dions Theorie nicht voraussetzungslos war. Zum einen konnte er sich, was die Auffassung von einer triadischen Zeichenstruktur anbelangt, auf die Sprachphilosophie der Stoa stützen, die ebenso wie schon Aristoteles das sprachliche Zeichen in diesem Sinne verstand.[80] Zumal da er Sprache und bildende Kunst so eng miteinander parallelisiert, lag es nahe, diese Kategorien auf das Bildnis zu übertragen. Zum anderen knüpfte Dion unübersehbar an die ebenfalls in der Stoa gepflegte Mythen- bzw. Homerallegorese an, welche die Göttermythen in derselben Weise von ihrer Anstößigkeit befreite wie Dion die

---

77 Die Ähnlichkeit zwischen dem Bild und dem dargestellten Objekt spielt in der antiken Diskussion über die Qualität von Bildern eine wichtige Rolle: Plat. Krat. 430b–431c; leg. 2, 667b–668a (vgl. auch rep. 2, 377e); Aristot. poet. 4, 1448b15–19 und Vitr. 7. 5. 1. Inwieweit Ähnlichkeit konstitutiv für den Bildcharakter ist, wird in neuerer Zeit etwa von Scholz (s. Anm. 27) kritisch geprüft.
78 Dion Chrys. 12. 74–77. Vgl. dann auch Dion selbst in § 85. Indem er den Zeus des Phidias auf diese Tugenden hin ausrichtet und zum Vorbild für die Menschen erhebt, verleiht er seinem *Olympikos* neben der ästhetischen und der theologischen eine politische Dimension. Siehe dazu Paolo Desideri: Dione di Prusa. Un intellettuale greco nell'impero romano. Messina; Florenz 1978 (Biblioteca di cultura contemporanea 135), 227–232 und Simon Swain: Hellenism and Empire. Language, Classicism, and Power in the Greek World AD 50–250. Oxford 1996, 200–203.
79 Plut. de Iside 75 (mor. 381d–f).
80 Aristot. interpr. 1, 16a3–8; S. Emp. adv. math. 8. 11 f. (FDS 67). Siehe Giovanni Manetti: Theories of the Sign in Classical Antiquity. Bloomington 1993, 71–73 und 93 f.

Zeusstatue.[81] Es war sicherlich nicht zufällig der in der Mythenallegorese etablierte Symbol-Begriff, den Dion nun auf das Götterbild anwandte.[82]

Erst dieser Ansatz, nämlich die Statue als symbolisches Zeichen und kommunikative Praxis in den Blick zu nehmen, erlaubt es, die Mittlerfunktion des Bildes zwischen der sinnlich wahrnehmbaren Welt und der Welt der Götter herauszuarbeiten. Indem sie einer geistigen Vorstellung materielle Form verleiht, hat die Statue an beiden Welten teil. Über ihren symbolischen Charakter vermittelt sie zwischen beiden Bereichen, insofern sie auf eine nicht direkt darstellbare Vorstellung rekurriert. Mit seiner Analyse der Zeusstatue hält Dion also Distanz zu zwei Extremen. Wer Götterbilder auf Grund ihres Anthropomorphismus als nicht geziemend ablehnt, wird es ihnen absprechen, etwas Wahres über die Götter auszusagen.[83] Wer hingegen das Bild als naturgetreue, realistische Wiedergabe der göttlichen Natur auffaßt, wird nichts erkennen, was über das materielle Bild hinausgeht. Beiden Polen eine Absage erteilend, wertet Dion das anthropomorphe Götterbild auf und macht es auch dem Gebildeten akzeptabel. Denn der Bildcharakter der Statue beruht nun nicht mehr auf einer mimetisch-naturalistischen Ähnlichkeit, sondern auf dem Gebrauch, den man von dem Bild macht. So verstanden, weist die Statue über sich hinaus auf das Göttliche; sie sagt mehr, als sie zeigt, und richtet damit an den Betrachter den Appell, sie zu transzendieren. Mit seiner Theorie des Götterbildes stellt sich Dion in die Tradition der stoischen Theologie, die sich darum bemühte, den Volksglauben durch Allegorese in ihr System zu integrieren. In derselben Weise versöhnt Dion durch seine semiotische Analyse *theologia naturalis* und *theologia fabulosa* miteinander.[84]

---

81 Zur Haltung der Stoiker gegenüber den dichterischen Göttermythen sowie der stoischen Allegorese Pépin (s. Anm. 7), 125–131; G. R. Boys-Stones: The Stoics' Two Types of Allegory, in: Metaphor, Allegory, and the Classical Tradition. Ancient Thought and Modern Revisions, hg. von dems. Oxford 2003, 189–216; Wildberger (s. Anm. 43), 30–35 (weitere Literatur dort auf S. 507).

82 Vgl. Chrysippos SVF 2. 908 f.; Herakl. Homerische Fragen 24. 1–3 und 48. 1; auch in der christlichen Allegorese: Clem. Al. strom. 5. 10 und 46. Müri (s. Anm. 57), 26–34.

83 Explizit bestreitet Antisthenes die Möglichkeit, durch das Götterbild irgendetwas zu erkennen (fr. 40a–d D.–C.).

84 Einem ähnlichen Anliegen begegnet man etwa gleichzeitig bei Plutarch, der ebenfalls versucht, im Hinblick auf die anthropomorphen Götterbilder die religiöse Tradition und die philosophische Religionskritik in Einklang zu bringen. Bilder sind für ihn nicht grundsätzlich verwerflich, ein Problem stellt jedoch der Anthropomorphismus dar, der die verkehrte Identifikation von Gott und Bild fördert (de Iside 71 [mor. 379c]). Auch Plutarch betont, daß man die Bilder richtig lesen müsse, nämlich als Zeichen, dessen sich das Göttliche zur Mitteilung an die Menschen bediene. Siehe dazu Graf (Plutarch, s. Anm. 2).

Abstract

From Xenophanes on we find in literature as well as in philosophy reflections on the problem, whether the anthropomorphic representation of the gods in texts and in the arts is adequate. The critics of the images were faced by those who tried to justify the artistic expression of divine power and grandeur with rational arguments. In this debate Dio Chrysostom engaged, when he delivered a speech within the sight of the famous statue of Zeus which Phidias had made at Olympia. In the main part of his speech he represents the artist as appearing in court and defending the sculptural image of god. Dio deals with the problem of the anthropomorphic images not only in theological, but also in aesthetic terms, discussing, whether artists are actually able to make visible something which cannot be seen. To answer this question Dio compares the image of god created by the visual arts with that of the Homeric poems. The comparison is based on the assumption that the statue is a means of communication in the same way as texts. Therefore Dio, taking the theologia tripertita as the starting point, analyses the statue by applying a sign theory. Being unable to reproduce directly the concept of god he has conceived, the artist uses the human body as a vehicle or sign. Its human form does not show the characteristics of the god in a narrowly mimetic way, but refers as a symbol to the god. When someone is looking at the image, the symbol generates in him a notion of god, provided that the viewer is capable of distinguishing between the superficial and the hidden meaning of the image. Describing the relation between statue, concept of god and viewer in semiotic categories, Dio succeeds in revaluing the visual image of god as a source of cognition and thus as an intermediary between the sensible world and the realm of the gods. He reconciles religious tradition and philosophical criticism of religion.

Allmächtige Götter und fromme Menschen im ländlichen Kleinasien der Kaiserzeit*

Gian Franco Chiai

Ein Mann namens *Stratonikos Kakolis* und seine Frau *Asklepiaia* ließen eine Stele aus weißem Marmor in einer lokalen Kultstätte auf dem Land in Lydien in Erfüllung eines Gelübdes weihen, auf der der folgende Text angebracht wurde (**Text 1**):

(TAM V, I 246) <Σ>τρατόνεικος Κακολεις τοῦ ἑνὸς | καὶ μόνου Θεοῦ <ἱ>ερεὺς καὶ τοῦ Ὁ|σίου καὶ Δικαίου μετὰ τῆς συμβίου | Ἀσκληπιαίας εὐξάμενοι περὶ τῶ[ν] | τέκνων εὐχαριστοῦντες ἀνέσ|τησαν. Ἔτους τμά.

Stratonikos Kakolis, **Priester des einen und einzigen Gottes und des Hosios und Dikaios**, hat zusammen mit seiner Frau Asklepiaia, indem sie für ihre Kinder gebetet haben, in Dankbarkeit (diese Stele) aufstellen lassen. Im Jahre 341 (= 256/7).

Die Inschrift kann als Ausgangspunkt verwendet werden,[1] um einige Aspekte der religiösen Kommunikation und Mentalität auf dem Land im kaiserzeitlichen Kleinasien zu rekonstruieren.[2]

---

*   Diese Arbeit ist die überarbeitete Fassung des Textes eines Vortrags, den ich am 11. Januar 2007 an der Helmut-Schmidt-Universität der Bundeswehr Hamburg auf Einladung von Herrn Prof. Dr. B. Meißner gehalten habe. Der an diesen Vortrag anschließende Diskussion habe ich wichtige Anregungen zu verdanken. Meine Danksagungen gehen an Prof. Dr. A. Chaniotis (Oxford), der mir den Text eines von ihm in Exeter gehaltenen Vortrags zur Verfügung stellte, sowie an Frau Dr. V. Hirschmann und Herrn E. Gastaldi (beide Heidelberg) für sprachliche Korrekturen und interessante Beobachtungen. – Die Abkürzungen der Inschrifteneditionen richten sich nach AE und SEG; weitere verwendete Abkürzungen: LSAM = F. Sokolowski, Lois sacrées de l'Asie Mineure, Paris 1955; PGM = K. Preisendanz (ed.), Papyri Graecae Magicae I–II, Leipzig – Berlin 1928–1931; PVS = T. Drew-Bear – C. M. Thomas – M. Yildizturan (eds.), Phrygian Votive Steles, Ankara 1999.

1   Zu diesem Dokument s. P. Herrmann – K. Z. Polatkan, Das Testament des Epikrates und andere neue Inschriften aus dem Museum von Manisa, Sitz. Ber. Akad. 265, 1, Wien 1969, 51, Nr. 9, Tab. VI 15; BE 1970, 527; LIMC V 1, 1990, Nr. 4; M. Ricl, Hosios kai Dikaios. Premiere partie: catalogue des inscriptions, EA 18, 1991, 1–70, 3, Nr. 2; ead., Hosios kai Dikaios. Seconde partie: Analyse, EA 19, 1992, 71–103, 91, Anm. 91 identifiziert mit *Helios* den im Text erwähnten *heis kai monos theos*; S. Mitchell, The Cult of Theos Hypsistos between Pagans, Jews and Christians, in: P. Athanassiadi – M. Frede (eds.), Pagan Monotheism in Late Antiquity, Oxford 1999, 81–148, 103 betrachtet *Hosios kai Dikaios* als einen Engel des *theos hypsistos*; A. Fürst, Christentum im Trend.

Dieser Text ist eine Weihung,[3] welche die Kommunikationsfunktion erfüllte, das geweihte Objekt der Gottheit vorzustellen und die betreffende Zugehörigkeit zum Göttlichen zu bestimmen: Der Sender ist ein Mensch und der Empfänger ein Gott.[4]

Dieses Ehepaar hatte den Gott um die Gesundheit ihrer Kinder gebeten[5] und die Weihung einer Stele versprochen, falls ihre Bitte in Erfüllung gehen

Monotheistische Tendenzen in der späten Antike, Zeitschrift für antikes Christentum 9, 2006, 496–523, 508 identifiziert auch diesen Gott mit *Helios*; dazu auch die Betrachtungen in N. Belayche, Rites et „croyances" dans l'épigraphie religieuse de l'Anatolie impériale, in: J. Scheid (ed.), Rites et croyances dans les religions du monde romain, Entretiens sur l'antiquité classique LIII, Genève 2007, 73–103, 93.

2 Um ein Bild der ländlichen Kulte Kleinasiens gewinnen zu können, s. im allgemeinen G. Petzl, Ländliche Religiosität in Kleinasien, in: H. von Hesberg (ed.), Was ist eigentlich Provinz? Zur Beschreibung eines Bewusstseins, Köln 1995, 173–86; id., Zum religiösen Leben im westlichen Kleinasien: Einflüsse und Wechselwirkungen, in: E. Schwertheim – E. Winter (eds.), Religion und Region. Götter und Kulte aus dem östlichen Mittelmeerraum, Asia-Minor-Studien 45, Bonn 2003, 93–101. Für das kaiserzeitliche Phrygien und Lydien s. T. Drew-Bear, Local Cults in Graeco-Roman Phrygia, GRBS 17, 1976, 247–68; id. – C. Naour, Divinités de Phrygie, in: ANRW 18, 3, 1990, 1908–2044; S. Mitchell, Anatolia. Land, Men, and Gods in Asia Minor. The Celts in Anatolia and the Impact of Roman Rule, Oxford 1993, 165–97; T. Gnoli – J. Thornton, Σῶζε τὴν κατοικίαν. Società e religione nella Frigia romana. Note introduttive, in: R. Gusmani – M. Salvini – P. Vannicelli (eds.), Frigi e Frigio. Atti del 1° Simposio Internazionale. Roma 16–17 Ottobre 1995, Roma 1997, 153–200; M. P. Paz de Hoz, Die lydischen Kulte im Lichte der griechischen Inschriften, Asia-Minor-Studien 36, Bonn 1999.

3 Zu den griechischen epigraphischen Weihungen mit Beobachtungen zur religiösen antiken Mentalität s. M. Guarducci, Epigrafia greca III, Roma 1978, 1–89; für die archaische Zeit mit Beobachtungen zu dieser Textgattung s. auch M. L. Lazzarini, Le formule delle dediche votive nella Grecia arcaica, Atti della Accademia Nazionale die Lincei, Memorie 19, 1976, 55–178.

4 Zur religiösen Kommunikation existiert eine umfangreiche Literatur, im allgemeinen s. P. Ingwer, Rituelle Kommunikation, Tübingen 1990; I. Mörth, Kommunikation, in: H. Cancik – B. Gladigow – K. H. Kohl (eds.), Handbuch der religionswissenschaftlicher Grundbegriffe III, Stuttgart 1993, 392–414; N. Luhman, Die Religion der Gesellschaft, Frankfurt a.M. 2000, 187–225; zur Rolle der Sprache s. F. Stolz, Grundzüge der Religionswissenschaf, Göttingen 2001, 110 ff.; J. Rüpke, Historische Religionswissenschaft, Stuttgart 2007, 35–43 mit reichen Literaturhinweisen. Für die Antike s. J. Rüpke, Antike Religionen als Kommunikationssysteme, in: K. Brodersen (ed.), Gebet und Fluch, Zeichen und Traum. Aspekte religiöser Kommunikation in der Antike, Münster 2001, 13–30 und die verschiedenen Beiträge in den Sammelbänden G. Binder – K. Ehlich (eds.), Religiöse Kommunikation – Formen und Praxis vor der Neuzeit, Trier 1997; E. Stavrianopoulou (ed.), Ritual and Communication in the Graeco-Roman World, Liège 2006; C. Frevel – H. von Hesber (eds.), Kult und Kommunikation. Medien in Heiligtümern der Antike, Wiesbaden 2007.

5 Zum Kult der Götter *Hosios* und *Dikaios* in Kleinasien s. Ricl (Premiere partie, s. Anm. 1); ead. (Seconde partie, s. Anm. 1); R. Merkelbach, Referat. Die Götter Hosios und Dikaios in Mäonien und Phrygien, ZPE 97, 1993, 291–96; M. Ricl, Newly Published and Unpublished Inscriptions for Hosios and Dikaios and their Contribution to the

sollte: Nun wird das Versprechen eingelöst.[6] Sowohl die Stele als auch die In-schrift teilen dem Göttlichen mit, dass *Stratonikos* und seine Frau gehorsam waren. Denn ein nicht eingelöstes Gelübde hätte den göttlichen Zorn erwecken können, wie wir beispielsweise von einer Beichtinschrift erfahren, in der erzählt wird, dass ein junges Mädchen namens *Tatiane* an den Augen bestraft wurde, weil ihr Vater sein Versprechen nicht einlöste.[7]

Der Text konnte jedoch auch eine andere kommunikative Funktion erfül-len, indem er den anderen Menschen mitteilte, dass sowohl die von diesen Menschen eingereichte Bitte erhört wurde, als auch die göttliche Macht ins Menschliche eingegriffen hatte: In diesem Fall stellen die Besucher der Kult-stätte die Adressaten dieses Textes dar, denen die *dynamis* (die Macht) des Gottes kundgetan wird.

Aus dieser Sicht ist es möglich, zwischen einer vertikalen und horizontalen Kommunikation zu unterscheiden: Die erste sieht als Adressaten die Götter, die zweite die Menschen.

Ferner bestimmen die beiden Weihenden ihre Identität vor dem Göttlichen zuerst durch die Angabe der Eigennamen (*Stratonikos* und *Asklepiaia*) und dann durch die Termini *hiereus* (Priester) und *symbios* (Ehefrau), welche sich auf ihren sozialen Status als Priester und Ehefrau beziehen.

Die besondere Beziehung dieser Menschen zum Gott wird durch die Formel εἷς καὶ μόνος θεὸς zum Ausdruck gebracht, welche auch bei Juden und Christen, wenn auch mit einer abweichenden religiösen Vorstellung, Verwendung fand. Durch diese Formel wird nicht nur die Macht dieser Gottheit anerkannt, ge-priesen (vertikale Kommunikation) und den anderen Menschen kundgetan (horizontale Kommunikation), sondern es kommt auch der Gedanke zum Ausdruck, dass dieser Gott den anderen überlegen und zuständig für alle Be-reiche des menschlichen Alltagslebens sei.

Study of the Cult, in: E. Winter (ed.), Vom Euphrat bis zum Bosporus. Kleinasien in der Antike. Festschrift für Elmar Schwertheim zum 65. Geburtstag, Asia-Minor-Studien 65, Bonn 2008, 563–79.

6   Zum *do ut tu des* im Gebet s. F. Heiler, Das Gebet. Eine religionswissenschaftliche und religionspsychologische Untersuchung, München 1919, 38–47; H. S. Versnel, Religious Mentality in the Ancient Prayer, in: id. (ed.), Faith, Hope and Worship: Aspects of Religious Mentality in the Ancient World, Studies in Greek and Roman Religion 2, Leiden 1981, 1–64; C. Grottanelli, do ut tu des?, Scienze dell'Antichita. Storia, Ar-cheologia, Antropologia 3–4, 1989–90, 45–55; D. Jakov – E. Voutiras, Gebet, Gebär-den und Handlungen des Gebetes, in: Thesaurus Cultus et Rituum Antiquorum III, Los Angeles 2005, 104–41, 118.

7   (G. Petzl, Die Beichtinschriften Westkleinasiens, EA 22, 1994, Nr. 45) Διεὶ Πειζηνῷ Διογένη[ς] | εὐξάμενος ὑπὲρ τοῦ | βοὸς κὲ μὴ ἀποδούς, | ἐκολάσθη αὐτοῦ ἡ θυ|γάτηρ Τατιανὴ ἰς τοὺς | ὀφθαλμούς. Νῦν οὖν | εἰλασάμενοι ἀνέθη|καν (sic). *Nachdem Diogenes dem Zeus Peizenos für sein Rind ein Gelübde getan und (es) nicht eingelöst hatte, wurde seine Tochter Tatiane an ihren Augen bestraft. Jetzt nun haben sie (den Gott) versöhnt und die (Stele als) Weihung dargebracht.* (Übersetzung von G. Petzl).

Der Glaube an eine allmächtige Gottheit, deren Existenz jedoch nicht jene der anderen Götter ausschließt, wird mit dem Terminus *Henotheismus* bezeichnet, welcher auf den Religionswissenschaftler F. M. Müller zurückgeht.[8] Andere Termini, die als Bezeichnung dieser religiösen Tendenz vorgeschlagen worden sind, sind *Pagan Monotheism*[9], *Kosmotheismus*[10] und *Megatheismus*[11].

Im kaiserzeitlichen Kleinasien ist dieses Phänomen, das besonders auf dem Land belegt ist, unter anderem einerseits durch den Einfluss von den eingewanderten Gruppenreligionen[12], wie z. B. Juden[13] und Iranern, andererseits auch durch die starke Konkurrenz zwischen Kulten und Kultstätten,[14] welche das

8 Der Terminus *Henotheismus* wurde von F. M. Müller auf den Bereich der indischen Religionen angewandt. Zu diesem Religionswissenschaftler s. Stolz (s. Anm. 4), 82–84. Für die Antike s. R. Pettazzoni, L'onniscienza di dio, Torino 1955; H. S. Versnel, Ter unus. Isis, Dionysos, Hermes. Three Studies in Henotheism, Leiden 1990; C. Marek, Der höchste, beste, größte, allmächtige Gott. Inschriften aus Nordkleinasien, EA 32, 2000, 129–46; Belayche (s. Anm. 1), 75–76.

9 S. dazu P. Athanassiadi – M. Frede (eds.), Pagan Monotheism in Late Antiquity, Oxford 1999; M. Krebernik – J. van Oorschot (eds.), Polytheismus und Monotheismus in den Religionen des Vorderen Orients, Alter Orient und Altes Testament 298, Münster 2002; Fürst (s. Anm. 1) mit einer reichen Literatur zu diesem Thema.

10 Vgl. J. Assmann, Moses der Ägypter, München 1998, 24 ff.

11 Diese Bezeichnung ist von A. Chaniotis vorgeschlagen worden, anlässlich eines in Exeter gehaltenen Vortrags: Megatheism: The Search of the Almighty God and the Competition of Cults, in: S. Mitchell – P. van Nuffelen (eds.), The Concept of Pagan Monotheism in the Roman Empire (im Druck).

12 Zum Begriff Gruppenreligionen s. G. Kehrer, Gruppe/Gruppendynamik, in: Cancik – Gladigow – Kohl (s. Anm. 4), 51–63; für die Antike s. J. Rüpke, Religion und Gruppe: Ein religionssoziologischer Versuch zur römischen Antike, in: B. Lucchesi – K. von Stuckrad (eds.), Religion im kulturellen Diskurs: Festschrift für Hans G. Kippenberg zu seinem 65. Geburtstag, Berlin 2004, 235–58; Rüpke (s. Anm. 4), 121–27 mit weiteren Literaturangaben; um ein Bild der Gruppenreligionen im römischen Reich gewinnen zu können, s. die verschiedenen Beiträge in id. (ed.), Gruppenreligionen im römischen Reich, Tübingen 2007.

13 Diese These ist besonders von Mitchell (s. Anm. 1) in Bezug auf die Entstehung des Kultes des *theos hypsistos* vertreten worden.

14 Zu diesem Phänomen, das sich im Rahmen der sog. *religious economy* betrachten lässt, s. für die Antike R. Garland, Introducing New Gods. The Politics of Athenian Religion, London 1992, 1–22; A. D. Nock, Conversion, London 1954, 77–137; A. Chaniotis, Old Wine in a New Skin: Tradition and Innovation in the Cult Foundation of Alexander of Abonouteichos, in: E. Dabrowa (ed.), Tradition and Innovation in the Ancient World, Electrum 6, Kraków 2002, 67–85 in Bezug auf den neu gegründeten Kult von *Alexander* aus *Abounotheicos*; B. Gladigow, Religionswissenschaft als Kulturwissenschaft. Herausgegeben von C. Auffarth – J. Rüpke, Stuttgart 2005, 125–60; G. F. Chiai, Il villaggio ed il suo dio: considerazioni sulla concorrenza religiosa nelle comunità rurali dell'Asia Minore in epoca romana, Mythos. Rivista di Storia delle religioni 1, 2006–07, 137–164; zu den Festen als Mittel für Konkurrenz s. P. Stirpe, Concomitanze di feste greche e romane con grandi feste panelleniche tra l'età ellenistica e la prima età imperiale, in: D. Musti (ed.), Nike: ideologia, iconografia e feste della vittoria in età antica, Roma 2005,

religiöse Leben dieser Zeit kennzeichnet, oder als eigenständige lokale Entwicklung erklärt worden.

Darüber hinaus scheinen die Bilder auch eine Rolle in der religiösen Kommunikation zu spielen:[15] Hier erkennt man z.B. die Darstellungen einer Frau und eines Mannes, die mit den im Text erwähnten Weihenden zu identifizieren sind, während sie neben einem Altar eine sakrale Zeremonie vollziehen, die wahrscheinlich die Weihung dieser Stele begleiten sollte; oben befindet sich die Gestalt des Gottes als Reiter, nach einem ikonographischen Modell,[16] das man auch bei dem Kult der Götter *Apollon, Sozon*[17] und *Men*[18] in den ländlichen Kultstätten feststellen kann: Die Abbildungen scheinen den Text zu ergänzen, indem sie uns weitere Informationen zur erfolgten sakralen Handlung vermitteln.

Beispielsweise können die oben angeführten Beobachtungen zeigen, wie die Kommunikation mit den Göttern auch auf dem Land als ein komplexes System

227–80, 277 ff.; A. Chaniotis, Konkurrenz von Kultgemeinden im Fest, in: J. Rüpke (ed.), Festrituale: Diffusion und Wandel im römischen Reich, Tübingen 2008, 67–87. Für den Bereich der germanischen Provinzen s. D. Engster, Konkurrenz oder Nebeneinander. Mysterienkulte in der hohen römischen Kaiserzeit, München 2002. Zu einer Zusammestellung des Materials zu diesem Thema s. M. Nilsson, Geschichte der griechischen Religion II, München 1950, 113–25, 596–672.

15 Zu diesem Thema mit interessanten Beobachtungen und einer Zusammenstellung des Materials s. L. Robert, Reliefs votivs et cultes d'Anatolie, Opera Minora Selecta I, Amsterdam 1969, 402–35; unter den vor kurzem erschienenen Studien s. G. Koch, Zwei Weihreliefs aus Phrygien, EA 9, 1987, 127–32 (zur Ikonographie des Zeus in Phrygien); P. Frei, Inschriften und Reliefs. Ein Beitrag zur lokalen Religionsgeschichte Anatoliens, in: S. Buzzi – D. Käch – E. Kistler – E. Mango – M. Palaczyk – O. Stefani (eds.), Zona Archeologica. Festschrift für Hans Peter Isler zum 60. Geburtstag, Bonn 2001, 135–58; T. Lochman, Studien zu kaiserzeitlichen Grab- und Votivreliefs aus Phrygien, Basel 2003 (zum kaiserzeitlichen Phrygien); R. Gordon, Raising a Sceptre: Confession-Narratives from Lydia and Phrygia, JRA 17, 2004, 177–96 (zu den Beichtinschriften); G. Schörner, Votive im römischen Griechenland. Untersuchungen zur späthellenistischen und kaiserzeitlichen Kunst- und Religionsgeschichte, Stuttgart 2003; id., Opferritual und Opferdarstellung: Zur Strukturierung des Zentrum-Peripherie-Relation in Kleinasien, in: H. Cancik – A. Schäfer – W. Spickermann (eds.), Zentralität und Religion. Zur Formierung urbaner Zentren im Imperium Romanum, Tübingen 2006, 69–94; G. F. Chiai, Medien religiöser Kommunikation im ländlichen Kleinasien, in: G. Schörner – D. Sterbenc Erker (eds.), Medien religiöser Kommunikation im Imperium Romanum, Stuttgart 2008, 67–91.

16 Zu dieser Ikonographie s. I. Delemen, Anatolian Rider-Gods, Asia-Minor-Studien 35, 1999, Bonn.

17 Zum Kult dieser Gottheit, die häufig als Reitergott dargestellt wird, s. O. Höfer, Sozon, in: W. H. Roscher (ed.), Lexikon der griechischen und römischen Mythologie, Hildesheim 1965², 1280–86; Delemen (s. Anm. 16), 39 ff. mit weiteren Literaturhinweisen.

18 Zum lokalen Charakter des *Men*-Kultes in Phrygien und Lydien s. S. Hübner, Spiegel und soziale Gestaltungskraft alltäglicher Lebenswelt: Der Kult des Men in Lydien und Phrygien, in: Schwertheim – Winter (s. Anm.2), 179–200.

anzusehen ist und wie ein sakraler epigraphischer Text sich aus verschiedenen Gesichtspunkten betrachten lässt. Die Inschriften – zumeist auf die Periode zwischen dem 1.–3. Jh. n. Chr. chronologisch anzusetzen –, wenn auch außerhalb des diesbezüglichen kulturellen bzw. archäologischen Kontextes gefunden,[19] stellen eine unentbehrliche Quelle dar, um das religiöse Leben und die Mentalität besonders in diesen ländlichen abgelegenen Winkeln des römischen Reiches rekonstruieren zu können. Eine nicht einfache Aufgabe, wenn man daran denkt, dass in Kleinasien in dieser Zeit verschiedene ethnische Bevölkerungsgruppen unterschiedlicher Glaubensrichtungen, wie z. B. Anatolier[20], Griechen, Juden[21], Iraner[22], Galater[23], Römer[24] u. a. gewohnt und sich des

---

19 Zum Begriff „kulturelles Umfeld" eines Textes s. E. Coseriu, Determinierung und Umfeld, in: Sprachtheorie und Allgemeine Sprachwissenschaft. Fünf Studien, München 1975, 253–90; id., Textlinguistik, Tübingen 1994, 124 ff.

20 Zum anatolischen Substrat s. im allgemeinen R. Lebrun, Syncrétisme et cultes indigènes en Asie Mineure méridionale, Kernos 7, 1994, 145–57; id., Panthéons locaux de Lycie, Lykaonie et Cilicie aux deuxième et premier millénaires av. J.-C., Kernos 11, 1998, 143–55.

21 Zu den jüdischen kleinasiatischen Gemeinden im allgemeinen s. P. Trebilco, Jewish Communities in Asia Minor, Cambridge 1991; W. Ameling, Die jüdischen Gemeinden im antiken Kleinasien, in: R. Jütte – A. R. Kustermann (eds.), Jüdische Gemeinden und Organisationsformen von der Antike bis zur Gegenwart, Wien – Köln – Weimar 1996, 29–55; S. Mitchell, Anatolia. Land, Men, and Gods in Asia Minor. Vol. II. The Rise of the Church, Oxford 1993, 31–37; P. Herz, Juden in Gesellschaft und Wirtschaft des oberen Maiandros-Tales, in: P. Herz – J. Kobes (eds.), Ethnische und religiöse Minderheiten in Kleinasien. Von der hellenistischen Antike bis in das byzantinische Mittelalter, Wiesbaden 1998, 1–26; W. Ameling, Die jüdische Diaspora, ibid., 27–41; U. Peschlow, Minderheiten im Mäandertal und in Phrygien. Die archäologischen Zeugnisse, ibid., 113–39; zu Hierapolis E. Miranda, Le iscrizioni giudaiche di Hierapolis di Frigia, Napoli 1999; ead., La comunità giudaica di Hierapolis di Frigia, EA 31, 1999, 109–155; T. Ilan, The New Jewish Inscriptions from Hierapolis and the Question of Jewish Diaspora Cemeteries, Scripta Classica Israelica 25, 2006, 71–86; zu Aphrodisias J. Reynolds – R. Tannenbaum, Jews and Godfearers at Aphrodisias, Cambridge 1987; A. Chaniotis, The Jews of Aphrodisias: New Evidence and Old Problems, Scripta Classica Israelica 21, 2002, 209–42; id., Zwischen Konfrontation und Interaktion: Christen, Juden und Heiden im spätantiken Aphrodisias, in: C. Ackermann – K. E. Müller (eds.), Patchwork: Dimensionen multikultureller Gesellschaften, Bielefeld 2002, 83–128. Zu den jüdischen griechischen Inschriften s. W. Ameling, Inscriptiones Judaicae Orientis, Tübingen 2004.

22 Zum iranischen Substrat s. W. Wikander, Feuerpriester in Kleinasien und Iran, Lund 1946; M. Paz de Hoz, Die lydischen Kulte im Lichte der griechischen Inschriften, Asia-Minor-Studien 36, Bonn 1999, 73–79; dazu mit weiteren Literarturhinweisen s. P. Herrmann, Magier in Hypaipa, Hyperboreus 8, 2002, 364–69; M. Ricl, The Cult of the Iranian Goddess Anahita in Anatolia before and after Alexander, ZA 52, 2002, 197–210; zu den iranischen in den griechischen Inschriften belegten Namen s. R. Schmitt, Iranische Personennamen auf griechischen Inschriften, in: D. M. Pippidi (ed.), Actes du VIIᵉ Congrès International d'Epigraphie Grecque et Latine, Paris 1979, 137–52.

griechischen sakralen Wortschatzes bedient haben, um kultische Texte zu verfassen und ihre eigene Identität zum Ausdruck zu bringen. Daher hat man die Entstehung betrachtenswerter Konvergenzen im Gebrauch von gemeinsamen Termini in Bezug auf unterschiedliche religiöse Vorstellungen,[25] wie oben am Beispiel des Ausdrucks εἷς καὶ μόνος θεὸς, beobachtet oder im Falle von Epitheta wie θεὸς ὕψιστος ausführlich untersucht.[26]

Bei der Erforschung der epigraphischen Zeugnisse ist es auch wichtig zu beachten, dass sie (besonders für Phrygien) ein Bild der lokalen Religionsformen zur Zeit der römischen Domination vermitteln, ohne in den meisten Fällen zu ermöglichen, Kontinuitäts- oder Abbruchsformen mit der Zeit davor erfassen zu können, weil Prozesse wie *interpretatio Graeca* und *Romana* oder Romanisierung bereits stattgefunden hatten[27] und die griechische Kultur schon seit Jahrhunderten vorhanden war.

Zielsetzung dieser Arbeit ist es, durch eine Betrachtung von Inschriften sakralen Inhalts sowohl die Medien religiöser Kommunikation auf dem Land zu untersuchen,[28] welche eine Kultstätte oder eine Privatperson einsetzen konnten,

---

23 Zu den Galatern s. K. Strobel, Die Galater. Geschichte und Eigenart der keltischen Staatenbildung auf dem Boden des hellenistischen Kleinasien I, Berlin 1996.

24 Zur römischen Kolonialtätigkeit in Kleinasien s. B. M. Levick, Roman Colonies in Southern Asia Minor, Oxford 1967.

25 Vgl. die Beobachtungen in Marek (s. Anm. 8); Chaniotis (Konfrontation, s. Anm. 21), 112 ff. in Bezug auf die jüdische epigraphische Dokumentation von Aphrodisias. Dazu s. A. Chaniotis – G. F. Chiai, Die Sprache der religiösen Kommunikation im römischen Osten: Konvergenz und Differenzierung, in: J. Rüpke (ed.), Antike Religionsgeschichte in räumlicher Perspektive, Tübingen 2007, 117–24; G. F. Chiai, Die Sprache der religiösen Kommunikation im römischen Osten: Konvergenz und Differenzierung, Das Altertum 53, 2008, 124–37.

26 Zu diesem Epitheton mit einer Zusammenstellung der epigraphischen Dokumentation s. Mitchell (s. Anm. 1); dazu vor kurzem mit einer reichen Literatur s. W. Wischmeyer, ΘΕΟΣ ΥΨΙΣΤΟΣ. Neues zu einer alten Debatte, Zeitschrift für antikes Christentum 9, 2005, 149–68.

27 Aus dieser Sicht kann man von *Dark Ages* nicht nur der Religion, sondern auch der Kultur und der Geschichte Phrygiens sprechen. Um ein Bild der phrygischen Kultur der archaischen Zeit gewinnen zu können, s. im allgemeinen E. Akurgal, Die Kunst Anatoliens. Von Homer bis Alexander, Berlin 1961, 70–121. Zur Gräzisierung der einheimischen Kulte, welche von den lokalen Eliten in der hellenistischen Zeit wahrscheinlich gefördert wurde, s. paradigmatisch L. E. Roller, The Great Mother at Gordion: The Hellenization of an Anatolian Cult, JHS 101, 1991, 128–43.

28 Zu den Medien religiöser Kommunikation im kaiserzeitlichen Kleinasien mit besonderer Berücksichtigung des epigraphischen Materials aus Phrygien s. Chiai (s. Anm. 15); id., Religiöse Kommunikation auf dem Land in Kleinasien: Der Beitrag der Epigraphik, in: R. Häussler (ed.), Romanisation et épigraphie, Études interdisciplinaires sur l'acculturation et l'identité dans l'empire romain, Archéologie et Histoire Romaine 17, Montagnac 2008, 351–74.

um mit dem Göttlichen Kontakt aufzunehmen, als auch eine Zusammenschau zum Phänomen der sog. „allmächtigen Götter" vorzustellen.

Das dafür zusammengestellte epigraphische Material soll nach den drei folgenden Fragestellungen behandelt werden:

I. Wer waren die frommen Menschen, welche die ländlichen Kultstätten besuchten, und wie haben sie ihre Identität vor dem Göttlichen zum Ausdruck gebracht?

II. Welche Kompetenzen hatten die auf dem Land verehrten Götter?

III. Durch welche sprachlichen oder sonstigen Mittel konnte eine Privatperson oder eine Gemeinde ihre besondere Beziehung zu einem Gott ausdrücken?

I. Wer waren die frommen Menschen, welche die ländlichen Kultstätten besuchten, und wie haben sie ihre Identität vor dem Göttlichen zum Ausdruck gebracht?

Menschen wie auch Gemeinden oder religiöse Einrichtungen konnten durch das Gebet oder den Vollzug einer religiösen Zeremonie mit dem Göttlichen Kontakt aufnehmen: An die Götter wurden Hymnen gerichtet und Bitten eingereicht. Im Kontext einer religiösen Handlung scheint unter anderem sehr wichtig zu sein, die eigene Identität bei einer Gottheit zum Ausdruck zu bringen, um von ihr richtig erkannt und anerkannt zu werden. Es handelt sich um einen Prozess von Differenzierung und Abgrenzung, für den verschiedene Mittel eingesetzt werden können.

Eigennamen stellen das erste sprachliche Mittel dar, um die eigene Identität vor dem Göttlichen zu bestimmen und sich von den anderen Mitgliedern einer Gemeinde oder Besuchern einer Kultstätte zu differenzieren. Unter den Personennamen verdienen die theophoren Namen eine besondere Aufmerksamkeit, da sie dazu dienen können, die besondere Beziehung eines Menschen oder einer Familie zu einer Gottheit zu unterstreichen.[29] Auf dem Land in Phrygien sind theophore Namen, wie z.B. *Diogenes, Diophantes, Diodoros, Menogenes,*

---

29 Zu den theophoren Namen s. E. Sittig, De Graecorum nominibus theophoris, Halle 1911; dazu F. Mora, Nomi teofori e politeismo greco: prospettive di ricerca, in: G. Sfameni Gasparro (ed.), Ἀγαθὴ Ἐλπίς. Studi storico-religiosi in onore di Ugo Bianchi, Roma 1994, 177–86; id., Theophore Namen als Urkunden lokaler Religion, in: H. Kippenberg – B. Luchesi (eds.), Lokale Religionsgeschichte, Marburg 1995, 101–17; R. Parker, Theophoric Names and the History of Greek Religion, in: S. Hornblower – E. Mattews (eds.), Greek Personal Names. Their Value as Evidence, Oxford 2000, 53–79.

Menodos, Menophilos häufig belegt, welche unter anderem auf die große Verbreitung der Kulte der Götter *Zeus* und *Men* in dieser Region zurückgehen.[30]

Die *tria nomina*, wenn vorhanden, signalisieren den Status einer Person als römischer Bürger. So können wir beispielsweise eine Inschrift aus dem Gebiet um die Stadt *Laodicea Combusta* betrachten (MAMA I, 1), die ein gewisser *Gaius Calvisius Proclus* auf einem Altar in Erfüllung eines Gelübdes zu Ehren der Mutter der Götter anbringen ließ (**Text 2**):[31] Dieser Mann bestimmt seinen sozialen Status als *civis Romanus* bei der Gottheit gerade durch die Angabe seiner *tria nomina*.[32]

Die meisten der in den Weihinschriften erwähnten Personen sind jedoch nicht römische Bürger und tragen normalerweise lokale anatolische oder griechische Eigennamen.[33] Es sei nebenbei gesagt, dass die griechischen und lateinischen Namen am häufigsten von Männern getragen werden, während die Frauen meistens anatolische Namen haben.[34] Jüdische Namen, wenn vorhanden,[35] können als ein Hinweis für die Zugehörigkeit der genannten Personen zum Judentum gedeutet werden.

Die Berufsnamen können auch dazu dienen, den sozialen Status eines Menschen vor dem Göttlichen zum Ausdruck zu bringen. Aus dieser Sicht lässt sich eine Weihung (MAMA I, 7; **Text 4**) aus dem Gebiet um *Laodicea Combusta* in Betracht ziehen, welche ein Mann namens *Eukarpos*, der sich als *oikonomos* (Landgutverwalter) ausgibt, auf göttlichem Befehl für *Zeus Phatnios* vornahm. Hier bestimmt dieser Mensch seine Identität vor der Gottheit gerade durch die

---

30 Dazu s. N. Belayche, Les steles dites de confession: une religiosité originale dans l'Anatolie impériale?, in: L. de Blois – P. Funke – J. Hahn (eds.), The Impact of Imperial Rome on Religions, Ritual and Religious Life in the Roman Empire, Boston – Leiden 2006, 66–81, 70 mit weiteren Literaturhinweisen.

31 Zum Kult der Mutter der Götter in Kleinasien s. im allgemeinen F. Naumann, Die Ikonographie der Kybele in der phrygischen und der griechischen Kunst, Tübingen 1983; L. E. Roller, In Search of God the Mother. The Cult on Anatolian Cybele, London 1999; E. Vikela, Bemerkungen zur Ikonographie der Meter-Kybelereliefs. Vom phrygischen Vorbild zur griechischen Eigenständigkeit, MDAI(A) 116, 2001, 67–123; F. Isik, Die anatolisch-altphrygische Muttergottheit vom Neolithikum bis zur Klassik, in: E. Schwertheim – E. Winter (eds.), Neue Funde und Forschungen in Phrygien, Asia-Minor-Studien 61, Bonn 2008, 33–68.

32 Um ein Bild der in Kleinasien wohnenden römischen Bürger gewinnen zu können s. B. Holtheide, Römische Bürgerrechtspolitik und römische Neubürger in der Provinz Asia, Karlsruhe 1983 mit einer Zusammenstellung des epigraphischen Materials.

33 Dazu s. die Beobachtungen von L. Robert, Noms indigènes de l'Asie Mineure gréco-romaine, Paris 1963, 322 ff.; Belayche (s. Anm. 30), 68–71.

34 Vgl. die Beobachtungen in PVS 379 ff. in Bezug auf die Onomastik der Besucher des Heiligtums von *Zeus Alsenos*.

35 Zur Rolle der Eigennamen für die Bestimmung der religiösen Identität s. G. Horsley, Name Change as an Indication of Religious Conversion in Antiquity, Numen 34, 1987, 1–17.

Angabe seines Eigennamens und Berufes. Von Belang sind auch die Weihungen, welche aus privaten Gründen von den Priestern gemacht werden.[36] Als Beispiel kann man einen Text aus dem Territorium um *Laodicea Combusta* betrachten (MAMA I, 8; **Text 5**), in dem ein Priester mit Namen *Longus* zu dem Gott *Sozon* ὑπὲρ καρπῶν (für die Früchte) betet. Hier ist wiederum der Terminus *hiereus* relevant, der den sozialen Status dieser Person als Priester bestimmt.

In den Weihinschriften kommen häufig Termini wie *synbios* (Ehemann, Ehefrau), *gyne* (Ehefrau), *adelphos* (Bruder) usw. vor, die den kommunikativen Zweck verfolgen, den Status als Familienmitglied der Weihenden vor der Gottheit zu unterstreichen. Es handelt sich um eine Praxis, die sowohl in den städtischen als auch in den ländlichen Gemeinden eine breite Verwendung fand. Es sei nebenbei erwähnt, dass dieselben Termini auch in den christlichen[37] und jüdischen Inschriften vorhanden sind. Dies geht unter anderem auf die wichtige Rolle zurück, welche die Familie auch in der Wirtschaft besonders auf dem Land spielte.[38]

Als Beispiel kann man eine Familienweihung für den Gott *Zeus Bronton*[39] aus dem Gebiet um Dorylaion in Betracht ziehen, welche lautet (**Text 6**):

(MAMA V, 128) [Ῥ]ωμανὸς Ἐπαφ[ρ]οδ[εί]|[τ]ου μετὰ συνβίο[υ] | Ἀσκληπίας κ τέκνων | Διὶ Βροντῶντι εὐχήν.

Romanus, Sohn des Epaphroditos, (hat diesen Altar) zusammen mit seiner Frau Asklepia und seinen Kindern dem Gott Zeus Bronton (geweiht) in Erfüllung eines Gelübdes.

---

36 Zum Personalkult der ländlichen Kultstätten im kaiserzeitlichen Kleinasien s. im allgemeinen M. Ricl, Society and Economy of Rural Sanctuaries in Roman Lydia and Phrygia, EA 35, 2003, 77–101 mit einer Zusammenstellung und Betrachtung des epigraphischen Materials.

37 Vgl. E. Gibson, The „Christians for Christians" Inscriptions of Phrygia, Ann Arbor 1978.

38 Zu diesem Thema s. im allgemeinen I. S. Svencickaja, Some Problems of Agrarian Relations in the Province of Asia, Eirene 15, 1977, 27–54; dazu P. Debord, Aspects sociaux et économique de la vie religieuse dans l'Anatolie gréco-romaine, Leiden 1982; id., Populations rurales de l'Anatolie greco-romaine, in: Centro ricerche e documentazione sull'antichità classica. Atti 8 (1976–77), Milano 1982, 43–68.

39 Im allgemeinen zum Kult des *Zeus Bronton* s. W. M. Ramsay, Inscriptions from Nacoleia, JHS 3, 1882, 119–27, 123 ff.; id., Sepulcral Customs in Ancient Phrygia, JHS 5, 1885, 241–62, 255 ff.; F. Cumont, Bronton, RE III, 1, 1897, 891–892; C. W. M. Cox – A. Cameron, MAMA V, XLIII–XLIV; A. B. Cook, Zeus. A Study in Ancient Religion, II, 1, New York 1965, 832 ff.; C. H. Haspels, The Highlands of Phrygia. Sites and Monuments, Princeton 1971, 202 ff.; F. Landucci-Gattinoni, „Iuppiter Tonans", in: M. Sordi (ed.), Fenomeni naturali e avvenimenti storici nell'antichità, Milano 1989, 139–53; Drew-Bear – Naour (s. Anm. 2), 1992 ff.; G. F. Chiai, Zeus Bronton und der Totenkult im kaiserzeitlichen Phrygien, in: J. Rüpke – J. Scheid (eds.), Rites funéraires et culte des mortes, Stuttgart 2009, 135–57.

Als weitere Parallele kann man diese andere Inschrift aus Lydien betrachten (**Text 7**):[40]

(TAM V, I 247) Θεῷ Ὁσίῳ καὶ Δικαίῳ| καὶ Ὁσίᾳ καὶ Δικαίᾳ εὔξετο Ἀλε|ξάνδρα μετὰ Τροφίμου τοῦ| συνβίου ἱερέος. ὑπὲρ τῶν| τέκνων διὰ τὴν περίπνυαν| εὐχαριστήριον ἀνέθηκαν.| Ἔτους τμβ' μη(νὸς) Ὑπερβερτέου.

Alexandra hatte zusammen mit Trophimos, ihrem Mann und Priester, den Frommen und Gerechten Gott und die Heilige und Gerechte Göttin für ihre Kinder wegen einer Lungenkrankheit gebeten.[41] Die beiden haben (diese Stele) in Dankbarkeit weihen lassen. Am 5. des Monats Hyperbeteos, im Jahre 342 (= 257/8).

Aus den Texten bekommt man den Eindruck, dass diese Menschen ihren Status als Familienmitglieder bei der Gottheit hervorheben wollen. Nebenbei sei auch auf die gepriesenen Heilkompetenzen dieses besonderen göttlichen Ehepaares aufmerksam gemacht.

Die Bedeutung der Familie findet in einigen Kultstätten jedoch auch auf einer visuellen Ebene Ausdruck; dies ist der Fall bei einer Reihe von kleinen Steinreliefs aus dem Heiligtum von *Zeus Alsenos*, auf denen sich die Abbildungen von Familiengruppen und Einzelpersonen befinden: Es handelte sich um Familien und Privatpersonen, welche diese lokale Kultstätte besuchten und in Erfüllung eines Gelübdes die Denkmäler der Gottheit geweiht haben. Die darauf angebrachten Texte sind sehr kurz,[42] oft nur auf den Namen der Gottheit und das Wort *euchen* beschränkt: In diesem Zusammenhang ist besonders hervorzuheben, dass die religiöse Kommunikation mehr auf einer visuellen Ebene erfolgt.

Weitere Termini, die den sozialen Status eines Menschen vor dem Göttlichen zum Ausdruck bringen können, sind δοῦλος (Sklave), ἀπελεύθερος (Freigelassene), θρεπτὴ (Ziehtochter)[43] usw. Dies kann unter anderem als Hinweis

---

40   Zu diesem Dokument s. Ricl (Premiere partie, s. Anm. 1), 3, Nr. 3.

41   Zu den möglichen Interpretationsmöglichkeiten der Wendung διὰ περίπνοιαν s. G. Petzl, Die Beichtinschriften im römischen Kleinasien und der Fromme und Gerechte Gott, Wiesbaden 1998, 17, Anm. 23. Er zieht die Möglichkeit in Betracht, dass *Alexandra* „wegen der göttlichen Inspiration" ihr Gelübde tat. Das Wort wäre als ein Synonym von ἐπίπνοια zu betrachten. Zu ἐπίπνοια s. die Beobachtungen in H. W. Pleket, Religious History as the History of Mentality: The ‚Believer' as Servant of the Deity in the Greek World, in: Versnel (s. Anm. 6), 152–92, 162–63 mit verschiedenen epigraphischen Beispielen.

42   PVS 147: Ἀλέξανδρ<ο>ς | καὶ Τατεις | Διὶ Ἀλ|σηνῷ | εὐχήν; PVS 151, 12, 153 (ohne Inschriften).

43   Zu den *threptoi* in den griechischen Inschriften aus Kleinasien s. A. Cameron, Θρεπτός and Related Terms in the Inscriptions of Asia Minor, in: W. M. Calder – J. Keil (eds.), Anatolian Studies Presented to W. H. Buckler, Manchester 1939, 27–62; MAMA IX, LXIV–LXVI; dazu T. G. Nani, Θρεπτοί, Epigraphika 5–6, 1943–44, 45–84; H. Raffeiner, Sklaven und Freigelassene. Eine soziologische Studie auf der Grundlage des

dafür gedeutet werden, dass auch Personen aus den niedrigen sozialen Schichten sowie Frauen und Kinder freien Zugang zu vielen religiösen Einrichtungen auf dem Land hatten.[44] Beispielsweise hier eine Büste (PVS 462), die *Hermas*, Sklave des *Ulpius Salutarius,* dem Gott *Zeus Anpelites* in Erfüllung eines Gelübdes geweiht hat (**Text 8**) (Dieser Sklave sollte wahrscheinlich über finanzielle Mittel verfügen). Ein weiteres lehrreiches Beispiel ist in einer Weihung (CIG 3810) an *Zeus Bronton* zu finden, welche von einem Ehepaar zusammen mit ihrem Ziehsohn *Teimon* und den Ziehbrüdern *Apollonios* und *Dionysios* vollzogen worden ist: Hier sind die Termini θρεπτός und σύντροφοι aufschlussreich für die Bestimmung des sozialen Status der Weihenden vor der Gottheit.

Das Vorhandensein einer solchen Praxis zeigt, wie die soziale Differenzierung und Abgrenzung in der Kommunikation mit dem Göttlichen auch in ländlichen Kultstätten eine Rolle spielte und dementsprechend zum Ausdruck gebracht wurde.

Schließlich zu den Ethnika: Ethnika kommen häufig in den epigraphischen Weihungen vor; ihre Betrachtung kann uns bei der Frage behilflich sein, ob eine Kultstätte nur eine lokale oder eine überregionale Bedeutung innehatte.[45] Ferner können die Ethnika auch als Mittel einer Überzeugungsstrategie dem Göttlichen gegenüber verwendet werden, denn ein Pilger[46], der von einer entfernten Ortschaft zu einem bestimmten Heiligtum kam, um seine Bitte einzureichen, konnte diese Tatsache als Zeichen seiner Frömmigkeit unterstreichen (**Text 9**):

---

griechischen Grabepigramms, Innsbruck 1977, 34, 90 ff.; G. Sacco, Osservazioni su τρο-
φεῖς, τρόφιμοι, θρεπτοί, Miscellanea greca e romana 7, 1980, 271–86; G. Alföldy, Römische Sozialgeschichte, Wiesbaden 1984³, 118 ff.; P. Guinea, La peculiaridad de los
threptoi en el Asia Minor, Dialogues d'histoire ancienne 24, 1, 1998, 41–51; Dazu auch
T. Ritti – C. Şimşek – H. Yildiz, Dediche e katagrafai dal santuario frigio di Apollo
Lairbenos, EA 32, 2000, 1–88, 59–62 (Heiligtum des *Apollon Lairmenos*); M. Ricl,
Donations of Slaves and Freeborn Children to Deities in Roman Macedonia and
Phrygia: A Reconsideration, Tyche 16, 2001, 156–57; M. Ricl – H. Malay, Ἄνθρωποι
θρεπτικοί in a New Inscription from Hypaipa, EA 38, 2005, 45–52.

44 Im allgemeinen zu den kultischen Vorschriften mit einer Zusammenstellung der epi-
graphischen und literarischen Zeugnisse s. T. Wächter, Reinheitsvorschriften im grie-
chischen Kult, Gießen 1910; R. Parker, Miasma, Oxford 1983; dazu auch A. Chaniotis,
Reinheit des Körpers – Reinheit des Sinnes in den griechischen Kultgesetzen, in: J.
Assmann – T. Sundermeier – H. Wrogemann (eds.), Schuld, Gewissen und Person.
Studien zur Geschichte des inneren Menschen, Gütersloh 1997, 143–79.

45 Dazu s. die Beobachtungen von Ritti – Şimşek – Yildiz (s. Anm. 43), 49 ff., die gerade
aufgrund der in den Weihungen für *Apollon Lairbenos* belegten Ethnika die überregionale Bedeutung dieses Heilitums rekonstruieren, das von Pilgern aus *Motella,
Blaundas, Hierapolis* und anderen phrygischen und karischen Zentren besucht wurde.

46 Zu den Pilgern in der Antike s. M. Dillon, Pilgrims and Pilgrimage in Ancient Greece,
London – New York 1997; J. Elsner – I. Rutherford (eds.), Pilgrimage in Graeco-Roman
& Early Christian Antiquity. Seeing the Gods, Oxford 2005.

(MAMA I, 2a) Ἰκον]ιεὺς Ἰμαν Λευκίου Μητρὶ Δ|[...ην]ῇ εὐχήν· καὶ ἐφύτευσα | [τὸν περ]ίβολον ἐκ τῶν ἐμῶν ἀ[ναλωμάτων...].

Iman, Sohn des Lucius, aus Ikonion, (hat diese Stele) der Göttin Meter Dindimene in Erfüllung eines Gelübdes (geweiht). Ich habe den Peribolos des Heiligtums aus eigenen Kosten bepflanzen lassen.

Diese Person bestimmt, indem sie ihr Versprechen einlöst, ihre Identität nicht nur durch die Angabe des Eigennamens und des Patronymikons, sondern auch mit dem Ethnikon; Ferner ist auch die Verwendung der ersten Person Singular interessant, die dem Text einen narrativen Charakter verleiht.

Das Vorhandensein von Ethnika, wie z. B. *Ioudaios*, kann auch in einigen Fällen als ein Indikator für religiöse Identität gedeutet werden,[47] wie z. B. die jüdischen Grabinschriften vom Friedhof von *Hierapolis* zeigen.[48]

Die oben betrachteten epigraphischen Testimonia dokumentieren paradigmatisch die Art und Weise, wie die lokalen sakralen Weihungen, Spiegel der religiösen Mentalität der Einheimischen, nach den Normen der griechischen (und lateinischen) Epigraphik der Zeit strukturiert wurden. Denn Eigennamen sowie Berufs- und Sozialnamen sind in allen sakralen Texten des römischen Reiches anzutreffen, wobei sie dasselbe kommunikative Ziel verfolgen. Dies zeigt eine Übernahme der Media der religiösen Kommunikation vom Zentrum in der Peripherie, sowie ihre betreffende Anpassung an die lokalen Religiositätsformen. Es handelt sich um eine Art sowohl von Akkulturation (oder Romanisierung) als auch von Resistenz,[49] denn – wie auf den folgenden Seiten erklärt werden soll – bewahren die einheimischen Gottheiten ihre Charakteristika und unterscheiden sich damit von den in den anderen Reichsprovinzen unter den gleichen Namen verehrten Göttern.

---

47   Zu diesem Thema s. R. S. Kraemer, On the Meaning of the Term „Jew" in Graeco-Roman Inscriptions, HThR 82, 1989, 35–53; mit einer Zusammenstellung des epigraphischen Materials s. M. H. Williams, The Meaning and Function of Ioudaios in Graeco-Roman Inscriptions, ZPE 116, 249–62; Ilan (s. Anm. 21).

48   Dazu s. Miranda (La comunità, s. Anm. 21), 133 ff.

49   Zu den Begriffen Romanisierung und Romanisation existiert eine umfangreiche Literatur, im allgemeinen mit einer reichen Literatur verweise ich auf die verschiedenen Beiträge in G. Schörner (ed.), Romanisierung – Romanisation. Theoretische Modelle und praktische Fallbeispiele, Oxford 2005.

II. Welche Kompetenzen hatten die auf dem Land verehrten Götter?

Wie schon erwähnt, sind die meisten der epigraphischen religiösen Texte Weihungen, die aus der Erfüllung eines Gelübdes entstanden sind;[50] mit anderen Worten: Sie gehen auf Menschen oder Gemeinden zurück, deren Bitten von der Gottheit erhört und erfüllt wurden. Die Götter, die meistens Erwähnung finden sind *Zeus, Apollon,* die *Meter theon* und *Men.* Die in den Inschriften vorkommenden Anrufungsformeln ὑπὲρ καρπῶν, ὑπὲρ βοῶν usw. ermöglichen uns, nicht nur die Gründe der eingereichten Gebete zu erfahren, sondern auch die Bereichskompetenzen der Götter zu rekonstruieren.[51]

Beispielsweise können wir die Texte aus dem Heiligtum von *Zeus Bronton,* einer einheimischen phrygischen Gottheit, die besonders im Gebiet um *Amorion* verehrt wurde, hinzuziehen (**Text 10**). Die in den Weihungen vorhandenen Formeln ὑπὲρ βοῶν,[52] ὑπὲρ καρπῶν, ὑπὲρ παιδῶν usw. zeigen uns die Art und Weise,[53] wie dieser lokale Gott für alle Bereiche des menschlichen Alltagslebens zuständig war: Gesundheit, Fruchtbarkeit der Äcker, Wetter[54], gute Verfassung der Arbeitstiere usw. *Zeus Bronton* stellt keinen Sonderfall dar, denn dieselbe Situation ist auch bei *Zeus Alsenos,* einer anderen lokalen phrygischen Gottheit aus diesem Gebiet, festzustellen.

---

50 Zu diesem religiösen Begriff in der Antike s. im allgemeinen B. Kötting, Gelübde, RAC IX, 1976, 1055–99; dazu mit weiteren Literaturhinweisen s. E. Voutiras – V. Fyntikoglou, Das römische Gebet, in: Thesaurus Cultus et Rituum Antiquorum III, Los Angeles 2005, 151–79, 168–70; Jakov – Voutiras (s. Anm. 6), 127–29; J. Rüpke, Die Religion der Römer, München 2006, 154–66; N. Belayche, Religious Actors in Daily Life: Practices and Related Beliefs, in: J. Rüpke (ed.), A Companion to Roman Religion, Oxford 2007, 275–91, 280–85; F. Hickson Hahn, Performing the Sacred: Prayers and Hymns, ibid., 235–48, 240–41.

51 Dazu s. Beobachtungen in Chaniotis – Chiai (s. Anm. 25), 121–22.

52 Zu dieser Formel s. im allgemeinen L. Robert, Opera Minora Selecta II, Amsterdam 1969, 1357; id., Hellenica X, Paris 1955, 36–37, 108; M. L. Lazzarini, Iscrizioni votive greche, Scienze dell'Antichitá. Storia, Archeologia, Antropologia 3–4, 1989–90, 845–59, 857.

53 Im allgemeinen zu den verschiedenen Gebetsformeln s. Versnel (s. Anm. 6), 8–10 mit einer Zusammenstellung von epigraphischen Belegen.

54 Paradigmatisch ist der Text eines Gebets für den Regen, der auf einem Altar wahrscheinlich aus dem Heiligtum des *Zeus Bronton* angebracht wurde: (SGO III, 16/34/01) βρέχε γαῖ]αν | καρπῶ [ὅπ]ως βρί[θη | καὶ ἐν]ὶ σταχύεσσι τεθήλη | τ[αῦτ]ά [σε] Μητρεόδωρος ἐγὼ λίτομαι, Κρο|[ν]ίδα Ζεῦ, | ἀμφὶ τεοῖς βωμοῖσιν ἐπήρ||ατα θύματα ῥέζω | Σαλβίῳ Ἰουλιανῷ καὶ Κα|λπυρνιανῷ Πείσωνι ὑ|πάτοις. *Benetze die Erde, damit sie von Frucht schwer werde und in Ähren prange. Dies erbitte ich, Metreodoros, von dir, Kronos-Sohn Zeus, indem ich an deinen Altären willkomene Opfer schlachte* (Übersetzung von R. Merkelbach – J. Stauber). Zu diesem Text s. F. Graf, Prayer in Magic and Religious Ritual, in: C. Faraone – D. Obbink (eds.), Magika Hiera. Ancient Greek Magic and Religion, New York-Oxford 1991, 188–213, 199 ff.

Von Bedeutung sind vor allem die Medien, mit denen die Kompetenzen zum Ausdruck gebracht werden. Aufschlussreiches Material bietet das vor einigen Jahren veröffentlichte Corpus der phrygischen Votivstelen, die zumeist aus der Kultstätte von *Zeus Alsenos* stammen. Hier scheint z. B. die religiöse Kommunikation eher auf einer visuellen Ebene zu erfolgen,[55] wie die anatomischen Votivreliefs, die wahrscheinlich die durch den göttlichen Eingriff geheilten Körperglieder darstellen, zeigen.[56] In diesem Falle sind die Bilder sehr aussagekräftig für die Verkündigung der göttlichen Macht, während die darauf angebrachten Texte sehr kurz sind[57] und sakrale Epitheta fehlen, wie ἐπήκοος[58], ἀλεξίκακος usw., welche den Heilgottheiten zugewiesen werden.

Eine berechtigte Frage betrifft die Herkunft der Praxis, Stelen mit Darstellungen von anatomischen Körpergliedern zu weihen. Sie ist sicher nicht in diesen auf dem Land verstreuten kleinen Kultstätten zu suchen, sondern geht wahrscheinlich auf einen Einfluss der größeren Heiligtümer zurück.[59] Beispielsweise wäre es auch möglich, die *Asklepieia* in Betracht zu ziehen,[60] in denen die Weihung solcher Votivreliefs seit dem 4. Jh. v. Chr. dokumentiert ist.[61]

---

55 Dazu s. die Beobachtungen in Chiai (s. Anm. 15), 67–69.

56 Zu diesem Thema s. die wichtige Arbeit von U. Hausmann, Kunst und Heiltum, Potsdam 1948, die sich mit den Votivreliefs aus den Asklepieia auseinandersetzt; dazu auch F. T. van Straten, Gifts for the Gods, in: Versnel (s. Anm. 6), 65–151, 100 ff.; id., Votives and Votaries in Greek Sanctuaries, in: A. Schachter (ed.), Le sanctuaire grec, Entretiens sur l'Antiquité Classique 37, Genève 1992, 247–84, 260 ff.; B. Forsén, Griechische Gliederweihungen. Eine Untersuchung zu ihrer Typologie und ihrer religions- und sozialgeschichtlichen Bedeutung, Helsinki 1996; B. Gladigow, Anatomia sacra. Religiös motivierte Eingriffe in menschliche oder tierische Körper, in: P. van der Eijk – H. F. J. Hortsmanshoff – P. H. Schrijvers (eds.), Ancient Medicine in its Socio-Cultural Context, Amsterdam – Atlanta 1995, 345–61.

57 PVS 15: Βαβεις (Δ)ιὶ | Ἀλσηνῷ | εὐχήν (Abbildung von Augen); PVS 17: Ἀτείμη|τος Διὶ Ἀλ|σηνῷ | εὐχήν (Abbildung von Augen); PVS 22: Κλευπάτ|ρα Διὶ Ἀλσηνῷ εὐχήν (Abbildung von Augen); PVS 29: Τρόφιμ|ος Διὶ | (Ἀλ)ση|{η}νῷ εὐχήν (Abbildung von Händen); PVS 39: Ohne Inschrift, nur mit Abbildungen von vier Händen und einem Bein; PVS 41: Δημήτρειος | Παπίου | Διὶ Πε|τα(ρη)νῷ | εὐχ(ή)ν (Abbildung eines Beines); PVS 47: Ἡδονὴ Διὶ | εὐχήν (Abbildung eines Beines).

58 Zu diesem Epitheton s. O. Weinreich, Theoi epekooi, MDAI(A) 37, 1912, 1–62 mit einer Zusammenstellung epigraphischer und literarischer Testimonia; dazu auch die Beobachtungen von Versnel (s. Anm. 6), 34–37.

59 Zum Einfluss des Zentrums auf die Peripherie in der römischen Reichsreligion s. im allgemeinen R. Mellor, The Local Character of Roman Imperial Religion, Athenaeum 80, 1992, 385–400; A. Bendlin, Peripheral Centres – Central Peripheries: Religious Communication in the Roman Empire, in: H. Cancik – J. Rüpke (eds.), Römische Reichsreligion und Provinzialreligion, Tübingen 1997, 35–68 und die verschiedenen Beiträge in Cancik – Schäfer – Spickermann (s. Anm. 15).

60 Zu den *Askepieia* im allegemeinen s. J. W. Riethmüller, Asklepios. Heiligtümer und Kulte, Heidelberg 2005.

61 Vgl. van Straten (Gifts, s. Anm. 56), 97 ff.; id. (Votives, s. Anm. 56), 97 ff.

Darüber hinaus werden hier auch nur externe Körperglieder (Beine, Hände, Augen usw.), keine Innereien (Uteri, Lebern usw.) dargestellt.[62]

Aufmerksamkeit verdient auch eine Reihe von Weihreliefs für die Götter *Zeus Anpelites* und *Zeus Thallos*, zwei phrygische lokale Götter, auf denen wiederum das Objekt des Schützens (die Ochsen) auf einer visuellen Ebene Ausdruck findet.[63] Derselbe Zusammenhang zwischen Bild und Text ist auf einer für die *theoi Pereudenoi* geweihte Stele zu finden (**Text 10c**),[64] auf der die Gestalten von acht Ochsen zu erkennen sind, die von einem Mann mit Stock am Strick geführt werden, während man auf dem oberen Teil der Figur eines betenden Mannes begegnet. Im Text bedankt sich ein Mann namens *Philippikos* bei diesen Göttern, weil sie seine kostbaren Ochsen beschützt haben.

Die aus Erfüllung eines Gelübdes entstandenen Weihungen sind nicht nur Privatpersonen, sondern auch Dorfgemeinden zuzuschreiben. Beispielsweise können wir die Weihungen (**Text 11, 11a, 11b**) der Gemeinden der *Marlakenoi*, *Masikenoi* und *Nakoleis* erwähnen, welche den Gott *Zeus Bronton* ὑπὲρ καρπῶν (für die Früchte) gebeten hatten; während die *Skalatenoi* (**Text 11c**) die *Meter Kybele* um das Wohl der Ochsen angerufen hatten. Eine Weihung kann jedoch auch für das kollektive Wohl vollzogen werden, wie die Formel (**Text 11d**) ὑπὲρ τῆς κώμης σωτηρίας zeigt, welche die *Neopeimatenoi* auf einem Altar zu Ehren des Gottes *Zeus Bronton* anbringen ließen. Diese religiösen Texte sollen auf einer kollektiven Ebene die Danksagung einer ganzen Gemeinde ihrer Schutzgottheit gegenüber darstellen, weil sie ihre Gebete erhört hat.

Jedoch konnten auch Privatpersonen (**Text 12**) um das Wohl der ganzen Gemeinde beten; das ist der Fall bei einer Inschrift (MAMA V, 127), in der drei Menschen namens *Menophon*, *Apolonides* und *Philtes* ὑπὲρ τῶν ἰδίων καὶ Οὐεζαιτῶν σωτηρίας *Zeus Bronton* anbeten.[65]

---

62 Eine Ausnahme scheint jedoch eine Stele für *Zeus Petarenos* darzustellen, auf der eine Gebärmutter abgebildet worden ist, vgl. Lochman (s. Anm. 15), III 219, Abb. 123: Ἡδονὴ | Δεὶ Πετ|αρην|νῷ εὐχ|ήν.

63 PVS 424: Εὐλαρος Ἀπολα | Σαγαρηνος | Δι Ἀνπε|λικῷ ευχήν (Abbildung eines Ochsen); PVS 427: Αὐ(ρήλιος) Λυκώτης Ζήνωνος | Δὶ Θαλῷ εὐχήν (Abbildung von zwei Ochsen); PVS 442: Τελέσφορος Ἰσκομή{σ}|της ὑπὲρ ὑπαρχόντων Δεὶ | [Θαλ]λῷ εὐχήν (Abbildung von zwei Ochsen).

64 SEG XXXIV, 1214: Θεοῖς Περευδηνοῖς Φιλιππικὸς | εὐξάμενος μετὰ Βουνίωνος τοῦ | συντρόφου | ὑπὲρ τῶν κτηνῶν καὶ | ἐπιτυχὼν εὐχαριστῶν ἀνέθηκεν. | Ἔτους τλβ᾽, μηνὸς Λώου κ᾽. *Den Göttern Pereudenoi hat Philippikos auf Grund eines Gelübdes, das er zusammen mit dem mit ihm aufgezogenen Bunion zugunsten der Tiere ausgesprochen hatte, nachdem er Erfüllung erlangt hat, in Dankbarkeit (diese Stele) errichtet. Im Jahre 332, am 20. Loos.* Zu diesem epigraphischen Dokument s. E. Varinlioglu – P. Herrmann, Theoi Pereudenoi. Eine Gruppe von Weihungen und Sühninschriften aus der Katakekaumene, EA 3, 1988, 9 ff.

65 Zu solchen Weihungen s. Versnel (s. Anm. 6), 17–21.

Die oben angeführten Beispiele zeigen unter anderem ein starkes Zusammengehörigkeitsgefühl bei den Dorfgemeinden im römischen Phrygien,[66] das sowohl kollektiv als auch privat ausgedrückt wird. Nebenbei sei auch auf die Verwendung des Terminus *soteria* mit der Bedeutung „Wohl, Rettung, usw." aufmerksam gemacht, der auch bei den jüdischen und christlichen Texten eine breite Verwendung findet.[67]

Diese ländlichen Götter waren für die Gerechtigkeit zuständig,[68] denn sie konnten sich in die alltäglichen menschlichen Angelegenheiten einmischen und Sünden und Verbrechen bestrafen. Aus dieser Sicht stellen die Beichtinschriften eine lehrreiche Quelle dar,[69] um die Art und Weise zu rekonstruieren, wie die Götter die menschlichen Verfehlungen verfolgen konnten.

---

66   Zur Religiosität der Dorfgemeinden im kaiserzeitlichen Phrygien s. Gnoli – Thornton (s. Anm. 2), dazu s. auch C. Schuler, Ländliche Siedlungen und Gemeinden im hellenistischen und römischen Kleinasien, München 1998, 217 ff. und die andere in Anm. 2 zitierte Bibliographie; zuletzt mit ausfürlicher Literatur L. Boffo, Senso religioso e senso etico fra gli Anatolici in epoca ellenistica e romana, in: M. Mazoyer – O. Casabonne (eds.), Antiquus Oriens. Mélanges offerts au professeur René Lebrun I, Paris 2006, 83– 114.

67   Zu den *soteria*-Weihungen mit einer Zusammenstellung des epigraphischen Materials aus Syrien s. J. Moralee, „For Salvation's Sake". Provincial Loyalty, Personal Religion, and Epigraphic Production in the Roman Late Antique Near East, New York 2004; dazu auch vor kurzem C. Habicht, Danksagungen Geretteter an die Götter, Hyperboreus 7, 2001, 301–07.

68   Zu diesem Thema besonders in Bezug auf die Beichtinschriften existiert eine umfangreiche Literatur, im allgemeinen s. F. S. Steinleitner, Die Beicht im Zusammenhange mit der sakralen Rechtspflege in der Antike, München 1913; J. Zingerle, Heiliges Recht, JÖAI 23, 1926, 5–72; R. Pettazzoni, La confessione dei peccati II, 3, Bologna 1936; Petzl (s. Anm. 41); A. Chaniotis, Tempeljustiz im kaiserzeitlichen Kleinasien: Rechtliche Aspekte der Beichtinschriften, in: G. Thür – J. Velissaropoulos-Karakotas (eds.), Symposion 1995. Vorträge zur griechischen und hellenistischen Rechtsgeschichte, Köln – Weimar – Wien 1997, 353–84; id., Under the Watchful Eyes of the Gods: Aspects of Divine Justice in Hellenistic and Roman Asia Minor, in: S. Colvin (ed.), The Greco-Roman East. Politics, Culture, Society, Yale Classical Studies 31, Cambridge 2004, 1–43; id., Von Ehre, Schande und kleinen Verbrechen unter Nachbarn: Konfliktbewältigung und Götterjustiz in Gemeinden des antiken Anatoliens, in: F. R. Pfetsch (ed.), Konflikt, Heidelberger Jahrbücher 48, Berlin 2005, 233–54; N. Belayche, „Au(x) dieu(x) qui règne(nt) sur...". Basileia divine et fonctionnement du polythéisme dans l'Anatolie impériale, in: A. Virgout – X. Loriot – A. Berenger-Badel – B. Klein (eds.), Pouvoir et religion dans le monde romain. En hommage à Jean-Pierre Martin, Paris 2006, 257–69

69   Zu diesen Texten existiert eine umfangreiche Literatur, unter den vor kurzem erschienenen Studien s. A. Rostad, Confession or Reconciliation? The Narrative Structure of the Lydian and Phrygian ‚Confession Inscriptions', Symbolae Osloenses 77, 2002, 145–64; E. J. Schnabel, Divine Tyranny and Public Humiliation: A Suggestion for the Interpretation of the Lydian and Phrygian Confession Inscriptions, Novum Testamentum 45, 2, 2003, 160–88; C. E. Arnold, „I Am Astonished that You Are so Quickly Turning Away!" (Gal 1.6): Paul and Anatolian Folk Belief, NTS 51, 2005, 429–49; M.

Darüber hinaus sollte nicht vergessen werden, dass in der antiken Mentalität eine Krankheit oft auf eine begangene Verfehlung der Gottheit gegenüber
zurückgeführt wurde,[70] daher auch die Heilkompetenzen zahlreicher lokaler
Götter.[71] Hier ein Beispiel (**Text 13**):

> (Petzl [s. Anm. 7], Nr. 16) Διεὶ Σαβαζίῳ καὶ Μη|τρεὶ Ειπτᾳ. Διοκλῆς | Τροφίμου· ἐπεὶ
> ἐπεί|ασα περιστερὰς τῶν | θεῶν, **ἐκολάσθην ἰς** | τοὺς ὀφθαλμοὺς καὶ | ἐνέγραψα τὴν
> ἀρητήν.
>
> (Weihung) für Zeus Sabazios und Meter Hipta. Diokles, Sohn des Trophimos: Da
> ich Tauben der Götter gefangen hatte, **erlitt ich an meinen Augen Strafe** und **habe
> den Beweis göttlicher Macht** (auf dieser Stele) **schriftlich niedergelegt.** (Übersetz-
> zung von G. Petzl)

Auf diesem Denkmal verdienen auch die Abbildungen eines Augenpaares und
zweier Tauben Interesse, die jeweils auf den bestraften Körperteil und auf den
Grund der Strafe zu beziehen sind: Hier kann man wiederum einen interessanten Zusammenhang zwischen Bild und Text finden.

Die Beichtinschriften beabsichtigen nicht nur die Frömmigkeit und die
Gehorsamkeit der Menschen dem göttlichen Willen gegenüber zum Ausdruck
zu bringen (vertikale Kommunikation), sondern scheinen auch eine „didaktische Funktion" zu verfolgen, indem sie auch die anderen Personen, welche die
Inschriften lasen, davor warnen, dieselbe Sünde nicht zu begehen (horizontale
Kommunikation):[72] ἕξει τὴν ἐμὴν στήλλην ἔξενπλον (*meine Stele soll als war-
nendes Beispiel dienen*) lautet das Ende einer Inschrift.[73]

Paz de Hoz, Literacy in Rural Anatolia: The Testimony of the Confession Inscriptions,
ZPE 155, 2006, 139–44 mit reichen Literaturhinweisen.

70 Zu diesem Thema im allgemeinen s. W. von Siebenthal, Krankheit als Folge der Sünde,
Hannover 1950; G. Lanata, Medicina magica e religione popolare in Grecia, Roma
1967; G. Petzl, Sünde, Strafe, Wiedergutmachung, EA 19, 1988, 155–66; id. (s. Anm. 7);
id., Ländliche Religiosität in Lydien, in: E. Schwertheim (ed.), Forschungen in Lydien,
Asia-Minor-Studien 17, Bonn 1995, 37–48; id. (s. Anm. 41); H.-J. Klauck, Heil ohne
Heilung? Zur Metaphorik und Hermeneutik der Rede von Sünde und Vergebung im
Neuen Testament, in: H. Frankemölle (ed.), Sünde und Erlösung im Neuen Testament,
Freiburg 1996, 18–52; Chaniotis (Tempeljustiz, s. Anm. 68); id. (Watchful Eyes, s.
Anm. 68); id. (Ehre, s. Anm. 68).

71 Zu den Heilkompetenzen der auf dem Land verehrten Götter mit besonderer Be-
rücksichtigung des epigraphischen Materials s. A. Chaniotis, Illness and Cures in the
Greek Propitiatory Inscriptions and Dedications of Lydia and Phrygia, in: Van der Eijk
– Hortsmanshoff – Schrijvers (s. Anm. 56), 323–44.

72 Hier eine Zusammenstellung der Stellen: (Petzl [s. Anm. 7], Nr. 9,10) Παραγγέλει |
πᾶσιν ἀνθρώποις, ὅτι οὐ | δεῖ καταφρονεῖν το[ῦ θε]|οῦ. Ἀνέστησε δὲ τὸ μαρτ[ύ]|ριον; (Petzl
[s. Anm. 7], Nr. 10,10) παραγγέλ|λω δέ, αὐτοῦ τὰς δυνάμις μή | τίς ποτε κατευτελήσι καὶ
κόψει δρῦν; (Petzl [s. Anm. 7], Nr. 106,14) παραγγέλλω μηδένα καταφρο||νεῖν τῷ θ]εῷ
Ἡλίῳ Ἀπ|[όλλωνος, ἐπεὶ ἕξει] τὴν στήλ|[λην ἐξεμπλάριον; (Petzl [s. Anm. 7], Nr. 111,5)
διὰ τοῦτο οὖν πα|ραγγέλω πᾶσιν μ<η>δέ|να κα[τα]φ[ρονεῖν] τῷ θεῷ, ἐπὶ ἕξει τὴ[ν σ]τήλην
ἐξον|πλάριον. Dazu s. die Beobachtungen in Versnel (s. Anm. 6), 56–61; Belayche (s.

Diese Götter finden auch in den sog. *arai epitymbioi* Erwähnung. Es handelt sich um Inschriften, die vor einer Grabstätte aufgestellt waren. Sie erfüllen die kommunikative Funktion, Grabräuber vor der Schändung des Grabdenkmals durch die Drohung einer göttlichen Bestrafung zu warnen:[74] Dies ist ebenfalls mit den allumfassenden Kompetenzen dieser Götter in Verbindung zu setzen, deren Willen von den Menschen respektiert werden musste.

In Zusammenhang mit ihren Kompetenzen als Richter steht eine religiöse Vorstellung dieser Gottheiten als Schöpfer. Aus dieser Sicht kann die Betrachtung einiger epigraphischer Texte aus dem Pontos-Gebiet aufschlussreich für das Verständnis dieses Phänomens sein.

Die erste aus Phazemonitis stammende Inschrift ist ein Gebet für Gerechtigkeit wegen der Ermordung eines Jungen,[75] welches lautet (**Text 14**):[76]

(SEG L, 1233) Κύριε Παντοκράτωρ· σὺ μὲ ἔκτισες, κακὸς δέ με ἄνθρωπος ἀπώλεσεν· ἐκδίκησόν με ἐν τάχι.

Herr, Allmächtiger! Du hast mich erschaffen, ein schlechter Mensch hat mich getötet. **Räche mich schnell!** (Übersetzung von C. Marek)

Im Text verdient zuerst das Attribut κύριος Aufmerksamkeit, eine Entlehnung aus dem rechtlichen Bereich, welche auch bei Christen und Juden Verwendung

---

Anm. 30) 66–81, welche den aretalogischen Charakter der Beichtinschriften hervorhebt.

73 (Petzl [s. Anm. 7], Nr. 120): Σώσανδρος Ἱεραπολέ|της ἐπιορκήσας καὶ | ἄναγνος ἰσῆλθα ἰς τὸ | σύνβωμον· ἐκολάσ|θην· παραγγέλλω μη|δένα καταφρονεῖν | τῶ Λαιρμηνῶ ἐπεὶ ἔξει | τὴν ἐμὴν στήλλην ἔξενπλον. *Ich, Sosandros aus Hierapolis, bin nach einem Meineid in unreinem Zustand in den gemeinsamen Tempel hereingegangen; mich traf die Strafe; ich verkünde, dass niemand dem Lairmenos Verachtung entgegenbringen darf, da ihm meine Stele als warnendes Beispiel dienen wird* (Übersetzung von G. Petzl). Zu diesem Text s. Steinleitner (s. Anm. 68), 90. ff.; Drew-Bear (s. Anm. 2), 264, welche die These vertreten, dass der im Text erwähnte Meineid religiöser Natur gewesen wäre: Wahrscheinlich hatte Sosandros dem Gott irgendetwas gelobt und sein Versprechen nicht eingelöst; dazu auch O. Eger, Eid und Fluch in den maionischen und phrygischen Sühne-Inschriften, in: Festschrift Paul Koschaker, Weimar 1939, III, 281–93.

74 Dazu verweise ich im allgemeinen auf A. Parrot, Malédictions et violactions de Tombes, Paris 1939; J. Strubbe, „Cursed Be he that Moves my Bones", in: Faraone – Obbink (s. Anm. 54), 33–59; id., Curses against Violation of the Grave in Jewish Epitaphs of Asia Minor, in: J. W. van Henten – P. W. van der Horst (eds.), Studies in Early Jewish Epigraphy, Leiden 1994, 70–128; id., APAI EΠITYMBIOI. Imprecations against Desecrators of the Grave in the Greek Epitaphs of Asia Minor. A Catalogue, Bonn 1997.

75 Zum Begriff Gebet für Gerechtigkeit s. H. S. Versnel, Les imprécations et le droit, Revue historique de droit français et étranger 65, 1987, 3–32; id., The Appeal to Justice in Judicial Prayers, in: Faraone – Obink (s. Anm. 54), 60–106; id., Writing Mortals and Reading Gods. Appeal to the Gods as a Strategy in Social Control, in: D. Cohen (ed.), Demokratie, Recht und soziale Kontrolle im klassischen Athen, Schriften des Historischen Kollegs. Kolloquien 49, München 2002, 37–76, 48 ff.; Jakov – Voutiras (s. Anm. 6), 129 ff.

76 Zu diesem Text s. mit einem reichen Kommentar Marek (s. Anm. 8), 137 ff.

findet, sowie das Epitheton παντοκράτωρ,[77] das die Allmächtigkeit des Gottes zum Ausdruck bringt,[78] Das Bemerkenswerte besteht jedoch in der Kombination der zwei Bezeichnungen in einer Anrufungsformel; dieselbe Kombination befindet sich z. B. in verschiedenen christlichen Texten aus Phrygien.[79]

Von Belang ist auch die Formel σὺ μὲ ἔκτισε (*du hast mich erschaffen*). Κτίστης als religiöses Epitheton ist in den Weihinschriften dieser Zeit in Bezug auf *Zeus*[80], *Apollon*[81] und *Herakles*[82] belegt und wird auch im Rahmen des Kaiserkultes verwendet.[83] Es handelt sich hierbei um einen politischen Begriff, welcher in religiösen Bereich übertragen wird.[84] Beachtenswerte Parallelen sind auch in den aus dem spätantiken Ägypten stammenden Zauberpapyri zu finden, in denen beispielsweise formelhafte Wendungen wie (PGM I, 197; IV, 1170) ὁ κτίσας δεκανοὺς κραταιοὺς καὶ ἀρχαγγέλους, κύριε τῶν πάντων vorkommen.[85]

Dieses Dokument lässt sich mit der bekannten jüdischen Inschrift aus Rheneia in Verbindung bringen, einem Gebet um Gerechtigkeit für die Ermordung eines jungen Mädchens, in dem der jüdische Gott wie folgt angerufen wird (**Text 14a**):

(CIJ 70) ἐπικαλοῦμαι καὶ ἀξιῶ τὸν θεὸν τὸν | **ὕψιστον, τὸν κύριον τῶν πνευμάτων** | **καὶ πάσης σαρκός** … ἵνα ἐγδικήσῃς τὸ αἷμα τὸ ἀ|ναίτιον ζητήσεις καὶ τὴν ταχίστην.

---

77 Zum Epitheton *pantokrator*, dessen Entstehung auf die griechische Übersetzung der Septuaginta zurückgeht, mit einer Betrachtung des epigraphischen und literarischen Materials s. O. Montevecchi, Pantokrator, in: Studi in onore di Aristide Calderini e Roberto Paribeni, Milano 1957, 401–32; C. Capizzi, ΠΑΝΤΟΚΡΑΤΩΡ, Roma 1964; dazu Beobachtungen in Pleket (s. Anm. 41), 171–74.

78 *Pantokrator* wird als religiöses Epitheton auf *Zeus,* den mächtigsten der olympischen Götter bezogen; ein Kult des *Zeus Pantokrator* ist im Gebiet von Nikaia (I. Nikaia 1121, 1512) belegt.

79 Vgl. beispielsweise MAMA III, 112: Τάδε λέγει Κ(ύριο)ς παντω|κράτωρ· Μεγάλη ἔσται ἡ δ[ό]|ξα τοῦ οἴκου τούτου καὶ ἐν τ[ῷ] | τόπῳ τούτῳ δώσω εἰρήνην | εἰς περιποίησιν παντὶ τῷ κτί|ζοντι τοῦ ἀναστῆσαι τὸν | ναὸν τοῦτον. Ἀμήν. Dazu s. die Beobachtungen von Marek (s. Anm. 8), 145 ff. mit weiteren Parallelen aus epigraphischen Dokumenten und christlichen Autoren.

80 I. Kyme 39: Διὶ Σωτῆρι καὶ Κτίσ|τ[ῃ ἡ] φράτρα ἡ περὶ διο[ν]υσ[όδο]τον τὸν κί|ονα ἀνέθηκαν.

81 I. Side 4: [– – – θεὸ]ς πατρῷο[ς κτίστης Ἀπόλλων – – –].

82 I. Kios 24: Ἡρακλῆς καλ|λίνεικος κτίσ|της τῆς πόλε|ως.

83 S. z. B. I. Lampsakos 22: Αὐτοκράτο|ρι Ἀδριανῷ| Ὀλυμπίῳ | [σω]τῆρι καὶ| κτίστῃ.

84 Dazu s. die Beobachtungen von W. Leschhorn, Gründer der Stadt. Studien zu einem politisch-religiösen Phänomen der griechischen Geschichte, Stuttgart 1984, 333 ff.; dazu auch C. Habicht, Gottesmenschentum und griechische Städte, München 1956, 204–05.

85 In diesen magischen Texten ist auch die religiöse Vorstellung der Gottheit vorhanden, die das menschliche Leben geschaffen hat; vgl. beispielsweise (PGM IV, 1170) ὅτι ἐγώ εἰμι ἄνθρωπος, θεοῦ ἐν οὐρανοῦ πλάσμα; (PGM IV, 1750) ἐπικαλοῦμαί σε, τὸν ἀρχηγέτην πάσης γενέσεως. Zu derartigen lexikalischen Konvergenzen s. im allgemeinen die Beobachtungen von H. S. Versnel, Some Reflections on the Relationships Magic-Religion, Numen 38, 1991, 177–97.

> Ich rufe und bitte dich, **den höchsten Gott, den Herren der Geister und allen Fleisches**, ... damit du das unschuldige Blut suchst und so schnell wie möglich rächst. (Übersetzung von C. Marek)

Hervorzuheben sind wiederum die Konvergenzen mit der Sprache heidnischer Texte, die durch die Verwendung gemeinsamer Epitheta wie κύριος, ὕψιστος usw. festzustellen sind; darauf wird der Gott dazu aufgefordert, wie in den Zauberpapyri sowie im Text aus Phazemonitis „so schnell wie möglich" (τὴν ταχίστην) das unschuldige Blut zu rächen.[86] Auch das Verb *epikaloumai* findet in den auf den Zauberpapyri vorkommenden Anrufungsformeln häufig Verwendung.[87] Die oben angesprochenen Kontaktpunkte mit solchen magischen Dokumenten[88] können auch als ein Hinweis dafür ausgelegt werden, dass diese epigraphischen Texte laut gelesen wurden, um von den Göttern erhört zu werden (ἀκούεσθαι). Denn das *incipit* einer Zauberformel lautet: (PGM XII, 165) ἐπικαλοῦμαι ὑμᾶς τοὺς μεγάλους θεοὺς τῇ μεγάλῃ φωνῇ. Ferner ist auch auf das für die Gebete um Gerechtigkeit typische Verb ἐκδικέω Aufmerksamkeit zu richten,[89] das gleichermaßen bei Juden und Christen Verwendung fand[90] und in formelhaften Anrufungsformeln an *Helios* belegt ist.[91]

---

86 Vgl. Marek (s. Anm. 8), 137 ff.; hier einige Beispiele: (PGM IV, 2742) καὶ προλιποῦσα τάχιστα | ἐπ᾽ ἐμοῖς προθύροισι παρέστω; (PGM IV, 2619) δεῦρο ἥξει, ἄγε μοι τὴν δεῖνα τάχιστα, τὴν πάν|τα σαφῶς, θεά; (PGM XIV, 11) ἀλλὰ ἀνάπεμψον | τάχος τῇ νυκτὶ ταύτῃ <κατ᾽> ἐπιταγὴν τοῦ θεοῦ; (R. W. Daniel – F. Maltomini (eds.), Supplementum Magicum 1–2, Opladen 1990–92, Nr. 44,10) ταχέω[ς] ἄξον ὧδε; (Suppl. Mag. Nr. 45,23) μή μου παρα|κούσαται, ἀλλὰ τάχιον ποιήσατε, ὅτι ἐπιτάσσει ὑμῖν Ακρμμα|ζαρι. Belayche (s. Anm. 1), 96 unterstreicht die Emotionalität dieser Wendung in den Texten; zur Emotionalität in den Fluch-Texten s. jetzt H. S. Versnel, Sachliche Sprache und emotionale Sprache in griechische und römischen Fluch-Texten, in: A. Kneppe – D. Metzler (eds.), Die emotionale Dimension antiker Religiosität, Münster 2003, 87–116.

87 Dazu mit Beispielen s. Versnel (s. Anm. 6), 29–30.

88 Zum Gebet im magischen und religiösen Ritual in der Antike im allgemeinen s. Graf (s. Anm. 54); id., Gottesnähe und Schadenzauber. Die Magie in der griechisch-römischen Antike, München 1996, 193 ff.

89 Zu diesem Terminus s. Versnel (s. Anm. 8), 68 ff.; hier kann man beispielsweise den Text eines Zauberpapyrus heranziehen, in dem dieses Verb vorkommt: (PGM LI, 1–8) Π]αρακαλῶ σε, νεκύδαιμων, | [κ]αὶ τ[ὴ]ν περὶ σε [γ]εγονυῖαν | ἀνάγκην θανάτου, εἴδω|λον θεῶν, ἀκοῦσαι τοῦ || ἐμοῦ ἀξιώματος καὶ ἐκ|δικῆσαί με Νειλάμμωνα; weitere Parallelen sind in den *defixiones* zu finden: aus Delos: (D. R. Jordan, A Survey of Greek Defixiones Not Included in the Special Corpora, GRBS 26, 1985, 151–97, Nr. 58A) Κύριο[ι] Θεοὶ οἱ Συκ<ο>ναῖοι Κ[–] | [Κ]υρί<α> Θε<ὰ> Συρία ἡ Συκονα Σ[–] | ΕΑ ἐκδικήσετε καὶ ἀρετὴν | γεννήσετε κὲ διοργιάσετε τὸν ἄραντα; aus Athen: (SEG XXX, 326, 8–9) ναὶ κύριε Τυφὸς | ἐκδίκησον. Zur Sprache der *defixiones* s. im allgemeinen H. S. Versnel, The Poetics of the Magical Charm. An Essay in the Power of Words, in: P. Mirecki – M. Meyer (eds.), Magic and Ritual in the Ancient World, Leiden 2002, 105–58; jetzt E. Eidinow, Oracles, Curses, and Risk among the Greek, Oxford 2007, 142–55.

90 Dazu s. Marek (s. Anm. 8), 141 ff. mit einschlägigen Beispielen; zum Vorhandensein der religiösen Textgattung des Gebets um Gerechtigkeit auch bei den Christen s. G. Björk,

Von Belang ist auch das Vorhandensein des Symbols der Hände auf den beiden Denkmälern,[92] das auf einer visuellen Ebene als eine weitere Konvergenz anzusehen ist.

Als weiteres Zeugnis für die Verbreitung dieser religiösen Vorstellung, wenn auch aus einem anderem geographischen Kontext, kann man ein Grabepigramm aus Korkyra in Betracht ziehen, in dem die Vorstellung der Allmächtigkeit von Zeus wie folgt formuliert wird (**Text 15**):[93]

(IG IX[2], 1/4, 1024) **[δ]αίμονες ἀθάνατοι** πολλοὶ κατ᾽ Ὀλύμπιον ἕδρην, | **ἀλλὰ θεὸς τούτων ἐστὶ πατὴρ ὁ μέγας,** | **ὃς κόσμον διέταξε,** Σελήνην νυκτὶ κελεύσας | πείθεσθαι, Τειτᾶνα ἡμεριναῖς χάρισι·

Viele unsterbliche Dämonen haben ihren Sitz auf dem Olymp, aber **ihr Gott ist der große Vater, der die Welt geordnet hat,** indem er der Nacht befahl, dem Mond zu folgen, und die Sonne den Grazien des Tages.

Hier begegnet man der Vorstellung des Gottes κοσμοκράτωρ, welcher durch seine Befehle über das ganze Universum gebietet und es ordnet.[94] Betrachtenswerte Parallelen für eine derartige Idee sind auch in den christlichen Inschriften zu finden. Ein Beispiel ist die folgende Wendung aus einer Grabinschrift aus Kilikien: (MAMA III, 262) οὐδὶς γὰρ ἀθάνατος, εἰ μὴ μόνον εἷς, ὁ τοῦτο προστάξας γενέσθε [ὃς καὶ ἰς σφαῖρ]αν πλα[νήτων κατά]στησεν ἡμᾶς. Ein

---

Der Fluch des Christen Sabinus, Papyrus Upsaliensis 8, Uppsala 1938, 24 ff., 46 ff. mit einer Zusammenstellung von heidnischen und christlichen Texten.

91 RECAM II, 242: [...] Ὅσιον Δίκεον | Ἥλιε Κύριε, ὑμεῖς ἐκ[δι]κήσατε τὴν νεκρὰν | καὶ τὰ τέκνα ζῶντ[α]; J. G. C. Anderson – F. Cumont – H. Grégoire (eds.), Studia Pontica III, Brüssel 1910, 258: Ἥλιε, ἐκδίκησον. | Μάξιμος Δαμᾶ | καὶ Στρατονίκη | τὴν στήλην | κατεσκεύασαν | Μαξίμας καὶ Μαξί|μου τέκνων. Zu dieser Gottheit s. im allgemeinen W. Fauth, Helios Megistos. Zur synkretistischen Theologie der Spätantike, Leiden 1995.

92 Zu diesem Symbol s. F. Cumont, Il sole vindice dei delitti ed il simbolo delle mani alzate, Atti della Pontificia Accademia Romana di Archeologia, Memorie I, 1, 1923, 65–80; K. Gross, Menschenhand und Gotteshand in Antike und Christentum, Stuttgart 1965; B. Forsén – E. Sironen, Zur Symbolik von dargestellten Händen, Arctos 23, 1989, 55–66; Forsén (s. Anm. 56), 19 ff.; S. Mittmann, Das Symbol der Hand in der altorientalischen Ikonographie, in: R. Kiefer – J. Bergmann (eds.), La main de Dieu. Die Hand Gottes, Wissenschaftliche Untersuchungen zum Neuen Testament 94, Tübingen 1997, 19–47; M.-J. Morant, Mains levées, mains supines, à propos d'une base funéraire de Karyanda (Lycie), Ktema 24, 1999, 289–94; dazu auch S. Knippschild, Drum bietet die Hände. Rechtssymbolische Akte in zwischenstaatlichen Beziehungen im orientalischen und griechisch-römischen Altertum, Stuttgart 2002.

93 Zu diesem Text s. I. Peres, Griechische Grabinschriften und neutestamentliche Eschatologie, Tübingen 2003, 101–02.

94 Eine interessante Parallele ist im folgenden Grabepigramm aus Thessalien anzutreffen, in dem die Vorstellung des Zeus als Schöpfergottes ebenfalls zu finden ist: (SEG XXVIII, 527) Ζηνὸς ἀπὸ ῥίζης μεγάλου | Λυκόφρων ὁ Φιλίσκου | δόξῃ, ἀληθείαι δὲ | ἐκ πυρὸς ἀθανάτου· | καὶ ζῶ ἐν οὐρανίοις ἄστροις | ὑπὸ πατρὸς ἀερθείς, | σῶμα δὲ μητρὸς ἐμῆς | μητέρα γῆν κατέχει. Ich habe die Kenntnis dieses Textes Herrn Prof. Dr. A. Chaniotis zu verdanken.

interessantes Vergleichsmaterial bieten auch wiederum die Zauberpapyri, in denen die Formel πατὴρ κόσμου beispielsweise auf *Zeus* (PGM I, 960) und *Apollon* (PGM I, 297) bezogen wird; dieselbe Vorstellung von *Zeus* als Vater sowohl der Götter als auch der Menschen ist ebenfalls in verschiedenen Inschriften aus Kleinasien anzutreffen.[95] Letztlich sei auch ein Grabepigramm aus Lydien erwähnt, in dem *Zeus* als Schöpfer der Seelen (τερπικέραυνος τεύξας (ψυχὴν) ἀθάνατον καὶ ἀγήραον ἤματα πάντα) Erwähnung findet.[96] Es handelt sich um einen Gedanken, der auch in anderen Grabepigrammen der Zeit anzutreffen ist, in denen die Vorstellung eines allmächtigen Gottes, dem die Menschen ihre Existenz und Eigenschaften zu verdanken haben, vorkommt.[97]

Der Glauben, dass die Macht der Gottheit das Schicksal der Menschen beeinflussen kann, findet in einer Weihung aus Amastris wie folgt Ausdruck **(Text 16)**:[98]

(SEG L, 1225) Θεῷ **ὑψίστῳ** | ὀμφῇ ἀπκερ|σεκόμου βω|μὸν θεοῦ ὑψίσ|τοιο, **ὅς κατὰ** | **πάντων** ἐστὶ | καὶ οὐ βλέπε|ται, εἰσοράᾳ δὲ | δειμαθ᾽ ὅπως | ἀπαλάλκηται | βροτο-λοιγέ|α θνητῶν.

Dem höchsten Gott! Auf Geheiß des Langhaarigen (Apollon) (hat aufgestellt) diesen Altar des höchsten Gottes, **der alles umfasst** und nicht gesehen wird, aber auf alles Übel blickt, damit das Verderben von den Menschen abgewehrt wird. (Übersetzung von C. Marek)

Dem Text entnimmt man die Geschichte eines Mannes, der auf Befehl des Apollon-Orakels einen Altar zu Ehren des Gottes *theos hypsistos* aufstellen ließ. Hier wird besonders die Allgegenwärtigkeit des höchsten Gottes betont,

---

95 Hier einige Beispiele: (SGO 16/22/03, 6; aus Phrygien) καὶ βρέφος Εὐπρεπίαν ἥν | μοι δῶκε πατὴρ θεὸς | ἐν μελάθρο[ῖ]σιν; (SGO 09/05/19, 2; aus Bithynien) Zeus wird als πατὴρ ἀνδρῶν τε θεῶν bezeichnet; in einer Weihung (SGO 09/05/01) aus demselben Gebiet wird der Gott als ἀρχαγάθῳ Ζηνὶ πανυπερτάτῳ (*dem allerobersten Zeus, der Anfang alles Guten ist*) angebetet.

96 (SGO 04/05/07): [σ]ῶμα **πυρὶ φλέξας** στέρνων | ἐξείλετο θυμόν· || οὐκ ἤμ[ην] βροτός· [ἰ]θὺ παρέστ[ην] | [μ]ητέρι σεμνῇ || νυκτὶ | μελαινοτάτῃ ἑρμηνε[ύ]|ουσα τάδ᾽ οὕτως· || μῆτε[ρ] | Μελιτίνη, θρῆνον λίπε, | παῦε γόοιο, || **ψυχῆς μνησ[α]|μένη**, ἥν μοι Ζεὺς τερπικ[έρ]|αυνος || **τεύξας ἀθάνα|τον καὶ ἀγήραον ἤματα** | [π]άντα || ἁρπάξας ἐκόμι[σ|σ᾽] εἰς οὐρανὸν ἀστερό|[εντα]. Zur Eschatologie in den Grabepigrammen der Kaiserzeit mit einer Zusammenstellung des Materials und Parallelen aus dem Neuen Testament s. A. Les Bris, La mort et les conceptions de l'au-delà en Grece ancienne à travers les épigrammes funéraires, Paris 2001; Peres (s. Anm. 93); für das kaiserzeitlichen Phrygien s. Chiai (s. Anm. 39) in Bezug auf den Kult der Toten und des *Zeus Bronton* in Phrygien..

97 Hier einige Beispiele: (SGO 16/06/02, 4) δῶκε δέ σοι σοφί|ην θεὸς οὐρανῷ ἐνβα[σιλεύων]; (SGO 16/31/82, 7) θεὸς δῶκε κλέος ἄφθιτον; (SGO 16/45/06, 4) ᾧ πᾶσαν χάριτας θεὸς κατέχε<υ>σε π[ροσωπῇ]; (SGO 16/45/07, 4–5) ᾧ πάσας χάριτας θεὸς κα|τέχευσε προσώπῃ || ᾧ κὲ μύρι|α μῆλα θεὸς πόρεν ἀγλὰ ἔδωκεν. Bemerkenswert ist auch die vielleicht beabsichtigte Anonymität der angerufenen Gottheit, welche die exakte Zuweisung der Texte einer bestimmten religiösen Gruppe erschwert.

98 Zu diesem Text s. Marek (s. Anm. 8), 135 ff.

der alles sieht und beurteilt. In diesem Kontext ist die Verwendung der Verben βλέπω und εἰσοράω von besonderem Interesse, weil sie das Verhältnis zwischen dem Menschen und dem Gott zu beschreiben scheinen: Die Menschen können nur die Manifestationen bzw. die Erscheinungsformen (ἐπιφανείαι) seiner Macht erfahren,[99] aber sie sind nicht imstande mit ihren Sinnen das Numinöse zu fassen und zu kennen. Die Macht des Göttlichen ist allgegenwärtig und umfasst die ganze Welt. Schließlich kann man sich an das bekannte Orakel von Oinoanda, ein auf das 2. Jh. n. Chr. zu datierendes epigraphisches Dokument erinnern, in dem die Definition der Allmächtigkeit von Gott wie folgt formuliert wird (**Text 17**):[100]

(SEG XXVII, 933) [α]ὐτοφυής, ἀδί|δακτος, ἀμήτωρ,| ἀστυφέλικτος || οὔνομα μὴ χω|ρῶν, πολυώνυμος,| ἐν πυρὶ ναίων, || τοῦτο θεός. μεικρὰ| δε θεοῦ μερὶς ἄνγε|λοι ἡμεῖς. || τοῦτο πευ|θομένοισι θεοῦ τοῦτο πέ|ρι ὄστις ὑπάρχει, || Αἰ[θ]έ[ρ]α πανδερκ[ῆ| θε]ὸν ἔννεπεν, εἰς| ὅν ὁρῶντας || εὔχεσθ᾽ ἠῴ|ους πρὸς ἀντολίην ἐφορῶ[ν]|τα[ς].

---

99 Zu diesem Begriff in der Antike s. im allgemeinen F. Pfister, Epiphanie, RE Suppl. IV, 1924, 277–323; O. Weinreich, Antike Heilungswunder, Gießen 1909; M. Rostowzew, Ἐπιφάνειαι, Klio 16, 1920, 203–06; E. Pax, EPIPHANEIA. Ein religionsgeschichtlicher Beitrag zur biblischen Theologie, München 1955; id., Epiphanie, RAC V, 1962, 832–909; W. Speyer, Die Hilfe und Epiphanie einer Gottheit, eines Heroen und eines Heiligen in der Schlacht, JbAC Ergänzungsband 6, 1980, 55–77; H. S. Versnel, What Did Man See when he Saw a God? Some Reflections on Greco-Roman Epiphany, in: D. Van der Plas (ed.), Effigies Dei. Essays on the History of Religions, Leiden 1987, 42–55; M. Frenschkowski, Offenbarung und Epiphanie, Band 1, Tübingen 1995, der dieses Phänomen teilweise mit der durch das Erlöschen der Orakel erfolgten Offenbarungsdefizienz in Zusammenhang setzt; zur Epiphanie als literarisches Thema mit einer reichen Bibliographie s. A. Stramaglia, Res inauditae, incredulae. Storie di fantasmi nel mondo greco-latino, Bari 1999, 7–117; M. W. Dickie, Who Were Privileged to See the Gods?, Eranos 100, 2002, 109–27; F. Graf, Trick or Treat? On Collective Epiphanies in Antiquity, Illinois Classical Studies 29, 2004, 111–30; A. Chaniotis, Religion und Mythos, in: G. Weber (ed.), Kulturgeschichte des Hellenismus. Von Alexander dem Großen bis Kleopatra, Stuttgart 2007, 139–57, 148–9; für die Rolle der Götteroffenbarungen im Krieg s. id., War in the Hellenistic World, Oxford 2005, 157 ff.

100 Zu diesem epigraphischen Dokument existiert eine umfangreiche Literatur, im allgemeinen s. M. Guarducci, Epigrafia greca IV, Roma 1978, 109–12; C. Gallavotti, Un'epigrafe teosofica ad Eneoanda, Philologus 121, 1977, 95–105; L. Robert, Opera Minora Selecta V, Amsterdam 1989, 617–39; A. S. Hall, The Klarian Oracle at Oenoanda, ZPE 32, 1978, 263–68; G. H. Horsley, New Documents Illustrating Early Christianity II, Sydney 1982, 39 ff.; S. Pricoco, Un oracolo di Apollo su dio, RSLR 23, 1987, 3–36; R. Merkelbach – J. Stauber, Die Orakel des Apollon von Klaros, EA 17, 1996, 2–53, 41, Nr. 25; S. Perea – S. Montero, La misteriosa inscripción hispana a Zeus, Serapis y Iao: su relación con la magia y con la teología oracular del Apolo de Klaros, in: G. Paci (ed.), Miscellanea epigrafica in onore di Lidio Gasperini, Roma 2000, 711–36; A. Busine, Paroles d'Apollon. Pratiques et traditions oraculaires dans l'Antiquité tardive (IIᵉ–VIᵉ siècles), Leiden – Boston 2005, 35–40.

Aus sich selbst entstanden, ohne Lehrer, ohne Mutter, unerschütterlich, kein Name fasst ihn, vielnamig, im Feuer wohnend, das ist Gott; wir Engel sind nur ein kleiner Teil Gottes. Für diejenigen, welche nach Gott fragen und von welcher Art er sei: Er verkündete, der alles erblickende Äther sei Gott; auf ihn sollt ihr blicken und am Morgen früh beten, indem ihr nach Osten schaut. (Übersetzung von R. Merkelbach – J. Stauber)

Diese Texte sind nicht nur interessant, weil sie uns die Art und Weise zeigen, wie die Allmächtigkeit des Gottes zum Ausdruck gebracht wird, sondern weil sie uns auch wichtige Kontaktpunkte in der religiösen Vorstellung des Göttlichen zwischen Heiden und „Monotheisten" zu erschließen ermöglichen: In diesem Falle betreffen die Konvergenzen nicht nur „die Sprache", sondern auch „inhaltlich" den Glauben.

III. Durch welche sprachlichen oder sonstigen Mittel konnte eine Privatperson oder eine Gemeinde ihre besondere Beziehung zu einem Gott ausdrücken?

Religiöse Epitheta[101] können im Rahmen der religiösen Kommunikation nicht nur dazu dienen, die Zuständigkeit einer Gottheit zum Ausdruck zu bringen und den anderen Menschen kundzutun, sondern sie können auch als Mittel einer Überzeugungsstrategie eingesetzt werden, damit ein Gott in eine menschliche Angelegenheit eingreift. Aus dieser Sicht soll auch die Art und Weise wichtig sein, wie eine Person oder eine Gemeinde ihre besondere Beziehung zu einem Gott ausdrückt.

Ethnika, als religiöse Attribute,[102] können dazu verwendet werden, die besondere Beziehung einer Gottheit zum Territorium zum Ausdruck zu bringen:

---

101 Im Rahmen der sakralen Epitheta sollte man zwischen primären und sekundären Attributen unterscheiden. Die ersten, wie z. B. *Alsenos, Petarenos* usw., dienen dazu, eine bestimmte Gottheit, die an einem bestimmten Ort verehrt wird, zu bezeichnen und von den anderen zu unterscheiden, während die zweiten, wie z. B. *epekoos, alexikakos* usw., Zuständigkeiten und weitere Eigenschaften des angerufenen Gottes zum Ausdruck bringen können. Im allgemeinen dazu s. B. Gladigow, Gottesnamen (Gottesepitheta) I, in: RAC XI, 1981, 1202–37; F. Graf, Namen von Göttern im klassischen Altertum, in: Namenforschung. Ein internationales Handbuch zur Onomastik II, 2, Berlin – New York 1996, 1823–37; P. Brullé, Le langage des épiclèses dans le polythéisme hellénique (l'exemple de quelques divinités féminines), Kernos 11, 1998, 13–34; R. Parker, The Problem of the Greek Cult Epithet, Opuscula Atheniensia 28, 2003, 173–83; G. F. Chiai, Königliche Götter und gehorsame Untertanen im Kleinasien der Kaiserzeit: Zur Funktion der Machtepitheta in religiöser Kommunikation, in: H. Cancik – J. Rüpke (eds.), Die Religion des Imperium Romanum, Tübingen 2009, 219–247.

102 Zu diesem Thema s. G. F. Chiai, Die Ortsgebundenheit des Religiösen: Das Paradigma der ländlichen Heiligtümer Phrygiens in der Kaiserzeit, in: C. Auffarth (ed.), Religion auf dem Lande, Stuttgart 2009, 133–160.

Zeus Petarenos, Zeus Alsenos, Men Axiottenos usw. sind alle lokale Götter, deren besondere Verbindung zum Territorium gerade durch die Ethnika hervorgehoben wird.[103] Tatsächlich legt die große Zahl dieser oft nur durch die sakralen Epitheta belegten Ethnika die Vermutung nahe, dass jedes Dorf seine eigene Schutzgottheit hatte, welche häufig – wie zuvor gesehen – für alle Bereiche des menschlichen Alltagslebens zuständig war. Daran schließt sich unter anderem die Vorstellung an, dass ein Gott wie ein König ein Territorium und seine Einwohner beherrscht und beschützt:[104] Dies findet z. B. Ausdruck in formelhaften Akklamationen zu Beginn der Beichtinschriften,[105] wie etwa (Petzl [s. Anm. 7], Nr. 2; **Text 18**) *Groß ist Men Axiottenos, der über Tarsi herrscht*, und zeigt die starke Territorialität der göttlichen Macht.

Sonstige Attribute, die dafür eingesetzt werden können, die göttliche Macht zu lobpreisen und kundzutun, sind Beinamen wie βασιλεύς (König), τύραννος (Tyrann)[106], κύριος (Besitzer, Herr) usw., Entlehnungen aus dem Bereich der Politik[107] und des Rechtes[108]. Sie werden auch dafür verwendet, die Macht der Götter begrifflich an jene der säkularen Herrscher anzugleichen.

---

103 Zum Suffix *-en-os/e,* das häufig in den Ethnika aus dem nordwestlichen Kleinasien und Phrygien anzutreffen ist, s. P. Chantraine, La formation des noms en grec ancien, Paris 1933, 206; auch die lateinische Sprache kennt Formationen auf *–anus* (vgl. *Pompeianus, Troianus, Abellanus* usw.), dazu s. M. Leumann, Lateinische Laut- und Formenlehre, München 1977, 324 ff. Im allgemeinen zu den in den griechischen Inschriften vorkommenden phrygischen Ortsnamen s. P. Frei, Phrygische Toponyme, EA 11, 1988, 9–34.

104 Zu dieser Vorstellung s. Pleket (s. Anm. 41), 163 mit Beobachtungen zur Formel *katechon*; Belayche (s. Anm. 68); dazu auch P. Herrmann, Men, Herr von Axiotta, in: S. Sahin – E. Schwertheim – J. Wagner, Studien zur Religion und Kultur Kleinasiens. Festschrift für F. K. Dörner zum 65. Geburtstag am 28. Februar 1976, Leiden 1978, 415–23 in Bezug auf den Kult des *Men Axiottenos*.

105 (Petzl [s. Anm. 7], Nr. 3) Μέγας Μεὶς Ἀξιοττηνὸς Ταρσι βασιλεύων; (Petzl [s. Anm. 7], Nr. 6) Διεὶ Ὀρείτῃ κὲ Μηνὶ βασιλεύοντα Πωλίων; (Petzl [s. Anm. 7], Nr. 37) Μέγας Μεὶς Λαβανας καὶ Μεὶς Πετραείτης; (Petzl [s. Anm. 7], Nr. 40) Μὶς Λαβανας κ[αὶ] | Μὶς Ἀρτεμιδώρου Δόρου κώμην βασιλεύον|τες; (Petzl [s. Anm. 7], Nr. 47) Μεγάλοι θεοὶ Νέαν Κώμην κατέχοντες; (Petzl [s. Anm. 7], Nr. 55) Μεὶς Ἀρτεμιδώ|ρου Ἀξιοττα κατέ|χων; (Petzl [s. Anm. 7], Nr. 56) Μηνὶ Ἀρτεμιδώρου Ἀξιοττα κατέχοντι; (Petzl [s. Anm. 7], Nr. 57) Μῆνα Ἀρτεμιδώρου Ἀξι|οττηνὸν Κορεσα κατέχοντα; (Petzl [s. Anm. 7], Nr. 68) Μεγάλη Μήτηρ Αναειτις Αζι|τα κατέχουσα.

106 Zur Verwendung dieses politischen Terminus im religiösen Bereich s. die Beobachtungen von Versnel (s. Anm. 8) 67 ff.; dazu auch M. Munn, The Mother of the Gods, Athens and the Tyranny of Asia. A Study of Sovereignity in Ancient Religion, Diss. Univ. of California 2006, 16 ff.

107 Zu den göttlichen Machtepitheta s. Β. Müller, ΜΕΓΑΣ ΘΕΟΣ, Halle 1913; Pleket (s. Anm. 41); F. Bömer, Untersuchungen über die Religion der Sklaven in Griechenland und Rom 3, Wiesbaden 1961, 297 ff.; A. D. Nock, Essays on Religion and the Ancient World, Oxford 1972, I, 34 ff.; Belayche (s. Anm. 68); Chiai (s. Anm. 101).

Die sakralen Inschriften sind reich an solchen Epitheta. Aus dem Gebiet um Dorylaion kennen wir eine Weihung an *Zeus Basilikos* (**Text 19**), aus derselben Region stammen zwei weitere epigraphische Dokumente, in denen die Götter *Men Tyrannos* und *Zeus Tyrannos* (**Text 19a**) Erwähnung finden. *Apollon Lairbenos*, dessen Heiligtum unter der Kontrolle der Stadt Hierapolis stand,[109] wird in den Inschriften häufig als προεστὼς τοῦ δήμου τῶν Μοτυληνῶν (Anführer der Gemeinde von Motella[110]) bezeichnet (**Text 19b**).[111]

Die Herkunft solcher Attribute ist sicher nicht *in loco*, d.h. in den kleinen auf dem Land verstreuten Kultstätten zu suchen, sondern geht wahrscheinlich auf einen Einfluss der großen städtischen Gemeinden zurück. In Ephesos wurde z.B. *Artemis*, die Hauptgottheit der Stadt, als προεστῶσα τῆς πόλεως (Anführerin der Stadt) angerufen. In Aphrodisias[112] wird *Aphrodite* mit demselben Epitheton verehrt.[113] Dies zeigt einen Einfluss des Zentrums auf die Peripherie

---

108 Zum Terminus *kyrios*, welcher das Befugnisrecht über eine Person oder eine Sache bezeichnet, s. A. Kränzlein, Eigentum und Besitz im griechischen Recht, Berlin 1963, 24; dazu auch Pleket (s. Anm. 41), 174–78.

109 Im allgemeinen zu diesem Kult s. K. M. Miller, Apollon Lairbenos, Numen 32, 1985, 46–70; M. Ricl, Les ΚΑΤΑΓΡΑΦΑΙ du sanctuaire d'Apollon Lairbenos, Arkeoloji Dergisi 3, 1995, 167–95; T. Ritti, Hierapolis di Frigia: santuari e dediche votive, Scienze dell'Antichità. Storia, Archeologia, Antropologia 3–4, 1989–90, 861–74; ead. (s. Anm. 43). Den epigraphischen Zeugnissen entnimmt man, dass im Heiligtum zwei Gottheiten, *Apollon* und seine Mutter *Leto,* einen Kult bekamen. Es ist anzunehmen, dass es sich um die griechische Übertragung zweier älterer lokaler Götter handelt, die *in loco* schon einen Kult besaßen. Die in der Siedlung durchgeführten archäologischen Ausgrabungen haben zur Entdeckung zweier Gebäude geführt, in denen die religiösen Handlungen stattfanden. Zahlreiche Inschriften sind um diese Konstruktionen herum gefunden worden, in denen Statuen und eine *Porticus* erwähnt werden.

110 Dies geschah in einer Zeit, in der das Heiligtum unter der Kontrolle der Stadt Hierapolis stand; dazu s. die Beobachtungen von L. Robert, Dionysopolis de Phrygie et les Lairbenoi, in: id., Villes d'Asie Mineure, Paris 1962², 127–49.

111 Ritti – Şimşek – Yildiz (s. Anm. 43), 40, K50: Ἠλείων Ἀπό[λλωνι Λαιρμηνῷ?], | τῷ προσειστῶ[τι τῆς Μοτελη]|νῶν <πό>λεως, κατὰ ἐ[πιταγὴν αὐ?]|τοῦ τοῦ θεοῦ κοράσ[ι]|ον ὀνόματει Μερτείνην, ὡ[ς ἐτῶν] | πέντε, εἰ δέ τις ἐπεκαλέσει, [θήσει εἰς] | τὶν θεὸν προστείμου Χ βφ' [καὶ εἰς] | τὸ ταμεῖον Χ βφ'. Ritti – Şimşek – Yildiz (s. Anm. 43), 41, K52: Ἔτους | ΤΜἈ, μη(νὸς) ζ', λ'. | [–]ος Βούτης, συνπαρούσης τῆς γυνεκός μου Νικομα[χ|ί]δος, ἐχαρισάμην καὶ κατέγραψα τῷ πατρίῳ ἡμῶν ἐπειφανες∥[τ]άτῳ Ἡλίῳ Ἀπόλωνι Λαρμηνῷ, τῷ προεστῶτι τῆς Μο|[τε]ληνῶν πόλεως, τὴν ἑαυτῶν τεθρεμένην Πρόσοδον κ[ατὰ | τὴν ἐπι]ταγὴν τοῦ θεοῦ· εἴ τις ἐπενκαλέ[σει, θήσει προστίμου | εἰς τὸ τα]μῖον [Χ βφ' καὶ ἄ]λλα ε[ἰς τὸν θεὸν Χ βφ'].

112 MAMA VIII, 413a 8/10: [εὐσεβῶς] ἔχων πρὸς τὴν | [προεστ]ῶσαν τῆς πόλε|[ως ἡμ]ῶν ἐπιφανεστά∥[την θ]εὰν Ἀφροδίτην. In Bezug auf Aphrodisias zu diesem Thema s. A. Chaniotis, Vom Erlebnis zum Mythos: Identitätskonstruktionen im kaiserzeitlichen Aphrodisias, in: E. Schwertheim – E. Winter (eds.), Stadt und Stadtentwicklung in Kleinasien, Asia-Minor-Studien 50, Bonn 2003, 69–84.

113 Die Hauptschutzgottheiten einer Stadt werden in der Praxis seit der hellenistischen Zeit mit kultischen Epitheta wie *kathegemon, proestòs tes poleos* usw. angerufen; hier seien

bezüglich der Sprache der religiösen Kommunikation: Durch den Einsatz derartiger Epitheta konnten ländliche Gemeinden betonen, dass auch sie, wie die urbanen, ihre eigenen Schutzgottheiten hatten.[114] Machtattribute, wie z.B. *kyrios, prostates* usw. finden auch bei den Juden und Christen sowie im Kaiserkult Verwendung,[115] wenn auch mit einer unterschiedlichen religiösen Vorstellung.

Die in den Weihungen häufig anzutreffenden Formeln κατὰ κέλευσιν, κατὰ πρόσταγμα[116] usw., welche die Errichtung einer Stele oder eines Altars auf einen von der Gottheit erteilten Befehl zurückführen, ermöglichen uns wichtige

einige Beispiele davon aufgelistet, welche die große Verbreitung einer solchen Praxis in der griechischen Welt zeigen: in Pergamon: (LSAM Nr. 15, 46) τὸν καθηγεμόνα Διόνυσον; in Teos: (LSAM Nr. 28, 7–9) ὕμνους [ᾄδεσθαι] | [καθ᾽ ἑκά]στην ἡμέραν τοῦ προκαθηγεμ[όνος τῆς] | [πόλεω]ς θεοῦ Διονύσου; in Ephesos: (LSAM Nr. 31, 8) ἡ προεστῶσα τῆς πόλεως ἡμῶν θεὸς Ἄρτεμις; (I. Ephesos 26, 8) θύειν τῇ προκαθηγε[μόνι τῆς πόλεως ἡμῶν θεᾷ Ἀρτέμιδι]; in Magnesia am Mäander: (LSAM Nr. 33, 18) τῇ ἀρχηγέτιδι τῆς πόλεως Ἀρτέμιδι Λευκοφρυηνῇ; in Kalymnos: (I. Kalymnos 145, 3) τοῦ προκαθηγεμόνος θεοῦ Ἀπόλλωνος; auf Samos: (IG XII, 6/2, 582) Ἥρι Σαμίων ἀρχηγέτιδι; in Milet: (LSAM Nr. 53, 6–8) εὐσέβειαν εἴς τε τὸν προκαθηγεμόνα τῆς πόλεως ἡμῶν Ἀπόλλωνα Διδυμέα; in Tegea: (IG V, 2, 93) Πανὸς Λυκείου πρακαθηγέτου; in Sidyma: (TAM II, 188) ἱερέα καὶ προφήτην διὰ βίου τῶν προηγετῶν θεῶν Ἀρτέμιδος καὶ Ἀπόλλωνος; (TAM II, 189, 7) νεοκόρου τῆς προκαθηγέτιδος θεοῦ Ἑκάτης. Zu dieser Praxis s. mit Beobachtungen und einer Zusammenstellung des Materials A. Chaniotis, Negotiating Religion in the Cities of the Eastern Roman Empire, Kernos 16, 2003, 177–90, 185, Anm. 35; id. (Religion und Mythos, s. Anm. 99), 149.

114 Dazu s. die Beobachtungen in B. Dignas, Religious Centres in the Greek East. Worlds Apart?, in: Schwertheim – Winter (s. Anm. 2) 77–91, 86 ff.

115 Zu diesem Thema mit einer Zusammenstellung der in den Inschriften für die römischen Kaiser belegten religiösen Attribute s. A. Mastino, ORBIS, ΚΟΣΜΟΣ, ΟΙΚΟΥΜΕΝΗ. Aspetti spaziali dell'idea di impero universale da Augusto a Teodosio, in: P. Catalano – P. Siniscalco (eds.), Da Roma alla terza Roma. Documenti e studi 3: Popoli e spazio romano tra diritto e profezia, Napoli 1983, 63–156; dazu auch S. F. R. Price, Gods and Emperors: The Greek Language of the Roman Imperial Cult, JHS 104, 1983, 79–95; E. Dickey, ΚΥΡΙΕ, ΔΕΣΠΟΤΑ, DOMINE. Greek Politeness in the Roman Empire, JHS 121, 2001, 1–11; T. Ritti, Antonino Pio, „padrone della terra e del mare". Una nuova iscrizione onoraria da Hierapolis di Frigia, AION (Archeologia) 9–10, 2002, 271–82; D. Erkelenz, Keine Konkurrenz zum Kaiser – Zur Verleihung der Titel Κτίστης und Σωτήρ in der römischen Kaiserzeit, Scripta Classica Israelica 21, 2002, 61–77; A. Chaniotis, Der Kaiserkult im Osten des römischen Reiches im Kontext der zeitgenössischen Ritualpraxis, in: H. Cancik – K. Hitzl (eds.), Die Praxis der Herrscherverehrung in Rom und seinen Provinzen, Tübingen 2003, 3–28.

116 Zu diesen Formeln mit einer Zusammenstellung der epigraphischen Belege s. F. T. van Straten, A Votive Relief from Kos, and some other kat'onar Dedications, Bulletin Antieke Beschaving 51, 1976, 1–38; Pleket (s. Anm. 41), 14–16; P. Veyne, Une évolution du paganisme gréco-romain: injustice et piété des dieux, leurs ordres ou „oracles", Latomus 45, 1986, 259–83, 267–69; Lazzarini (s. Anm. 52), 852–53; dazu jetzt E. Sanzi, Agli ordini di Iuppiter Dolichenus. Le iscrizioni alfabetiche, le formule imperative e la dimensione onirica nel culto del dio da Doliche, in: O. D. Cordovana – M. Galli (eds.), Arte e memoria culturale nell'età della Seconda Sofistica, Catania 2006, 255–70 in Bezug auf die Weihungen an *Iuppiter Dolichenus*.

Rückschlüsse auf die religiöse Mentalität: Ein von einem Gott ausgesprochener Wunsch wird immer als ein Befehl wahrgenommen und muss sofort erfüllt werden, weil bereits eine Verzögerung den göttlichen Zorn hervorrufen kann. Dies zeigt beispielsweise eine Beichtinschrift (Petzl [s. Anm. 7], Nr. 57), in der dargelegt wird, dass eine Frau von der Gottheit bestraft wurde, weil sie, von dem Gott zum Dienst berufen, sich nicht schnell entscheiden wollte. Darüber hinaus konnte eine Person auch ihre besondere Beziehung mit dem Göttlichen zum Ausdruck bringen, weil ein Gott nur einem Menschen mit reinen und guten Gedanken erscheinen konnte.[117] Die lateinischen Formeln *ex iussu, ex monitu* usw. gehen auf diese griechischen Wendungen zurück.[118]

Auch die Adjektive in Superlativ, wie ὕψιστος (höchster), μέγιστος (größter), welche in den Weihungen besonders seit der hellenistischen Zeit häufig anzutreffen sind,[119] sind nicht nur als Mittel einer Überzeugungsstrategie dem Göttlichen gegenüber zu verstehen, sondern sie können auch die Überlegenheit einer Gottheit den anderen gegenüber zum Ausdruck bringen; mit anderen Worten: Sie schaffen Hierarchie, Differenzierung und Abgrenzung in der Welt der Götter.

Hier seien einige Beispiele einer derartigen Praxis angeführt:

Aus dem Gebiet um *Iuliopolis* (Bithynien) stammt ein Altar, auf dessen vorderer und hinterer Seite zwei Inschriften angebracht wurden.[120] Der erste Text lautet (**Text 20a**):

(SEG L, 1222) Ἀγαθῇ Τύχῃ· | Θεῷ ἀρίστῳ μεγίστῳ ἐπη|κόῳ σωτῆρι ἑαυτοῦ κ|αὶ τῶν τέκνων αὐτοῦ || καὶ πάντων τῶν [βο]|ῶν Κάττιος Τέργος | εὐχήν.

Auf gutes Gelingen! Dem besten, größten, erhörenden Gott, seinem Retter und dem Retter seiner Kinder hat Cattius Tergos das Gelübde abgelegt.

Der zweite ist ein Epigramm (**Text 20b**):

(SEG L, 1222) Σοὶ μακάρων κύδιστε γέρας τόδε | Τέργος ἔθηκεν | εὔτυκτον Μο[υ]|σῶν γράμμασι γραψάμενος | σὰς χάριτας, μεγ᾽ ἄριστε, λιλήκοε, || κοίρανε κόσμου | σοὶ δ᾽ αὐ|τός τε μέλοι τέκνα τε κα[ὶ κτέ]|ανα.

Dir, angesehenster der Seligen, hat Tergos diese wohlgefertigte Gabe geweiht und mit Musenschrift Deine Gunsterweise aufgeschrieben, allerbester, gerne erhören-

---

117 Dazu s. Dickie (s. Anm. 99).
118 Dazu s. Veyne (s. Anm. 116), 267, Anm. 45; S. Panciera, Le iscrizioni votive latine, Scienze dell'Antichitá. Storia, Archeologia, Antropologia 3–4, 1989–90, 905–14, 913; dazu auch die Beobachtungen von G. Alföldy, Der Obelisk auf dem Peterplatz in Rom, Heidelberg 1990, 75–77 zur Entstehung der Formel *ex iussu*. Zur religiösen Bedeutung dieser in den römischen Weihungen aus dem römischen Germanien vorkommenden Formel s. A. C. M. Beck, Die lateinischen Offenbarungsinschriften des römischen Germaniens, Mainzer Zeitschrift 31, 1936, 23–32.
119 Dazu s. Chaniotis (Religion und Mythos, s. Anm. 99), 155.
120 Zu diesem Text s. Marek (s. Anm. 8), 129 ff.; Wischmeyer (s. Anm. 26), 151 ff.

der Gott, Herr der Welt! – Möge Dir am Herzen liegen er selbst, seine Kinder und sein Eigentum! (Übersetzungen von C. Marek)

Die in dieser Weihung angebetete Gottheit ist aller Wahrscheinlichkeit nach mit dem *Zeus Sarnedenos* zu identifizieren, einem lokalen Gott, dessen Ortsgebundenheit zum Territorium gerade durch das von einem Ortsnamen abgeleitete Ethnikon zum Ausdruck gebracht wird, dessen Kultstätte in dem Territorium um die Stadt *Claudiopolis* lag.

Die Allmächtigkeit des Gottes, *soter* (Retter, Beschützer)[121] der Familie und des Hauses von *Cattius Tergos*, findet mit den Attributen in Superlativ *aristos* und *megistos* Ausdruck. Die Epitheta bringen jedoch nicht nur die besondere Beziehung dieses Menschen mit der Gottheit zum Ausdruck,[122] sondern verkünden auch den anderen Besuchern der Kultstätte die *dynamis* (die Macht) des Gottes.

Zeus ist auch μακάρων κύδιστε (*angesehenster der Seligen*) und μεγ' ἄριστε (*allerbester*): Die Formeln heben die Überlegenheit dieser Gottheit den anderen gegenüber hervor. Von besonderem Belang ist die Wendung κοίρανε κόσμου (*Herr der Welt*), die sich z. B. mit dem Ausdruck ὃς κόσμον διέταξε (*der die Welt geordnet hat*) des Epigramms aus Korkyra vergleichen lässt.[123] Dieselbe formelhaften Wendungen sind auch bei christlichen Schriftstellern zu finden: Synesios von Kyrene (4./5. Jh. n. Chr.) besingt z. B. in mehreren Hymnen Gott als Σὲ μάκαρ, μέλπω, κοίρανε κόσμου (II, 26–27) (*Ich besinge dich, Seliger Herr der Welt*). Beiläufig sei auch gesagt, dass die Herkunft solcher *kosmogonischen* und superlativen Epitheta, sehr verbreitet in den hellenistischen und kaiser-

---

121 Zu diesem Epitheton s H. Haerens, Σωτήρ et σωτηρία, Studia Hellenistica 5, 1948, 57–68; A. D. Nock, Soter and Euergetes, in: Essays on Religion and the Ancient World II, Cambridge 1972, 720–35; dazu auch Habicht (s. Anm. 67); zur Verwendung dieses Attributes bei den Juden s. F. Jung, Σωτήρ. Studien zur Rezeption eines hellenistischen Ehrentitels im Neuen Testament, Münster 2002. Zu einer Rekonstruktion des Begriffes *soter* seit der archaischen bis zur republikanischen Zeit s. H. Kasper, Griechische Soter-Vorstellungen und ihre Übernahme in das politische Leben Roms, München 1961.

122 Aus dieser Sichtweise stellt diese Inschrift ein gutes Beispiel für *personal religion* dar. Zu diesem wichtigen Begriff verweise ich im allgemeinen auf A.-J. Festugière, Personal Religion among the Greeks, London 1954.

123 Für weitere epigraphische Beispiele s. SEG XXVI, 1375 (wahrscheinlich aus dem Heiligtum von *Zeus Alsenos*):]ν εἵνεκα, | θεῶν ἄναξ | ἔθηκα σοὶ τοῦτ'· ἀλλά μιν καλῶς ὁρᾶν| θείης, ἄριστε δαιμόνων Ὀλύμπιε; SEG XLVIII, 1441 (aus Lydien): Μητρὶ Θεῶν τόδε δῶρον ὑπὲρ συν|νομαίμονος εὐχὴν Τατιανὴ χέρο|υσα, τυχοῦσα δὲ πολλὰ παρ αὐτῆς, | τῆ Διὸς ἐκ Λητοῖς κούρη, βασιλήῒ|δὶ κόσμου, τὴν ἱερὰν τειμήν. θ[ῆ]|κεν ἐπευξαμένη; TAM I, 523 (aus Lydien): Εἰνοδία σκυλάκαινα θεὰ| Πότνια σεμνὴ ἔξο|χε πασῶν; SGO 04/23/01, 10–15 (aus Lydien): [σω]τὴρ. ὦ μέγας ὢν καὶ δυνατὸς δ[υνάμει] || χαίροις, ὦ μακάρων πάντων [σὺ] | [μ]έγιστος ὑπάρχων || καὶ δυνατὸς [ἄρ]χ]ειν· ταῦτα γάρ ἐστι θεοῦ || τοῦ κατέχον[τος] τὸν κόσμον· σὺ δὲ χαῖρε καὶ αὔξοις.

zeitlichen Weihungen, sowie die auffällige Akkumulation der Attribute[124] wahrscheinlich auf einen Einfluss anderer religiöser Textgattungen, wie z. B. Hymnen, Gebete usw., zurückgeht, in denen derartige Attribute zum Anruf und Lob der Gottheit dienen.[125]

Die meisten der in dieser epigraphischen Weihung vorkommenden Termini gehen auf die epische bzw. homerische Tradition zurück; dies verdient besondere Aufmerksamkeit, denn gerade die Verwendung einer homerisierenden Sprache sowie der Einsatz von poetischen Termini, welche die Verankerung des Verfassers in einer literarischen Tradition verraten, können auch als Mittel eingesetzt werden, um sich von den anderen abzugrenzen und die eigene Identität vor einer Gottheit zu bestimmen. Erwähnenswert ist auch die Tatsache, dass die Fassung eines solchen Textes wahrscheinlich die Beauftragung eines Spezialisten erforderlich machte, der dazu fähig war, homerisierende Epigramme zu verfassen. Wenn auch auf einen anderen Kontext bezogen, können wir uns an eine Stelle bei Lukian erinnern (*Alex. Pseud.* 23), in der erzählt wird, dass *Alexander* von *Abounotheichos*, als er einen neuen Kult gründete, Dichter anstellte, um die Orakeltexte schreiben zu lassen.[126] Darüber

---

124 Zur Akkumulation der Attribute in den Weihungen aus der Kaiserzeit s. Belayche (s. Anm. 1), 95 ff., Anm. 95, die als Beispiel die folgende Inschrift aus dem *mithraeum* der Caracallathermen in Rom heranzieht: (CIMRM I, 463) A: Εἷς Ζεὺς Σάραπις Ἥλιος κοσμοκράτωρ ἀνείκητος; B: Σαράπιδι σωτῆρι πλουτοδότῃ ἐπηκόῳ ἀνεικήτῳ Μίθρᾳ χαριστήριον. Die Akkumulation der Epitheta verstärkt die Wirkung der Akklamation.

125 Zur Verbreitung magischer Handbücher in der Antike, die zu einer gewissen Vereinheitlichung der religiösen Sprache beitragen sollten, s. C. A. Faraone, Handbooks and Anthologies: The Collection of Greek and Egyptian Incantations in Late Hellenistic Egypt, Archiv für Religionsgeschichte 2, 2000, 195–214. Dies kann auch in Bezug auf die Orakelsprache beobachtet werden, dazu s. Merkelbach – Stauber (s. Anm. 100) hinsichtlich der Orakeltexte des Apollon von Klaros

126 Zu diesem Kult s. G. Sfameni Gasparro, Alessandro di Abonutico, lo „pseudoprofeta" ovvero come costruirsi un'identità religiosa I. Il profeta, „eroe" e „uomo divino", Studi e materiali di storia delle religioni 62, 1996, 565–90; ead., Alessandro di Abonutico, lo „pseudo-profeta" ovvero come costruirsi un'identità religiosa. II. L'oracolo e i misteri, in: C. Bonnet – A. Motte (eds.), Les syncrétismes religieux dans le monde méditérranéen antique. Actes du colloque international en l'honneur de Franz Cumont, Brüssel – Roma 1999, 275–305; Chaniotis (Old Wine, s. Anm. 14); id., Wie (er)findet man Rituale für einen neuen Kult?, in: D. Harth – A. Michaelis (eds.), Forum Ritualdynamik. Diskussionsbeiträge des SFB „Ritualdynamik" der Ruprecht-Karls-Universität Heidelberg, Nr. 9, Heibelberg 2004, 1–16; D. Elm von der Osten, Alexander oder der Lügenprophet – ein religiöser Spezialist und ein Text zwischen Tradition und Innovation. Ein Beispiel für die Darstellung, Legitimierung und Plausibilisierung von Religion im lokalen und reichsweiten Kontext, in: H. Cancik – J. Rüpke (eds.), Römische Reichsreligion und Provinzialreligion. Globalisierungs- und Regionalisierungsprozesse in der antiken Religionsgeschichte: Ein Forschungsprogramm stellt sich vor, Erfurt 2003, 34–46; ead., Die Inszenierung des Betruges und seiner Entlarvung. Divination und ihre Kritiker in Lukians Schrift „Alexander oder der Lügenprophet", in: D. Elm von der Osten – J.

hinaus kann man einen Orakelspruch Apollons in Didyma betrachten, in dem der Gott, indem er die blutigen Opfer ablehnt, seine Bevorzugung der in einer archaisierende Sprache verfassten Hymnen als Verehrungsform[127] wie folgt verkündet: *Ich habe Freude an jedem Gesang, selbst wenn es ein moderner ist; sehr aber, wenn er alt ist; am meisten aber, wenn er uralt ist; denn so ist es am besten.*[128]

Als weiteres Beispiel möchte ich ein auf einem kostbaren Marmoraltar angebrachtes Epigramm behandeln, welches lautet (**Text 21**):

(PVS 364) Ζηνὶ **πανυψίστῳ**| Χαρίτων Δοκιμε[ὺς]| ἀνέθηκεν εὐξά|μενος στήλην| ἀγλαίσας παλά|μαις.

Zeus, dem allerhöchsten, hat Chariton aus Dokimaion diese Stele geweiht, die er mit seinen Händen geschmückt hat, indem er den Gott gebeten hat.

Im Text ist der Terminus *panhypsistos* bemerkenswert, ein Hapax,[129] welcher eine Steigerung des zu erwartenden Attributes *hypsistos* (höchste) darstellt. Eine Parallele ist in einer anderen Inschrift aus Phrygien zu finden (vgl. **Text 5**), wo in Bezug auf den Gott *Sozon* das Epitheton *panepekoos* (alleserhörend) verwendet wird.[130] Gerade die Attribute mit dem Präfix *pan-* sind häufig in den Anrufungsformeln von Gebeten und Hymnen aus den ägyptischen magischen Papyri anzutreffen,[131] indem sie einen weiteren betrachtenswerten Kontakt-

---

Rüpke – K. Waldner (eds.), Texte als Medium und Reflexion von Religion im römischen Reich, Stuttgart 2006, 141–57.

127 Zur Bedeutung des Hymnus als Medium religiöser Kommunikation s. im allgemeinen J. M. Bremer, Greek Hymns, in: Versnel (s. Anm. 6), 193–215; W. D. Furley, Types of Greek Hymns, Eos 81, 1993, 21–41; id., Praise and Persuasion in Greek Hymns, JHS 115, 1993, 29–46; die verschiedenen Beiträge in W. Burkert – F. Stolz (eds.), Hymnen der Alten Welt im Kulturvergleich, Göttingen 1994; J. M. Bremer – W. D. Furley (eds.), Greek Hymns I, Tübingen 2001, 1–64 mit weiteren Literaturhinweisen; für die Kaiserzeit s. S. Bradbury, Julian's Pagan Revival and the Decline of Blood Sacrifice, Phoenix 49, 1995, 331–56; Chaniotis (s. Anm. 115), 12–14; id. (s. Anm. 113), 186; id. (s. Anm. 126), 12–14 mit einer Zusammenstellung epigraphischer Zeugnisse.

128 SGO 01/19/01: [ὦ μέλεοι, τί μοι] εἰλιπόδων ζατρεφεῖς ἑκατόμβαι | [λαμπροὶ τε χρυ]σοῖο βαθυπλούτοιο κολοσσοὶ | [καὶ χαλκῷ δεί]κηλα καὶ ἀργύρῳ ἀσκηθέντα; | [οὐ μὴν ἀθ]άνατοι κτεάνων ἐπιδευέες εἰσίν, | ἀλλὰ θεμιστ]είης, ἧπερ φρένας ἰαίονται. | [αἰὲν δ᾽ εὐσεβ]ὲς ὕμνον ἐμοῖς μέλπειν παρὰ σηκοῖς | [παῖδας ὅπως κ]αὶ πρόσθεν, ὅταν μέλλῃ φάτιν ἄξων | [ἀμφαίνειν ἀδ]ύτων· **χαίρω δ᾽ ἐπὶ πάσῃ ἀοιδῇ | κεῖ τε νέη τ]ελέθῃ· πολλὸν δ᾽ εἴπερ τε παλαιή· | [ἀρχαίη δέ τ]ε μᾶλλον, ἐμοὶ πολὺ φέρτερόν ἐστιν.** | [τῆς δὲ θεοφ]ροσύνης ἔσται χάρις αἰὲν ἀμεμφής. | [ὔμοις πρῶτον] ἐγὼ πολυκηδέας ἤλασα νούσους | [οὐλομένων] ἀλεγεινὰ δυσωπήσας λίνα Μοίρας.

129 Dazu s. PVS 49 und die Beobachtungen von Belayche (s. Anm. 1), 96. Das lateinische Korrespondent soll *exsuperantissimus* sein.

130 Dazu kann man auch die Stelle eines Epigramms aus Phrygien heranziehen, in dem die Allmächtigkeit des Göttlichen wie folgt zum Ausdruck gebracht wird: (SGO 16/35/01, 2) Ὁσ|[ίῳ] Δικέῳ κὲ θείῳ πα[ν|τ]οδυνάστῃ.

131 Hier seien einige Beispiele angeführt: (PGM II, 86–87) Ἥλιε κλυτόπωλε, | Διὸς γαιή-οχον ὄμμα, παμφαές; (PGM IV, 2554–56) γεννᾷς γὰρ πάντα ἐπὶ χθονὸς ἠδ᾽ ἀπὸ || πόντου

punkt mit diesen Texten darstellen. Interessant ist auch der homerisierende Ausdruck ἀγλαΐσας παλαίμαις, mit der die Tatsache unterstrichen wird, dass der Weihende sich persönlich um den Schmuck des Denkmals gekümmert hat. Im Kontext dieser Inschrift ist die Sprache wiederum aufschlussreich, um Differenzierung und Abgrenzung schaffen zu können.

Nun können wir zwei Weihungen für *Zeus Hypsistos* aus dem Gebiet von *Stratonikeia* in Betracht ziehen, welche lauten (**Text 22 u. 22a**):

(I. Stratonikeia 2, 1307) Διὶ Ὑψίστῳ | καὶ Θείῳ Ἀγγέ|λῳ Οὐρανίῳ Βό|ηθος καὶ Μένιπ|πος ὑπὲρ τῆς | ὑγίας πανοι|κίου χαριστή|ριον.

Boethos und Menippos (haben diese Stele**) dem höchsten Zeus und dem heiligen himmlischen Engel** für die Gesundheit des ganzen Hauses in Dankbarkeit (geweiht).

(I. Stratonikeia 2, 1308) [Θε]ῷ Ὑψ[ίστ]ῳ καὶ τ[ῷ| Θ]είῳ Ἀγγέλῳ | Φλα. Διοκλῆς καὶ Μάμαλον ὑπὲρ αὐτῶν | [κ]αὶ τῶν παιδί|ων καὶ τῶν ἰδίων | πάντων χαρισ|[τήριον].

Flavius Diokles und Mamalon (haben diese Stele**) dem höchsten Gott und dem heiligen Engel** für sich selbst, die Kinder und das ganze Haus in Dankbarkeit (geweiht).

In beiden Texten verdienen sowohl das kultische Attribut *hypsistos*, als auch die Erwähnung des *theios Angelos (heiliger Engel)* unsere Aufmerksamkeit.

Was *hypsistos* betrifft, haben umfassende Forschungen die breite Verwendung dieses Epithetons sowohl bei den Heiden als auch bei den Juden untersucht und die betreffenden kulturellen Kontexte rekonstruiert.[132] Es handelt sich um eine der auffälligsten Konvergenzen in der Sprache der religiösen Kommunikation, welche wiederum zeigt, wie die verschiedenen religiösen Gemeinden in Kleinasien nicht nur nebeneinander zusammengelebt, sondern auch sich gegenseitig beeinflusst hatten.

Besonders relevant ist hier auch die Erwähnung der Engel.[133] Diese finden z. B. häufig Erwähnung in den Beichtinschriften: Sie dienen den Göttern, um

---

καὶ κτηνῶν δ' ἐξῆς παντοῖα | γένη παλίνεδρα, παγγεννήτειρα | καὶ ἐρωτοτόκεια Ἀφροδίτη; (PGM IV, 2724) (Ἄρτεμι) πανδαμάτειρα; (PGM IV, 2279–80) (Ἄρτεμις) ἡ σώτειρα, πανγαίη, κυνώ, | Κλωθαίη, πανδώτειρα; (PGM IV, 2775–77) Ἰὼ πασικράτεια || καὶ Ἰὼ πασιμεδέουσα. Ἰὼ παντρε|φέουσα; (PGM VI, 22) πανυπέρτατε (Ἀπόλλον).

132 Dazu s. C. Colpe – A. Löw, Hypsistos, in: RAC XVI, 1994, 1035–56; Mitchell (s. Anm. 1); Marek (s. Anm. 8); M. Stein, Die Verehrung des Theos Hypsistos: Ein allumfassender pagan-jüdischer Synkretismus?, EA 33, 2001, 119–26; N. Belayche, Hypsistos. Une voie de l'exaltation des dieux dans le polythéisme gréco-romain, Archiv für Religionsgeschichte 7, 2005, 34–55; ead., De la polysémie des épiclèses: ὕψιστος dans le monde gréco-romain, in: N. Belayche – P. Brulé – G. Freyburger – Y. Lehmann – L. Pernot – F. Prost (eds.), Nommer les Dieux. Théonymes, épithètes, épiclèses dans l'Antiquité Turnhout 2005, 427–42; Wischmeyer (s. Anm. 26).

133 Zum Kult der Engel s. F. Cumont, Les anges du paganisme, RHR 72, 1915, 159–182; F. Sokolowski, Sur les cultes d'Angelos dans le Paganisme grec et romain, HThR 53, 1960, 225–29; A. R. R. Sheppard, Pagan Cults of Angels in Roman Asia Minor, Talanta 12–

ihren Willen den Menschen im Traum oder durch direkte Offenbarung kundzutun.[134] Die Engel sind Diener des Gottes, dementsprechend gehören sie zur
Hierarchie der göttlichen Welt und sollen zusammen mit ihrem Herrn verehrt
werden. Sie konnten jedoch auch, wenn angerufen, ins Menschliche eingreifen,
dafür scheint unter anderem die kollektive Weihung einer uns unbekannten
katoikia aus Mäonien zu sprechen,[135] welche διὰ προφήτου ihre Danksagung
dem *frommen und gerechten Angelos* durch die Aufstellung eines Altars zum
Ausdruck bringt.

Schließlich möchte ich den viel diskutierten Ausdruck *heis theos* behandeln,[136] der wiederum sowohl in heidnischen als auch in jüdischen und christlichen Kontexten vorkommt[137]: Es handelt sich um eine Akklamation,[138] welche
rituell von einer oder von mehreren Personen laut vorgetragen werden musste.

Die ausgewählte Inschrift aus einem ländlichen Heiligtum Lydiens lautet
(**Text 23**):[139]

> (TAM V, I 75) Εἷς θεὸς ἐ|ν οὐρανοῖς, | μέγας Μὴν | Οὐράνιος, | μεγάλη δύ|ναμις τοῦ
> ἀ|θανάτου θε|οῦ.

13, 1980–81, 77–101; dazu auch die Beobachtungen in Ricl (Seconde partie, s. Anm. 1),
   97 ff.; Merkelbach (s. Anm. 5), 295 (iranischer Einfluss); V. Hirschmann, Zwischen
   Menschen und Göttern. Die kleinasiatischen Engel, EA 40, 2007, 135–46.

134 S. beispielsweise Petzl (s. Anm. 7), Nr. 3, 8–11: Ὁ θεὸς οὖν ἐκέλευ|σε δὶ ἀγγέλου πρα-
   θῆναι τὸ εἱμά|τιν καὶ στηλλογραφῆναι τὰς δυ|νάμεις. Ἔτους σμθ'.

135 TAM V, I, 185: [Ἡ –]νῶν κα[τ]οικία | [...] καὶ Ἀγγέλῳ Ὁσίῳ | [Δικ]αίῳ εὐχαρισοῦντε[ς] |
   [ἀν]έστησαν διὰ προφήτο[υ] | [Ἀ]λεξάνδρου Σαϊττηνο[ῦ]. Zu diesem Text in Bezug auf
   die Erwähnung des *prophetes* s. L. Robert, Anatolia 3, 1958, 120; Sokolowski (s.
   Anm. 133), 226 und Sheppard (s. Anm. 133), 90 mit Beobachtungen zum Engel; Ricl
   (Premiere partie, s. Anm. 1), 2, Nr. 2; ead. (Seconde partie, s. Anm. 1), 97 ff.

136 Zu dieser Formel s. mit einer Zusammenstellung des epigraphischen Materials E. Peterson, Εἷς θεός. Epigraphische, formgeschichtliche und religionsgeschichtliche Untersuchungen, Göttingen 1926; L. Di Segni, Εἷς θεός in Palestinian Inscriptions, Scripta
   Classica Israelica 13, 1994, 94–115; zur Bedeutung der Akklamationen im Ritual s. C.
   Roueché, Acclamations in the Later Roman Empire: New Evidence from Aphrodisias,
   JRS 74, 1984, 181–99; C. Markschies, Heis Theos – Ein Gott? Der Monotheismus und
   das antike Christentum, in: Krebernik – van Oorschot (s. Anm. 9), 209–13; H.-U. Wi-
   emer, Akklamationen im spätrömischen Reich. Zur Typologie und Funktion eines
   Kommunikationsrituals, AKG 86, 2004, 55–73; Belayche (s. Anm. 1), 90–94 in Bezug
   auf die Beichtinschriften; dazu auch wichtige Beobachtungen in A. Chaniotis, Ritual
   Performances of Divine Justice. The Epigraphy of Confession, Atonement, and Exaltation in Roman Asia Minor, in: H. M. Cotton – R. G. Hoyland – J. J.Price – D. J.
   Wasserstein (eds.), From Hellenism to Islam: Cultural and Linguistic Change in the
   Roman Near East, Cambridge 2009, 115–53.

137 Vgl. beispielsweise RECAM II 160: εἷς θε[ὸς] | ὁ βοηθῶν | Θεοδότῳ | τῷ ἐπισκό[πῳ].
   Dazu s. F. R. Trombley, Hellenic Religion and Christianization, C. 370–529 II, Leiden
   1994, 313–15.

138 Zu diesem Begriff s. T. Klauser, Akklamation, RAC I, 1950, 216–33.

139 Dazu s. Belayche (s. Anm. 1), 96–97.

Es gibt einen einzigen Gott in den Himmeln. Groß ist der himmlische Men, groß ist die Macht des unsterblichen Gottes.

Dieser Text, laut gelesen, sollte unter anderem zwei kommunikative Funktionen erfüllen: Einerseits (im Sinne einer vertikalen Kommunikation) wird die Allmächtigkeit des Gottes gepriesen und zum Ausdruck gebracht; andererseits (im Sinne einer horizontalen Kommunikation) wird den anderen Menschen, welche zuhören, die allumfassende Macht (*dynamis*) des Gottes kundgetan.

Aufmerksamkeit verdient auch die Verbindung der Gottheit mit dem Himmel: Der Gott ist *hypsistos*, weil er seinen Sitz im Himmel hat; vom Himmel kann er alles überschauen und gerade auf seiner „Hoheit" begründet sich seine Allwissenheit und seine Macht.[140] Denn Gott ist laut einer vor kurzem veröffentlichen Inschrift aus Lydien der *unfehlbare Richter im Himmel* (κριτὴς ἀλάθητος ἐν οὐρανῷ).[141]

Bemerkenswert ist auch das Epitheton *athanatos*[142], welches ebenfalls auf die homerische Tradition zurückgeht und eine weitere Verwendung auch in christlichen Texten findet.[143] Dieses Dokument findet weitere ergiebige Parallelen in anderen epigraphischen Zeugnissen aus ländlichen Kultstätten, die ebenfalls das kommunikative Ziel verfolgen, die Allmächtigkeit der ausgewählten und verehrten Gottheit zu lobpreisen und den anderen Menschen zu verkünden. Hier kann man an eine aus dem Territorium von *Aizanoi* stammende Inschrift erinnern, welche lautet: Ἷς θεὸς | ἐν οὐρανῷ· | μέγα τὸ Ὅσιον, | μέγα τὸ Δίκεον.[144] Darüber hinaus zeigt der epigraphische Befund die Verbreitung dieser Formeln im ganzen römischen Reich (Griechenland[145], Spanien[146],

---

140 Dazu s. wichtige Beobachtungen in Pettazzoni (s. Anm. 7), 239 ff.

141 P. Herrmann – H. Malay, New Documents from Lydia, Wien 2007, Nr. 51: Ἔτους ρπζ´, μη(νὸς) Δαισίου βι· | Μέγας Μεὶς Οὐράνιος | Ἀρτεμιδώρου Ἀξιοττα | κατέχων καὶ ἡ δύναμις αὐτοῦ, κρ[ι]τὴς ἀλάθητος ἐν οὐρανῷ, εἰς ὃν | κατέ<φ>υγεν Ἀλέξανδρος Σωκράτο[υ] | ὑπὲρ κλοπῆς τῆς προδηλουμένης· | Ἄμμιον Διογᾶ γυνὴ ἔχουσα θυγα|τέρα Μελτίνην ἦραν ἰδίου δ|αέρος δ´, ὁρκιζόμεναι μοσαν· | [ἀ]πέκτεινεν ὁ θεὸς μέγας ὢν ὁ θε||[εός...

142 Das Attribut *athanatos* findet in den epigraphischen Weihungen erst ab der Kaiserzeit Verwendung. Dazu mit Beobachtungen und einer Zusammenstellung epigraphischer Zeugnisse s. L. Robert, BCH 107, 1983, 583–87 (= Documents d'Asie Mineure, Paris 1987, 427–31).

143 MAMA III, 119: [Δό]ξα σοι ὁ θεὸς ὁ μόνος ἀθάνατος | Θήκη Βιρύλλου | διακόνου; MAMA III, 242: Σωματοθήκη Ἀνδρέου | μάνκιπος, υἱοῦ Βασιλίου | Δόξα σοὶ ὁ θ(εό)ς ὁ μόνος ἀθάνατος·| ἔγιρε ὁ καθεύδων ἐκ τῶν | νεκρῶν, [ἐπ]ιφαύ[σ]ι σοι | ὁ Χριστός; MAMA III, 311: Δώξα σοὶ ὁ θε|ὸς ὁ μόνος ἀθάνατος. | Σωματωθίκη διαφ|έρουσα Δουλᾶ ταβε|ρναρίου.

144 C. Lehmler – M. Wörrle, Neue Inschriftenfunde aus Aizanoi IV: Azanitica Minora II, Chiron 36, 2006, 73, Nr. 133 (SEG XLII, 1192; schon bei Ricl [Seconde partie, s. Anm. 1], 100, Anm. 16 erwähnt).

145 Hier seien die Neufunde aus Delphi erwähnt: (SEG LI, 614) Ἀγα[θῇ Τύ]χῃ· | [εἰς θ]εός· μέγα[ς] θεός· μ[έ]|[γιστ]ον ὄν[ομα τ]οῦ θε[οῦ] | [Πύθιος μέγ]ας Ἀπ[όλλων μεγά]λη Τύχ[η] |

Italien[147] und Ägypten[148]) und ihren Einsatz in unterschiedlichen religiösen Textgattungen (magische Texte und Gemmen sowie Weihungen und Gebete). Ferner sei an die Verwendung der Formel εἷς θεὸς ἐν οὐρανῷ auch bei den Christen und Juden erinnert.[149]

Die Akklamation als ritualisierte laut vorgetragene Lobpreisung ist, wenn auch mit unterschiedlichen Funktionen, in diversen Bereichen der griechisch-römischen Kultur belegt: Die Kaiser bekamen Akklamationen, die uns auch durch epigraphisches Material bekannt sind, sowie die Athleten im Stadion oder auch Menschen, die sich dem Staat gegenüber besonders ausgezeichnet hatten. Wir kennen beispielsweise den Fall eines Mannes namens *Epameinondas* aus *Akraiphia*, dem ein Ehrendekret im Jahre 66 n. Chr. (IG VII, 2712, 56) gewidmet wurde, in dem die Ehrung wie folgt formuliert wurde: *Er übertraf in Großmütigkeit und Tugend alle andere Menschen aus der Vergangenheit … sodass er als der einzige Patriot und Wohltäter zu betrachten ist* (εἷς φιλόπατρις καὶ εὐεργέτης νομιζόμενος).[150]

Als weitere Beispiele kann man eine andere Ehreninschrift aus Akraphia heranziehen, in der der Kaiser Nero als εἷς | καὶ μόνος bezeichnet wird,[151] sowie eine Stelle von Lukian (*De morte Peregrini* 15), in der erzählt wird, dass *Peregrinus* von der Volksversammlung als εἷς φιλόσοφος, εἷς φιλόπατρις begrüßt wurde.[152] Des Weiteren verdient auch eine lydische Grabinschrift Erwähnung, in der eine verstorbene Frau namens *Anenkliane* als μία καὶ μόνη genannt wird.[153]

[Δελφῶν τ]όπος; (SEG LI, 626) [Ἀγαθῇ Τ]ύχῃ· | [εἷ]ς [θεὸς ἐν ο]ὐρανῷ | [μέγ]ας Π[ύθιο]ς Ἀπόλ|[λων] μεγάλη Τύχη | [Δελ]φῶν τόπος Θε|[οδό]του Θεσπιαίως | [παιδὸς] διαυλο-δρόμου. Zu diesen Texten s. F. Queyrel, Les acclamations peintes du xyste, in: J.-F. Bommelaer (ed.), Delphes. Centenaire de la Grande fouille par l'École française d'Athène (1892–1903), Paris 1992, 333–48; id., Inscriptions et scènes figurées peintes sur le mur de fond du xyste de Delphes, BCH 125, 2001, 353–87.

146 Dazu s. M. Paz de Hoz, Henoteísmo y magia en una inscripción de Hispania, ZPE 118, 1997, 227–30; Perea – Montero (s. Anm. 100) mit einer reichen Literatur in Bezug auf die Inschrift Εἷς Ζεὺς | Σέραπις | Ἰαώ.

147 Hier kann man beispielsweise eine Inschrift aus Rom erwähnen: (IGUR IV, 1662) Εἷς Ζεὺς Σέραπις | βάσκανος λακησήτω.

148 Für Belege s. Peterson (s. Anm. 136), 84 ff.

149 S. Peterson (s. Anm. 136), 78 ff. mit einer Zusammenstellung des Materials.

150 Ich habe die Kenntnis dieses wichtigen epigraphischen Dokumentes Herrn Prof. Dr. A. Chaniotis zu verdanken.

151 (IG VII, 2713, 39–41): εἷς | καὶ μόνος τῶν ἀπ' αἰῶνος αὐτοκράτωρ μέγιστος | φιλέλλην γενόμενος [Νέρων] Ζεὺς Ἐλευθέριος.

152 *De morte Peregrini* 15: τοῦτο ὡς ἤκουσεν ὁ δῆμος, πένητες ἄνθρωποι καὶ πρὸς διανομὰς κεχηνότες, ἀνέκραγον εὐθὺς ἕνα φιλόσοφον, ἕνα φιλόπατριν, ἕνα Διογένους καὶ Κράτητος ζηλωτήν. Von Belang ist auch die Verwendung des Verbs κράζειν, das in den Akklamationsformeln häufig vorkommt.

153 H. Malay, Researches in Lydia, Mysia and Aiolis, Wien 1999, Nr. 7: Ἀνενκλιανῆ (?) τῇ κα[ὶ] | ΛΟ.ΜΙΑ μιᾷ κ(αὶ) μό|νῃ ἀδελφῇ οἱ ἀδελ|φοὶ Γλυ[κω]νιανὸς | καὶ Παυλεῖνος | καὶ τὰ τέκνα Εἰου|λιανὸ[ς] καὶ Γλυκων|[ι]ανὸς καὶ Σωκράτη|[ς] ὁ γλυ<κύ>τατος ἀνὴρ | καὶ

Dies zeigt unter anderem, wie solche formelhafte Wendungen in verschiedenen kulturellen Kontexten eine Verwendung finden können.[154] Gerade diese Tatsache kann als ein Hinweis dafür ausgelegt werden, dass die Wendung *heis theos* eher als ein Superlativepitheton als eine Tendenz zum Monotheismus in den heidnischen Kontexten zu deuten sei. Denn man kann damit sowohl die Manifestationen der göttlichen *dynamis* preisen als auch die besondere Beziehung des Weihenden zu seiner Gottheit auf die beste Art zum Ausdruck bringen.[155]

Eine andere sowohl literarisch als auch epigraphisch in der Antike sehr verbreitete Akklamationsformel war μέγας θεός.[156] Die religiösen Inschriften sind reich an Belegen für diese Formel. Hier können einige Beispiele angeführt werden. Die Beichtinschriften beginnen häufig, wie zuvor gesagt, mit Wendungen[157] wie *Groß ist Men Axiottenos, der über Tarsi herrscht.* Die versammelten Silberarbeiter von Ephesos schrieben, gewiss eine liturgische Akklamation aufgreifend: *Groß ist die Artemis der Ephesier.*[158] Εἷς θεός, μέγας θεός ist

---

τεκοῦσα Μητρ|[οδ]ώρα ἐποίησαν | μνείας χάριν. Für weitere Bespiele der Verwendung der Formel in Grabinschriften s. L. Robert, Hellenica XIII, Paris 1965, 215–16, Anm. 4, mit einer Zusammenstellung des Materials.

154 Zu den *heis*-Akklamationen in Bezug auf Menschen s. Peterson (s. Anm. 136), 180 ff.; für eine Zusammenstellung des Materials s. E. Norden, Agnostos theos, Berlin 1913, 245, Anm. 7.

155 Dazu s. C. Bonner, Studies in Magical Amulets, Chiefly Graeco-Egyptian, Ann Arbor 1950, 174 der beobachtete: „When used of a pagan god, εἷς expresses the great power or the preminence of the deity, rather than definitly monotheistic belief.“ Dieselbe Interpretation ist auch bei L. Robert, BCH 107, 1983, 583 („εἷς est l'acclamation au superlatif… elle n'implique pas une tendance au monothéisme") und Versnel (s. Anm. 106), 235 („the elative, not the unifying force of the word εἷς"); dazu jetzt auch Belayche (s. Anm. 1), 99–102.

156 Zu einer Zusammenstellung der epigraphischen Belege zu diesem religiösen Epitheton s. Müller (s. Anm. 107); dazu auch Pleket (s. Anm. 41), 179–80.

157 Vgl. Anm. 98.

158 Acta Apostolorum 19,28,34: Ἀκούσαντες δὲ καὶ γενόμενοι πλήρεις θυμοῦ ἔκραζον λέγοντες· μεγάλη ἡ Ἄρτεμις Ἐφεσίων. Als epigraphisches Beispiel kann man eine Stelle aus der Inschrift des Wunders von *Zeus Panamaros* anführen: (I. Stratonikeia 10, 13/14) … [καὶ αὐτίκα πλῆθος ἦν ? τῶν αὐτομολ]ούντων, τῶν συγγνώμην φωνούντω[ν,] | ἔτι δὲ ἀναβοών[των] μεγάλη τῇ φωνῇ Μέγαν εἶναι Δία Πανάμαρον. Zu diesem wichtigen Text s. P. Roussel, Le miracle de Zeus Panamaros, BCH 55, 1931, 95–99; A. Chaniotis, Willkommene Erdbeben, in: E. Olshausen – H. Sonnabend (eds.), Naturkatastrophen in der antiken Welt. Stuttgarter Kolloquium zur historischen Geographie des Altertums 6, 1996, Stuttgart 1998, 408–10; vor kurzem M. Girone, Una particolare offerta di chiome, EA 35, 2003, 21–42, welche die Enführung neuer Ritualformen nach der Offenbarung vermutet.Die Akklamationen werden auch als eine Art göttlicher Ispiration betrachtet; dazu s. Peterson (s. Anm. 136), 145, der auf Stellen antiker heidnischer und christlicher Autoren verweist, wie z.B. Cassius Dio (75, 4): οὕτω μὲν ἐκ θείας ἐπιπνοίας ἐνεθουσίασαν; Eusebius (VI 29,4): τὸν πάντα λαόν, ὥσπερ ὑφ' ἑνὸς πνεύματος θείου κινηθέντα, προθυμίᾳ πάσῃ καὶ μιᾷ ψυχῇ ἄξιον.

in den zuvor erwähnten Inschriften von Delphi zu lesen:[159] μέγα τὸ ὄνομα τοῦ θεοῦ | μέγα τὸ ὅσιον | μέγα τὸ ἀγαθόν | κατ᾽ ὄναρ lautet eine weitere Akklamation aus dem Gebiet von Ephesos (I. Ephesos 3100).[160]

Die Akklamation erweist sich besonders im römischen Osten als eine der am weitesten verbreiteten Kommunikationsformen mit dem Göttlichen: Die Menschen konnten damit mit einer gewissen Emotionalität[161] – der laute Ton stellt ein charakteristisches Element des Rituals dar – Erstaunen, Gehorsamkeit und Ehrfurcht ihrem Gott gegenüber zum Ausdruck bringen, ihn direkt ansprechen und seine Aufmerksamkeit auf sich lenken. Akklamationen stellen auch ein wichtiges Zeugnis dafür dar, dass die Kommunikation mit dem Numinösen in der Antike laut und direkt sein konnte.

Schlussfolgerungen

Die im Lauf dieser Arbeit betrachteten epigraphischen Texte sind Menschen aus verschiedenen sozialen Schichten zuzuschreiben: Frauen, Männern, Ehepaaren mit Kindern, römischen Bürgern, Freigelassenen, Sklaven und ganzen Dorfgemeinden. Die Gottheit kann aus verschiedenen Gründen angerufen werden: für die soteria (Wohl) der Familie oder der eigenen Güter; für die Ochsen, welche ein wichtiges Element in einer agrarischen Gesellschaft darstellen sollten; für das Wohl der Gemeinde sowie für die Fruchtbarkeit der Äcker und für eine gute Ernte. In den Weihungen wird nicht um sozialen Aufstieg gebeten, denn diese Menschen waren froh, wenn es ihren Angehörigen gut ging, wenn die Ochsen bei guter Gesundheit waren oder wenn sie in der Saison eine ausreichende Ernte bekamen. Es handelte sich meistens um einfache Leute, die eine bescheidene Bitte an die Götter richteten, eine agrarische Gesellschaft, welche heutzutage nur in abgelegenen Dörfern in Süditalien, Griechenland und in der Türkei zu finden ist. Der Kult dieser „Landgötter" scheint keine besondere Beschränkung gehabt zu haben: Bauern, Sklaven, Römer und alle diejenige, die im Territorium wohnten, unabhängig von ihrem sozialen Status, sollten freien Zugang zu den Kulthandlungen haben, indem sie

---

159 Vgl. Anm. 132.
160 Zu diesem Text Ricl (Premiere partie, s. Anm. 1), Nr. 105; Belayche (s. Anm. 1), 92; zu weiteren heidnischen und christlichen Parallelen zu dieser Formel s. Peterson (s. Anm. 136), 205 ff.
161 Zur Rolle der Emotionalität im antiken Ritual s. die verschiedenen Beiträge in Kneppe – Metzler (s. Anm. 86); dazu jetzt A. Chaniotis, Ritual between Norms and Emotions: Rituals as Shared Experience and Memory, in: Stavrianopoulou (s. Anm. 4), 211–38; P. Borgeaud, Rites et émotions. Considerations sur les mystères, in: J. Scheid (ed.), Rites et croyances dans les religions du monde romain, Entretiens sur l'antiquité classique 53, Genève 2007, 189–222.

einen Altar oder eine Stele zu Ehren dieser Götter aufstellen lassen durften. Die ländlichen Götter sorgten für Gerechtigkeit in den Dorfgemeinden, wie z. B. die Beichtinschriften belegen, denn sie hatten die Macht, Sünde zu bestrafen und Missetaten zu verfolgen: Aus dieser Sicht waren sie auch für soziale Ordnung und Moral zuständig. Darüber hinaus konnten sie durch ihre Eingriffe Krankheiten heilen, Probleme lösen und das Leben eines Menschen verändern. Die Allmächtigkeit dieser Gottheiten, welche einen wichtigen Bestandteil der Religiosität besonders auf dem Land in Kleinasien darstellt, lässt sich gerade durch die epigraphischen Weihungen, die von diesen frommen Menschen gemacht wurden, am besten erfassen. Ein weiteres Merkmal der lokalen Religionsvorstellungen ist die starke Territorialität der Götter, die, wenn auch allmächtig und allwissend, stark ortsgebunden sind, wie beispielsweise die mehrmals angesprochenen aus einheimischen Ortsnamen abgeleiteten Epitheta Alsenos, Petarenos usw. aufweisen.

Weihungen als religiöse Texte können jedoch auch dazu dienen, nicht nur mit dem Göttlichen Kontakt aufzunehmen und zu kommunizieren, sondern auch den anderen Menschen die göttliche *dynamis* kundzutun und damit die Macht des Gottes zu vergrößern.

Die religiöse Kommunikation erweist sich auch auf dem Land als ein komplexes System, in dem auch die Bilder eine wichtige Rolle spielen. Darüber hinaus erscheint die Art und Weise interessant, wie die Medien je nach den Kultstätten eingesetzt werden, um mit dem Göttlichen in Kontakt zu treten: Die aus dem lokalen Heiligtum von Zeus Alsenos scheinen z. B. mehr auf einer visuellen Ebene die Macht der Gottheit zum Ausdruck zu bringen, während die Inschriften sehr kurz sind. Diese Götter waren allmächtig und konnten das Schicksal der Menschen beeinflussen und verändern, denn sie konnten ἐξ ἀδυνάτων δυνατὰ ποιεῖν[162], daher die Sorge, die richtige Kommunikationsmittel mit dem Göttlichen zu finden und zu verwenden, um richtig erkannt und anerkannt zu werden.

All dies gehört zur Welt der allmächtigen Götter und der frommen Menschen im kaiserzeitlichen Kleinasien.

---

162 Petzl (s. Anm. 7), Nr. 122, 3–5: εὐχαριστῶ Μητρὶ | Λητώ, ὅτι ἐξ ἀδυνά|των δυνατὰ πυεῖ (sic). Zu diesem Text s. auch die Beobachtungen von Versnel (s. Anm. 6), 53 ff., Anm. 218; Pleket (s. Anm. 41), 178, Anm. 124.

Texte

1) TAM V, I 246: Στρατόνεικος Κακολεις τοῦ ἑνὸς| καὶ μόνου Θεοῦ <ἱ>ερεὺς καὶ τοῦ Ὁσίου| καὶ Δικαίου μετὰ τῆς συμβίου| Ἀσκληπιαίας εὐξάμενοι περὶ τῶ[ν]| τέκνων εὐχαριστοῦντες ἀνέσ|τησαν. Ἔτους τμά.

Stratonikus Kakolis, **Priester des einen und einzigen Gottes und des Hosios und Dikaios**, hat zusammen mit seiner Frau Asklepiaia, indem sie für ihre Kinder gebetet haben, in Dankbarkeit (diese Stele) aufstellen lassen. Im Jahre 341 (= 256/7).

I. Wer waren die frommen Menschen, welche die ländlichen Kultstätten besuchten, und wie haben sie ihre Identität vor dem Göttlichen zum Ausdruck gebracht?

2) MAMA I, 1: **Γάϊος Καλουείσιος** | **Πρόκλος** Μητρ[ὶ θ]|εῶν εὐχήν.

Gaius Calvisius Proclus (hat diese Stele) an die Mutter der Götter in Erfüllung eines Gelübdes geweiht.

3) PVS 81: **Νανα** ὑπὲρ | τέκνου | Διὶ Ἀλση|[νῷ εὐ]χήν. **Nana** (hat diese Stele) dem Gott Zeus Alsenos für ihr Kind (geweiht) in Erfüllung eines Gelübdes. PVS 147: **Ἀλέξανδρος** | καὶ **Τατεις** | Διὶ Ἀλ|σηνῷ | εὐχήν. **Alexandros** und (seine Frau) **Tatis** (haben diese Stele) dem Gott Zeus Alsenos (geweiht) in Erfüllung eines Gelübdes.

4) MAMA I, 7: Εὔ[καρπος] | **οἰκονόμος** Διὶ | Φατνίῳ κατὰ | κέλευσιν.

Eukarpos, **Landgutverwalter,** (hat diesen Altar) an Zeus Phatnios gemäss dem Befehl des Gottes geweiht.

5) MAMA I, 8:
    a) Λόγγος Δ[ι]|[ονυσ]ίου **[ἱερ]|[ε]ὺς** ὑπὲρ κα[ρ]|πῶν πανεπηκόῳ | θεῷ.
    b) Λόγγος | Διονυσίο[υ] | **[ἱε]ρεὺς** Σώζον|τι εὐχήν.
    a) Longus, Sohn des Dionysios, **Priester**, (betet) den Allerhörenden Gott für die Früchte
    b) Longus, Sohn des Dionysios, **Priester**, (hat diesen Altar) an den Gott Sozon in Erfüllung eines Gelübdes (geweiht).

6) MAMA V, 128: [Ῥ]ωμανὸς Ἐπαφ[ρ]οδ[εί]|[τ]ου μετὰ συνβίο[υ] | Ἀσκληπίας κ τέκνων | Διὶ Βροντῶντι εὐχήν.

Romanus, Sohn des Epaphroditos, (hat diesen Altar) **zusammen mit seiner Frau Asklepia und seinen Kindern** dem Gott Zeus Bronton (geweiht) in Erfüllung eines Gelübdes.

7) TAM V, I 247: Θεῷ Ὁσίῳ καὶ Δικαίῳ| καὶ Ὁσίᾳ καὶ Δικαίᾳ εὔξετο Ἀλε|ξάνδρα μετὰ Τροφίμου τοῦ| συνβίου ἱερέος, ὑπὲρ τῶν| τέκνων διὰ τὴν περίπνυαν| εὐχαρι- στήριον ἀνέθηκαν.| Ἔτους τμβ' μη(νὸς) Ὑπερβερτέου.

Alexandra hatte **zusammen mit Trophimos, ihrem Mann und Priester**, den Frommen und Gerechten Gott und die Heilige und Gerechte Göttin für ihre Kinder wegen einer Lungenkrankheit gebeten. Die beiden haben (diese Stele) in Dankbarkeit aufstellen lassen. Am 5. des Monats Hyperbeteos, im Jahre 342 (=257/8).

8) PVS 462: Ἑρμᾶς Ὀλπίου Σαλου|ταρείου δοῦλος Διὶ Ἀν|πελικῷ εὐχ<ή>ν.

Hermas, Sklave von Ulpius Salutarius, (hat diese Büste) dem Zeus Anpe- likos in Erfüllung eines Gelübdes (geweiht).

9) MAMA I, 2a: Ἰκον]ιεὺς Ἴμαν Λευκίου Μητρὶ Δ|[...ην]ῇ εὐχήν· καὶ **ἐφύτευσα** | [τὸν περ]ίβολον ἐκ τῶν ἐμῶν ἀ[ναλωμάτων...].

Iman, Sohn des Lucius, aus Ikonion, (hat diese Stele) der Göttin Meter Dindimene in Erfüllung eines Gelübdes (geweiht). **Ich habe** den Peribolos des Heiligtums aus eigenen Kosten **bepflanzen lassen.**

II. Welche Kompetenzen hatten die auf dem Land verehrten Götter?

10) Anrufungsformeln in den Weihungen für Zeus Bronton: ὑπὲρ ἑαυτοῦ (ἑαυ- τῶν), ὑπὲρ παιδῶν, ὑπὲρ καρπῶν, ὑπὲρ βοῶν, ὑπὲρ κτηνῶν, ὑπὲρ σωτηρίας τῶν Νακολέων.

Für die eigene Person; für die Kinder; für die Früchte; für die Ochsen; für das Vieh; für die Rettung der Gemeinde der Nakoleis.

10a) PVS 392: Μένανδρος Π[ρό]|κλου **ὑπὲρ τῶν ὑ[π]|αρχόντων** Δὶ Θα|λλ[ῷ εὐ]χήν.

Menandros, Sohn des Proclus, (hat diese Stele) dem Gott Zeus Thallos **für seine Güter** (geweiht) in Erfüllung eines Gelübdes.

10b) PVS 508: Ἀρτεμᾶς Αμμιάδος **Ἀραγοκωμήτης** | Δεὶ Ἀνπελείτῃ εὐχήν.

Artemas, Sohn des Ammias, **aus dem Dorf Arakome,** (hat diese Stele) dem Gott Zeus Anpelites (geweiht) in Erfüllung eines Gelübdes.

10c) SEG XXXIV, 1214: **Θεοῖς Περευδηνοῖς** Φιλιππικὸς | εὐξάμενος μετὰ Βου- νίωνος τοῦ | συντρόφου | **ὑπὲρ τῶν κτηνῶν** καὶ | ἐπιτυχὼν εὐχαριστῶν ἀνέθηκεν. | Ἔτους τλβ', μηνὸς Λώου κ'.

Den Göttern Pereudenoi hat Philippikos auf Grund eines Gelübdes, das er zusammen mit dem mit ihm aufgezogenen Bunion **zugunsten der Tiere** ausgesprochen hatte, nachdem er Erfüllung erlangt hat, in Dankbarkeit (diese Stele) errichtet. Im Jahre 332, am 20. Loos. (Übersetzung von P. Herrmann)

11) MAMA V, 125: **Μαρλακκην[οὶ Διὶ]** | Βροντῶντι [εὐχὴν] | ὑπὲρ κα[ρπῶν].

Die Marlakenoi (haben diesen Altar) **für die Früchte** dem Gott Zeus Bronton (geweiht) in Erfüllung eines Gelübdes.

11a) MAMA V, 126: **Μασικηνοὶ** ὑ|πὲρ καρπῶν | καὶ τῶν ἰδίω|[ν] πάντων Διὶ | [Β]ροντῶντι εὐχήν.

Die Masikenoi (haben diesen Altar) **für die Früchte und für das gemeinsame Wohl** dem Gott Zeus Bronton geweiht in Erfüllung eines Gelübdes.

11b) MAMA V, 218: [...ω]ν ἐνχώριοι περὶ ἑαυτῶν καὶ | [τῶν ἰδίω]ν πάντων καὶ τῶν καρπῶν | [καὶ **τῆς**] **Νακολέων** σωτηρίας Δεὶ Βροντῶντι ἐ|[πιμελουμέ]νου Ἀσκ(λ)ηπιοδώρου Ἀπολλᾶ.

Die Landeinwohner (haben diesen Altar) für die Rettung der eigenen Personen, der eigenen Güter, für die Früchte und **der Gemeinde der Nakoleis** dem Gott Zeus Bronton (geweiht). Asklepiodoros, Sohn des Apollas, hat sich um diese Weihung gekummert.

11c) MAMA V, 213: **Σκαλατηνοὶ** [Μ]|ητρὶ Κυβέλῃ εὐ|χὴν περὶ βο|ῶν.

Die Skalatenoi (haben diesen Altar) **für die Ochsen** der Muttergottin Kybele (geweiht) in Erfüllung eines Gelübdes.

11d) MAMA V, 217: **Οἱ Νεοπε|ιμα|νην|οί** π|ερὶ τ|ῆς κ[ώμ]|[η]ς σωτ[ηρί]α|ς Διὶ εὐχή|ν.

Die Neopimanenoi (haben diesen Altar) **für die Rettung des Dorfes** (geweiht) in Erfüllung eines Gelübdes.

12) MAMA V, 127: Μηνοφῶν καὶ | Ἀπολωνίδης κα|ὶ Φίλτης ὑπὲρ τῶν | ἰδίων πάντων | καὶ Οὐεζαϊτῶν (σωτηρίας)| Διὶ Β]ροντῶντι | εὐχήν.

Menophon, Apollonides und Philtes (haben diesen Altar) **für das Wohl ihres eigenes und der Gemeinde der Ouezaiten** dem Gott Zeus Bronton (geweiht) in Erfüllung eines Gelübdes.

13) Petzl (s. Anm. 7), Nr. 50: Διεὶ Σαβαζίῳ καὶ Μη|τρεὶ Εἴπτᾳ. Διοκλῆς | Τροφίμου· ἐπεὶ ἐπεί|ασα περιστερὰς τῶν | θεῶν, ἐκολάσθην ἰς | τοὺς ὀφθαλμοὺς καὶ | ἐνέγραψα τὴν ἀρητήν.

(Weihung) für Zeus Sabazios und Meter Hipta. Diokles, Sohn des Trophimos: Da ich Tauben der Götter gefangen hatte, **erlitt ich an meinen Augen Strafe** und **habe den Beweis göttlicher Macht** (auf dieser Stele) **schriftlich niedergelegt.** (Übersetzung von G. Petzl)

14) SEG L, 1233: Ἀργυ|ρίων νέος | ἐνθά|δε κεῖ|με· | **Κύριε Παν|τοκράτωρ·** | σὺ μὲ ἔκτισες, | κακὸς δέ με ἄν|θρωπος ἀπώλε|σεν· | ἐγδίκησόν | με ἐν τάχι· | ἔστη|σάν μου στήλην | γονεῖς Τέρτυλλος | καὶ Χρύσα εἴνεκεν | εὐσεβίης ζήσαντι | ἔτη ιέ· τελευτᾷ | ἔτους σμγ· χαῖρε | παροδεῖτα.

Ich, der junge Argyrion, liege hier begraben. **Herr, Allmächtiger! Du hast mich erschaffen, ein schlechter Mensch hat mich getötet. Räche mich schnell!** Mein Grabstein haben die Eltern der Frömmigkeit wegen aufgestellt, Tertyllos und Chrysa, ihm, der 15 Jahre alt geworden ist. Er stirbt im Jahr 243. Sei gegrüßt, Vorübergehender! (Übersetzung von C. Marek)

14a) CIJ 70: ἐπικαλοῦμαι καὶ ἀξιῶ τὸν θεὸν τὸν | ὕψιστον, **τὸν κύριον τῶν πνευ-μάτων** | **καὶ πάσης σαρκός** ... ἵνα ἐγδικήσῃς τὸ αἷμα τὸ ἀ|ναίτιον ζητήσεις καὶ τὴν ταχίστην.

Ich rufe und bitte dich, **den höchsten Gott, den Herren der Geister und allen Fleisches**, ... damit du das unschuldige Blut suchst und so schnell wie möglich rächst. (Übersetzung von C. Marek)

15) IG IX(2), 1/4, 1024: **[δ]αίμονες ἀθάνατοι** πολλοὶ κατ᾽ Ὀλύμπιον ἔδρην, | **ἀλλὰ θεός τοώτων ἐστὶ πατὴρ ὁ μέγας,** | **ὅς κόσμον διέταξε,** Σελήνην νυκτὶ κελεύσας | πείθεσθαι, Τειτᾶνα ἡμεριναῖς χάρισι·

Viele unsterbliche Dämonen haben ihren Sitz auf dem Olymp, aber **ihr Gott ist der große Vater, der die Welt geordnet hat**, indem er der Nacht befahl, dem Mond zu folgen, und die Sonne den Grazien des Tages.

16) SEG L, 1225: **Θεῷ ὑψίστῳ** | ὀμφῇ ἀπκερ|σεκόμου βω|μὸν **θεοῦ ὑψίσ|τοιο,** | **ὅς κατὰ** | **πάντων ἔστι** | **καὶ οὐ βλέπε|ται, εἰσορᾷα δὲ** | **δειμαθ᾽ ὅπως** | ἀπαλάλκηται | βροτολοιγέ|α θνητῶν.

Dem höchsten Gott! Auf Geheiß des Langhaarigen (Apollon) (hat aufgestellt) diesen Altar des **höchsten Gottes, der alles umfasst** und **nicht gesehen wird, aber auf alles Übel blickt**, damit das Verderben von den Menschen abgewehrt wird. (Übersetzung von C. Marek)

17) Orakel von Oinoanda 2. Jh. n.Chr. (SEG XXVII, 933): [α]ὐτοφυής, ἀδί|δακτος, ἀμήτωρ,| ἀστυφέλικτος || οὔνομα μὴ χω|ρῶν, πολυώνυμος,| ἐν πυρὶ ναίων, || τοῦτο θεός. μεικρὰ| δε θεοῦ μερὶς ἄγγε|λοι ἡμεῖς. || τοῦτο πευ|θομένοισι θεοῦ τοῦτο πέ|ρι ὅστις ὑπάρχει, || Αἰ[θ]έ[ρ]α πανδερκ[ῆ] θε]ὸν ἔννεπεν, εἰς| ὃν ὁρῶντας || εὔχεσθ᾽ ἠῷ|ους πρὸς ἀντολίην ἐφορῶ[ν]|τα[ς].

Aus sich selbst entstanden, ohne Lehrer, ohne Mutter, unerschütterlich, kein Name fasst ihn, vielnamig, im Feuer wohnend, das ist Gott; wir Engel sind nur ein kleiner Teil Gottes. Für diejenigen, welche nach Gott fragen und von welcher Art er sei: Er verkündete, der alles erblickende Äther sei Gott; auf ihn sollt ihr blicken und am Morgen früh beten, indem ihr nach Osten schaut. (Übersetzung von R. Merkelbach – J. Stauber)

III. Durch welche sprachlichen oder sonstigen Mittel konnte eine Privatperson oder eine Gemeinde ihre besondere Beziehung zu einem Gott ausdrücken?

18) Petzl (s. Anm. 7), Nr. 3: Μέγας Μεὶς Ἀξιοττηνὸς Ταρσι βασιλεύων. Groß ist Men **Axiottenos, der über Tarsi herrscht**. Nr. 6: Διεὶ Ὀρείτῃ κὲ Μηνὶ Περκον βασιλεύοντα. Dem grossen Zeus Oreites und dem Men Axiottenos, **der Perkos als König beherrscht**; Nr. 40: Μὶς Λαβανας κ[αὶ] | Μὶς Ἀρτεμιδώρου Δόρου κώμην βασιλεύον|τες. (Groß sind) Mes Labanas und Mes des Artemodoros, **die als Könige über Dorukome herrschen**; Nr. 47: Μεγάλοι θεοὶ Νέαν **Κώμην** κατέχοντες. Groß sind die Götter, **die Nea Kome besitzen**; Nr. 55: Μεὶς Ἀρτε-μιδώ|ρου **Ἀξιοττα κατέ|χων**. (Groß ist) Mes des Artemidoros, **der Axiotta besitzt**; Nr. 56: Μηνὶ Ἀρτεμιδώρου **Ἀξιοττα κατέχοντι**. Dem Gott Mes des Artemidoros, **der Axiotta besitzt**; Nr. 57: Μῆνα Ἀρτεμιδώρου Ἀξι|οττηνὸν **Κορεσα** κατέχοντα. Men des Artemidoros Axiottenos, **der Koresa besitzt**; Nr. 68: Μεγάλη Μήτηρ Αναειτις Αζι|τα κατέχουσα. Groß ist die Meter Anahitis, **die Azita besitzt**. (Übersetzungen von G. Petzl)

19) SEG I, 79: Φιλόμηλος | Ἀριστοκράτου | περὶ βοῶν κ τῶ|ν ἰδίων πάντω|ν Διὶ **Βασιλικῷ** | εὐχήν.

Philomelos, Sohn des Aristokratos, (hat diesen Altar) **dem königlichen Zeus** für die Ochsen und die eigenen Güter (geweiht) in Erfüllung eines Gelübdes.

19a) MAMA V, 12: Νε[ικό]λαος | [Δ]εὶ [Τυρ]άννῳ | [εὐχή]ν.

Nikolaos (hat diesen Altar) dem Gott **Zeus Tyrann** (geweiht) in Erfüllung eines Gelübdes

19b) Ritti – Simsek – Yildiz (s. Anm. 43), 40, K50: Ἡλείων Ἀπό[λλωνι Λαιρ-μηνῷ], | τῷ προσειστῶ[τι τῆς Μοτελη]|νῶν <πό>λεως.

Helion für Apollon Lairbenos, **Anführer der Stadt Motella**.

20) SEG L, 1222:

a) Ἀγαθῇ Τύχῃ· | Θεῷ ἀρίστῳ μεγίστῳ ἐπη|κόῳ σωτῆρι ἑαυτοῦ κ|αὶ τῶν τέκνων αὐτοῦ || καὶ πάντων τῶν [βο]|ῶν Κάττιος Τέργος | εὐχήν.

b) Σοὶ **μακάρων κύδιστε** γέρας τόδε | Τέργος ἔθηκεν | εὔτυκτον Μο[υ]|σῶν γράμμασι γραψάμενος | σὰς χάριτας, **μεγ᾽ ἄριστε**, λιλήκοε, || **κοίρανε κόσμου** | σοὶ δ᾽ αὐ|τός τε μελοι τέκνα τε κα[ὶ κτέ]|ανα.

a) Auf gutes Gelingen! **Dem besten, größten, erhörenden Gott, seinem Retter** und dem Retter seiner Kinder hat Cattius Tergos das Gelübde abgelegt.

b) Dir, **angesehenster der Seligen**, hat Tergos diese wohlgefertigte Gabe geweiht und mit Musenschrift Deine Gunsterweise aufgeschrieben, **allerbester**, gerne erhörender Gott, **Herr der Welt!** – Möge Dir am Herzen liegen er selbst, seine Kinder und sein Eigentum! (Übersetzungen von C. Marek)

21) PVS 364: Ζηνὶ **πανυψίστῳ**| Χαρίτων Δοκιμε[ὺς]|| ἀνέθηκεν εὐξά|μενος στήλην| ἀγλαίσας παλά|μαις.

Zeus, dem allerhöchsten, hat Chariton aus Dokimaion diese Stele geweiht, die er mit seinen Händen geschmückt hat, indem er den Gott gebeten hat.

22) I. Stratonikeia 2, 1307: Διὶ Ὑψίστῳ| **καὶ Θείῳ Ἀγγέ|λῳ Οὐρανίῳ** Βό|ηθος καὶ Μένιπ|πος ὑπὲρ τῆς| ὑγίας πανοι|κίου χαριστή|ριον.

Boethos und Menippos (haben diese Stele**) dem höchsten Zeus und dem heiligen himmlischen Engel** für die Gesundheit des ganzen Hauses in Dankbarkeit (geweiht).

22a) I. Stratonikeia 2, 1308: **[Θε]ῷ Ὑψ[ίστ]ῳ καὶ τ[ῷ Θ]είῳ Ἀγγέλῳ|** Φλα. Διο-κλῆς καὶ Μάμαλον ὑπὲρ αὐτῶν| [κ]αὶ τῶν παιδί|ων καὶ τῶν ἰδίων| πάντων χαρισ|[τήριον].

Flavius Diokles und Mamalon (haben diese Stele**) dem höchsten Gott und dem heiligen Engel** für sich selbst, die Kinder und das ganze Haus in Dankbarkeit (geweiht).

23) TAM V, I 75: **Εἷς θεὸς ἐ|ν οὐρανοῖς,|** μέγας Μὴν| Οὐράνιος,| μεγάλη δύ|ναμις τοῦ ἀ|θανάτου θε|οῦ.

Es gibt einen einzigen Gott in den Himmeln. Groß ist der himmlische Men, groß ist die Macht des unsterblichen Gottes.

Abstract

The sacred inscriptions from the rural temples of Roman Asia Minor are an useful source to reconstruct the characters of the local cults and religious phenomena in these remote corners of the Roman Empire. The epigraphic texts reveal a world of powerful gods, such as the secular kings ruling over a territory and its inhabitants. After the request of their worshippers, these gods have the power (*dynamis*) to acknowledge and punish sins and criminals by giving terrible diseases, as the confessional inscriptions display.

In the inscriptions, the power of these henotheistic gods is expressed by sacred formulas, such as, for example, *Great is the power of Men Axiottenos who rules over Tarsi*, which are used by the worshippers to praise the gods and to announce their divine power to the other visitors of the temple.

On the basis of a selection of epigraphic data, this paper aims to reconstruct the mechanisms of religious communication in the rural Anatolian sanctuaries and the character of the worshipped gods.

Ῥήτωρ καὶ συγγραφεύς: cultura, politica e storiografia nell'opera di Dexippo di Atene

Laura Mecella

Τὰ Πλατώνεια ἑστιῶν ἡμᾶς Λογγῖνος Ἀθήνησι κέκληκεν ἄλλους τε πολλοὺς καὶ Νικαγόραν τὸν σοφιστὴν καὶ Μαῖορα Ἀπολλώνιόν τε τὸν γραμματικὸν καὶ Δημή-τριον τὸν γεωμέτρην Προσήνην τε τὸν Περιπατητικὸν καὶ τὸν Στωϊκὸν Καλλιέτην. μεθ' ὧν ἕβδομος αὐτὸς κατακλινείς, τοῦ δείπνου προκόπτοντος καί τινος ζητήσεως περὶ Ἐφόρου ἐν τοῖς ἄλλοις γενομένης ...

Con queste parole si apre, nella *Praeparatio Evangelica*, la celebre descrizione del simposio organizzato da Longino per la celebrazione del compleanno di Platone, svoltosi ad Atene tra il 250 ed il 262/3.[1] Il vescovo di Cesarea riporta l'acceso dibattito tenutosi in quell'occasione intorno al tema del plagio nella letteratura greca: il documento costituisce un'eccezionale testimonianza della vivacità del confronto intellettuale di quegli anni, confermando il primato culturale ancora detenuto dalla capitale attica. L'affresco eusebiano offre un vivido spaccato della società ateniese del tempo, di cui vengono presentate le maggiori personalità: accanto a Longino e Porfirio (fonte del passo), compaiono i sofisti Nicagora e Maior, il grammatico Apollonio, Demetrio ὁ γεωμέτρης, il peripa-tetico Prosene e lo stoico Calliete. Emerge in tutta la sua evidenza la ricchezza del *milieu* intellettuale greco-orientale della seconda metà del III secolo: l'intreccio di professionismo letterario, partecipazione politica e affermazione sociale, che caratterizza alcuni dei personaggi menzionati,[2] non confina i prota-gonisti del brano all'ambito filosofico ma li inserisce nel più ampio quadro della c.d. 'Seconda Sofistica', permettendo una migliore valutazione del contesto storico-culturale in cui anche altre figure si trovarono ad agire.

---

1   Eus., praep. ev. X 3, 1–2.
2   Per il loro profilo culturale e politico cf. F. Millar, P. Herennius Dexippus: the Greek World and the Third-Century Invasions, JRS 59, 1969, 12–29, ora in Id., Rome, the Greek World, and the East, II: Government, Society, and Culture in the Roman Empire, Chapel Hill–London 2004, 265–297 (da cui cito), partic. 272–275; J. Radicke (Ed.), Felix Jacoby. Die Fragmente der Griechischen Historiker continued, IV A: Biography, Fascicle 7: Imperial and Undated Authors, Leiden–Boston–Köln 1999, 226–235 e B. Puech, Orateurs et sophistes grecs dans les inscriptions d'époque impériale, Paris 2002, 357–360 (per Nicagora).

1

Tra queste spicca certamente Publio Herennio Dexippo. Se il carattere della sua produzione letteraria lo qualifica indubbiamente come storico,[3] alcuni aspetti dell'opera e determinati tratti della sua attività umana ed intellettuale consentono di inserirlo anche nella più generica categoria dei σοφισταί, nell'accezione ampia e complessa assunta dal termine in età imperiale e tardoantica.[4] L'importanza del ruolo socio-politico rivestito dagli esponenti dell'*élite* intellettuale in epoca romana è stata ampiamente indagata e non necessita di essere ulteriormente ribadita;[5] quel che importa sottolineare è che la stretta connessione tra appannaggio della cultura e preminenza sociale, che si qualifica come elemento distintivo delle oligarchie greche del periodo, caratterizza significativamente anche il percorso biografico di Dexippo, rendendo lo storico personaggio centrale per la piena comprensione della temperie spirituale del

---

3   A lui sono attribuite tre opere: una storia del primo ellenismo (Τὰ μετὰ Ἀλέξανδρον), una cronaca universale dall'età mitica fino al 269/70 (Χρονικὴ ἱστορία), ed una monografia sulle invasioni barbariche nel III secolo d.C. (Σκυθικά). Su questa produzione si vd. G. Martin, Dexipp von Athen. Edition, Übersetzung und begleitende Studien, Tübingen 2006.

4   Sull''elusività' del titolo, che da insegnante di retorica e virtuoso della parola (con connotazione prevalentemente dispregiativa) passa a caratterizzare, nella prospettiva filostratea, "quel nesso tra politica e cultura che costituisce l'elemento di reale organicità in un'attività che a prima vista sembrerebbe connotata dai caratteri della più vacua ed oziosa 'letteratura'", cf. M. Mazza, L'intellettuale come ideologo. Flavio Filostrato ed uno "speculum principis" del III secolo d.C., in: P. Brown – L. Cracco Ruggini – M. Mazza (Eds.), Governanti e intellettuali. Popolo di Roma e popolo di Dio, Torino 1982, 93–121, partic. 94–97 (citazione a p. 96); sul tema cf. anche le osservazioni di L. Cracco Ruggini, Sofisti greci nell'impero romano (a proposito di un libro recente), Athenaeum 49, 1971, 402–425, partic. 404 e 419–422; S. Swain, Hellenism and Empire. Language, Classicism, and Power in the Greek World AD 50–250, Oxford 1996, 97–100; Puech (cf. n. 2), 10–15, 23–28.

5   Sul tema, oltre ai pionieristici studi di G.W. Bowersock, Greek Sophists in the Roman Empire, Oxford 1969 e di Millar (cf. n. 2), si vd. ancora G.W. Bowersock (Ed.), Approaches to the Second Sophistic. Papers Presented at the 150th Annual Meeting of the American Philological Association, Pennsylvania 1974; G. Anderson, The Second Sophistic. A Cultural Phenomenon in the Roman Empire, London–New York 1993; T. Schmitz, Bildung und Macht. Zur sozialen und politischen Funktion der zweiten Sophistik in der griechischen Welt der Kaiserzeit, München 1997; S. Goldhill (Ed.), Being Greek under Rome: Cultural Identity, the Second Sophistic and the Development of Empire, Cambridge–New York 2001; J.J. Flinterman, Sophists and Emperors: A Reconnaissance of Sophistic Attitudes, in: B.E. Borg (Ed.), Paideia: the World of the Second Sophistic, Berlin–New York 2004, 359–376; T. Whitmarsh, The Second Sophistic, Oxford 2005.

tempo e per una migliore definizione delle complesse dinamiche tra aristocrazie urbane e autorità romane nei difficili anni dell'anarchia militare.[6]

Originario del demo Hermos, Publio Herennio Dexippo apparteneva ad una delle famiglie più illustri della municipalità ateniese del II e III secolo d.C.: la ricostruzione genealogica comunemente accettata individua uno dei fondatori della stirpe in Apollonio figlio di Eudemo, sofista attivo all'inizio del II secolo d.C. e padre di Publio Herennio, ἱεροκῆρυξ almeno dal 177/8.[7] Da quest'ultimo nacque il padre dello storico, Publio Herennio Tolemeo, anch'egli noto sofista e uomo politico: dopo aver esercitato l'efebia durante il regno di Commodo svolse la funzione di ἱεροκῆρυξ, divenne arconte polemarco, fu agonoteta e ricoprì la carica di κῆρυξ τῆς ἐξ Ἀρείου πάγου βουλῆς.[8] Egli appare uno dei più

---

6 Con questo naturalmente non si intende aderire a quella visione 'pansofistica' della letteratura greca di età imperiale, notoriamente stigmatizzata da P.A. Brunt, secondo cui ogni intellettuale di questo periodo potrebbe essere qualificato come sofista (si vd. The Bubble of the Second Sophistic, Bulletin of the Institute of Classical Studies 39, 1994, 25–52, partic. 37 e sgg.); le osservazioni che seguono mirano soltanto a collocare correttamente Dexippo nel suo *Umfeld*, in una prospettiva che tenga conto sia del suo ruolo politico che degli aspetti letterari della sua opera.

7 IG II/III² 3665; per Publio Erennio cf. anche IG II/III² 3666 ll. 4–5; IG II/III² 1788 ll. 39–40; IG II/III² 1792 l. 39; IG II/III² 1798 l. 16; K. Clinton, The Sacred Officials of the Eleusinian Mysteries, Philadelphia 1974, 79 e S. Follet, Athènes au IIᵉ et au IIIᵉ siècle. Études chronologiques et prosopographiques, Paris 1976, 285. Apollonio è brevemente ricordato da Bowersock (Greek Sophists, cf. n. 5), 24 e da Puech (cf. n. 2), 98–100; per lo stemma della famiglia si vd. P. Graindor, Inscriptions attiques d'époque romaine, BCH 51, 1927, 245–328, partic. 282 (che tuttavia non offre una documentazione completa); Millar (cf. n. 2), 279; E. Kapetanopoulos, The Family of Dexippos I Hermeios, AE 1972, 133–172, partic. 138, 140 e 143, che addirittura fa risalire le più remote origini del γένος alla fine del II secolo a.C. (*ibid.* 134).

8 IG II/III² 1077 l. 42; IG II/III² 2116 ll. 11–12; IG II/III² 3666; IG II/III² 3667; IG II/III² 3668; W. Dittenberger (Ed.), Sylloge inscriptionum Graecarum, Leipzig 1917³, II 877D su cui si vd. Puech (cf. n. 2), 420–429. Da J.A. Notopoulos, Studies in the Chronology of Athens under the Empire, Hesperia 18, 1949, 1–57, partic. 21–22 e 53, l'efebia di Tolemeo è stata datata al 189/90 d.C.; cf. anche W. Dittenberger, Die attische Panathenaidenära, in: Commentationes philologae in honorem Theodori Mommseni scripserunt amici. Adiecta est tabula, Berlin 1877, 242–253, partic. 248 n. 17. Egli è il primo membro della famiglia a fregiarsi dei *tria nomina*, sebbene molto probabilmente la cittadinanza romana fosse stata ottenuta già dal nonno o dal bisnonno: nell'assunzione del *gentilicium Herennius* è infatti possibile cogliere un riferimento alla figura di *L. Herennius Saturninus*, proconsole d'Acaia durante i primi anni del regno di Traiano (97/8 o 98/9), mentre più incerta è l'origine del *praenomen* Πόπλιος (~ *Publius*), che potrebbe essere stato introdotto nell'onomastica familiare soltanto in età adrianea (Kapetanopoulos [cf. n. 7], 136). Una diversa ipotesi è stata invece formulata da D.S. Potter (Prophecy and History in the Crisis of the Roman Empire. A Historical Commentary on the Thirteenth Sibylline Oracle, Oxford 1990, 73 n. 15), secondo cui il *nomen* della famiglia deriverebbe da *P. Herennius Severus*, verosimilmente il collega dello storico Arriano durante il consolato: del personaggio non sono tuttavia attestati

insigni cittadini del suo tempo: se l'arcontato e l'ἀγωνοθεσία documentano
l'importanza da lui rivestita nell'amministrazione cittadina, il sacerdozio della
κηρυκεία, già assunto dal padre, ed il ruolo di araldo dell'assemblea dell'Areo-
pago attestano il suo stretto legame con la sfera cultuale ed il grande prestigio di
cui godette presso i contemporanei.[9]

Publio Herennio Dexippo si pone dunque come erede di un'illustre
tradizione familiare, e come i suoi predecessori seppe coniugare una ragguar-
devole attività culturale e politica con l'esercizio di cariche religiose. L'insieme
della documentazione epigrafica permette di illustrare le tappe di una brillante
carriera:[10] ricoprì due volte l'arcontato (dapprima come re e poi come
eponimo),[11] diresse l'organizzazione delle Grandi Panatenee e finanziò il
restauro di alcuni arredi sacri utilizzati durante la processione;[12] più controversa
l'interpretazione del titolo ἱερεὺς παναγής, un sacerdozio minore connesso al

　　　particolari legami con la città di Atene, benché la tradizione ricordi i suoi interessi
　　　letterari (cf. E. Groag, Herennius [45], in: RE VIII 1, 1912, 678–679; PIR² IV, H. 130,
　　　79).

9　　Tali cariche erano infatti appannaggio dei Κήρυκες, gli 'Araldi' dei sacri misteri di
　　　Demetra: i membri di questa stirpe, secondo la tradizione discendente dalla progenie di
　　　Hermes, detenevano insieme agli Eumolpidi la gestione del culto di Eleusi e nel tempo
　　　furono insigniti di particolari privilegi politici. Oltre al classico lavoro di W. Ditten-
　　　berger, Die eleusinischen Keryken, Hermes 20, 1885, 1–40, per il valore di tali uffici ed i
　　　legami della famiglia di Dexippo con il santuario si vd. ora Martin (cf. n. 3), 13–15 e 26–
　　　30.

10　　Cf. in partic. IG II/III² 3198; IG II/III² 3669 e IG II/III² 3670; lo storico è menzionato
　　　anche in IG II/III² 2931, IG II/III² 3667 e IG II/III² 3671. Per una più approfondita
　　　analisi di questo materiale si vd. da ultimo Martin (cf. n. 3), 30–41.

11　　Per una possibile cronologia cf. P. Graindor, Chronologie des Archontes Athéniens sous
　　　l'Empire, Bruxelles 1922, 264 e 266 (che data genericamente l'attività di Dexippo come
　　　arconte ad un periodo anteriore al 266/7) e Puech (cf. n. 2), 214 (che pensa ad un
　　　momento successivo al 255/6).

12　　In quell'occasione lo storico curò a proprie spese (Dittenberger [cf. n. 9], 27–28) il
　　　rifacimento della statua di culto della dea e dell'acrostolio della nave utilizzata durante
　　　la processione. Dexippo appare dunque evergete della città: anche questo aspetto
　　　costituisce un tratto comune a molti intellettuali dell'epoca, come dimostrano non solo il
　　　caso eclatante di Erode Attico ma anche le biografie di altri sofisti; sul tema si vd.
　　　Bowersock (Greek Sophists, cf. n. 5), 26–28; M. Di Branco, La città dei filosofi. Storia di
　　　Atene da Marco Aurelio a Giustiniano. Con un'appendice su 'Atene immaginaria' nella
　　　letteratura bizantina, Firenze 2006, 5–6; Anderson (cf. n. 5), 27–28 (che comunque
　　　tende a ridimensionare la portata del fenomeno); O.D. Cordovana, Forme di identità
　　　nell'età della Seconda Sofistica, in: Ead. – M. Galli (Eds.), Arte e memoria culturale
　　　nell'età della Seconda Sofistica, Catania 2007, 15–22, partic. 19–22; P. Barresi, Il sofista
　　　Flavio Damiano di Efeso e la costruzione di terme-ginnasi nell'Asia Minore romana di
　　　età imperiale, ibid., 137–151 e M. Melfi, Asclepio, τῶν ἐν παιδείᾳ ἦν προμηθής (Ael.
　　　fr. 99 Hercher): rituale ed evergetismo negli Asklepieia del II sec. d.C., ibid., 241–254.
　　　Sui problemi legati alla datazione dell'ἀγωνοθεσία dexippea si vd. ultimam. Puech (cf. n.
　　　2), 218–220, secondo cui l'incarico potrebbe essere stato ricoperto anche dopo
　　　l'invasione erula.

culto di Eleusi di cui è difficile determinare l'esatta funzione.[13] Il legame con il santuario trova conferma nella carica di πανηγυριάρχης, il ministro che durante le feste delle dee aveva il compito di garantire il sostentamento dei pellegrini,[14] mentre secondo una recente ipotesi di Kapetanopoulos egli avrebbe ricoperto anche la funzione di κοσμήτωρ di Atena.[15] Infine, dei due attributi dei quali viene insignito in alcune iscrizioni, κράτιστος e σεμνότατος, il primo lo qualifica come membro dell'ordine equestre, se non addirittura di quello senatorio;[16] l'altro, pur non rappresentando un'indicazione di rango, denota 'eine starke Respektsbezeichnung' e costituisce un'ulteriore dimostrazione della sua rilevante posizione sociale.[17]

Si delinea dunque con chiarezza il profilo di un uomo eminente sia per nascita che per prerogative politico-religiose, a tal punto stimato dai propri concittadini da essere posto a capo della guarnigione che nel 267 respinse gli Eruli dal suolo attico;[18] appare però significativo che nella più importante iscrizione a lui dedicata, incisa sulla base di una statua ora distrutta, egli venga

13 Dittenberger (cf. n. 9), 26–28; P. Foucart, Les mystères d'Éleusis, Paris 1914, 209; Millar (cf. n. 2), 281; Clinton (cf. n. 7), 95–96.

14 D.J. Geagan, The Athenian Constitution after Sulla, Princeton 1967, 136; Millar (cf. n. 2), 281.

15 E. Kapetanopoulos, P. Herennius Dexippos (I) Hermeios, Horos 14–16, 2000–2003, 129–140, tavv. 29–32.

16 Il titolo è attestato in IG II/III² 3667 l. 8 e IG II/III² 3670 l. 4, e la sua esatta interpretazione è ancora oggetto di discussione. L'oscillazione del valore del termine nel corso del III secolo rende infatti molto difficile stabilire, in assenza di altri elementi, l'ordus di appartenenza di Dexippo; a favore di una connessione con il ceto equestre si sono espressi Millar (cf. n. 2), 281 e H. Brandt, Dexipp und die Geschichtsschreibung des 3. Jh. n.Chr., in: M. Zimmermann (Ed.), Geschichtsschreibung und politischer Wandel im 3. Jh. n.Chr.: Kolloquium zu Ehren von Karl Ernst Petzold (Juni 1998) anlässlich seines 80. Geburtstags, Stuttgart 1999, 169–181, partic. 170; più incerto Martin (cf. n. 3), 33–35. Convinta assertrice del rango senatorio di Dexippo si dimostra invece Puech (cf. n. 2), 210–225.

17 IG II/III² 3198, su cui si vd. Martin (cf. n. 3), 35–36 (la citazione è a p. 36).

18 L'episodio è ben noto: nell'ambito dell'invasione gotica che funestò le province orientali dell'impero durante l'ultimo anno del principato di Gallieno (267/8 d.C.), la tribù degli Eruli attaccò l'Attica e mise a ferro e fuoco la sua stessa capitale. In assenza di guarnigioni romane in grado di arrestare l'avanzata del nemico, gli abitanti organizzarono autonomamente la resistenza: dopo aver trovato rifugio sulle montagne circostanti, duemila Ateniesi intrapresero contro gli invasori un'efficace azione di guerriglia ed in breve tempo liberarono la regione dalla minaccia barbarica. A guidare l'eroico manipolo di combattenti fu proprio lo storico Dexippo: la sua leadership è espressamente ricordata dalla Historia Augusta (Gall. 13, 8 ~ T 3 Martin), ed egli stesso ebbe modo di celebrarla sia nelle sezioni conclusive della Χρονικὴ ἱστορία (come lascia presumere la menzione degli Eruli in F 18 Martin) che negli Σκυθικά (F 25 e F 26c Martin). Sulla vicenda si vd. recentem. Martin (cf. n. 3), 37–41 e L. Mecella, Πάντα μὲν ἦν ἄναρχά τε καὶ ἀβοήθητα. Le città dell'Oriente romano e le invasioni barbariche del III secolo d.C., Mediterraneo Antico 9/1, 2006, 241–266, partic. 253–261.

ricordato soprattutto per le sue qualità intellettuali ed i suoi meriti in ambito storico-letterario. Il testo epigrafico si compone di due parti: ad una prima sezione in prosa, dove vengono ricordati i suoi principali incarichi politici, segue un epigramma in cui viene celebrata la composizione della Χρονικὴ ἱστορία; come è stato più volte sottolineato, l'intero encomio mira soprattutto ad evidenziare lo spessore culturale dell'onorato, che significativamente viene presentato come ῥήτωρ καὶ συγγραφεύς.[19] Se il secondo dei due titoli è chiaramente legato all'occasione per cui venne eretto il monumento, cioè la redazione della cronaca, la prima qualifica appare pienamente comprensibile alla luce dei suoi compiti istituzionali; la partecipazione alla vita politica imponeva allo storico la pratica dell'oratoria, come indirettamente confermano i discorsi che egli stesso si attribuisce negli Σκυθικά.[20] La rappresentazione che

---

19   IG II/III² 3669 (T 4 Martin); cf. Martin (cf. n. 3), 39; Potter (cf. n. 8), 74–75; Puech (cf. n. 2), 214 e 221–224. In generale, per la rilevanza assunta dalla terminologia afferente alla sfera della cultura nelle forme di autorappresentazione delle *élites* provinciali attestate dalla documentazione epigrafica è ormai imprescindibile il volume di Puech (cf. n. 2), *passim*; si vd. comunque anche E. Frézouls, L'hellénisme dans l'épigraphie de l'Asie Mineure romaine, in: S. Saïd (Ed.), Ἑλληνισμός. Quelques jalons pour une histoire de l'identité grecque. Actes du Colloque de Strasbourg, 25–27 octobre 1989, Leiden–New York–København–Köln 1991, 125–147, partic. 143–145; Schmitz (cf. n. 5), 15–16; C.P. Jones, Culture in the Careers of Eastern Senators, in: W. Eck – M. Heil (Eds.), *Senatores populi romani*. Realität und mediale Präsentation einer Führungsschicht. Kolloquium der Prosopographia Imperii Romani vom 11.–13. Juni 2004, Stuttgart 2005, 263–270. L'accentuazione degli elementi connotativi della figura dell'intellettuale si riscontra anche nelle arti figurative, come dimostra P. Zanker, Die Maske des Sokrates: das Bild des Intellektuellen in der antiken Kunst, München 1995, partic. 181–186 e 189–251 (trad. it. La maschera di Socrate. L'immagine dell'intellettuale nell'arte antica, Torino 1997).

20   Cf. F 25 e F 26c Martin: anche attraverso la patina della finzione letteraria, i frammenti riflettono i reali processi del dibattito politico. La definizione di retore compare anche nella voce Δέξιππος della Suda: Δέξιππος Δεξίππου, ὁ Ἐρέννιος χρηματίσας, Ἀθηναῖος, ῥήτωρ, γεγονὼς ἐπὶ Βαλεριανοῦ καὶ Γαλλιήνου καὶ Κλαυδίου δευτέρου καὶ Αὐρηλιανοῦ τῶν βασιλέων Ῥωμαίων. Insieme a Martin (cf. n. 3), 74–75 (T 1), continuo a considerare erronea l'indicazione del patronimico e ad identificare il personaggio oggetto del lemma con il nostro storico, nonostante le riserve di Puech (cf. n. 2), 214–215, secondo cui il testo farebbe invece riferimento al figlio omonimo di Dexippo. Questa tesi era già stata avanzata da Kapetanopoulos (cf. n. 7), 151 e Id. (cf. n. 15), 135: e tuttavia, poiché il *floruit* del personaggio viene collocato tra il regno di Valeriano e quello di Aureliano, tale ricostruzione contrasterebbe sia con l'idea dello stesso Kapetanopoulos di un Dexippo συγγραφεύς nato intorno al 236/7 (tra il 253 ed il 275 il figlio sarebbe stato troppo giovane per svolgere un'attività professionale), sia con la cronologia dello storico normalmente accettata (ca. 200–275), poiché in quel periodo il membro più in vista della famiglia era certamente il nostro autore, celebre sia per la sua produzione letteraria che per la vittoriosa lotta condotta contro gli Eruli. È pertanto più probabile che in età bizantina si conservasse il ricordo della fama di Dexippo I piuttosto che di quella del figlio, altrimenti noto da una lista efebica del 255/6 soltanto come γυμνα-

Dexippo fornisce di se stesso appare modellata sul *Vorbild* del *leader* erudito in cui si assommano abilità militari e virtù civili; tali caratteristiche si riscontrano anche nella descrizione del trace Massimo,[21] a conferma dell'importanza dell'educazione filosofico-letteraria nell'orizzonte ideologico dell'autore e nella costruzione della propria identità.[22] Allo stesso modo Eunapio, menzionando fugacemente Dexippo nella *Vita Porphyrii*, lo ricorda come ἀνὴρ ἁπάσης παιδείας τε καὶ δυνάμεως λογικῆς ἀνάπλεως:[23] anche in questo caso dunque, come nei tanti esempi puntualmente analizzati da Schmitz, la παιδεία si presenta non soltanto come strumento di legittimazione del potere nell'ambito della municipalità, ma soprattutto elemento distintivo dell'ἦθος del personaggio.[24]

D'altra parte la ricchezza della sua formazione emerge chiaramente dalla lettura delle opere: se la marcata μίμησις di Tucidide già lo rende uno dei principali rappresentanti dell'atticismo di III secolo,[25] non si devono dimenticare i debiti da lui contratti nei confronti di altri autori divenuti 'canonici', *in primis* Demostene ed il più vicino Elio Aristide.[26] Come hanno dimostrano gli studi

---

σιάρχος, ἀγωνοθέτης Ἀντωνείων ἐπί Μά[ρκῳ] e συστρεμματάρχος (IG II/III² 2245 risp. ll. 162, 177 e 303; cf. anche IG II/III² 3670 ll. 7–8); sul personaggio si vd. A. Stein, Herennius (22), in: RE VIII 1, 1912, 666–667 e PIR² IV, H. 105, 73.

21 F 22, 2 Martin: Μάξιμος, ἀνὴρ γένος μὲν τῶν † ἀπόρω μεταβου † φιλοσοφίᾳ δὲ ἄρα συζῶν, οὐ μόνον στρατηγοῦ, ἀλλὰ καὶ στρατιώτου ἀγαθοῦ ἔργα ἐν τῷ τότε ἕτοιμος ὢν ἐπιδεί-κνυσθαι, ἐπεθάρρυνέν τε ἑκάστους...; sulla figura di Massimo si vd. Mecella (cf. n. 18), 246–249.

22 A questo proposito si può richiamare anche il caso del frammento F 13 Martin, dove si ricordano le qualità intellettuali dimostrate da Alessandro durante il suo discepolato presso Aristotele (Ἀλέξανδρος ... γνησιώτατος Ἀριστοτέλους γεγονὼς τοῦ δαιμονιῶντος φοιτητὴς). Sul modello del comandante-filosofo, che attraversa l'intera storia culturale del mondo ellenistico-romano (da Alessandro Magno a Marco Aurelio), si vd. e. g. Anderson (cf. n. 5), 116 e A. D'Angelo (Ed.), La fortuna o la virtù di Alessandro Magno. Prima orazione, Napoli 1998, 7–31. L'ideale del *princeps civilis*, in grado di coniugare un'efficiente attività bellica con un elevato grado di formazione, continua poi ad essere operante anche in età tardoantica: oltre all'orazione Εἰς βασιλέα (cf. *infra*), basti pensare all'esempio stesso di Giuliano.

23 Eun. VS 4, 3 (T 3 Martin).

24 Si vd. in partic. i capp. 2 (*Eine gebildete Aristokratie*) e 5 (*Eine aristokratische Bildung*) della sua monografia (cf. n. 5), 39–66 e 136–159; utili anche le osservazioni di Swain (cf. n. 4), 33–42.

25 Dal momento che quello delle riprese tucididee rappresenta uno dei temi più approfon-ditamente indagati della prosa dexippea, mi limito a rimandare ai principali studi sull'argomento: F.J. Stein, Dexippus et Herodianus: Rerum scriptores quatenus Thucydidem secutis sint, Diss. Bonn 1957, 8–71; R.C. Blockley, Dexippus and Priscus and the Thucydidean Account of the Siege of Plataea, Phoenix 26, 1972, 18–27; E.V. Maltese, Iperide, Tucidide, i μετ' Ἀλέξανδρον di Dessippo, Annali della Scuola Normale Superiore di Pisa. Classe di Lettere e Filosofia s. III, 8, 1978, 393–419; Martin (cf. n. 3), 210–256.

26 Demostene rappresentava uno degli autori più imitati dai retori di età imperiale: cf. Anderson (cf. n. 5), 117–118; Swain (cf. n. 4), 27; Whitmarsh (cf. n. 5), 67–68. Sulla

linguistici effettuati su alcuni dei frammenti conservati, Dexippo si pone pienamente nel solco della grande tradizione retorica attica;[27] e tuttavia il suo legame con la produzione oratoria, non solo di epoca più antica, non è circoscritto ad un piano meramente formale, ma investe l'intero universo concettuale dell'autore.

Particolarmente significativo appare, in questo contesto, l'esame dei discorsi con i quali nei Τὰ μετὰ Ἀλέξανδρον lo storico ricostruisce il dibattito politico che ad Atene precedette la dichiarazione di guerra contro Antipatro (323 a.C.). Ad una prima orazione, attribuita ad Iperide, nella quale la necessità del conflitto viene sostenuta attraverso il ricorso alle consuete tematiche dell'oratoria deliberativa e parenetica (come il richiamo alla gloria degli antenati, l'invito a non lasciarsi sfuggire le buone occasioni offerte dalla sorte, l'importanza della prontezza nell'azione, etc.), fa seguito una seconda ῥῆσις dove l'esortazione a mantenere la pace si esprime attraverso un appello al buon senso e alla prudenza. I grandi temi della pace e della guerra e la meditazione sul valore della sorte nel destino dell'uomo che compaiono nei due testi impegnavano da generazioni la riflessione della Seconda Sofistica: nei discorsi dexippei si coglie dunque pienamente la temperie culturale del II–III secolo d.C., ed il legame tra la produzione dello storico e quella dei più illustri rappresentanti della letteratura greca della piena età imperiale.

D'altra parte la stessa costruzione dell'agone oratorio come un dittico in cui si contrappongono punti di vista divergenti su un medesimo tema ricalca il modello delle μελέται praticate nelle scuole;[28] è dunque evidente il debito di

---

'fortuna' di Elio Aristide in età imperiale e tardoantica si vd., oltre alle osservazioni di G. Cavallo, Conservazione e perdita dei testi greci: fattori materiali, sociali, culturali, in: A. Giardina (Ed.), Società romana e impero tardoantico, IV: Trasformazioni dei classici. Trasformazioni della cultura, Roma–Bari 1986, 83–172, partic. 101–102, 145–146, 152–154, il contributo di M.T. Schettino, Elio Aristide, Sopatro e l'interpretazione della storia greca in età imperiale, Mediterraneo Antico 3/1, 2000, 239–260, partic. 253–260.

27 Per un'analisi della prosa dexippea alla luce della tradizione retorica attica si vd. in partic. Maltese (cf. n. 25), passim, dove viene analizzata l'orazione di Iperide nei Τὰ μετὰ Ἀλέξανδρον. Sebbene lo studioso evidenzi le profonde differenze tra il testo dexippeo e la produzione dell'oratore di IV sec. a.C. a cui è attribuito il discorso, sottolineando come lo storico tardoantico abbia confezionato il brano senza alcuna preoccupazione mimetica nei confronti del predecessore, la sua indagine permette di rilevare numerosi paralleli tra la prosa dexippea e l'oratoria greca di età classica ed altoimperiale. Un immediato confronto con Elio Aristide è inoltre riscontrabile in F 14 Martin, dove la descrizione dei confini dell'impero romano offerta da Dexippo ricalca fedelmente quella presente nell'Εἰς Ῥώμην (Or. 26, 28 [100 Keil]), rendendo possibile l'ipotesi di una derivazione del passo dall'orazione aristidea.

28 La struttura dell'ἀντιλογία viene utilizzata da Dexippo anche a proposito dei colloqui intercorsi tra Antipatro e i delegati ateniesi dopo la disfatta dei Greci a Crannon (F 7 Martin), su cui si vd. G. Martin, Antipater after the Lamian War: New Readings in Vat. gr. 73 (Dexippus fr. 33), CQ 55, 2005, 301–305.

Dexippo nei confronti della coeva produzione retorica, come del resto emerge anche dai discorsi di Aureliano e degli Iutungi trasmessi dagli *Excerpta de legationibus*.[29] La marcata componente letteraria di entrambi i passi è stata più volte sottolineata;[30] alle richieste di pace avanzate dagli Iutungi, basate su una lunga serie di *topoi* ampiamente diffusi in letteratura, Aureliano risponde rivendicando la superiorità morale dei Romani e la legittimità del proprio intervento militare.[31] La sapiente articolazione del passo, costruito su una serie di antitesi e di domande retoriche, rende l'intero brano più vicino alla raffinata orazione di un professionista della parola che al discorso di un uomo d'armi; l'artificiosità della rappresentazione appare evidente soprattutto nelle sezioni iniziali, dove Aureliano prima ancora di rivendicare la potenza del proprio apparato bellico denuncia sul piano logico tutte le contraddizioni delle tesi avversarie, con la sottigliezza di ragionamento degna di un sofista.[32]

---

29   F 28 Martin. Il brano ricostruisce i negoziati tra Aureliano e gli Iutungi dopo la campagna del 270 d.C.: i barbari, che avevano invaso l'Italia, durante la marcia di ritorno subirono una pesante sconfitta lungo il *limes* danubiano (probabilmente nei pressi del Norico) e furono costretti ad intavolare con l'imperatore trattative di pace.

30   Stein (cf. n. 25), 48–55; Potter (cf. n. 8), 84–85; B. Bleckmann, Die Reichskrise des III. Jahrhunderts in der spätantiken und byzantinischen Geschichtsschreibung. Untersuchungen zu den nachdionischen Quellen der Chronik des Johannes Zonaras, München 1992, 207; Brandt (cf. n. 16), 178.

31   Per indurre l'imperatore ad accettare condizioni di pace ad essi vantaggiose nonostante la sconfitta, gli Iutungi sottolineano l'entità delle forze ancora a propria disposizione e ricordano le insidie che la guerra riserva anche a chi momentaneamente gode di una posizione di preminenza (è il classico tema degli ἄδηλα τὰ τῶν πολέμων di tucididea memoria), da cui deriva per il vincitore la necessità di non cedere alla superbia ma di valutare prudentemente il futuro anteponendo la pace alla prosecuzione del conflitto. Aureliano, di contro, respinge le proposte degli Iutungi confidando sulla virtù dei Romani, che anche nei momenti di maggiore difficoltà hanno saputo fare buon uso della ragione; il *princeps* ostenta non solo la perizia tecnica delle proprie truppe ma anche la loro grande abilità strategica, capace di garantire la vittoria persino in condizioni di inferiorità numerica. Egli rivendica la correttezza del proprio agire, dovuto ad esigenze di difesa e non frutto della violazione degli accordi: i Romani potranno pertanto contare anche sul favore della divinità, sempre pronta ad aiutare chi agisce con giustizia. Come si vede, entrambe le orazioni sono costruite intorno ai principali *topoi* della mentalità antica (incertezza del futuro; preferibilità della pace alla guerra; importanza dell'εὐβου-λία nella preparazione di un'azione; superiorità del mondo greco-romano sulle popolazioni barbariche; speranza nell'aiuto divino), che peraltro ricorrono frequentemente in tutta la produzione di Dexippo (cf. *infra*, n. 44).

32   Si vd. il giudizio di Brandt (cf. n. 16), 178: "Überdies legt Dexipp dem Kaiser Aurelian eine Rede in den Mund, die kaum wie eine authentische Verhandlung mit den Gesandten der Iuthungen klingt, sondern eher wie ein Vortrag eines Gelehrten, der sich gegen ungebildete Laien wendet"; per una dettagliata analisi del contenuto del frammento cf. inoltre Martin (cf. n. 3), 168–178. Le stesse osservazioni potrebbero essere svolte a proposito della lettera inviata da Decio agli abitanti di Filippopoli (F 23

Ma è soprattutto il tema del giusto esercizio del potere a rappresentare il cuore della riflessione dexippea. Nel discorso attribuito ad Iperide lo storico insiste sui doveri di chi guida uno stato: chiunque aspiri ad ottenere un primato all'interno del corpo civico non ha soltanto il compito di scegliere il momento più opportuno per agire e di persuadere l'opinione pubblica con l'evidenza delle proprie argomentazioni, ma deve soprattutto divenire per i suoi concittadini esempio di virtù e di coraggio, difendendo con il proprio operato l'onore della città ed affrontando in prima persona il pericolo; allo stesso modo nella replica dell'avversario l'oratore si assume l'obbligo di allertare la cittadinanza contro i pericoli di una facile demagogia.[33] Affermazioni analoghe vengono espresse nella παράκλησις di Dexippo alla vigilia dello scontro con gli Eruli: il *leader* della resistenza ateniese non si limita ad infiammare gli animi dei combattenti prima della battaglia, ma si espone per primo ai rischi della guerra in difesa della patria e dei beni più cari,[34] così come durante l'assedio di Marcianopoli il glorioso Massimo, postosi a guida dei Mesi, lotta in prima fila contro il barbaro insieme ai propri concittadini.[35] Anche altri passi tratti dagli *Excerpta de sententiis* hanno come oggetto l'attività dei governanti, che si assumono il peso di valutare in ogni circostanza la decisione migliore, e gli oneri che ricadono su chi riveste un incarico pubblico;[36] la frequenza di questi motivi nei frammenti superstiti lascia credere che tali tematiche fossero al centro delle preoccupazioni dello storico, e d'altro canto la sua diretta partecipazione alla vita politica ateniese sollecitava certamente una riflessione approfondita sui doveri e le prerogative di chi detiene una *leadership*. Lo sguardo dell'autore non rimane tuttavia circoscritto all'orizzonte politico cittadino, ma investe l'ambito più ampio dell'egemonia romana: l'analisi del dispotico atteggiamento tenuto da Decio nei confronti dei Filippopolitani[37] e, al contrario, l'attenzione rivolta al 'democratico' rapporto instaurato dal *Soldatenkaiser* Aureliano con le sue trup-

---

Martin), sulla cui componente retorica si vd. ora Martin (cf. n. 3), 179–185 (con le ulteriori osservazioni, di carattere più generale, formulate alle pp. 196–197 e 203–204).

33 FF 3 e 5 Martin.

34 F 25, 4 Martin: αὐτὸς δὲ δὴ ὢν οὐκ ἔξω κινδύνου οὐδὲ εὐτυχέστερον πράττων ἐπὶ ταῦτα ἵεμαι, ἀρετῆς ἐπιθυμῶν καὶ διακινδυνεύων, τὰ τιμιώτατα ἐθέλων περιποιήσασθαι καὶ ἐς ἐμαυτὸν μὴ καταλῦσαι τῆς πόλεως τὴν ἀξίωσιν. Per una completa rassegna dei contenuti del discorso si vd. Martin (cf. n. 3), 185–190.

35 F 22 Martin.

36 FF 11 e 26b–d Martin.

37 F 23 Martin: alla vigilia dell'assedio di Filippopoli del 250/1, l'imperatore invia una lettera agli abitanti della città per indurli a non intraprendere con i barbari uno scontro in campo aperto, ma a difendersi dall'interno delle mura in attesa dell'arrivo delle milizie imperiali. Nella prospettiva deformante dello storico, l'ordine di Decio sarebbe stato dettato esclusivamente dal timore per una possibile rivolta: egli avrebbe così anteposto la tutela del proprio dominio personale alla salvezza della πόλις. Per un'analisi del passo cf. Mecella (cf. n. 18), 263–266.

pe[38] attestano l'interesse dello storico per le diverse forme di gestione del potere da parte dell'imperatore e lasciano supporre nelle sue opere la presenza di considerazioni sulla natura della μοναρχία.

Generiche riflessioni sulla βασιλεία erano precipue della pubblicistica e storiografia di ispirazione aristocratica sia di età ellenistica che imperiale; in particolare l'avvento dei Romani e l'ampiezza delle loro conquiste avevano stimolato nella trattatistica politica e filosofica l'analisi dei principali problemi connessi all'amministrazione dell'impero. La lontananza del *princeps* dovuta alla vastità del suo dominio e la conseguente impossibilità di curare gli interessi di tutti i sudditi,[39] la difficoltà di trovare magistrati fedeli, il faticoso equilibrio tra le culture indigene e il sostrato egemone,[40] la degenerazione della regalità in τυραννίς[41] sono temi ampiamente ricorrenti nella letteratura fino all'età

---

38 Secondo quanto riferito da Dexippo, Aureliano avrebbe consultato le sue truppe prima di stipulare un accordo con i Vandali: καὶ πολλὰ ἀναμεταξὺ εἰπόντων ἀλλήλων, τοῦ τε βασιλέως καὶ τῶν βαρβάρων, διελύθη μὲν ὁ σύλλογος, τῇ δὲ ὑστεραίᾳ τό τε πλῆθος τῶν Ῥωμαίων στρατιωτῶν αὖθις ἠθροίσθη, καὶ ἐρομένου βασιλέως ὅ τι σφίσι περὶ τῶν παρόντων λῷον εἶναι δοκεῖ κρίνοντες τὴν εὐτυχίαν τὴν ὑπάρχουσαν προμηθείᾳ τῆς ὑπὲρ τῶν ὄντων ἀσφαλείας διασώσασθαι καὶ βοῇ τὸ βουλόμενον σημαίνοντες σύμπαντες ἐς τὴν κατάλυσιν τοῦ πολέμου ἐχώρησαν (F 30, 1 Martin). Per la necessità di non sopravvalutare la valenza 'democratica' del regime di Aureliano, che rimane improntato soprattutto ad una concezione della regalità 'per grazia divina', cf. M. Mazza, Il principe e il potere. Rivoluzione e legittimismo costituzionale nel III sec. d.C., in: Id., Le maschere del potere. Cultura e politica nella Tarda Antichità, Napoli 1986, 1–93, particc. 88–93.

39 Si vd. le considerazioni di F. Millar, The Emperor in the Roman World (31 B.C.–A.D. 337), London 1977, *passim* e partic. 617–620, con la risposta di J. Bleicken, Zum Regierungsstil des römischen Kaisers. Eine Antwort auf Fergus Millar, Wiesbaden 1982 e la replica di Millar, L'empereur romain comme décideur, in: C. Nicolet (Ed.), Du pouvoir dans l'Antiquité: mots et réalités, Genève 1990, 207–220. Il tema è connesso a quello, elaborato nella tarda antichità, del *princeps clausus* (che a sua volta si ricollega alla polemica contro i *principes pueri*): cf. K.F. Stroheker, *Princeps clausus*. Zu einigen Berührungen der Literatur des fünften Jahrhunderts mit der *Historia Augusta*, BHAC 1968–1969, Bonn 1970, 273–283; A. Chastagnol, Autour du thème du *princeps clausus*, BHAC 1982–1983, Bonn 1985, 149–161.

40 Sul tema si vd. T.J. Haarhoff, The Stranger at the Gate. Aspects of Exclusiveness and Cooperation in Ancient Greece and Rome, with Some Reference to Modern Times, Oxford 1948²; A.N. Sherwin-White, Racial Prejudice in Imperial Rome, Cambridge 1967 (con la discussione di L. Cracco Ruggini, Pregiudizi razziali, ostilità politica e culturale, intolleranza religiosa nell'impero romano [a proposito di un libro recente], Athenaeum 46, 1968, 139–152); A. Momigliano, Alien Wisdom. The Limits of Hellenization, Cambridge 1975 (trad. it. Saggezza straniera. L'ellenismo e le altre culture, Torino 1980); più recentem. P. Desideri, La romanizzazione dell'impero, in: A. Momigliano – A. Schiavone (Eds.), Storia di Roma II 2: L'impero mediterraneo. I principi e il mondo, Torino 1991, 577–626, partic. 611–626.

41 Sulla figura del τύραννος in età tardoantica e i principali *topoi* che la caratterizzano si vd. L.R. Cresci, Appunti per una tipologia del tyrannos, Byz 60, 1990, 90–129; C. Amande,

tardoantica e trovano eco anche negli scritti di Dexippo: l'enormità del terri-
torio romano viene sottolineata in un frammento tràdito dal lessico Suda,[42]
mentre considerazioni sulla lealtà dei funzionari erano forse svolte a proposito
della condotta di Prisco, che dopo l'assedio di Filippopoli strinse un'alleanza con
Kniva;[43] infine, è presumibile che il motivo del *malus princeps* presente nella
caratterizzazione di Decio fosse sviluppato anche in osservazioni più ampie.

Allo stesso modo la centralità dell'uomo e delle sue virtù nella prospettiva
storica dell'Ateniese[44] e gli ideali di *civilitas* che animano tutta la sua opera
rispecchiano un patrimonio di valori ampiamente condiviso dalla società

Libanio e alcuni topoi bizantini volti alla legittimazione di un tyrannos, Koinonia 14,
1990, 127–137; T.D. Barnes, Oppressor, Persecutor, Usurper: the Meaning of "tyrannus" in the Fourth Century, in: G. Bonamente – M. Mayer (Eds.), Historiae Augustae
Colloquium Barcinonense, Bari 1996, 55–65; M.V. Escribano, Maximinus tyrannus:
escritura historiográfica y tópos en la v. Max., *ibid.*, 197–234; Ead., "Tyrannus" en las
"Historiae" de Orosio: entre "brevitas" y "adversum paganos", Augustinianum 36,
1996, 185–212; F. Paschoud – J. Szidat (Eds.), Usurpationen in der Spätantike, Stuttgart
1997; T. Arand, Das schmähliche Ende, Frankfurt a.M. 2002.

42 F 14 Martin.

43 Per la menzione di Prisco da parte di Dexippo cf. F 23, 2 Martin, su cui si vd. Mecella (cf.
    n. 18), 264–265.

44 Al centro della narrazione dexippea si pongono sempre il valore e le capacità degli
    individui: l'insistenza sulla necessità di un'accorta valutazione prima di ogni impresa
    (FF 26c; 5b, d Martin), gli appelli alla prudenza e alla saggezza (FF 28, 6–7 e 10; 23, 4–5
    e 7–8; 3b–d; 5a, d Martin), i continui richiami al senso dell'onore e agli ideali del
    coraggio e della gloria (FF 28, 11; 25, 3–4 e 6; 26a–b; 3b, g, i; 6 l. 13 Martin) rivelano una
    concezione aristocratica dell'esistenza in cui l'affermazione personale viene determinata
    in primis dall'esercizio della propria abilità. È l'uomo con la sua determinazione a
    favorire il successo di un'azione: soltanto coloro che sanno innalzarsi al di sopra della
    comune mediocrità possono aspirare alla vittoria, poiché la μεγαλοψυχία costituisce la
    prima difesa contro i colpi del destino. Se l'individuo con le sue virtù costituisce il primo
    motore della storia, la potenza della τύχη appare infatti l'altra grande protagonista della
    narrazione: l'idea della mutevolezza della sorte ricorre in numerosi passi e più volte
    sono ricordati i pericoli insiti nell'incertezza del futuro, poiché soprattutto in guerra è
    facile assistere a cambiamenti rapidi ed improvvisi (FF 28, 5–7; 11; 23, 4 e 8; 25, 3; 3i
    Martin). Ma la concezione dell'autore non è soggetta alle regole di un cieco
    determinismo, poiché con l'ausilio della ragione anche in condizioni apparentemente
    sfavorevoli è possibile ribaltare la situazione a proprio vantaggio: è la σύνεσις la vera
    forza dell'uomo, l'elemento che determina l'esito favorevole di qualsiasi iniziativa (FF
    28, 10 e 13; 23, 5; 6 Martin). Il λογισμός coglie il momento più opportuno per agire (F 3b
    Martin), indica quando ritirarsi in una prudente attesa (F 23, 4 Martin), sollecita
    l'emulazione di coloro che si distinsero per virtù, e soprattutto garantisce il soccorso
    della divinità, poiché nella visione di Dexippo i θεοὶ ἐφόροι ἀρωγοί appaiono sempre
    pronti ad aiutare chi agisce valorosamente (FF 25, 6; 3a; 6 Martin): nell'eterna contesa
    tra l'uomo e l'imponderabilità del fato la potenza celeste sancisce l'affermazione degli
    ἄριστοι (FF 28, 12; 3e Martin). Per una puntuale analisi di questi temi si vd. Martin (cf.
    n. 3), 188–198.

contemporanea;[45] ma anche altri elementi concorrono a rendere Dexippo un significativo rappresentante della cultura della propria epoca, come dimostra l'analisi del frammento 12 Martin.

Secondo la testimonianza di Giorgio Sincello, Dexippo avrebbe attribuito la colonizzazione di Rodi ai Lacedemoni fuggiti dal Peloponneso dopo la discesa degli Eraclidi: tale versione si discosta nettamente dalla *vulgata* tradizionale, rendendo problematica l'individuazione delle sue origini.[46] Oltre a Dexippo, soltanto Costantino Porfirogenito conosce una migrazione spartana sull'isola, ma nel suo racconto sono gli invasori stessi a dover abbandonare la Laconia;[47] un altro filone della saga riferisce invece che genti del Peloponneso furono costrette ad emigrare a Rodi e Cnido perché colpite da una grave carestia,[48] mentre per Strabone i Dori partirono alla volta di Rodi da Megara dopo la morte del re Codro.[49]

Si tratta in tutti i casi di varianti secondarie del mito; la tradizione di una colonizzazione dorica dell'isola era infatti legata principalmente alla figura di Tlepolemo, uno dei figli di Eracle che da Argo si sarebbe trasferito lì prima di

---

45 Sebbene Bowersock abbia sottolineato come nel II e III secolo si assista ad un sensibile mutamento di prospettiva riguardo alla tradizionale dicotomia Greci/Barbari, caratterizzato dalla "emergence of new standards of otherness" e dalla "disappearance of barbarism as a conceptual means of asserting the superiority of Graeco-Roman culture", va ricordato che questo aspetto, come lo stesso studioso puntualizza, riguarda la "fiction, and perhaps fiction alone" (Fiction as History. Nero to Julian, Berkeley–Los Angeles–London 1994, 53). Gran parte della letteratura del periodo appare infatti ancora legata ai vecchi parametri concettuali, che continuavano a rimarcare l'eccellenza del mondo greco-romano nei confronti del *barbaricum:* si vd. Y.A. Dauge, Le Barbare. Recherches sur la conception romaine de la barbarie et de la civilisation, Bruxelles 1981, 303–306 (e 413–449 per l'analisi dei principali *topoi* che connotano negativamente la figura del barbaro); E.L. Bowie, Hellenes and Hellenism in Writers of the Early 2nd Sophistic, in: Saïd (cf. n. 19), 183–204, partic. 192, 195, 199–200, 202; in particolare per Dexippo cf. Martin (cf. n. 3), 198–202.

46 F 12 Martin: Ἡρακλειδῶν κάθοδος Ὕλλου τοῦ πρεσβυτέρου παιδὸς Ἡρακλέους ἡγουμένου τῆς κατὰ Πελοποννησίων μάχης, ἥτις ἐπεκράτησεν ἱκανοῖς ἔτεσι μεταξὺ Πελοποννησίων καὶ τῶν Ἡρακλειδῶν. τότε Ῥόδος ἡ νῆσος οἰκίζεται παρὰ Λακεδαιμονίων, ὡς Δέξιππος ἱστορεῖ, μετοικησάντων ἐκ Πελοποννήσου διὰ τὴν τῶν Ἡρακλειδῶν ἐπίθεσιν.

47 Const. Porph., de Them. 39: ἡ δὲ Ῥόδος ἡ νῆσος ... Δωριέων δέ ἐστιν ἄποικος τῶν ἐκ Πελοποννήσου, Ἀργείων τε καὶ Λακεδαιμονίων τῶν ἀπὸ τῆς Ἡρακλέους γενεᾶς καταγομένων.

48 Hesych. s.v. Λιμοδωριεῖς: οὕτως ἐκλήθησαν οἱ ἀπὸ Πελοποννήσου, ἀφορίας χαλεπῆς ἐκεῖ γενομένης, ἀποικισθέντες διὰ ταύτην τὴν αἰτίαν, καὶ κατοικήσαντες περὶ Ῥόδον καὶ Κνίδον; cf. anche Phot., lex. s.v. Λιμοδωριεῖς e Suda s.v. Λιμοδωριεῖς (III 272 Adler).

49 Strabo XIV 2, 6: Δωριεῖς δ' εἰσὶν ὥσπερ καὶ Ἁλικαρνασεῖς καὶ Κνίδιοι καὶ Κῷοι. οἱ γὰρ Δωριεῖς οἱ τὰ Μέγαρα κτίσαντες μετὰ τὴν Κόδρου τελευτὴν οἱ μὲν ἔμειναν αὐτόθι, οἱ δὲ σὺν Ἀλθαιμένει τῷ Ἀργείῳ τῆς εἰς Κρήτην ἀποικίας ἐκοινώνησαν, οἱ δ' εἰς τὴν Ῥόδον καὶ τὰς λεχθείσας ἀρτίως πόλεις ἐμερίσθησαν.

trovare gloriosa morte sotto le mura di Troia.[50] Secondo la leggenda, quando gli Eraclidi, di ritorno dalla prima fallimentare spedizione nel Peloponneso, si stabilirono a Maratona, Tlepolemo non si unì ai fratelli ma andò ad Argo, dove poco tempo dopo per errore uccise il suo prozio Licimnio. Colpevole di omicidio, il giovane fu costretto ad abbandonare la città e ad emigrare con alcuni compagni sull'isola dell'Egeo, dove fondò le tre città di Lindo, Camiro e Ialiso.[51] Sull'epopea di Tlepolemo venne esemplata quella di Altamene, l'altra figura a cui una tradizione posteriore attribuiva il merito della colonizzazione dorica di Rodi. Diodoro ed Apollodoro narrano che il giovane cretese sarebbe fuggito lì nel vano tentativo di evitare l'adempimento dell'oracolo che aveva vaticinato l'assassinio del padre Catreo per mano di uno dei figli;[52] si tratta però di una versione elaborata in età ellenistica dalla storiografia locale, come dimostra la più antica attestazione della saga riportata da Eforo. Lo storico isocrateo conosce infatti un Altamene argivo (non cretese) nipote di Temeno (perciò un Eraclide), noto come fondatore di ben dieci città a Creta (non a Rodi); questa variante è trasmessa da Strabone, che attribuisce all'eroe anche l'introduzione sull'isola degli ordinamenti dorici che in seguito Licurgo avrebbe istituito a Sparta.[53] Questo è sicuramente il nucleo più antico ed originale del racconto; successivamente sul modello di Tlepolemo la tradizione locale deve aver confezionato la storia di un successivo passaggio dell'eroe a Rodi, fino alle più tarde rielaborazioni di Diodoro ed Apollodoro.

Come si evince anche da questi brevi cenni, la tesi di Jacoby secondo cui il frammento dexippeo farebbe riferimento alla vicenda di Altamene non sembra dunque condivisibile:[54] nessuna delle due versioni del mito presenta sufficienti

---

50 Diod. IV 58, 8; cf. Hom., Il. II 664–670.
51 Diod. IV 58, 5 e 7–8; cf. anche l'analogo racconto in V 59, 5; Apollodoro, Bibl. II 8, 2; Pind., Ol. VII 20–83; Paus. III 19, 9–10; per una rassegna completa delle fonti relative a questo mito si vd. H. Van Gelder, Geschichte der alten Rhodier, Haag 1900, 23, mentre per la tripartizione di Rodi da parte di Tlepolemo cf. D. Musti, Continuità e discontinuità tra Achei e Dori nelle tradizioni storiche, in: Id. (Ed.), Le origini dei Greci. Dori e mondo egeo, Roma–Bari 1991⁴, 37–71, partic. 39–41.
52 Apollod., Bibl. III 2, 1–2; Diod. V 59; si vd. Töpffer, Althaimenes (1), in: RE I 2, 1894, 1696 e, più recentem., A. Bresson, Deux légendes rhodiennes, in: Les grandes figures religieuses. Fonctionnement pratique et symbolique dans l'Antiquité. Rencontre Internationale, Basançon 25–26 avril 1984, Paris 1986, 411–421.
53 FGrHist 70 FF 146 e 149 = Strabo X 4, 15; 17–18. Sul rapporto tra questa tradizione e il frammento di Conone (FGrHist 26 F 1, XLVII) si vd. C. Brillante, Tucidide e la colonizzazione dorica di Melos, Quaderni Urbinati di cultura classica N.S. 13, 1983, 69–84, partic. 76–77 n. 28.
54 F. Jacoby, Die Fragmente der Griechischen Historiker, II C (Kommentar), Berlin 1926, 307. Già Erwin Rohde (Kleine Schriften, I: Beiträge zur Chronologie, Quellenkunde und Geschichte der griechischen Literatur, Tübingen–Leipzig 1901, 56–57 n. 2) aveva ipotizzato una connessione tra la saga di Altamene ed il racconto dexippeo: "Dass an der Fahrt des Althaemenes nicht nur Dorier, sondern auch Angehörige der alten

punti di contatto con quanto riportato da Sincello, che nell'ambito della complessa tradizione sulla colonizzazione di Rodi finora resta un *unicum*.[55] Se dunque la matrice del racconto dexippeo è destinata a rimanere oscura, rimane comunque indubbio che tale inclinazione per il 'revisionismo mitico' ed il particolare insolito appare perfettamente in linea con le tendenze letterarie più in voga in età imperiale; l'attenzione per l'elemento fino ad allora ignoto, il gusto del gioco letterario, la volontà di conferire valore di modernità alla propria eredità storica inducevano artisti ed intellettuali a presentare sotto nuova veste un complesso di conoscenze ormai consolidato, offrendo una diversa lettura del patrimonio mitico tradizionale.[56]

In questa attenzione per il dettaglio narrativo si può inserire anche l'interesse per l'ἔκφρασις che sembra emergere da un brano degli Σκυθικά. Nel già citato passo sulle relazioni diplomatiche intercorse con gli Iutungi ampio spazio è dedicato alla descrizione dell'impressionante 'scenografia' con cui Aureliano accolse la delegazione nemica.[57] La disposizione dell'esercito presentata da Dexippo, con l'imperatore sovrastante da un alto tribunale le truppe disposte in semicerchio intorno a lui, gli ufficiali a cavallo e dietro le insegne militari, trova puntuali riscontri nella produzione artistica, dove un simile apparato iconografico caratterizza sia il rilievo storico che le coniazioni monetali.[58]

Achäerreiche Theil nahmen, deutet namentlich der Bericht des Dexippus an. ... 'Wegen des Einfalles der Herakliden' konnten doch unmöglich Dorier, wohl aber Unterthanen des alten Reiches in Sparta auswandern wollen; solche also sind unter den Λακεδαι-μόνιοι zu verstehen. Nach Conon 47 zog Althaemenes aus στρατὸν Δωριέων ἔχων καί τινας Πελασγῶν" (57). Ma se si può concordare con lo studioso a proposito dell'origine dei coloni spartani, il frammento di Conone rappresenta una prova troppo debole per dimostrare che Dexippo si riferisse proprio alla migrazione di Altamene.

55 Per un'indagine complessiva del ricchissimo patrimonio mitico relativo alle origini dell'isola si vd. l'intero capitolo II (*Mythische Vorgeschichte*) della monografia di Van Gelder (cf. n. 51), 14–62.

56 Si pensi ad es. all'"homeric revisionism in Roman period" studiato da Bowersock, che analizza il caso della leggenda di Filottete (cf. n. 45), 55–76; cf. anche Anderson (cf. n. 5), 69–85 e Swain (cf. n. 4), 65–79 (che sottolineano il valore politico di tale riscrittura del passato).

57 F 28, 2–3 Martin: ὁ δὲ Ῥωμαίων βασιλεὺς Αὐρηλιανὸς ὡς ἐπύθετο ἀφιγμένην τὴν Ἰου-θοΰγγων πρεσβείαν, ἐς τὴν ὑστεραίαν φήσας χρηματιεῖν περὶ ὧν ἥκουσι διέταττεν τοὺς στρατιώτας ὡς ἐς μάχην ἐκπλήξεως εἵνεκα {τὰ} τῶν ἐναντίων. ἐπεὶ δὲ καλῶς εἶχεν αὐτῷ ἡ διακόσμησις, ἐπὶ ὑψηλοῦ βήματος μετέωρος βέβηκε καὶ ἁλουργίδα ἀμπέχων, τὴν πᾶσαν τάξιν ἐποίει ἀμφ' αὐτὸν μονοειδῆ. παρεστήσαντο δὲ καὶ τῶν ἐν τέλει ὅσοι ἀρχάς τινας ἐπιτετραμμένοι σύμπαντες ἐφ' ἵππων. κατόπιν δὲ βασιλέως τὰ σημεῖα ἦν τῆς ἐπιλέκτου στρατιᾶς· τὰ δέ εἰσιν ἀετοὶ χρυσοῖ καὶ εἰκόνες βασίλειοι καὶ στρατοπέδων κατάλογοι γράμμασι χρυσοῖς δηλούμενοι· ἃ δὴ σύμπαντα ἀνατεταμένα προὔφαινετο ἐπὶ ξυστῶν ἠργυρωμένων. ἐπὶ δὲ τούτοις ὧδε διακοσμηθεῖσιν Ἰουθούγγους ἠξίου <παρελθεῖν>. τοὺς δὲ συνέβη θαμβήσασθαι ἰδόντας καὶ ἐπὶ πολὺ σιγῇ ἔχειν.

58 Pur essendo precipuo delle scene di *adlocutiones*, lo schema compositivo raffigurante l'imperatore in posizione eminente sul proprio *suggestum* e l'esercito schierato accanto a

Ogni elemento figurativo risponde ad una precisa codificazione: se il *tribunal* è il segno tangibile della maestà imperiale ed ha la funzione di marcare la distanza del sovrano dal suo uditorio, lo schieramento delle truppe rappresenta la trasposizione dell'ordinamento politico e sociale romano volutamente contrapposto alla confusione delle masse nemiche.[59] Nelle arti figurative la volontà di potenza dell'autorità romana e la soggezione del nemico di fronte ad una simile manifestazione di grandezza si concretizzano generalmente nella raffigurazione degli ambasciatori prostrati di fronte al *princeps*; allo stesso modo nella narrazione di Dexippo la presentazione della διακόσμησις voluta da Aureliano è volta soprattutto a sottolineare il tentativo di indurre il nemico ad una suddittanza psicologica (ἐκπλήξεως εἵνεκα τῶν ἐναντίων) ed a giustificare lo stupore dei barbari (τοὺς δὲ συνέβη θαμβήσασθαι ἰδόντας καὶ ἐπὶ πολὺ σιγῇ ἔχειν). La concretezza visiva del brano lascia credere che nella costruzione dell'immagine lo storico abbia risentito di modelli iconografici oltre che letterari, sebbene anche questi fossero numerosi nella storiografia del principato;[60] in ogni caso quest'attenzione rivolta agli elementi figurativi e la suggestione dalle arti plastiche, pur caratterizzando la letteratura greca fin dall'epica omerica, appaiono elementi connotativi soprattutto della Seconda Sofistica.[61]

---

lui ricorre frequentemente anche nelle rappresentazioni dei colloqui con le delegazioni straniere, e costituisce uno dei canali privilegiati della propaganda imperiale per riaffermare l'idea della supremazia di Roma nei confronti dei barbari: si vd. e.g. i rilievi della Colonna Traiana (in particolare scene X–XI; XXVII; XXXIX–XL; XLI–XLIII; LIV; LXI–LXII; LXXIII; LXXV; LXXVII; CIV; CXXXVII; CXLI–CXLII) e Antonina (IV, IX; XVII, XXII, XXV; XXXI; XL; XLI; XLIIb; XLIXa; LV; LVI; LX; LXII; LXXXIII; XCVI; C). Su queste raffigurazioni cf. L.E. Baumer – T. Hölscher – L. Winkler, Narrative Systematik und politisches Konzept in den Reliefs der Trajanssäule. Drei Fallstudien, JDAI 106, 1991, 261–295, partic. 278–287; G.M. Koeppel, Die historischen Reliefs der römischen Kaiserzeit VIII: Der Fries der Trajanssäule in Rom. Teil 1: Der Erste Dakische Krieg, Szenen I–LXXVIII, BJ 191, 1991, 135–198 e Id., Die historischen Reliefs der römischen Kaiserzeit IX: Der Fries der Trajanssäule in Rom. Teil 2: Der Zweite Dakische Krieg, Szenen LXXIX–CLV, BJ 192, 1992, 61–122; J. Scheid – V. Huet (Eds.), La colonne aurélienne. Autour de la colonne aurélienne. Geste et image sur la colonne de Marc Aurèle à Rome, Turnhout 2000.

59 Come osserva J.-M. David, Les *contiones* militaires des colonnes trajane et aurélienne: les nécessités de l'adhésion, in: Scheid – Huet (cf. n. 58), 213–226.

60 Cf. Potter (cf. n. 8), 85; per i precedenti letterari vd. G. Ziethen, Gesandte vor Kaiser und Senat. Studien zum römischen Gesandschaftswesen zwischen 30 v.Chr. und 117 n.Chr., St. Katharinen 1994 (con la bibliografia ivi riportata). Sul rapporto tra storiografia e rappresentazioni artistiche in età imperiale ancora utili le osservazioni di S. Mazzarino, Il pensiero storico classico, II 2, Roma–Bari 1966[1], 121–127.

61 Anderson (cf. n. 5), 144–155; sulle teorizzazioni degli intellettuali dell'epoca circa il rapporto tra arte e retorica cf. ora L. Abbondanza, Parlare d'arte e arte del parlare nella Seconda Sofistica: note in margine alle Διαλέξις di Massimo di Tiro, in: Cordovana – Galli (cf. n. 12), 25–36.

2

Esponente di spicco dell'aristocrazia ateniese, politico imbevuto di cultura retorica, autore di opere dove il patrimonio culturale dell'età classica rivive alla luce delle nuove istanze della società contemporanea, Dexippo appare dunque un tipico rappresentante dell'intellettualità greca di età imperiale;[62] e tuttavia nel panorama culturale del suo tempo egli si distingue per una diversa percezione del potere romano, del quale sembra costituire una voce piuttosto critica.

Se non stupisce che nei decenni bui delle invasioni non fosse più condivisibile l'aurea rappresentazione di Roma proposta in età antonina da un Elio Aristide, le teorizzazioni di un Flavio Filostrato nella biografia di Apollonio di Tiana o le osservazioni dell'anonimo autore del trattato Εἰς βασιλέα dimostrano tuttavia come ancora nel III secolo una parte del mondo greco mirasse a giocare un ruolo determinante nella formazione etico-politica del *princeps* e a proporre un modello costituzionale compatibile con le esigenze e le aspettative delle *élites* provinciali.[63] Anche la coeva produzione storiografica celebrava l'appartenenza del mondo ellenico alla grandiosa costruzione politica

---

62 Come già accennava Anderson (cf. n. 5), 41: "No less interesting as a reflexion of sophistic culture and heritage is P. Herennius Dexippus, who organised resistance against the invasion of the Heruli of his native Athens and was able afterwards to write a thoroughly classicising account of his exploit. Even in the chaos of the third century, patriotism, letters and action could be effectively interlinked." Lo stretto legame tra oratoria e storiografia nell'età della Seconda Sofistica trova conferma in altre figure del panorama letterario dell'epoca, come Dione Crisostomo, che scrisse anche Γετικά, o Antipatro di Hierapolis, autore di un'opera sulle gesta di Settimio Severo (FGrHist 211) su cui si vd. H. Sidebottom, Severan Historiography: Evidence, Patterns, and Arguments, in: S. Swain – S. Harrison – J. Elsner (Eds.), Severan Culture, Cambridge 2007, 52–82, partic. 55 (con bibliografia precedente). Sui rapporti tra storiografia e retorica in questo periodo cf. B.P. Reardon, Courants littéraires grecs des IIᵉ et IIIᵉ siècles après J.-C., Paris 1971, 206–219; Anderson (cf. n. 5), 105–114; Swain (cf. n. 4), 91–97; T. Schmitz, Performing History in the Second Sophistic, in: Zimmermann (cf. n. 16), 71–92; E. Bowie, The Geography of the Second Sophistic: Cultural Variations, in: Borg (cf. n. 5), 65–83, partic. 71–73 e 82–83.

63 Cf. Mazza (cf. n. 38), 51: "le oligarchie municipali, cui Filostrato socialmente appartiene, ricercavano indubbiamente quel tanto di autonomia compatibile all'interno della struttura dell'*imperium Romanum*; ma non si preoccupavano, anzi in un certo senso erano favorevoli ad un forte potere centrale (si pensi ad un Elio Aristide ed allo scenario entro il quale si collocano le proposte di Cassio Dione nel libro LII)." Questo naturalmente non comporta un supino assenso alla volontà dei dominatori, come dimostrano i ben noti attriti tra alcune delle maggiori personalità dell'epoca ed il governo centrale (su cui si vd. e.g. Bowersock [Greek Sophists, cf. n. 5], 43–58; Anderson [cf. n. 5], 26–28; Di Branco [cf. n. 12], 4–14); ma l'esistenza di contrasti con l'imperatore su questioni specifiche non implica alcuna critica più generale alle modalità di gestione del potere da parte di Roma.

realizzata da Roma, valorizzando il ruolo della Grecità nella vita dell'impero ed
esaltando quel processo di mutua acculturazione tra dominatori e dominati che
pur nel rispetto delle diverse identità etniche aveva condotto all'unità del
mondo ellenistico-romano;[64] la riflessione di Dexippo segna invece la drammatica rottura di questo equilibrio, poiché esprime un profondo disagio verso il
modello culturale dominante e rivendica con fermezza l'autonomia della civiltà
greca nei confronti della romanità.

Sono soprattutto i problemi legati al rapporto tra gli abitanti delle province
e la suprema autorità imperiale ad essere al centro della riflessione dexippea:
l'analisi dell'atteggiamento non sempre onorevole tenuto dai vari imperatori nei
confronti della persistente minaccia barbarica ed al contrario la costante
esaltazione dell'eroismo dei cittadini in lotta contro gli invasori[65] inducono a
ritenere che attraverso la narrazione dei conflitti con i nemici esterni l'autore
abbia in realtà affrontato la più spinosa questione del rapporto tra il centro e la
periferia dell'impero. Di fronte alla progressiva disgregazione dell'organizzazione statale romana, dilaniata dalle spinte centrifughe sorte in seno alla
stessa compagine imperiale e schiacciata dalla pressione dei barbari alle
frontiere, la produzione di Dexippo attesta il profondo disagio vissuto dalle
comunità urbane colpite dalle invasioni e documenta efficacemente quel senso
di estraneità al potere di Roma che proprio in quest'epoca comincia a
diffondersi soprattutto nelle province dell'Oriente ellenizzato.[66] Particolarmente
significativo appare, in questo contesto, il frammento 25 Martin, dove la marina
imperiale attesa in aiuto dei combattenti viene indicata come τὴν βασιλέως
δύναμιν τὴν ναυτικὴν: la contrapposizione tra l'ἡμεῖς che qualifica il corpo civico
ateniese e la 'flotta dell'imperatore' segna la distanza nei confronti di un'entità

64 Data l'ampiezza della bibliografia sul tema, mi limito a rimandare alla recente sintesi di
     Sidebottom (cf. n. 62), passim; nel volume "Severan culture" (cf. n. 62) cf. anche M.
     Trapp, Philosophy, Scholarship, and the World of Learning in the Severan Period, in: S.
     Swain – S. Harrison – J. Elsner (Eds.), Severan Culture, Cambridge 2007, 470–488.
65 FF 22–27 Martin.
66 Come scrive L. De Blois, Emperor and Empire in the Works of Greek-Speaking
     Authors of the Third Century AD, in: ANRW II 34.4, 1998, 3391–3443, partic. 3441:
     "The battle again foreign invaders had in the third century not yet led to a general
     identification with the Roman empire and its emperor: for many Greeks the home polis,
     group or region was still the true native country." Per il mancato senso di appartenenza
     al mondo romano da parte dei Greci d'Oriente in età tardoantica cf. Cracco Ruggini (cf.
     n. 4), 407–415 e, più recentem., U. Criscuolo, Libanio, i latini e l'impero, in: F. Conca –
     I. Gualandri – G. Lozza (Eds.), Politica, cultura e religione nell'impero romano (secoli
     IV–VI) tra Oriente e Occidente. Atti del Secondo Convegno dell'Associazione di Studi
     Tardoantichi, Napoli 1993, 153–169.

di cui non ci si sente più parte e rivela da parte dei provinciali quella coscienza della propria autonomia che costituisce la cifra caratteristica degli Σκυθικά.[67]

Degno di nota è anche il rilievo assunto dalle vicende di Atene nell'orizzonte storiografico dell'autore: se i Τὰ μετὰ Ἀλέξανδρον guardano alla definitiva caduta dell'imperialismo ateniese, alcuni elementi di 'storia patria' dovevano essere presenti anche nel grande affresco della Χρονικὴ ἱστορία;[68] infine, l'importanza che l'invasione degli Eruli in Grecia assunse nella genesi e nello sviluppo narrativo degli Σκυθικά ed il ruolo giocato dallo stesso Dexippo in quell'occasione attestano il valore rivestito agli occhi dello storico dalle sorti della propria città natale.[69] Di fronte all'endemica debolezza dello stato, l'immagine di Roma come impero unitario celebrata nei primi due secoli del principato ed ancora in auge nell'età dei Severi progressivamente decade e si manifesta l'esigenza di scrivere una storia incentrata sul destino della Grecità e di Atene: Dexippo si fa interprete delle istanze autonomistiche maturate dai provinciali nel corso del III secolo e nella lotta contro la barbarie recupera l'antico spirito di indipendenza che aveva caratterizzato otto secoli prima l'età della πόλις. Il richiamo ai valori che avevano animato la società ellenica nel momento del suo apogeo non rappresenta uno sterile ripiegamento su un passato lontano: l'appello alle virtù avite e all'antica grandezza di Atene che infiamma gli animi dei guerriglieri in lotta contro gli Eruli dimostra l'attualità di questi temi, che se durante i secoli aurei della prima età imperiale avevano rappresentato semplicemente mere argomentazioni retoriche, nella drammatica situazione del III secolo acquistano nuovo vigore e linfa vitale.[70]

La stessa scelta dello storico di non percorrere le tappe del *cursus honorum*, circoscrivendo la propria attività all'ambito municipale, appare altamente significativa: nonostante l'alto lignaggio e la preminenza nell'ambito del corpo civico ateniese gli garantissero una rapida ascesa nei ranghi della burocrazia imperiale, Dexippo preferì non allontanarsi da Atene, disdegnando la partecipazione a più alti uffici. Se Cassio Dione ed Erodiano rappresentano due figure di letterati organici alla corte ed attestano l'aspirazione di una parte della

---

67 F 25, 4 Martin: πυνθάνομαι δὲ καὶ τὴν βασιλέως δύναμιν τὴν ναυτικὴν οὐχ ἑκὰς εἶναι ἀρήξουσαν ἡμῖν. Su questo punto cf. anche De Blois (cf. n. 66), 3404.

68 Il forte legame di Dexippo con la propria città natale, evidente dall'iscrizione IG II/III² 3669 che celebra la composizione dell'opera, l'attenzione per le vicende ateniesi presente nella *Vita Gallienorum duorum*, una delle biografie della *Historia Augusta* che sembrano maggiormente dipendenti dallo scritto dexippeo, ed infine la prospettiva atenocentrica che caratterizza, in diverso modo, sia i Τὰ μετὰ Ἀλέξανδρον che gli Σκυθικά concorrono a delineare l'immagine di una cronaca che, pur nella sua dimensione universalistica, doveva lasciare spazio anche ad elementi di storia locale.

69 Millar (cf. n. 2), 287–288.

70 Cf. R.B.E. Smith, The Construction of the Past in the Roman Empire, in: D.S. Potter (Ed.), A Companion to the Roman Empire, Singapore 2006, 411–438; si vd. inoltre Millar (cf. n. 2), 266–269 e 297; Potter (cf. n. 8), 93–94.

società ellenica a partecipare alla gestione dell'impero,[71] Dexippo si fa invece portavoce di quel *milieu* provinciale che consapevolmente rinuncia alla 'grande politica' per dedicarsi agli affari interni della propria regione:[72] mentre altri retori della Seconda Sofistica e gli storici greci del principato esprimono la compiuta integrazione del mondo greco con Roma,[73] Dexippo rivendica la superiorità delle proprie radici culturali e con la sua esperienza umana ed intellettuale attesta il distacco di una parte dell'Oriente romano nei confronti del potere centrale.[74]

Soprattutto un confronto tra la sua produzione e l'orazione adespota Εἰς βασιλέα si rivela illuminante per cogliere la distanza tra la visione storica dell'Ateniese e la coeva riflessione politica, poiché pur appartenendo al medesimo contesto culturale Dexippo e l'anonimo retore manifestano una *Weltanschauung* profondamente diversa. Il discorso pseudo-aristideo si imma-

---

71 Cf. De Blois (cf. n. 66), 3404–3423. Sul desiderio di partecipare alla politica imperiale da parte delle *élites* ellenizzate tra II e III secolo d.C. si vd. inoltre E.L. Bowie, Greeks and their Past in the Second Sophistic, P&P 46, 1970, 3–41 ora in M.I. Finley (Ed.), Studies in Ancient Society, London–Boston 1974, 166–209; P. Desideri, La letteratura politica delle élites provinciali, in: Lo spazio letterario della Grecia antica, I 3: La produzione e la circolazione del testo. I Greci e Roma, Roma 1994, 11–33; Id., Ellenismo imperiale (I–II sec. d.C.), Studia Historica. Historia Antigua 19, 2001, 165–188; J.M. Madsen, The Romanization of the Greek Élite in Achaia, Asia und Bithynia: Greek Resistance or Regional Discrepancies?, Orbis terrarum 8, 2002, 87–113, partic. 105 sgg.; L. Pernot, L'art du sophiste à l'époque romaine: entre savoir et pouvoir, in: C. Lévy – B. Besnier – A. Gigandet (Eds.), "Ars et ratio": sciences, art et métiers dans la philosophie hellénistique et romaine. Actes du colloque international organisé à Créteil, Fontenay et Paris du 16 au 18 octobre 1997, Bruxelles 2003, 126–142.

72 Brandt (cf. n. 16), 171: "Wir treffen mit den Herennii auf Angehörige einer breiteren Elite, die sich offenbar bewußt vor allem als Träger griechischer Kultur und Tradition verstanden und ebenso bewußt den lokalen Rahmen des ruhmreichen Athen nicht überschritten hat" (e *ibid.* 180–181 sui rapporti tra Dexippo e Cassio Dione); cf. anche Millar (cf. n. 2), 282–283; Potter (cf. n. 8), 74; Puech (cf. n. 2), 213–214 (che tuttavia non esclude la possibilità che Dexippo abbia ricoperto a Roma 'fonctions sénatoriales').

73 Pur naturalmente con le riserve e i distinguo espressi da Swain (cf. n. 4), *passim*, che sottolinea come nemmeno per le personalità maggiormente inserite nel sistema romano si possa parlare di consenso incondizionato. Sul tema si vd. recentem. anche P. Desideri, Dimensioni della *polis* in età alto-imperiale romana, Prometheus 28, 2002, 139–150, ora anche in Cordovana – Galli (cf. n. 12), 95–101, e la bibliografia riportata *supra*, nn. 5 e 71.

74 Con questo naturalmente non si intende negare la possibile esistenza di contatti con i rappresentanti del potere romano o con l'imperatore stesso, che potrebbero essere avvenuti, per es., in occasione della visita di Gallieno ad Atene nel 264 (D. Armstrong, Gallienus in Athens, 264, ZPE 70, 1987, 235–258; Brandt [cf. n. 16], 171–172). Ma l'eventuale svolgimento di funzioni di rappresentanza era inevitabile per chi ricoprisse incarichi istituzionali nell'ambito della municipalità, e non può essere considerato indice di un particolare orientamento ideologico; quel che in questa sede preme sottolineare è invece la *Tendenz* generale della produzione storiografica dexippea.

gina pronunciato in occasione dell'ingresso in carica di un nuovo imperatore, che la critica moderna ha invano tentato di identificare: seppure non siano mancati tentativi di spostarne la datazione al II secolo d.C., la tesi prevalente tende a considerare l'opera composta nella prima metà del III secolo, durante il regno di Gordiano III o di Filippo l'Arabo.[75] Il panegirico è incentrato intorno all'esaltazione delle virtù del *princeps*, grazie alle quali l'impero sarebbe rifiorito dopo un grave periodo di decadenza:[76] nulla viene detto delle condizioni di Roma e dell'Occidente, ma l'attenzione è rivolta esclusivamente alla situazione delle province dell'Est.[77]

Anche l'ignoto autore mostra dunque una particolare attenzione per i problemi della Grecia e dell'Oriente, ed alla stregua di Dexippo considera il glorioso passato ateniese del V secolo a.C. come un parametro universale su cui valutare i processi storici contemporanei;[78] la stessa idea che la cultura greca sia stata disprezzata da alcuni imperatori, del tutto plausibile dopo la dinastia africana dei Severi ed il regno del rozzo Massimino il Trace, esprime un sentire divenuto comune nelle province orientali ed avvicina il testo dell'Εἰς βασιλέα

---

75 Sulla *vexata quaestio* della cronologia dell'orazione, trasmessa insieme al *corpus* aristideo e pertanto da alcuni ritenuta di età antonina, si vd. in partic. Mazza (cf. n. 38), 55–56 e 64–74 (con ampia bibliografia), decisamente a favore di una datazione nel III secolo d.C.; L. De Blois, The Εἰς βασιλέα of Ps.-Aristides, GRBS 27, 1986, 279–288 e Id. (cf. n. 66), 3428–3431, che ne identifica l'autore con un anonimo retore ateniese attivo sotto Filippo l'Arabo; più recentem. cf. anche C. Körner, Die Rede Εἰς βασιλέα des Pseudo-Aelius Aristides, MH 59, 2002, 211–228. *Contra* D. Librale, L'Εἰς βασιλέα dello pseudo-Aristide e l'ideologia traianea, in: ANRW II 34.2, 1994, 1271–1313, che addirittura alza la datazione fino all'epoca traianea.

76 Ad essere esaltate sono soprattutto le qualità morali della σωφροσύνη, εὐεργεσία, φιλανθρωπία, κοσμιότης, ἐγκράτεια, φρόνησις; il nuovo *princeps* regna grazie alle sue virtù, non con l'esercizio della forza. Come sottolineava J. Moreau, Krise und Verfall. Das dritte Jahrhundert n.Chr. als historisches Problem, Heidelberger Jahrbücher 5, 1961, 128–142 ora in Id., Scripta Minora (Ed. W. Schmitthenner), Heidelberg 1964, 26–41, partic. 35, al centro dell'Εἰς βασιλέα sono "diese 'gutbürglichen' Tugenden, diese Verwaltung nach der Art eines guten Familienvaters – oder eines ehrlichen Konkurs-verwalters ..."; sull'importanza della παιδεία per la formazione dell'imperatore nell'ottica dell'anonimo retore cf. anche Mazza (cf. n. 38), 84–88; L. De Blois, The Third Century Crisis and the Greek Élite in the Roman Empire, Historia 33, 1984, 358–377, partic. 371.

77 Come osserva De Blois (cf. n. 66), 3431: "This author or rhetor shares Philostratus' concern for Greek culture and shows a more or less provincial approach: not a word is said about Rome, the senate and Italy, but great attention is paid to the situation in the east and to such matters as the burden of taxes, the misbehaviour of the soldiers and the way in which justice was being administered, the consequences of which were making themselves felt in the provinces in particular."

78 Si vd. il § 33, dove l'oratore loda l'εὐβουλία dell'imperatore richiamando l'esempio di Temistocle: οἶδεν γὰρ, οἶμαι, καὶ τὸν τὰς πολλὰς μυριάδας ἐπὶ τοὺς Ἕλληνας ἀγαγόντα καὶ ὃν οὔτε γῆ οὔτε θάλαττα ἐχώρει ἱκανῶς ἑνὸς ἀνδρὸς γνώμης ἡττηθέντα (262 Keil).

alla narrazione degli Σκυθικά.[79] Tuttavia, mentre nell'anonimo βασιλικὸς λόγος l'avvento del nuovo sovrano viene salutato come l'inizio di un'epoca di prosperità e benessere, Dexippo non sembra concedere più alcuna fiducia ai rappresentanti del potere imperiale: pur muovendo dalle medesime istanze, la riflessione dei due autori giunge a valutazioni opposte e denota atteggiamenti completamente diversi nei confronti della potenza egemone.

Ma l'ideologia dexippea appare lontana anche dal pensiero di altri intellettuali ellenofoni che più o meno nello stesso periodo trattarono la storia dell'impero in una prospettiva ancora sostanzialmente filoromana: se Eforo di Cuma celebrava il regno di Gallieno in una monografia di ben 27 libri,[80] la scelta di Eusebio di dare avvio all'esposizione con l'età augustea rivela la centralità assunta dalla formazione dell'impero nella sua concezione storiografica.[81] Simile prospettiva anche in Asinio Quadrato, la cui Χιλιετηρίς è probabilmente da collegare al millenario della fondazione di Roma celebrato da Filippo l'Arabo;[82] allo stesso modo Callinico di Petra salutava l'avvento del *restitutor orbis* Aureliano come un'ἀνανέωσις,[83] mentre alla fine del III secolo il poeta Soterico

---

79 Εἰς βασιλέα: παρεωσμένου δὲ καὶ ἐν οὐδενὸς ὄντος μέρει παντὸς τοῦ Ἑλληνικοῦ (258 Keil).

80 FGrHist 212; cf. Suda s.v. Ἔφορος, dove vengono menzionati anche Κορινθιακά ed uno scritto sulla dinastia degli Alevadi. Sebbene alcuni studiosi ritengano che l'attribuzione di queste ultime due opere allo storico di Cuma sia frutto di un errore (sul tema si vd. P. Janiszewski, The Missing Link. Greek Pagan Historiography in the Second Half of the Third Century and in the Fourth Century AD, Warsaw 2006, 188–190), non vi sono motivi per dubitare dell'attendibilità della notizia.

81 La sua opera arrivava fino al 283 d.C. (FGrHist 101). Si vd. B. Baldwin, Eusebius and the Siege of Thessalonica, RhM 124, 1981, 291–296 e H. Sivan, The Historian Eusebius (of Nantes), JHS 112, 1992, 158–163; contrario invece all'identificazione tra questo Eusebio e l'omonimo storico di Nantes G. Zecchini, La storiografia greca dopo Dexippo e l'Historia Augusta, in: G. Bonamente – G. Paci (Eds.), Historiae Augustae Colloquium Maceratense, Bari 1995, 297–309, partic. 309 n. 44 e Id., Qualche ulteriore riflessione su Eusebio di Nantes e l'EKG, in: F. Paschoud (Ed.), Historiae Augustae Colloquium Genevense, Bari 1999, 331–344. Più recentemente Janiszewski (cf. n. 80), 54–77, partic. 74–77 ha proposto di identificare il personaggio con Eusebio di Tessalonica, padre dell'imperatrice Eusebia.

82 Secondo una notizia della Suda (s.v. Κοδράτος), l'opera si estendeva dalla fondazione di Roma al regno di Alessandro Severo; tuttavia è plausibile ritenere che sia rimasta incompiuta e che come punto conclusivo fosse stato scelto il 248, come lo stesso titolo suggerisce: cf. G. Zecchini, Asinio Quadrato storico di Filippo l'Arabo, in: ANRW II 34.4, 1998, 2999–3021.

83 Come osserva Zecchini (La storiografia greca, cf. n. 81), 300–301 a proposito del Περὶ τῆς Ῥωμαίων ἀνανεώσεως di Callimaco: "il titolo … che verte sulla *renovatio Romae*, è esplicitamente laudativo: si è supposto allora che si trattasse di un panegirico piuttosto che di un'opera storica, ma io preferirei pensare a un encomio o a qualcosa a metà tra il βασιλικὸς λόγος strutturato secondo il catalogo delle virtù del principe e l'esposizione delle sue πράξεις strutturata secondo la successione cronologica delle medesime." Sul

dedicava un encomio a Diocleziano[84] e pochi anni dopo Praxagora decideva di scrivere una monografia in onore di Costantino.[85] Sebbene tale produzione dimostri la vivacità del contesto culturale in cui Dexippo si inserisce,[86] la posizione del nostro storico appare del tutto peculiare: mentre negli autori appena menzionati il rilievo attribuito ai momenti salienti e ai protagonisti della storia imperiale lascia trapelare una viva adesione alla causa di Roma, Dexippo si dimostra estraneo al fascino dei dominatori e compone la sua opera in una prospettiva esclusivamente greca.[87]

Anche il suo interesse per la storia ellenistica appare di segno ben diverso rispetto alla rinnovata attenzione per la figura del Macedone che coinvolse altri

---

personaggio si vd. Radicke (cf. n. 2), 318–325; per i suoi interessi di storia ellenistica cf. *infra*.

84   Cf. Suda s.v. Σωτήριχος: Ὀασίτης, ἐποποιός, γεγονὼς ἐπὶ Διοκλητιανοῦ. Ἐγκώμιον εἰς Διοκλητιανόν, Βασσαρικὰ ἤτοι Διονυσιακὰ βιβλία δ', Τὰ κατὰ Πάνθειαν τὴν Βαβυλωνίαν, Τὰ κατὰ Ἀριάδνην, Βίον Ἀπολλωνίου τοῦ Τυανέως, Πύθωνα ἢ Ἀλεξανδριακόν· ἔστι δὲ ἱστορία Ἀλεξάνδρου τοῦ Μακεδόνος, ὅτε Θήβας παρέλαβε· καὶ ἄλλα. Sul personaggio cf. da ultimi Radicke (cf. n. 2), 254–257 e Janiszewski (cf. n. 80), 149–161, 224–228.

85   Cf. Phot., Bibl. cod. 62; sulla figura di Praxagora (FGrHist 219), attivo tra la fine del III e l'inizio del IV secolo d.C. e autore anche di un'opera in dialetto ionico sugli arconti di Atene e di una monografia su Alessandro il Macedone, si vd. Zecchini (cf. n. 81), 303–304; B. Bleckmann, Zwischen Panegyrik und Geschichtsschreibung: Praxagoras und seine Vorgänger, in: Zimmermann (cf. n. 16), 203–228; Janiszewski (La storiografia greca, cf. n. 80), 161–164, 263–265, 352–371; R.B.E. Smith, A Lost Historian of Alexander 'Descendend from Alexander', and Read by Julian? Praxagoras of Athens Reviewed in the Light of Attic Epigraphy, Historia 56, 2007, 356–380.

86   La vecchia tesi di Geza Alföldy, secondo cui nel III secolo la storiografia come scienza sarebbe stata completamente in declino ed un autore come Dexippo si rivelerebbe del tutto eccezionale (The Crisis of the Third Century as Seen by Contemporaries, GRBS 15, 1974, 89–111 ora in Id., Die Krise des römisches Reiches. Geschichte, Geschichtsschreibung und Geschichtsbetrachtung. Ausgewählte Beiträge, Stuttgart 1989, 319–342, partic. 320), è stata naturalmente superata da tempo: si vd. le osservazioni di Zecchini (cf. n. 81), *passim* e Brandt (cf. n. 16), 179–180; cf. inoltre Millar (cf. n. 2), 269–278.

87   Come rileva anche Brandt (cf. n. 16), 176: "Das markanteste, häufig betonte Merkmal der dexippeischen Geschichtsschreibung liegt in der Konzentration auf die griechische Welt und die griechische Polistradition." Dal panorama storiografico sopra delineato sembrerebbe distinguersi Nicostrato di Trapezunte (FGrHist 98), la cui figura appare tuttavia di difficile classificazione. Secondo quando riferito da Evagrio (V, 24), egli compose un'opera storica estesa dalla pace con i Persiani del 244 all'ascesa di Odenato; secondo l'interpretazione di Potter essa mirava ad esaltare la superiorità del principe palmireno sugli imperatori romani e rifletterebbe "a view of the time which may be described as 'eastern'" (Potter [cf. n. 8], 71). Ugualmente incerto l'orientamento dell'ateniese Filostrato (FGrHist 99), noto soltanto grazie alle testimonianze di Malala e Sincello, da cui apprendiamo che fu attivo durante il regno di Aureliano e che scrisse sulle guerre condotte da Sapore I contro l'impero romano: sul personaggio cf. Janiszewski (cf. n. 80), 97–109. Sui rapporti di Dexippo con Cassio Longino, forse autore di un'opera cronografica, si vd. L. Mecella, La Χρονικὴ ἱστορία di Dexippo e la fine della cronografia pagana, c.d.s.

autori di III secolo d.C.: se la stesura di opere come la più antica redazione del romanzo di Alessandro,[88] il poema di Soterico sulla presa di Tebe da parte del Conquistatore[89] o la monografia di Praxagora dedicata alle sue imprese poté essere sollecitata dall'*imitatio Alexandri* di alcuni imperatori, nella scelta dell'Ateniese di non descrivere l'epopea di una conquista ma il crepuscolo del mondo classico si può cogliere l'eco delle inquietudini e dei turbamenti che segnarono la storia del III secolo. Lo studio dei tormentati anni che condussero alla decadenza della πόλις e alla fine del sogno politico di Alessandro sollecitava un'attenta riflessione sui molteplici fattori di crisi della società contemporanea: lungi dall'essere una sterile riproposizione dei consueti temi della propaganda politica e della tradizione letteraria, l'opera di Dexippo si presenta piuttosto come un ripensamento critico dell'attualità, secondo quel processo di riscrittura del passato alla luce delle incertezze del presente che costituisce, in ultima analisi, la *raison d'être* di ogni vera opera storica.[90]

Da questo punto di vista la produzione dexippea sembra dunque anche distinguersi da quel filone 'antiquario' pure ben attestato tra la seconda metà del III e l'inizio del IV secolo;[91] se è vero che tutte le sue opere sembrano risentire di una prospettiva atenocentrica ed elementi legati a tradizioni locali dovevano comunque esservi presenti (soprattutto nella Χρονικὴ ἱστορία), già nella selezione dei temi trattati esse presentano però un respiro universalistico che le distingue da altri scritti apparentemente affini. Nell'esposizione della storia ellenistica Dexippo non limita il suo interesse all'ascesa di una dinastia, come Callinico nella sua monografia sui Tolemei,[92] e pur privilegiando le vicende della

---

88 Sul c.d. 'romanzo di Alessandro' si vd. da ultimo R. Stoneman, The Greek Alexander Romance, Harmondsworth 1991 e Id., The Metamorphoses of the Alexander Romance, in: G. Schmeling (Ed.), The Novel in the Ancient World, Leiden–New York–Köln 1996, 601–612.

89 Zecchini (La storiografia greca, cf. n. 81), 300–304.

90 Sui Τὰ μετὰ Ἀλέξανδρον come specchio della contemporaneità cf. Potter (cf. n. 8), 76: "The period after Alexander's death was a time of transition in which a great empire was broken up, and during which the struggle between Perdiccas and those who sought their own kingdoms took place. During these years the army made the most important political decisions of the day. This was also a time in which the cities of Greece sought to assert their independence, with disastrous consequences. There was much here for a man to ponder, especially after the reign of Gallienus"; sul tema, e per le differenze con l'omonima opera di Arriano, cf. anche L. Mecella, Publio Herennio Dexippo. Osservazioni in margine ad una nuova edizione dei frammenti, Mediterraneo Antico 9/1, 2006, 9–31, partic. 21–24.

91 Per una rassegna della documentazione cf. Janiszewski (cf. n. 80), 165–327.

92 A Callinico (cf. *supra*) la tradizione attribuisce la composizione di Πρὸς Κλεοπάτραν περὶ τῶν κατ' Ἀλεξάνδρειαν ἱστοριῶν βιβλία δέκα. Sebbene una parte della critica tenda a considerarlo uno scritto in onore di Zenobia, 'nuova Cleopatra' (sul tema si vd. da ultimo Janiszewski [cf. n. 80], 195–224, con bibliografia precedente), non si può escludere che in realtà si trattasse di due opere distinte, un Πρὸς Κλεοπάτραν (forse

propria città natale non compone scritti specificamente dedicati alle venerande istituzioni patrie, come Praxagora (a cui è attribuita un'opera sull'arcontato);[93] nella scelta di non redigere una storia di Atene o delle sue antichità *stricto sensu*, ma di inserire il passato e il presente della πόλις nel più ampio contesto degli organismi politici sovranazionali (dalle monarchie ellenistiche nei Τὰ μετὰ Ἀλέξανδρον agli imperi universali nella Χρονικὴ ἱστορία, fino alla drammatica attualità degli Σκυθικά) si coglie dunque appieno la profondità della sua riflessione. Senza apparire legato ad un nostalgico sogno di grandezza, Dexippo si rivela ben conscio delle complesse dinamiche di potere alla base dei processi storici: e tuttavia, pur nella ferrea realtà dell'*imperium*, egli è in grado di ricavarsi un certo margine di autonomia, nella fiera rivendicazione delle proprie radici politiche e culturali.

Abstract

The aim of this paper is to determine the place of the historian Publius Herennius Dexippus (ca. AD 200–275) in the cultural setting of his time. The political activity in his hometown of Athens and some literary aspects of his work enable to mark him out as a 'sophist', in the complex meaning the term takes in the imperial period: the importance attributed to the *paideia* for the ethical and political education of the ruling class; considerations about the correct exertion of power and the relations between rulers and the ruled, which are present in his writings; the borrowings from classicizing models and from contemporary rhetorical production; and the taste for narrative detail are all elements which bring Dexippus close to the protagonists of the Second Sophistic.

However, in the literary panorama of his time he distinguishes himself through a different perception of Roman imperial power, about which he seems to have a rather critical opinion: Whereas other contemporary intellectuals and historians still praise the accomplishment of integration between the Greek world and Rome, his work attests the troubles of the eastern urban communities

un'esercitazione retorica) e dei Περὶ τῶν κατ᾽ Ἀλεξάνδρειαν ἱστοριῶν βιβλία δέκα, come già Müller aveva sostenuto (FHG III, 663). In ogni caso, al di là del possibile intento encomiastico (che avvicinerebbe l'opera alla produzione di Nicostrato di Trapezunte piuttosto che a quella di Dexippo), lo scritto sembra improntato a quell'interesse antiquario per singole realtà locali che è presente anche in Eforo e Praxagora e che invece nell'opera dexippea sembra costituire un aspetto secondario.

93 Per Praxagora si vd. *supra*, n. 85. Alla luce di queste considerazioni non mi sembra dunque condivisibile la posizione di Brandt (cf. n. 16), 172, che richiamando come termini di conforto proprio la redazione del romanzo di Alessandro e personaggi come Callinico e Praxagora afferma: "Mit diesem Sujet lag Dexipp jedoch im Trend seiner Zeit und huldigte zusammen mit anderen Autoren der griechischen Tradition."

during the invasions. It is this sense of extraneousness to the empire, which right at this time begins to spread throughout the eastern provinces. Against the background of the state's progressive weakening during the 3rd century, the image of Rome as a unitary empire slowly declines. What superseeds it, is the need to write a history centred around Greece's and Athens' destiny: Dexippus draws upon the autonomy of his political and cultural roots, and with his human and intellectual experience he highlights the growing distance between a part of Roman East and the ruling power.

The Buddha in Early Christian Literature

TIMOTHY PETTIPIECE

In spite of Kipling's famous adage that "East is east; west is west", just how much the so-called "west" knew about the so-called "east" in antiquity has been a subject of debate since the 19th century. Predictably, some scholars, observing such things as the presence of Greek technical terms in certain Indian astronomical texts, or the Hellenizing style of Gandhara,[1] adopted a view coloured by their sense of cultural superiority that the direction of influence must have run from west to east,[2] while others, who have perceived Indian influence on various facets of Hellenistic philosophy, religion[3], or even literature[4], insist (overzealously perhaps) that any resemblance *must* derive from India. Still others take the position that "never the twain shall meet".[5] But, Jean Filliozat, who began studying such questions in the 1940 s, pointed out that even though it is entirely possible for two civilizations to arrive at similar thought patterns independently,[6] we cannot always appeal to coincidence, especially when lines of commercial and cultural exchange can be demonstrated historically, as they can be between the Mediterranean and India especially

---

1   See C.A. Robinson, Jr. (The Greeks in the Far East, CJ 44.7 [1949]: 410), who suggests that the depiction of Buddha in human form is due to Greek influence. See also B. Rowland, Jr., Gandhara and Early Christian Art: Buddha Palliatus, AJA 49.4 (1945): 445–448; A.C. Soper, The Roman Style in Gandhara, AJA 55.4 (1951): 301–319.

2   J. Filliozat, Les échanges de l'Inde et de l'Empire romain aux premiers siècles de l'ère chrétienne, RH 201 (1949): 1–29.

3   Since the turn of the 20th century a debate has raged about possible Buddhist and/or Indian influence on the Bible (see J.D.M. Derrett, Consolation and a Parable: Two Contacts between Ancient Greece and Buddhists, BSOAS 65.3 [2002]: 518–520). For an earlier survey, see C. Clemen, Buddhistic Influence in the New Testament, The American Journal of Theology 20.4 (1916): 536–548.

4   Scholars have sought Indian influence on such things as Gnosticism (E. Conze, Buddhism and Gnosis, in: Le Origini dello Gnosticismo: Colloquio di Messina 13–18 Aprile 1966, Leiden 1967, 651–667), Neoplatonism (see Neoplatonism and Indian Thought, [ed.] R.B. Harris, Norfolk, VA 1982) and even the Greek novel (Filliozat [cf. fn. 2], 26).

5   Some scholars have viewed India as a closed society and have assumed that any meaningful exchange with the Roman world would therefore be impossible (see J. Filliozat, La doctrine des brâhmanes d'après sainte Hippolyte, RHR 247 [1945]: 60).

6   Derrett (cf. fn. 3) characterizes this point of view as an "enemy of research" (519).

during the Roman period.[7] In all likelihood the lines of influence went in both directions.[8]

While such questions are certainly interesting in and of themselves, what interests me here is what role Manichaeans, that elusive though seemingly omnipresent group of late antique religious organizers, might have played in such a story of intercultural interchange, particularly in terms of religious ideas and the identity of religious figures. While the degree to which Buddhism may or may not have influenced Manichaean doctrine or practice is a subject of active debate within Manichaean studies, given the fact that Manichaeans can be detected in direct or indirect connection to the earliest known references to the Buddha, they appear to have played a significant role in the transmission of this name into late antique intellectual discourse.[9]

Generally speaking, even though there had been a certain fascination with India ever since the campaigns of Alexander, studies by writers such as Nearchus, Megasthenes, Strabo, and later Arrian, tended to focus on typically Hellenistic preoccupations such as history, geography and ethnography.[10] Moreover, Alexander's expedition seems to have been too brief and brutal to allow for conditions of real intellectual exchange.[11] In the Roman period, however, when trade routes to the east became more established and when, with the emergence of Christianity, the tenor of religious debates began to heighten,

---

7   As Filliozat points out, under Darius the Great, the Indus valley formed part of the same empire as Egypt and Syria, which would have certainly created the necessary conditions for some sort of exchange (Filliozat [cf. fn. 2], 3). Later, it was probably Arab sailors who initiated their Mediterranean colleagues into the maritime route to India (8). Some have even suggested that the Romans maintained a kind of "East India Company", with permanently placed officials and functionaries, although this idea has been disputed (10). Nevertheless, Roman interest in cultural centres beyond their borders, including India, was chiefly commercial (F.C. Peters, The Harvest of Hellenism, New York 1970, 520–525).

8   For two specific examples of such cross-fertilization see Derrett (cf. fn. 3), 518–528. See also L. Wallach, The Parable of the Blind and the Lame: A Study in Comparative Literature, Journal of Biblical Literature 62.4 (1943): 333–339.

9   W. Sundermann, Manichaean Traditions on the Date of the Historical Buddha, in: The Dating of the Historical Buddha, (ed.) H. Bechert, Göttingen 1991, 426–427. D. Scott, in an earlier treatment of early Christian encounters with Buddhism dismisses Manichaean material as irrelevant, in spite of the fact that some terminology from his later Nestorian evidence has a distinctly Manichaean ring, such as the reference in Alopen to the "five attributes" of the body and the Kuan-Yin stele statement about Jesus ascending to the "Palace of Light" (see Christian Responses to Buddhism in Pre-Medieval Times, Numen 32 [1985]: 88–100).

10   For anthologies of both Greek and Roman accounts see R.C. Majumdar, The Classical Accounts of India, Calcutta 1981, as well as J. André and J. Filliozat, L'Inde vue de Rome: Texts latins de l'Antiquité relatifs à l'Inde, Paris 1986.

11   La doctrine des brâhmanes 61. For a classic study of Greek presence in the east, see W.W. Tarn, The Greeks in Bactria and India, Cambridge 1938.

there was a much keener interest in so-called "barbarian wisdom", including the religious and philosophical traditions of the east. In particular, by the 3rd and 4th centuries CE, both pagan and Christian intellectuals became increasingly curious about the ascetic traditions of India, especially those of the so-called "gymnosophists", or "naked sages", and in situating them within a much broader taxonomy of sectarian precursors to both Greek and Christian wisdom.

Clement of Alexandria, for instance, in his 3rd-century apologetic attempt to demonstrate that Greek philosophy was in large part derived from barbarians and thereby establish the primacy of Jewish wisdom, wrote in his *Stromateis* that

> philosophy, a thing of the highest utility, flourished in antiquity among the barbarians, shedding its light over the nations. And afterwards it came to Greece. First in its ranks were the prophets of the Egyptians; and the Chaldeans among the Assyrians; and the Druids among the Gauls; and the Samanaeans among the Bactrians; and the philosophers of the Celts; and the Magi of the Persians, who foretold the Saviour's birth, and came into the land of Judaea guided by a star. The Indian gymnosophists are also in the number, and the other barbarian philosophers. And of these there are two classes, some of them called Sarmanae, and others Brahmins. And those of the Sarmanae who are called Hylobii neither inhabit cities, nor have roofs over them, but are clothed in the bark of trees, feed on nuts, and drink water in their hands. Like those called Encratites in the present day, they know not marriage nor begetting of children (*Stromateis* 1.15 trans. The Ante-Nicene Fathers, [ed.] A. Roberts and J. Donaldson, Edinburgh 1866–72, 2.315).

The distinction among the gymnosophists, between Sarmanes (or Samanes) and Brahmins, represents two classes of religious individuals in ancient India: 1) the wandering ascetics known in Sanskrit as *shramana* and in Pali as *samana*, out of which both Buddhism and Jainism might have developed, and 2) the keepers of the traditional Hindu ritual cults, the Brahmins. This relatively specific knowledge of Indian religious classifications became commonplace in later discussions of Indian asceticism, such as those by Porphyry (*On Abstinence* 4.17) and Jerome (*Against Jovinian* 1.42) in the late 4th century, although both of these authors cite Clement's Syrian contemporary, Bardaisan, as their primary source.

Jerome, for his part, attributes a tradition to the gymnosophists that "Buddha (*Buddam*), the founder of their sect, was generated from the side of a virgin" (*Against Jovinian* 1.42),[12] which he then compares to the generation of Minerva from the head of Jupiter. This reference to the Buddha, as striking as it is, is not the first to be found in Latin literature. Somewhat earlier in the 4th century, Marius Victorinus, the pagan rhetorician who converted to Christianity sometime around 355 CE, addresses one of his opponents with the question: "Now, then, do you see how much they are deceived by Mani, Zoroaster, or

---

12   D. Scott suggests that this echoes Buddhist *jataka* stories (see Scott [cf. fn. 9], 90).

Buddha (*Buddas*), by teaching this?"[13] In fact, this reference from Victorinus'
anti-Manichaean treatise *Ad Iustinum manichaeum* constitutes the first known
direct reference to the Buddha in the Latin tradition.

The fact that Buddha is named alongside Mani and Zoroaster is a sure
indicator of Victorinus' dependence on Manichaean sources, since these figures
were important links in the standard chain of divine messengers of which Mani
believed he was the culmination. Although the list of prophets sometimes varies
to include various biblical forefathers[14] or other Indian sages[15], a fragment from
Mani's *Shaburagan*, a text in which he initially outlined his doctrine in Middle
Persian for his future patron, Sassanian King Shapur I,[16] and preserved by 11th-
century Muslim scholar al-Biruni, records something approximate to Mani's
original formulation:

> Wisdom and deeds have always from time to time been brought to mankind by the
> messengers of God. So in one age they have been brought by the messenger called
> Buddha (*al-Bud*) to India, in another by Zarādusht (i.e., Zoroaster) to Persia, in
> another by Jesus to the West. Thereupon this revelation has come down, this
> prophecy in this last age, through me, Mani, messenger of the God of truth to
> Babylonia (trans. Sachau).[17]

An alternate version of this prophetological succession can be found in
Kephalaia Chapter 1 "On the Advent of the Apostle", a text closely related to
or based on *Shaburagan*, where Mani is made to describe how

> ... Buddha ([ⲃⲟⲩ]ⲇⲇⲁⲥ) (came) to the east and Aurentēs (ⲁⲩⲣⲉⲛⲧⲏⲥ) and the
> other [fathers] / who were sent to the east – from the [advent] / of Buddha and
> Aurentēs to the advent of / Zaradēs (ⲍ[ⲁⲣⲁ]ⲇⲏⲥ) to Persia, when he came to
> Hystaspēs / [the] King, from the advent of Zaradēs until the advent of Jesus /
> [Christ], the son of greatness (1Ke 12.15–20 trans. mine with Funk, Addenda et
> corrigenda, 12.16).

This highly original idea is distinctly Manichaean and so could have only come
into Victorinus' mind from actual Manichaean sources or informants. In
addition, the particular spelling of the Buddha's name used by Victorinus
(*Buddas*) closely resembles the Graecized spelling found most frequently in

---

13 *Jam vidisti ne ergo quot Manis, Zoradis, aut Buddas haec docendo deceperint?* (PL 8
    col. 1003D).
14 See Al-Jabbar, *Against the Dualists* (G. Mottot, Penseurs musulmans et religions
    iraniennes, Paris 1974).
15 See *Kephalaia* Chapter 342: "A Nobleman comes to the Apostle" (2Ke 423.2–12
    unpublished).
16 Mani composed this text sometime in the 240 s (?) (Sundermann [cf. fn. 9], 429).
17 Alberuni, *Chronology of Ancient Nations*, London 1879. A similar list is recorded in a
    Middle Persian fragment from Mani's *Book of Giants*, although with Zoroaster
    preceding Buddha (W.B. Henning, The Book of the Giants, in: id., Selected Papers II,
    Leiden 1977, 126; see also Sundermann [cf. fn. 9], 427).

Greek or Coptic Manichaean texts – ⲃⲟⲩⲁⲁⲁⲥ. This too supports the suggestion that Victorinus' knowledge of the Buddha's name was taken from Manichaean tradition. It is important to note, however, that by situated himself in this ambitious prophetic succession, Mani became permanently associated with the names of Buddha and Zoroaster in the minds of Christian intellectuals like Victorinus, a point which we will return to shortly.

For the earliest known reference to the Buddha in Greek literature we must return to Clement, who, shortly after his passage about the gymnosophists quoted above, states that "some, too, of the Indians obey the precepts of Buddha (Βοῦττα); whom, on account of his extraordinary sanctity, they have raised to divine honours" (*Stromateis* 1.15). Interestingly, the variant spelling of Buddha's name (Βοῦττα) used by Clement, as Werner Sundermann has pointed out, most closely resembles that used in Parthian, a Middle Iranian dialect later used by the Manichaeans of eastern Iran and Central Asia.[18] Given the obvious fact, however, that Clement died in 220 CE, when Mani was only four years old, this reference cannot possibly be *directly* attributed to Manichaean influence, although an Iranian intermediary cannot be ruled out. Indeed, Dio Chysostom reports that at the close of the first century CE Indians and Bactrians could be found in Alexandria (*Discourses* 32.40),[19] although we also cannot rule out the possibility that Clement heard about the Buddha from Pantaenus, his teacher, who was reputed to have travelled to India (Eusebius, *History of the Church*, 8.10), or that he was simply making use of Megasthenes, whom he cites as an authority on all things Indian (*Stromateis*, 1.15).

Yet in spite of the fact that no direct Manichaean influence can be attributed here, I have noticed that an enigmatic, albeit *indirect*, parallel to Clement's reference can be found in an early Manichaean source, namely the *Kephalaia*. Immediately following Clement's reference to the Buddha we read that "Anacharsis was a Scythian, and is recorded to have excelled many philosophers among the Greeks" (*Stromateis* 1.15). Such an awkward transition might go unnoticed except for the fact that in a chapter from the unedited second volume of Manichaean *Kephalaia* this same sage, Anacharsis, is mentioned shortly after a description of "Seven Buddhas". Such a parallel, although striking in itself,

---

18 Sundermann (cf. fn. 9), 429 cautiously raises the possibility that this may reflect an early Parthian form (*Butta*) that somehow reached Clement's ears in Alexandria by way of Kushan Buddhists. Sundermann (cf. fn. 9), 429 also suggests that this typically Iranian spelling, with a final -*t*, may have even been replaced by a more correct form, with a final -*d*, by Manichaeans. The Parthians appear to have played a significant role in the transmission of Buddhism eastward, since key translators of Buddhist texts into Chinese were of Parthian origin (R.C. Foltz, Spirituality in the Land of the Noble: How Iran Shaped the World's Religions, Oxford 2004, 66). This form used by Clement, however, could indicate that they played a role in transmitting Buddhism westward as well.

19 Scott (cf. fn. 9), 89.

becomes somewhat more startling if we remember that Clement's references to both Buddha and Anacharsis follow his enumeration of the "seven sages" of ancient Greece (*Stromateis* 1.14). This means that in two seemingly independent texts we can observe both Buddha and Anacharsis placed in juxtaposition to a series of seven enlightened forerunners.

The *Kephalaia* chapter in question (number *312 from the Dublin codex),[20] although *extremely* lacunous, appears to describe a series of encounters between important Iranian rulers of the past, such as Hystaspēs, Anacharsis, and Chosro, with well-known eastern sages such as Zoroaster and other more obscure figures such as "Danaan son of Danaan" (2Ke 315.7–8) and a certain "Iouzanēs son of Tiō" (2Ke 317.19–20). Presumably, the point of the chapter is to establish some sort of paradigm in which Mani's own interactions with King Shapur I can be placed, thereby situating him within a succession of sages who counselled the great rulers of Iran. Preceding these encounters, however, the chapter states that

> ... Seven Buddhas (ⲥⲁϣϥ ⲛ̄ⲃⲟⲩⲁⲁⲁⲥ) ... each / one of them in the generation to which [he was sent(?)] / and in which he was chosen ... ... / ... he built it, strengthened it, (and) given [it] ... /... through his leaders and his teachers and his / elders, along with the just and true /disciples. They were made his disciples ... / ... which were chosen for him ... / ... which each one of them established ... / Seven Communities were chosen (2Ke plate 139.2–11 [Giversen] trans. mine).[21]

The author of this particular *Kephalaia* chapter appears to have inherited fairly detailed knowledge of Indian religions religious traditions, especially of technical terms such as *arhat*, which is rendered into Graeco-Coptic as *aurentēs*, or *kevali*, which as Iain Gardner has persuasively argued, is reflected in the chapter's reference to "twenty-four *kēbulloi*".[22]

> But, these Seven Buddhas (ⲛ̄ⲃⲟⲩⲁⲁⲁ[ⲥ]) [and] / the Twelve [*Aurentēs*(?)] ([ⲛ̄ⲁⲩⲣ]ⲉⲛⲧⲏⲥ) and the Twenty-four [*Kēbulloi*] (ⲛ̄ⲕⲏ[ⲃⲩⲗⲗⲟⲥ]) / ... ... [it is] a single spirit [that] ..." (2Ke plate 140.13–15 [Giversen] trans. mine).

Moreover, according to early Buddhist tradition, Buddha Gotama, was indeed only the seventh in a succession of enlightened beings.[23] Anacharsis enters the

20 See W.-P. Funk, The Reconstruction of the Manichaean *Kephalaia*, in: Emerging From Darkness: Studies in the Recovery of Manichaean Sources, (ed.) P. Mirecki and J. BeDuhn, Leiden 1997, 158. Chapter tentatively assigned number 312 by Funk (*personal communication*). For plates of Coptic texts see S. Giversen, The Manichaean Coptic Papyri in the Chester Beatty Library: Facsimile Edition (vol. 1, Kephalaia, Cahiers d'Orientalisme), Geneva 1986–88.
21 I would like to thank W.-P. Funk for kindly pointing out these unpublished *Kephalaia* passages.
22 See I. Gardner, Some Comments on Mani and Indian Religions: According to the Coptic *Kephalaia*, in: New Perspectives in Manichaean Studies, (ed.) A. van Tongerloo and L. Cirillo, Louvain 2005.
23 *Mahapadana Sutta* (Rhys Davis and Carpenter) cited by Gardner (cf. fn. 22), 132.

picture shortly after in dialogue with someone whom, in spite of extensive textual lacunae, appears to be some sort of angel.

> ... ... Anacharsis the Blessed (ⲁⲛⲁⲭⲁⲣⲥⲓⲥ ⲡⲙⲁⲕ[ⲁⲣⲓⲟⲥ]) / ... ... thus spoke to him / ... ... Anacharsis the Blessed and ... / ... hear ... Do not leave ... / ... beasts! Drink no wine![24] Eat(?) / no flesh(?) ... wife! Beget no ..." (2Ke plate 138.9–14 [Giversen] trans. mine).

What then could account for this curious association of Buddha and Anacharsis in both an early patristic and an early Manichaean text? An obvious possibility is that both writers drew on common, or at least similar, source material. Clement, for his part, in the early 3rd century CE, appears to be drawing on some kind of source about the Greek and barbarian sages, which may have included references to both Buddha and Anacharsis in close proximity. Or, equally possible, Clement might have invented this association by weaving together various reports he found circulating in Alexandria, either orally or in writing. Similarly, the compiler of the *Kephalaia* chapter (who was likely working sometime in the early 4th century CE) appears to have drawn on traditions about Iranian rulers and sages, which may bear some relation to the later Classical Persian heroic saga, the *Shahnamah*, or "Book of Kings" of Ferdawsi, which collects much Sasanian material.[25] That similar clusters of references circulated in Late Antiquity is implied by a 5th-century reference by Claudianus Mamertus that mentions Zoroastrians, Brahmans, and Anacharsis in succession.[26]

But even if, in spite of the enigmatic resemblance between the passages from Clement and the *Kephalaia*, we cannot attribute this particular introduction of Buddha's name into the Greek tradition directly to the Manichaeans, we might at least be able to hold them responsible for its eventual marginalization within that tradition. After all, the fact that (as we have seen) figures such as Buddha and Zoroaster were so closely integrated by Mani into his own concept of prophetic succession meant that their names became permanently associated with what mainstream religious officials considered the Manichaean "heresy" – guilt by association, as it were. This means that Buddha, along with Zoroaster, was regularly cited in later Byzantine formulae for the renunciation of Manichaeism, such as the so-called "Seven Chapters", in which along with Mani himself one is required to "anathematize Scythianus and Bouddas, his teachers, and Zarades whom he alleges to be (a) god who appeared before him in the likeness of a man but without body among the Indians and the Persians"

---

24 Anacharsis was known to teach such things (see A. MacC. Armstrong, Anacharsis the Scythian, Greece & Rome 17 [1948]: 18–22).

25 Funk (cf. fn. 20).

26 *Quid ego nunc Zoroadhis, quid Brachmanum ex India, quid Anacharsidis e Scythia...* Cited by J. Bidez and F. Cumont, Les Mages Hellénisés, Paris 1938, 80–81.

(trans. Lieu [slightly modified]).[27] Similarly, the Buddha's name was integrated into the strange, counter-biography of Mani constructed by the heresiologists, who claimed that he was originally a slave-boy named Corbicius, and that he'd inherited the books of two false teachers named Scythianus and Terebinthus. According to the *Acts of Archelaeus*, a 4th-century, fictionalized debate between a caricature of Mani and Archelaeus, bishop of Carchar, in Mesopotamia:

> So this Scythianus introduced that dualism which is opposed to itself, which he had inherited from Pythagoras ... Terebinthus himself put about a remarkable story about himself, claiming that he was brimming with all the wisdom of the Egyptians, and that he was no longer to be called Terebinthus but Buddha (*Buddam*), as this was the name given to him. He pretended that he had been born from a virgin, and nurtured by an angel on the mountains (trans. Vermes).[28]

This of course reminds us of the tradition recorded by Jerome about Buddha being born of a virgin, as well as the interactions between Anacharsis and an angel from *Kephalaia* Chapter *312. While Werner Sundermann suggests that the name Scythianus could be a heresiological corruption of Zoroaster,[29] who was variously known as a Persian, a Bactrian, an Armenian, and a Chaldaean,[30] it seems to me that there may be an echo here of Anacharsis, who was primarily known as a Scythian. Besides, there seems to have been a great deal of confusion among late antique authors as to the identities and national origins of such eastern sages. Terebinthus, however, may represent some sort of corrupted epithet for Buddha,[31] although the fact that he is said to change his name to Buddha explicitly establishes the connection. Unfortunately, for all intents and purposes, because of their involuntary association with Mani, Buddha and Zoroaster found a permanent place in the annals of Byzantine heresiology and became little more than stereotypical fathers of heresy. It should be noted, however, that in the east the reverse happened, since in Central Asia and China Mani, who in his own writings styled himself as an "Apostle of Jesus Christ" became known as the "Buddha of Light".

Interestingly enough, however, the story of the Buddha's journey into western discourse does not quite end here, since he seems to have gotten in through the back door, as it were. I'm referring here to the extremely popular legend from Byzantine hagiography of saints Barlaam and Joasaph. This story, which circulated in at least a dozen different languages, not least of which is the

---

27 S.N.C. Lieu, An Early Byzantine Formula for the Renunciation of Manichaeism: The Capita VII Contra manichaeos of <Zacharias of Mitylene>, in: id., Manichaeism in Mesopotamia and the Roman East, Leiden 1994, 236.

28 See *Acta Archelai* 63.2; also Theodore bar Khonai, *Book of Scholia* 312 (Scher; CSCO 69).

29 Sundermann (cf. fn. 9), 435.

30 Bidez and Cumont (cf. fn. 26), passim.

31 Sundermann (cf. fn. 9), 436.

8th-century Greek version attributed to John of Damascus, describes how Joasaph, the son of an Indian king, is lock-up by his father to prevent him from being converted to Christianity. Nevertheless, Barlaam, a monk, visits Joasaph in disguise and ultimately wins the conversion. This story, in its general frame, has long been recognized as a Christianized version of the legend of the Buddha,[32] who lived a sheltered life of luxury under the protection of his father until he went out into the world and encountered a wandering ascetic, who started Gotama on his eventual path to enlightenment. But, based on textual evidence from Central Asia, it has been shown that Manichaeans played a key role in the transmission of this particular story into the west.[33]

Incidentally, the frame-story is not the only clue to its originally Buddhist origins. The name Ioasaph itself is ultimately a corrupted version of the Sanskrit term *bodhisattva*, which describes the ideal sage who postpones the full attainment of Buddhahood in order to alleviate the suffering of sentient beings. According to those who have closely studied this question, it is thought that the original Indian story was transmitted by Central-Asian Manichaeans into Middle Iranian, most likely the Sogdian dialect, from which it found its way into numerous Arabic versions, Georgian, and eventually Greek, from which it was rendered into a plethora of European languages.[34] This means that, in the end, Manichaeans did succeed, unwittingly perhaps, in introducing the Buddha into western tradition, although this time in a disguised form.

In sum, then, while the reference to the Buddha found in Clement remains mysterious, in spite of a rather striking Manichaean parallel, it is at least clear that later writers such as Marius Victorinus and the Byzantine herisiologists closely associated the Buddha's name with Mani. Because of this, the Buddha became marginalized as a forerunner or teacher of one of the church's archenemies. Strangely enough, however, eastern Manichaeans eventually succeeded where their western brothers and sisters failed, by starting the Buddha story on its long journey through multiple religious and linguistic settings and into the canon of western literature.

---

32   St. John Damascene, *Barlaam and Ioasaph* (Loeb Classical Library), Harvard 1953, vii.

33   J.P. Asmussen, Der Manichäismus als Vermittler literarischen Gutes, Temenos 2 (1966): 14–21. See also G. Widengren, Mani and Manichaeism (trans. Ch. Kessler), London 1965, 91; F.C. Burkitt, The Religion of the Manichees, London 1925, 97, who cites Le Coq's publication of Turkish fragment T II D 173e.

34   See D.M. Lang, The Life of the Blessed Iodasaph: A New Oriental Christian Version of the Barlaam and Ioasaph Romance (Jerusalem, Greek Patriarchal Library: Georgian MS 140), BSOAS 20.1/3 (1957): 389–407; W.B. Henning, Die älteste persische Gedichthandschrift: eine neue Version von Barlaam und Joasaph, in: id., Selected Papers II, Leiden 1977, 542.

There is, however, one common thread that appears to tie together all of these diverse literary manifestations of the Buddha, that is, the role played by Iranian culture and language at all stages of transmission. As was noted earlier, the peculiar form of the Buddha's name employed by Clement closely resembles an early Parthian form. Moreover, the second volume of Manichaean *Kephalaia*, which contains the strange parallel juxtaposition of Buddha and Anacharsis, is decidedly more Iranian in its thematic content than the first, more widely known, volume. In addition, the role of the Buddha as an important link in the chain of Manichaean prophets, known to Victorinus and the Byzantine heresiologists, was originally formulated by Mani in his *Shaburhagan*, the only work he is known to have composed in Middle Persian instead of his usual Aramaic. Finally, the famous western version of the Buddha story, known as the tale of Barlaam and Ioasaph, was initially transmitted from its originally Indian version into Sogdian by the Manichaeans of Central Asia. All of this suggests that the Buddha's name and ultimately his biography were transmitted into the Christian tradition via Iran.

This Iranian connection should not be surprising, since Iranian Buddhists were well represented in the eastern provinces of the Persian Empire and Kushan. Conceivably, some of them could have made their way to Alexandria and caught the ear of Clement. Mani, a Parthian by birth, was a tireless traveler and missionary who even went to India to learn about its doctrines, although it seems likely that he learned about the Buddha from Iranian Buddhists closer to home.[35] After all, provisionally published passages from Mani's *Living Gospel* suggest that he made little headway during his trip to India.[36] Later, in Central Asia, since the Manichaean religion was popular among Sogdian merchants, it was they who seem to have facilitated not only the exchange of goods along the Silk Road but stories as well; in particular, the story of the Buddha, which they likely received from Sogdian Buddhists, who along with Manichaeans produced a substantial body of religious literature.

In closing, I would like to point out that I have preferred to talk about the transmission of the *name* of the Buddha, since by and large he seems to have remained little more than a name even among Manichaeans west of the Euphrates. It appears as though, even though there was considerable interest in such eastern sages among late antique philosophers and theologians, they never developed clear ideas of who they really were. More often than not the identities

---

35 See W. Sundermann, Mani, India, and the Manichaean Religion, in: Manichaica Iranica, (ed.) Ch. Reck et al., Rome 2001, 203; also W. Sundermann, Manichaeism Meets Buddhism: The Problem of Buddhist Influence on Manichaeism, ibid., 545.

36 See K. King, A Progress Report on the Editing of the Manichaean Synaxeis Codex, in: Actes du IVᵉ congrès copte, Louvain-la-Neuve, 5–10 septembre 1988 (ed. M. Rassart-Debergh and J. Ries), Louvain-la-Neuve 1992, 287.

and biographical details of the eastern sages were confused and blurred into one another. Nowhere is this clearer than the transformation of the Buddha into a canonical Christian saint – a saint, however, fitted with a Manichaean cloak.

Abstract

In the wake of the Hellenization of the eastern Mediterranean, Graeco-Roman intellectuals became increasingly interested in "barbarian wisdom". This tradition was carried on by early Christian authors, although their interest was often framed by a heresiological agenda. This article examines the earliest references to the Buddha in early Christian literature. In particular, it explores the role played by Manichaeans in the transmission, marginalization, and eventual covert reintroduction of his name in western intellectual tradition.

Heraclius Learns Humility: Two Early Latin Accounts Composed for the Celebration of *Exaltatio Crucis*[1]

Stephan Borgehammar

The Byzantine emperor Heraclius (c. 575–641) was well-known in medieval Europe. The *Chronicle of Fredegar* (completed c. 660) afforded glimpses of Heraclius both as a hero and as a heretic: he was handsome, tall and a great fighter, but at the end of his life he lost Jerusalem to the Saracens, embraced heresy and married his sister's daughter.[2] More balanced and accurate was the information provided by Anastasius Bibliothecarius, who in his *Historia Tripartita* (composed between 873 and 875) gave a literal Latin translation of the Chronicle of Theophanes for the years of Heraclius' reign. Snippets of information, some historically accurate and some pure fantasy, could be gathered from the Venerable Bede, Spanish chronicles, Paul the Deacon and the *Vita Anastasii.*[3] But by far the most influential text about Heraclius was the legend read in monasteries and clerical communities at the celebration of *Exaltatio Crucis* on 14 September every year. Here, Heraclius was portrayed as a valiant emperor who by courage, faith and, above all, humility was able to retrieve the Cross of Christ from the haughty Persian king Chosroes and restore it to its rightful place in Jerusalem.

The influence of this legend in the Middle Ages, its successive transformations and the uses made of it by historians, preachers, poets and artists have been described ably and in detail by Andrea Sommerlechner and Barbara Baert.[4] The purpose of the present article is to establish the text of the legend

---

1 In the course of my research for this study, I have been helped by many people: mentors, friends, colleagues, doctoral students and library staff. I hereby thank them all. I especially wish to thank Gordon Whatley, who has aided and encouraged my work with uncommon commitment and generosity.

2 Fredegar, IV, 64–66 (The Fourth Book of the Chronicle of Fredegar, ed. & trans. J. M. Wallace-Hadrill [London etc., 1960], pp. 52–55; German trans. by A. Kusternig, Quellen zur Geschichte des 7. und 8. Jahrhunderts: Die Vier Bücher der Chroniken des sogenannten Fredegar [Darmstadt, 1982]).

3 The *Vita Anastasii* existed in several versions: two different translations from the Greek *Acta* and a number of revisions. See C. V. Franklin, The Latin Dossier of Anastasius the Persian. Hagiographic Translations and Transformations (Studies and Texts 147) (Toronto, 2004).

4 A. Sommerlechner, 'Kaiser Herakleios und die Rückkehr des heiligen Kreuzes nach Jerusalem: Überlegungen zu Stoff- und Motivgeschichte', RHM 45 (2003), pp. 319–360;

and of an early sermon that appears to be based on the same source; to find out,
if possible, when and where these two texts and their source were composed;
and to elucidate the character of the source by tracing parallels in other texts
from both East and West. It will be seen that, although the legend and the
sermon add little or nothing to our knowledge of the historical events they
purport to describe, they do allow us to understand better the imaginative
impact that the wars fought by Heraclius had on contemporaries, and to discern
more clearly what kinds of stories were told about these momentous events in
the decade after they occurred.[5]

Presentation of the Texts

The legend most commonly read at the celebration of *Exaltatio Crucis* in the
Middle Ages is numbered 4178 in the *Bibliotheca Hagiographica Latina*
(hereafter BHL 4178). The manuscript catalogues published by the Bollandists
list a total of 146 manuscripts which contain it. Since these catalogues only cover
selected libraries and omit, for instance, the extensive manuscript holdings in
Great Britain and much of Germany, it can be estimated that there exist some
200–300 manuscripts.[6]

The majority of the manuscripts give this text the same name as the feast,
Exaltatio Sanctae Crucis. In some of the oldest manuscripts, however, one finds
another heading which I judge to be the original one: *Reversio Sanctae Crucis.*
This is how this legend will be named in the present article (or *Reversio* for
short).

Two editions of the *Reversio Sanctae Crucis* have been published previously,
one by Bonino Mombrizio in c. 1477 and one by Georges Colveneere in 1626,
the latter including it among the works of Hrabanus Maurus. Both editions have

　　　B. Baert, A Heritage of Holy Wood: The Legend of the True Cross in Text and Image
　　　(Leiden, 2004).
5　　For modern historical accounts of Heraclius and his campaigns against Persia, see W. E.
　　　Kaegi, Heraclius, Emperor of Byzantium (Cambridge etc., 2003), and J. Howard-
　　　Johnston, 'Heraclius' Persian Campaigns and the Revival of the East Roman Empire,
　　　622–630', War in History 6 (1999), pp. 1–44; for brief but accurate updated information,
　　　H. A. Pohlsander, 'Herakleios', BBKL 19 (2001), occasionally electronic version at
　　　<www.bautz.de/bbkl>.
6　　An on-line index to the Bollandist catalogues is found at <bhlms.fltr.ucl.ac.be>. If the
　　　146 manuscripts listed as BHL 4178 are sorted chronologically, the result is as follows: 1
　　　from the 8th century, 6 from the 9th, 16 from the 10th, 29 from the 11th, 46 from the
　　　12th, 22 from the 13th, 10 from the 14th, 10 from the 15th, and 3 from 1551–1650. The
　　　decline in numbers from the 13th century onward is due to three principal causes:
　　　historical criticism of the received text, the popularity of the new version in the *Legenda
　　　Aurea*, and the increasing use of breviaries with drastically shortened legends.

been reprinted and are readily accessible.[7] Each of them, however, is based on one single manuscript, and like most manuscripts of *Reversio* they contain numerous errors. The problems of the manuscript tradition will be elucidated further below. Here it is enough to note that no single manuscript known to me accurately reflects the text of the original author.

In two manuscripts in Rome, Biblioteca Casanatense cod. 713 and Biblioteca Vallicelliana t. XXIV, one finds a different Latin text which is very similar in length and content to *Reversio*. It has the form of a sermon and has no specific title. It will here be called simply *Sermo de exaltatione sanctae crucis* (or *Sermo* for short).

The story told by *Reversio* and *Sermo* is the same: the same main events are recounted in almost the same order. But the wording is nowhere quite the same and two passages – a description of miracles and a description of a silver tower – are inserted differently in the two texts. Moreover, each of the two texts contains statements that do not occur in the other text, but which have parallels in completely different sources, some of which are of an oriental origin.

There are several examples of significant differences, but it will be enough to consider two. *Reversio* (§ 4 in the edition below) says that Chosroes had placed 'a chariot of the sun and the likeness of moon and stars' in the dome of his silver tower. This is not mentioned in *Sermo* (cf. § 14 of that text) but is paralleled in Greek chronicles, e. g. that of Nicephorus Patriarcha.[8] *Sermo*, on the other hand, mentions (§ 2) that Chosroes took the inhabitants of Jerusalem captive and brought them to Persia, which is a fact found in various sources but not in *Reversio*. Intriguingly, *Sermo* even mentions that the Persians took the sacred vessels from 'the temple of the Lord' (presumably the Anastasis–Martyrium church), something that is mentioned in the *Chronicon Paschale* but not more than hinted at elsewhere.[9]

The great similarity of *Reversio* and *Sermo* is equally easy to demonstrate. Consider the following passage:

---

7   Boninus Mombritius, Sanctuarium seu Vitae Sanctorum, ed. nova (Paris, 1910), vol. 1, pp. 379–381; Hrabanus Maurus, Homiliae de festis praecipuis, PL 110, cols. 9–134 (at 131–134). For further information on the latter, see Sommerlechner (cf. fn. 4), p. 326 n. 36.

8   Niceph., Brev. 12 (Nikephoros, Patriarch of Constantinople, Short History, ed. & trans. C. Mango [CFHB 13] [Washington D.C., 1990], pp. 56–7).

9   Chron. Pasch. ad an. 614 (Chronicon Paschale, I–II, ed. L. Dindorf [CSHB 14–5] [Bonn, 1832], p. 704, trans. M. and M. Whitby, Chronicon Paschale AD 284–632 [Translated Texts for Historians 7] [Liverpool, 1989], p. 156). Sebeos, 131, says that Heraclius replaced the Cross in Jerusalem 'and put all the vessels of the churches in their places' (The Armenian History Attributed to Sebeos, I: Translation and Notes, II: Historical Commentary, trans. R. W. Thomson, comm. J. Howard-Johnston [Translated Texts for Historians 31] [Liverpool, 1999], I, p. 90), which presupposes that they had previously been taken away.

Reversio	Sermo
Tantaque mentis mutatio Chosdroe inuasit exercitum, ut non solum praedictam pactionem nequaquam uellent transcendere, sed etiam uoluntarie cum omni sua familia atque prole Eraclio se subderent, tam potestate quam fide. Quos ille benigne suscipiens in hoc illis clementiam praestitit, ut omnes ad baptismum conuolarent; quod ita se facturos esse omnes pariter spoponderunt.	Et cum uidisset uniuersus exercitus, quia <Deus> dedit uictoriam beatissimo Eraclio imperatore, omnes arma proiecerunt et cucurrerunt ad pedes eius. Eraclius autem <gratias> agens Deo et Ihesu Christo filio eius, qui saluos facit sperantes in se. Suscepit autem cum magno gaudio omnes illius satellites docens eos et confirmans in fide Christi, et baptizati sunt in nomine Patris et Filii et Spiritus Sancti in uitam aeternam.

The events are the same in both extracts: the Persian army surrenders to Heraclius, who receives them benevolently and induces them to be baptized. But the wording is almost entirely different and there are also several differences as regards detail.

Judging only by this last passage, it would be possible to imagine that one of the two texts was a free rendering from memory of the other. But since we also encounter such differences of fact as were mentioned above, with independent parallels in other sources, there is only one possible conclusion concerning the relationship between *Reversio* and *Sermo:* they must be independent renditions of a common source. What that source was, in what language it was written and where it came from cannot at present be determined. Various considerations, however, suggest that the origin of the traditions contained in these two texts should be sought in the period immediately after the end of the Byzantine–Persian war, c. 628–635. This is based both on external evidence for the existence of these traditions and on a dating of the texts themselves. To the latter question we must first turn.

Dating of the Texts

Reversio is obviously conceived as a liturgical legend, for use in the vigil service of a religious community. It begins with the typical lectionary phrase, *In illo tempore*; it uses the system of rhythmic clause endings called *cursus*, which is characteristic of liturgical texts in the Roman tradition; it is of convenient length for the purpose; and when it characterizes Heraclius, it does so from the point of view of a monastic or clerical community: he is said to be a man, 'though dedicated to secular activities, yet fully orthodox in faith and suppliant, benevolent and devout towards the servants of God' (§ 6).

No previous liturgical legend for *Exaltatio Crucis* is known to exist, and the title of the piece – *Reversio* rather than *Exaltatio Sanctae Crucis* – suggests that it was composed at a time when the celebration of *Exaltatio Crucis* was not yet firmly established in the West. In order to date *Reversio*, then, we need to work out the early history of the western *Exaltatio Crucis* celebration.

Exaltatio Crucis, or ῞Υψωσις τοῦ τιμίου καὶ ζωοποιοῦ σταυροῦ, is today celebrated on 14 September in most traditional churches both East and West. In the East, in both Orthodox and Oriental churches, it includes a characteristic rite in which a cross is elevated towards the four corners of the earth. In the Greek Orthodox church of today, it is elevated toward the east, the north, the west, the south and the east again, with the chanting of a hundredfold *Kyrie eleison* at each elevation.[10] This is derived from a more elaborate rite which was performed in Constantinople at least by the tenth century, but perhaps already in the seventh: the patriarch performed the elevations on the great *ambôn* of Hagia Sophia, turning to east, south, west, north and east again, and then repeating this whole procedure twice, the second circuit having eighty *Kyrie eleison* for each point of the compass, the third circuit sixty.[11] No doubt it is this rite of elevation that has given the feast its name. Not unnaturally, scholars have therefore assumed that the feast and the rite have the same origin, but that is not the case, as we shall see.

The ultimate origin of *Exaltatio Crucis* lies in Jerusalem and is connected to the finding of the Cross. The fact that wood thought to be the Cross of Christ was discovered there in or soon after 325 can no longer be legitimately doubted, although there remains room for doubt concerning the authenticity of the find and the manner in which it occurred.[12] At about the same time, the tomb of

---

10   See, e.g., Μέγας Ἱερός Συνέκδημος [a kind of pocket missal for the Greek Orthodox Church] (Athens, 1978), pp. 670–1.

11   For a general presentation of the rite in Constantinople, including the imperial ceremonial surrounding it, see H. A. Klein, 'Constantine, Helena, and the Cult of the True Cross in Constantinople', in: Byzance et les reliques du Christ, ed. J. Durand & B. Flusin (Centre de recherche d'histoire et civilisation de Byzance, Monographies 17) (Paris, 2004), pp. 31–59, pp. 45–51; for an edition and French translation of the detailed description of the rite contained in an eleventh-century manuscript of the *typikon* of the Great Church (Hagia Sophia), MS. Dresden A 104, see B. Flusin, 'Les cérémonies de l'Exaltation de la Croix à Constantinople au XIᵉ siècle d'après le Dresdensis A 104', ibid., pp. 61–89, pp. 86–7.

12   S. Borgehammar, How the Holy Cross Was Found. From Event to Medieval Legend (Bibliotheca Theologiae Practicae 47) (Stockholm, 1991); J. W. Drijvers, Helena Augusta. The Mother of Constantine the Great and the Legend of Her Finding of the True Cross (Brill's Studies in Intellectual History 27) (Leiden, 1992). Stefan Heid, who previously did not believe in the historicity of an *Inventio Crucis* (see his 'Der Ursprung der Helenalegende im Pilgerbetrieb Jerusalems', JbAC 32 [1989], pp. 41–71) has subsequently declared himself convinced by the aforementioned works and has moreover offered the most cogent explanation so far of the famous silence of Eusebius concerning this event: S. Heid, 'Die gute Absicht im Schweigen Eusebs über die Kreuzauffindung', RQ 96 (2001), pp. 37–56.

Christ and the rock of Golgotha were excavated. Constantine ordered a church to be erected there, consisting of two buildings separated by a courtyard: the Anastasis rotunda over the tomb to the west; in the middle the courtyard with the rock of Golgotha at its south-east corner; and immediately to the east of that, the Martyrium basilica, where the relic of the Cross was kept in a silver casket. The original celebration of a feast of the Holy Cross took place in this complex and was connected to the celebration of its dedication or *encaenia*. Egeria wrote (c. 384) that the *encaenia* took place 'on the very date when the Cross of the Lord was discovered' and that it was celebrated for eight days.[13] The Armenian Lectionary from the beginning of the fifth century is more precise: the *encaenia* celebration began in the Anastasis rotunda on 13 September and continued in the Martyrium basilica with a commemoration of the Cross on 14 September.[14]

Although the *encaenia* festival is noted in several early ecclesiastical sources from outside Jerusalem – and is still reflected today in, e. g., the calendar of the Coptic church[15] – it is not clear when it was first celebrated outside Jerusalem. In the fifth and sixth centuries, it still seems to have been a festival which drew pilgrims *to* Jerusalem rather than one which spread from Jerusalem to other locations.[16] It is also quite unclear when the ceremony of the elevation of a cross was first introduced. The presumption has been that, like the celebration itself, it began in Jerusalem and soon spread to other places, including Constantinople. Holger Klein has recently shown, in a short but pregnant article, that (a) there is no evidence for an early rite of elevation in Jerusalem, resembling the fully developed rite in Constantinople; and (b) there is no evidence for an *Exaltatio Crucis* celebration in Constantinople before the seventh century.[17] In fact, the

---

13 Itinerarium Egeriae 48–49 (Égérie, Journal de voyage, ed. & trans. P. Maraval [SC 296] [Paris, 1982], pp. 316–9).

14 Details on the dates may be found in Borgehammar (cf. fn. 12), pp. 99–103, and L. van Tongeren, Exaltation of the Cross. Toward the Origins of the Feast of the Cross and the Meaning of the Cross in Early Medieval Liturgy (Liturgia condenda 11) (Leuven/Paris/ Sterling VA, 2000), pp. 27–37.

15 See U. Zanetti, Les lectionnaires coptes annuels: Basse-Égypte (Publications de l'Institut orientaliste de Louvain 33) (Louvain-la-neuve, 1985), p. 43.

16 H. Usener (ed.), Der heilige Theodosios. Schriften des Theodoros und Kyrillos (Leipzig, 1890), p. 39 with note pp. 146–7.

17 H. A. Klein, 'Niketas und das Wahre Kreuz: Kritische Anmerkungen zur Überlieferung des Chronicon Paschale ad annum 614', BZ 94 (2001), pp. 580–7. Nevertheless, some kind of elevation did take place in Jerusalem once a year: see Usener (cf. fn. 16), p. 71 (w. note p. 170): ἐν τῷ ἱερατείῳ ... ἐν ᾧ εἰς ὕψος αἴρεσθαι κατ' ἔτος ὁ τίμιος εἰώθει σταυρός. Churches that possessed a significant relic of the True Cross may have imitated the celebration in Jerusalem, as seems to have been the case with Apamea in the sixth century – see Klein (cf. fn. 11), pp. 37–39. Similar imitation may have been introduced in Constantinople, especially after the relic from Apamea was moved there, providing a kernel from which the celebration of ὕψωσις could develop.

word ὕψωσις in connection with this feast and a celebration of it in Constantinople occur for the first time – and then simultaneously – in the *Chronicon Paschale*, which says that the Holy Sponge was fastened on the Cross at its third exaltation on 14 September 614.[18]

Most authors in the past have interpreted this as an indication that *at least* from the beginning of the seventh century, the feast of *Exaltatio Crucis* was celebrated in Constantinople with a ceremony of elevation that had already received more or less the shape that is described in the later *typika*.[19] But quite on the contrary, the casual introduction of the word ὕψωσις in the *Chronicon Paschale* at this point should either be attributed to hindsight or to some kind of rearrangement of the material in the original manuscript, perhaps with a concomitant loss of text. Various indications, which need not be rehearsed here, lead Klein to surmise that the entry in the *Chronicon* belongs to the year 629 rather than to 614; thus, the rite of elevation of a cross on 14 September apparently started in Constantinople in connection with the return of the Cross to Jerusalem, which in the autumn of 629 was underway.[20]

I agree with Klein that the origin of the *Exaltatio Crucis* ceremony should be sought in Constantinople, but wonder if it is not connected rather to the abduction of the Cross from Jerusalem than to its restitution there. My reason is that the ceremony of *Exaltatio Crucis* is as much – if not more – a ritual of prayer and supplication than a ritual of glorification. The cross is lifted up as if to ward off danger from all directions while *Kyrie eleison* is chanted to implore God's mercy. In Greek and Oriental liturgical texts, the idea of the cross as a sign of victory is certainly invoked, but primarily, it seems, in order to apply to the present situation the victory that Christ, King of the Christians, won on the

---

18 Chron. Pasch. ad an. 614 (ed. Dindorf, pp. 704–5, trans. Whitby, pp. 156–7).

19 Thus R. Bornert, 'La célébration de la sainte Croix dans le rite byzantin', La Maison-Dieu 75 (1963), pp. 92–108, p. 97. P. Jounel, 'Le culte de la Croix dans la liturgie romaine', ibid., pp. 68–91, p. 75, asks eloquently why the Latin priests of Rome in the sixth century did not use the relics of the Cross that were in their possession in order to imitate their Oriental counterparts, whom they could watch celebrating *Exaltatio Crucis* with great solemnity. The answer, as we now realize, is that they did not see any Orientals making such a celebration.

20 Klein (cf. fn. 17). P. Speck, 'Zum Datum der Translation der Kreuzreliquien nach Konstantinopel', in: Varia VII (Bonn, 2000), pp. 167–77, concurs with Klein, but believes that the relic of the Cross had been restored to Jerusalem already in 628 and was then immediately taken to Constantinople, as suggested by Nicephorus (Brev. 18 [ed. & trans. Mango, pp. 66–67]). Consequently, he interprets the entry in the *Chronicon Paschale* as meaning that this was the third time a ritual elevation of the True Cross had occurred, the first two being in Jerusalem and in Constantinople in 628 (op. cit., pp. 171–2). I find it more natural to suppose that 'the third exaltation' in the *Chronicon* refers to the last of the three successive elevations towards the corners of the earth of which the ritual consisted. It would make sense if the Holy Sponge was attached to the cross at the last elevation, as a climax.

cross and thus to obtain victory over both spiritual and physical enemies.[21] There is nothing in the liturgical texts to suggest that the ritual was instituted in order to celebrate any historical victory other than that of Christ.

I would like to suggest, then, that when in 614 Jerusalem was looted and burnt and the relic of the Cross carried off to Persia, a real reason arose to start an *Exaltatio* celebration in Constantinople: by this means the cult of the relic of the cross, which had previously had its centre in Jerusalem, could be continued in Constantinople and the urgency of its recovery, as well as of the restoration of the churches of Jerusalem, be annually presented to the inhabitants of Constantinople in a graphic and moving form.[22] Exactly in what year the ritual was instituted must remain uncertain – we can only point to the period from 614 to 629. If there once existed an indication in the *Chronicon Paschale*, it is now lost. From Constantinople the new way of celebrating 14 September, with an elaborate and striking rite of elevation, has then spread throughout the Orthodox and Oriental Christian world, a process that was no doubt hastened by the triumphal return of the Cross to Jerusalem.[23]

From this sketch of how *Exaltatio Crucis* originated and gained a firm place in Eastern liturgy we may proceed to a more detailed investigation of its transference to and establishment in the West. In Rome there seems to have been no specific celebration of the Cross before the seventh century. In other parts of Europe a feast corresponding to *Exaltatio Crucis* had been quite widely celebrated on 3 May (in a few places, it seems, on 7 May) already in the sixth century, perhaps even earlier.[24] This feast was called *Inventio Crucis.* Like

---

21   See, e.g., Bornert (cf. fn. 19); A. Renoux, 'La Croix dans le rite arménien. Histoire et symbolisme', Melto: recherches orientales 5 (1969), pp. 123–175; J. Hallit, 'La Croix dans le rite byzantin. Histoire et théologie', Parole de l'Orient 3 (1972), pp. 261–311.

22   Similar arguments have previously been advanced by Michael and Mary Whitby, in the commentary to their translation of Chronicon Paschale [cf. fn. 9], p. 157, and by B. Flusin, Saint Anastase le Perse et l'histoire de la Palestine au début du VIIe siècle, I: Les textes, II: Commentaire (Paris, 1992), II, pp. 180–1.

23   A history of the rite of ὕψωσις as such does not exist, as far as I am aware. Some aspects have been studied, not least in connection with depictions of the rite in art. See, e.g., S. Der Nersessian, 'La "Fête de l'Exaltation de la Croix"', Annuaire de l'Institut de philologie et d'histoire orientales et slaves 10 (1950), pp. 193–8.

24   Here I differ somewhat from the opinion of Antoine Chavasse who, after a thorough investigation of the liturgical evidence, concludes that the celebration of *Inventio Crucis* in Rome is 'relativement ancien' and certainly anterior to the middle of the seventh century, whereas evidence for a celebration in Gallic and Spanish liturgy only dates from the second half of the seventh century: A. Chavasse, Le Sacramentaire Gélasien (Vaticanus Reginensis 316): sacramentaire presbytéral en usage dans les titres romains au VIIe siècle (Strasbourg, 1958), pp. 350–64. I agree with G. Manz, 'Ist die Messe *De inventione S. Crucis* im Sacramentarium Gelasianum gallischen Ursprungs?', Ephemerides Liturgicae 52 (1958), pp. 192–6, that the prayers for *Inventio Crucis* in the Sacramentarium Gelasianum are of non-Roman origin. I point out below that a Gospel

Exaltatio Crucis, it was occasioned by the discovery of the Cross of Christ in Jerusalem, but it lacked any reference to the *encaenia* festival there. Instead, it was based on the Latin version of the *Inventio Crucis* legend, which was circulating in the West already in the latter part of the fifth century and which enjoins the celebration of the day when the Cross was found, *quinto nonarum Maiarum*, or 3 May.[25] The feast seems to have been introduced in Rome early in the seventh century, although it did not become part of papal liturgy until the ninth.

The Gospel lesson for *Inventio Crucis* indicated in Italian lectionaries forms a kind of bridge between this celebration and that of *Exaltatio Crucis*. The lesson in question is Matthew 13:44 (sqq.) – the parable of a hidden treasure which a man discovers in a field – and it is found in at least five different sources reflecting usages in Italy in the seventh century.[26] We find the same lesson in connection with what seems to be the earliest evidence for *Exaltatio Crucis* in Rome, namely seven closely related lists of Gospel readings, *capitularia evangeliorum*, which reflect Roman usages in about 645.[27] These manuscripts all indicate that on the day of Sts. Cornelius and Cyprian, i. e. 14 September, one may ('si velis' or 'si vis') celebrate *Exaltatio Crucis*, in which case the gospel lesson *de sancta cruce* is to be used: Matth. 13:44.[28] It would seem, then, that in about 645 it was unusual but admissible to celebrate *Exaltatio Crucis* in Rome, and that the celebration was so recently introduced that it did not yet have a suitable Gospel lesson of its own.[29] Now, we cannot be absolutely sure: apart

---

reading for the feast, which was appropriate but different from the one eventually adopted in Rome, was well established in Italy in the seventh century. Moreover, the oldest ms. of the *Inventio Crucis* legend, Paris, B.N. lat. 2769, dates from the middle of the sixth century and is probably of North Italian provenance (Borgehammar [cf. fn. 12], p. 210). – The date 7 May, which occurs chiefly in calendars of Anglo-Saxon provenance, may derive from the eastern commemoration on that date of an *apparitio crucis* in Jerusalem at the time of Cyril; see H. A. Wilson, The Calendar of St. Willibrord (Henry Bradshaw Society 55) (London, 1918 [repr. 1998]), p. 29.

25 Inventio Crucis A, 15 (ed. in Borgehammar [cf. fn. 12], p. 271, lines 244–6).

26 Borgehammar (cf. fn. 12), p. 191 with n. 23; van Tongeren (cf. fn. 14), p. 63 with n. 81.

27 The original must date from the pontificate of Theodore (642–9) since it includes only one of three saints' days introduced by him – see T. Klauser, Das römische Capitulare Evangeliorum, I: Typen (Liturgiegeschichtliche Quellen und Forschungen 28) (Münster in Westf., 1935), p. 184. C. Vogel, Medieval Liturgy: An Introduction to the Sources, rev. & trans. W. G. Storey & N. Krogh Rasmussen, O.P. (Washington DC, 1986), pp. 342–3, vacillates in its dating and does not accurately represent the facts on which Klauser's dating is based.

28 Klauser (cf. fn. 27), p. 38, note to no. 198.

29 Van Tongeren (cf. fn. 14), p. 64, argues that a more recently investigated source that is thought to reflect Roman usage in the third quarter of the seventh century, the Gospel book of Malibu, points in the same direction as it mentions both Cornelius & Cyprian and *Exaltatio Crucis* on 14 September, but only gives the Gospel lesson for the former celebration (see W. Böhne, 'Ein neuer Zeuge stadtrömischer Liturgie aus der Mitte des

from the seven manuscripts just mentioned, all of Frankish origin, there is one Anglo-Saxon manuscript which belongs to the same type of *capitulare evangeliorum* – called Π by Klauser – and which does not mention *Exaltatio Crucis* at all.[30] Similarly, *Exaltatio Crucis* is missing in another family of *capitularia* – called Δ by Klauser – that reflects Roman usages around 650.[31] It may be, then, that *Exaltatio Crucis* is a Frankish addition subsequent to 645; but since Klauser carefully chose his manuscripts as being faithful to their original, it is more likely that we have to do with slightly different usages in different Roman churches.

The next piece of evidence is the Sacramentarium Gelasianum.[32] This liturgical book, copied around 750, is thought to reflect Roman presbyteral liturgy around the middle of the seventh century. The Sacramentarium Gelasianum contains complete sets of prayers for both *Inventio* and *Exaltatio Crucis*, but whereas the former are close in style and vocabulary to prayers from the Gallican liturgical tradition, the latter are distinctly Roman in style. While this suggests that *Inventio Crucis* was imported to Rome from elsewhere, it also indicates that the Western celebration of *Exaltatio Crucis* originated in Rome and first developed there. In the 650s it was apparently becoming established, with new texts specially composed for it. However, its presence in Rome does not mean that it was celebrated in every church there, and it had most certainly not yet been incorporated into the liturgy of the popes.

The first evidence for *Exaltatio Crucis* in the papal liturgy is in the Sacramentarium Paduense.[33] This manuscript, dated to around 850, is thought by liturgical scholars to reflect faithfully the liturgy celebrated in St. Peter's in Rome in the year 663 or soon thereafter.[34] On 14 September, it has the usual mass in honour of Sts. Cornelius and Cyprian, but also an additional prayer with the rubric *ad crucem salutandam in sancto Petro.* In the 660s, then, a rite of venerating the Cross has been established in St. Peter's, and occurs after the

7. Jahrhunderts', Archiv für Liturgiewissenschaft 27 [1985], pp. 35–69, p. 58). This does not mean, however, that the same lesson could be used for both celebrations; rather, the former celebration has a lesson of its own while the latter does not.

30   The *capitulare* of Würzburg, of insular origin, written c. 700. Klauser (cf. fn. 27), pp. 3–4 and p. 38, note to no. 198.

31   Klauser (cf. fn. 27), p. 163, no. 265 (the footnote indicates that one manuscript has *Exaltatio Crucis* in the form of an interlinear addition).

32   On the sacramentaries, see van Tongeren (cf. fn. 14), pp. 43–8 with bibliography. For fuller information, though no longer always up-to-date, the standard work is Vogel (cf. fn. 27), which treats the Gelasianum on pp. 64–70.

33   See further Vogel (cf. fn. 27), pp. 92–7.

34   J. Deshusses, Le sacramentaire grégorien. Ses principales formes d'après les plus anciens manuscrits, I–III (Spicilegium Friburgense 16, 24, 28) (Fribourg, 1971–82), III, pp. 79–81; id., 'Les sacramentaires. État actuel de la recherche', Archiv für Liturgiewissenschaft 24 (1982), pp. 19–46, pp. 33–6.

usual celebration of that day. Two or three decades later, Pope Sergius I (687–701) finds in the sacristy of St. Peter's a neglected reliquary with a large fragment of the Cross of Christ. According to the *Liber Pontificalis*, he institutes that this relic is to be venerated with a kiss by all Christians on the day of *Exaltatio Crucis*, in the Lateran basilica.[35] This information shows that *Exaltatio Crucis* is now firmly established as a feast day in Rome. Moreover, it indirectly corroborates the evidence from the Sacramentarium Paduense: if a rite of veneration of the Cross on 14 September was already in place in St. Peter's, it explains why a relic of the Cross that has been newly found in St. Peter's is immediately transferred to the Lateran in order to be venerated there. The situation at the end of the seventh century, then, seems to be that *Exaltatio Crucis* is celebrated with a mass on 14 September in many churches in Rome, whereas in the papal liturgy the mass on that day is dedicated to Sts. Cornelius and Cyprian, but is supplemented at the end with a ritual adoration of a relic of the Cross.

At this time, Frankish interest in the Roman liturgy was increasing, and it is reasonable to think the *Exaltatio Crucis* was spreading north of the Alps.[36] This may explain the shape of the mass for *Exaltatio Crucis* that is found in the Sacramentarium Tridentinum.[37] This manuscript, tentatively dated to 825–830, is thought to reflect a sacramentary used in the papal liturgy at the end of the seventh century but consigned by Pope Sergius I (687–701) to the archives.[38] At 14 September, it contains a complete mass-set – i.e. the three sacerdotal prayers of *collecta*, *secreta* and *postcommunio* – plus the prayer from the Paduense for the veneration of a cross. That the last-mentioned prayer is marked *alia*, as if it were an alternative to the post-communion prayer, may be regarded as scribal interference or misunderstanding. I cannot agree with van Tongeren that the mass-set in the Sacramentarium Tridentinum is evidence that the papal liturgy at the end of the seventh century included a mass for *Exaltatio Crucis*.[39] If that had been the case, then the same mass-set would have been included in the Sacramentarium Hadrianum too (to be treated below), and the individual orations would have been widespread, which they are not.[40] The Roman original

---

35 Lib. Pont. 86, 10 (Le Liber Pontificalis. Texte, introduction et commentaire, I–II, ed. L. Duchesne, 2nd ed. [Paris, 1955–7], I, p. 374).

36 On the process of Romanization of Frankish liturgy, see Vogel (cf. fn. 27), passim (e. g. pp. 1–2, 69–70).

37 Vogel (cf. fn. 27), pp. 97–102.

38 Van Tongeren (cf. fn. 14), pp. 46–7.

39 Van Tongeren (cf. fn. 14), p. 51.

40 I have investigated the orations for Exaltatio Crucis contained in 74 sacramentaries and missals dating from the eighth to the twelfth centuries. The mass-set from the Sacramentarium Gelasianum appears in 13 of them; that from the Sacramentarium Hadrianum appears in 26; sets with orations from both the Gelasianum and the

of the Tridentinum can only have contained the oration which we also find in the Paduense. The mass-set which precedes this was composed by someone else, presumably before the sets in the Gelasianum and the Hadrianum had received wide circulation.

Evidence from the middle of the eighth century is afforded by the *capitularia evangeliorum* which Klauser classifies as types Λ and Σ. These are Frankish documents, mostly dating from c. 800 but reflecting Roman usage around 740 and 755 respectively. These all have a proper Gospel lesson for Exaltatio Crucis: John 3:1–15.[41] That *Exaltatio Crucis* was well known in Francia at the end of the eighth century is additionally made clear by the group of sacramentaries called 'eighth-century Gelasians', written in the Frankish kingdom in the late eighth and early ninth centuries.[42] They all contain the mass-set for *Exaltatio Crucis* that was provided by the Gelasian sacramentary, plus the oration 'ad crucem salutandam' from the Paduense.

Finally, we have the Sacramentarium Hadrianum, a book which reflects papal liturgy in the last quarter of the eighth century and which exists in a copy from 812.[43] This sacramentary, too, has a complete mass-set for *Exaltatio Crucis*, which indicates that a *mass* for this feast – and not just a rite of veneration – was now an established part of papal liturgy. But perhaps we should not be too sure. The mass-set of the Hadrianum *begins* with the prayer from the Paduense, even though that is unsuitable as a collect.[44] Even more strangely, the *secreta* – a prayer which occurs in the middle of mass, well before the communion rite – refers to both communion and an adoration of the cross in the past tense. It seems, then, that this oration too, like the preceding one, originally belonged to a rite of veneration which occurred after mass.[45] The final oration, the *post-communio*, is borrowed from older liturgical books and does not refer to the cross at all.[46] Why the compiler of the Hadrianum chose to make two orations perform functions for which they were neither intended nor well suited, and

---

Hadrianum appear in 34; and the mass-set from the Tridentinum appears only there (occasionally, an oration from the Tridentinum will turn up in a votive mass dedicated to the Holy Cross).

41 Klauser (cf. fn. 27), p. 84 no. 223 and p. 123 no. 225. This pericope was, however, also used in other celebrations. In the twelfth century one finds a more exclusive text, John 12:31–6, in the Lateran missal, and it was this that finally entered the *editio typica* of the *Missale Romanum.*

42 See Vogel (cf. fn. 27), pp. 70–8.

43 There are differences of opinion among liturgical scholars as to when the original was sent from Rome and by which pope: Hadrian I (772–795) or Leo (795–816). See van Tongeren (cf. fn. 14), pp. 46–7.

44 The content is analyzed by van Tongeren (cf. fn. 14), pp. 91–3.

45 *Iesu Christi Domini nostri corpore saginati ... sicut adorare meruimus ...* See also van Tongeren (cf. fn. 14), pp. 96–7, whose explanation, however, I do not find convincing.

46 The oration may date from 537. See further van Tongeren (cf. fn. 14), pp. 97–8.

added a third that was jejune, rather than to use the prayers from the Gelasianum or (if he knew of them) the Tridentinum, we can only guess at. I would suggest that even at this time, the popes were celebrating a mass in honour of Sts. Cornelius and Cyprian on 14 September, and were supplementing it with a rite of veneration of the Cross. But the rite of veneration was only suitable for churches that possessed a relic of the Cross, whereas *Exaltatio Crucis* had become a widespread celebration. So when the Hadrianum was sent to Charlemagne, the material for 14 September had to be revised. Whether the revision occurred on the sending or the receiving end is of little concern here. The thing to note is the presence of two prayers for a rite of veneration of the Cross, the first to be read before the rite and the second to be read afterward. This witnesses to some development of that distinctively papal celebration on 14 September, before the rite of veneration, at a time and for reasons unknown to us, disappeared.

To recapitulate: a mass for *Exaltatio Crucis* on 14 September exists in Rome as an option in c. 645 and is an established celebration in non-papal liturgy in the 650 s. By 665 at the latest, there is a public veneration of a relic of the Cross in St. Peter's, and two or three decades after that in the Lateran as well. The Roman celebration provides the impetus for the spread of the celebration of *Exaltatio Crucis* (with or without a rite of veneration) to the Frankish kingdom, at a time when Roman liturgy was in any case increasingly becoming the pattern for Frankish liturgy. By the middle of the eighth century, most ecclesiastical centres in Francia will have solemnized *Exaltatio Crucis* on 14 September. Its presence in the Sacramentarium Hadrianum caps the development: from now on, it is a basic part of the sanctoral of the Latin church.

It has been necessary to dwell in some detail on these liturgical developments in order to provide a context which will allow us to date the composition of the legend called *Reversio sanctae Crucis* with a certain amount of confidence. For the celebration of mass no legend is required, of course. In Roman liturgy, legends are used in the Divine Office, and books for the Divine Office are not extant for the period we are considering. We know, however, that clerical and monastic communities observed the Divine Office as a matter of course and would have felt a need for a legend in order to celebrate any major feast. The evidence just rehearsed indicates that in the Frankish kingdom, *Exaltatio Crucis* would have been important enough to require a legend at least by the middle of the eighth century. But it clearly reached a similar status earlier in Rome. So the question is: how soon can a community in Rome have felt that *Exaltatio Crucis* was a major celebration?

The first appearance of the feast in liturgical books around 645 is merely evidence of its existence at this time, not of when it was introduced. Louis van Tongeren places the introduction earlier, in the time of Pope Honorius I (625–638), arguing that, since the Sacramentarium Paduense and the Sacramentarium

Tridentinum have a specific prayer for *Exaltatio Crucis* in common, then that prayer must 'go back to what is termed the primitive *Gregorianum*', which 'was possibly edited by Pope Honorius I'.[47] Although I agree that an early date is likely, I do not find the reference to a hypothetically dated hypothetical liturgical book convincing. Let us look, instead, at the historical circumstances and the character of the *Reversio*.

Consider, first, the above-mentioned suggestion that *Exaltatio Crucis* was introduced in Constantinople in or after 614, in response to the fall of Jerusalem and the abduction of the great relic of the Cross from there. If this is correct, knowledge of the new rite would soon have reached Rome. Consider, secondly, the effect caused by the restitution of the Cross to Jerusalem by Heraclius in the year 630.[48] It is hardly a coincidence that *Reversio* recalls precisely this event. Moreover, the relics of the Persian martyr Anastasius arrived in Rome in c. 645, and they were surely preceded by rumours about how he was converted when the Cross came to Persia and martyred just as the power of the Cross was defeating the Persian tyrant.[49] In the excitement over these events, a collegiate church or monastery in Rome which possessed a relic of the Cross – and there were several – may surely have felt that now was the time to introduce a festive celebration of *Exaltatio Crucis*.[50] It could have occurred at almost any time after 630.

Turning now to the character of the *Reversio*, it was clearly intended as a liturgical legend as its opening words, 'in illo tempore' indicate. Its contents reflect not the dispassionate work of chroniclers, but the rumours that circulate soon after a great event has taken place. Its image of Heraclius is untainted by

---

47 Van Tongeren (cf. fn. 14), pp. 54 and 44–5.
48 Most scholars now agree that the restitution of the Cross to Jerusalem by Heraclius took place on 21 March 630, even though this date is not without its difficulties. For a clear and thorough argument, see Flusin (cf. fn. 22), II, pp. 293–309. Paul Speck, however, has developed a complicated argument in favour of 14 September 628, which involves dismissing the witness of several more or less contemporary sources: P. Speck, Das geteilte Dossier. Beobachtungen zu den Nachrichten über die Regierung des Kaisers Herakleios und die seiner Söhne bei Theophanes und Nikephoros (Bonn, 1988).
49 Franklin (cf. fn. 3), pp. 9–11, tentatively but with good reason dates to c. 645 the arrival of the head of Anastasius to the Greek monastery *ad Aquas Salvias* in Rome (the martyr Anastasius whose relics came to Rome in 641/642 together with the relics of Venantius and Maurus, as mentioned in the Lib. Pont. 74, 2, is a different person).
50 In Rome there were also monasteries with Greek and Oriental monks, who may have had a particular interest in adopting the *Exaltatio Crucis* celebration. We may note, for instance, the 'Boethian' monastery in which Pope Donus (676–678) found 'Syriac' monks who were Nestorians; Lib. Pont. 80, 2 (ed. Duchesne, I, p. 348, trans. R. Davis, The Book of Pontiffs. The Ancient Biographies of the First Ninety Roman Bishops to AD 715 [Translated Texts for Historians 6] [Liverpool, 1989], p. 75). See further J.-M. Sansterre, Les moines grecs et orientaux à Rome aux époques byzantine et carolingienne (milieu du VIᵉ s. – fin du IXᵉ s.) (Bruxelles, 1983).

the criticism for incest and heresy which turns up in the *Chronicle of Fredegar* and other Latin sources after the middle of the seventh century, or even by his inability to halt the Arab advance from 636 onward. Striking is also the absence of any reference to the struggle over monotheletism, which strongly affected Rome already from about 640 and continued to plague the City until the Sixth Ecumenical Council in 680–1.[51]

If *Reversio* was composed in Rome, it seems it must either be dated to before 636 or to about 690 or later. If it was composed in a place less affected by events in the East, the dating becomes more difficult. The title of *Reversio Sanctae Crucis* points to a period before *Exaltatio Crucis* became the established name of the feast, which it seems to have been already around 645 judging by the evidence from the *capitularia evangeliorum*. On the other hand, Heraclius is spoken of as a historically distant figure in the text, and his emperorship is mentioned in the past tense in § 6. The manuscript evidence, where the ninth-century manuscripts already exhibit a great variety of readings, suggests a wide circulation already in the eighth century, which is in harmony with how the liturgical celebration of *Exaltatio Crucis* seems to have spread. The lack of criticism of Heraclius for his support of monothelitism suggests a non-Roman origin or an origin at a time well after that struggle was settled. These various considerations indicate that *Reversio Sanctae Crucis* as we have it was composed between the end of the seventh century and c. 750, using material from the 630s.

The archetype for all manuscripts of *Reversio* contained an interpolation which may say something about the origin of the text. If the following seems too fanciful, I ask the reader's indulgence. In § 20, Heraclius is made to praise the cross with words borrowed from the hymn *Pange lingua* by Venantius Fortunatus. A less than literate interpolation occurs in the middle of the borrowed phrase, thus:

Dulce lignum dulce clauo [dulce mucra dulce asta] dulcia ferens pondera! ('Sweet wood, sweetly by the nail [sweet spear-point, sweet spear] carrying sweet burdens!')

I envision a setting where the author of *Reversio* gets the story from a foreign friend, probably a Greek or Oriental monk. After having written it up, he hands it to his friend for criticism. The foreigner picks his way through the polished Latin with difficulty. When he comes to the *dulce lignum dulce clauo*, he does not recognize it as a quotation from Fortunatus, but reads it like an enumeration of relics of the Passion. He misses the Holy Lance, which had become prominent in liturgy and devotions in Constantinople, and scribbles, between the lines or in the margin, *dulce mucra dulce asta* (for *dulcis mucro*

---

51   See, e.g., the many entries about the struggle over monotheletism in the *Liber Pontificalis* during this period.

dulcis hasta). The author, out of respect for his friend, lets the addition stand –
and so it flows into the textual tradition.

In whatever date, place and circumstances *Reversio* originated, it does seem
to be based on a text dating from 630–6. That text would already have had the
word *Reversio* in the title – or Ἐπιστροφή, if it was written in Greek – and could
well have been used liturgically by some community or communities in Rome. It
contained accounts and interpretations of some specific objects and events
which will be analyzed in more detail below.

As for *Sermo*, it must date from a time before *Reversio* had established itself
as the standard legend for the feast, since it betrays no knowledge of that text.
An interesting fact about *Sermo* is that it does not establish a historical distance
to Heraclius in the way that *Reversio* does. Apart, perhaps, from the fact that it
gives Heraclius saintly titles (*beatus, beatissimus* and, once, *sanctissimus*) it
speaks of him as a contemporary. The beginning of the piece, which says that its
purpose is to explain why *Exaltatio Crucis* is celebrated, and its ending, which
exclaims (§ 20), 'let us adore the wood of the Holy Cross and ... celebrate the
memory of its exaltation on the eighteenth day before the Kalends of October',
suggest that the preacher expected his audience to be somewhat unfamiliar with
the celebration   i. c., that it was of recent origin. At the same time, the preacher
does use the term *exaltatio* as if it were well-know and easily understood, despite
the fact that the story does not mention any literal elevation of the Cross. In
sum, this text must either date from the 630s and be addressed to an audience
which has heard of something called *exaltatio* or ὕψωσις, or else it must be
roughly contemporaneous with *Reversio* but from a different environment.
Perhaps a detailed analysis of its unusual language will throw more light on the
question in the future.

The datings suggested here are certainly open to doubt. The only firm
terminus post quem is that of the most recent event mentioned in the texts,
which is the restitution of the Cross to Jerusalem on 31 March 630. The only firm
terminus ante quem is the age of the oldest manuscript, which in the case of
Reversio is (785–)821, in the case of *Sermo* is the eleventh century. However, it is
hard to dispute that the traditions which these two texts reflect belong to the
630s. And that is perhaps what is most interesting about them.

The remainder of this paper is dedicated to a study of the three most
prominent of those traditions: the duel on a bridge between Heraclius and a son
of Chosroes; the silver tower of Chosroes; and the humiliation of Heraclius
upon his entry into Jerusalem. Additional analogues to *Reversio* and *Sermo* are
indicated in the footnotes to the respective translation.

The Duel on the Bridge

Reversio and *Sermo* both reduce the whole of the extensive Byzantine–Persian campaigns of 622–628 to a single decisive event: a duel between Heraclius and a son of Chosroes on a bridge. We find something very similar in two other Latin sources, the Chronicle of Fredegar (written c. 660) and the Spanish chronicle *ad annum 754*.[52] Common to the Latin sources is that the whole war is reduced to a single duel and that the victory of Heraclius leads to a total Byzantine victory over Persia. The differences are quite numerous. Fredegar does not mention a river at all; the others do but *Reversio* alone identifies the river as the Danube. Only *Reversio* and *Sermo* make the duel occur on a bridge over the river. According to Fredegar and the Spanish chronicle, Chosroes himself had agreed to fight Heraclius but sends a stand-in, whereas in *Reversio* and *Sermo* Heraclius's opponent is a son of Chosroes. Fredegar says that Heraclius fought like King David, the Spanish chronicle says that his opponent was a Goliath, *Sermo* mentions both David and Goliath whereas *Reversio* mentions neither. Only in Fredegar does Heraclius win by means of a trick, in the other Latin sources he fights honestly. In *Reversio* and *Sermo*, the Persians do not flee, they submit to Heraclius and agree to be baptized.

If we go to Greek sources, we find parallels in the descriptions of Theophanes and Nicephorus of the decisive battle fought on 12 December 627 by the Great Zabas river near Nineveh. In Theophanes, the emperor sallies forth already at the beginning of the battle and kills Razates, the commander of the Persians, after which he continues to fight bravely and is lightly wounded. In Nicephorus, Razates challenges the emperor to an outright duel, which the latter wins with the aid of a bodyguard. In both, as in the chronicles of Tabari and Agapius for instance,[53] this battle is a turning point which leads to the downfall of Chosroes.

In Theophanes, moreover, we find another parallel earlier on in the description of the war, when the Greeks and the Persians have camped on either side of the river Saros. Here, the emperor saves a dangerous situation by striking down a gigantic Persian in the middle of the bridge over the river, which puts the

---

52 Fredegar, IV, 64 (ed. & trans. Wallace-Hadrill, pp. 52–3) and Cont. Hisp. 4 ([Isidori Historia Gothorum] Continuatio Hispana a. 754, ed. T. Mommsen, in: Chronica minora II [MGH AA 11] [Berlin, 1894], pp. 334–69, pp. 335–6).

53 Tabari (Tabarī, Annales, trans. T. Nöldeke, Geschichte der Perser und Araber zur Zeit der Sasaniden, aus der arabischen Chronik des Tabari [Leiden, 1879]), pp. 293–6; Agapius (Agapius de Menbidj, Kitab al-'Unvan, ed. & trans. A.-A. Vasiliev, in: PO 8 [Paris, 1912]), p. 464 [204].

rest of the Persians to flight. The source of Theophanes for this episode would seem to be a poem by George of Pisidia, preserved only in fragments.[54]

However it may be with the historical veracity of these events, it is not difficult to recognize them as stories of the emperor's heroic deeds that were told soon after the end of the war. It may be that Heraclius himself encouraged a view of himself as a 'new David'. This has been discussed by several authors, not least in connection with the adoption by Heraclius of the title of βασιλεύς at this time.[55] In this context, the full implications of Heraclius's entry into Jerusalem with the reliquary of the Cross have not always been realized. The Martyrium basilica in Jerusalem was regarded already by Eusebius as a Christian counterpart to the temple in the Old Testament.[56] I have argued elsewhere that such imagery was cherished in Jerusalem, at least in the fourth and fifth centuries, and apparently encouraged the idea that the reliquary of the Cross, which was kept in the Martyrium, was a Christian parallel to the Ark of the Covenant.[57] Now, in 2 Samuel 6 the story is told of how David, after beating the Philistines, brings the Ark with great joy into Jerusalem. If the reliquary of the Cross was thought of as a Christian ark, it is almost inevitable that Heraclius' entry with it into Jerusalem after defeating Persia should have caused Christians at the time to think of King David.[58]

---

54 See C. Mango & R. Scott, The Chronicle of Theophanes Confessor. Byzantine and Near Eastern History AD 284–813 (Oxford, 1997), p. 445 with notes.

55 Bibliography of the discussion in W. Brandes, 'Heraclius Between Restoration and Reform. Some Remarks on Recent Research', in: The Reign of Heraclius (610–641): Crisis and Confrontation, ed. G. J. Reinink & B. H. Stolte (Groningen Studies in Cultural Change 2) (Leuven/Paris/Dudley MA, 2002), pp. 17–40, p. 19; see also the contributions of Mary Whitby mentioned below, notes 58 and 69.

56 Eus., Vita Const. (Eusebius, De vita Constantini, neue Aufl., ed. F. Winkelmann [GCS 7:1 = Eusebius Werke 1:1] [Berlin, 1975]) III, 333: 'on the very spot which witnessed the Saviour's sufferings, a new Jerusalem was constructed, over against the one so celebrated of old' (where 'Jerusalem' of course is a metonymy, or totum pro parte, for the temple).

57 Borgehammar (cf. fn. 12), pp. 177–8.

58 C. Ludwig, 'Kaiser Herakleios, Georgios Pisides und die Perserkriege', in: Varia III (Bonn, 1991), pp. 73–128, pp. 97–8, sees an allusion to David dancing before the Ark in the poem by George of Pisidia, In restitutionem s. Crucis, in: Giorgio di Pisidia, Poemi, I: Panegirici Epici, ed., tr. & comm. A. Pertusi (Ettal, 1959), lines 71–81, where the Cross is said to have been more effective than the Ark in defeating its enemies (an allusion to 1 Sam. 4–6) and Heraclius is described as dancing with the angels (line 72). Mary Whitby, 'George of Pisidia's Presentation of the Emperor Heraclius and His Campaigns', in: Reinink & Stolte (cf. fn. 55), pp. 157–73, p. 162 n. 30, disagrees because 2 Sam. 6:14 in the Septuagint does not clearly say that David danced; however, 2 Sam. 6:16 does state this clearly (Δαυὶδ ὀρχούμενον), as does 2 Sam. 6:21. I find Ludwig's interpretation entirely convincing.

Goliath, of course, was a Philistine, so what could be more natural than that Heraclius' struggle with Persia, as well as particular heroic duels of his on the battlefield, should be compared with David's fight against Goliath? What is remarkable is rather that such symbolism is not more frequent than it is. When it comes to George of Pisidia who, as Mary Whitby has pointed out, does not overtly link David and Heraclius,[59] I am inclined to think that he found such parallels too obvious to be good poetry. But why is the imagery suppressed in *Reversio*? We shall have more to say below about how this text, in distinction to *Sermo*, is wary of glorifying the royal office and associating it with sacred things.

The Silver Tower

After Heraclius has won his duel, he hastens to confront Chosroes and finds him sitting in a remarkable silver tower (*Reversio* §§ 4 and 10, *Sermo* §§ 11 and 14). The two texts describe the tower as follows:

... a silver tower, in which he had constructed a golden dome set with glimmering gems, where he had placed a chariot of the sun and the likeness of moon and stars and had installed hidden pipes for running water, so that he would seem to pour out rain from above like a god. And while horses pulled in circles in a cave below the earth, causing the structure of the tower to turn as if he were moving it, a roar as of thunder was imitated as well as art permitted.	Now that tower ... was vastly tall and was built of silver bricks right from its foundations. The top was of gold with precious stones and gems. In that tower there was a kind of man-made heaven, and on his festival day this was the custom: that tyrant sat with his magistrates and prefects and made horses run down through the tower from above, so that it would seem like thunder, and through hidden pipes in the heaven he made water to be poured and diffused as if it were raining.

A similar object is found in Nicephorus, who says that Heraclius during his campaigns found, on the roof (στέγη) of one of the Persian fire temples, an idolatrous image of Chosroes sitting as if in heaven, surrounded by stars, sun, moon and angels, and with a machine that was able to produce thunder and rain. This Heraclius destroyed. An almost identical account occurs in Georgius Monachus and in Georgius Cedrenus.[60] In the latter it is inserted in a passage

---

59   See Mary Whitby, 'A New Image for a New Age: George of Pisidia on the Emperor Heraclius', in: The Roman and Byzantine Army in the East. Proceedings of a Colloquium Held at the Jagiellonian University, Kraków, in September 1992, ed. E. Dąbrowa (Kraków, 1994), pp. 197–225, pp. 218–9; but cf. the previous footnote.

60   Geo. Mon. (Georgii Monachi Chronicon, I–II, ed. C. de Boor [Bibliotheca Teubneriana] [Leipzig, 1904]), II, pp. 671–2; Cedr. (Georgius Cedrenus, Compendium Historiarum, 2 vols., ed. I. Bekker [CSHB 32 & 34] [Bonn, 1838–9]), pp. 721–2. Georgius Monachus

from Theophanes, where Heraclius in pursuit of Chosroes reaches first Gazakos, then Thebarmais; the insertion is done in such a way as to make it seem that the image was located in a fire temple in Gazakos.

This idol or artificial universe of Chosroes has been discussed in an oft-quoted article by Ernst Herzfeld, who argues that it was a real object, an astronomical clock.[61] Herzfeld located it in Gazakos following Cedrenus, whom he believed to be correctly representing the original text of Theophanes at this point. But that is a mistake. It is true that the Greek text of Theophanes lacks several lines at the point under discussion, but the lost passage is preserved in the Latin translation of Anastasius Bibliothecarius and mentions no idol, clock or tower. Theophanes does mention a fire temple which Heraclius destroys, but the original text locates it not in Gazakos but in Thebarmais.[62] Herzfeld has unfortunately deceived many scholars in this matter.[63]

Sternbach has shown that Cedrenus was dependent on an interpolated text of Theophanes, preserved in the manuscript Paris B.N. gr. 1712.[64] The interpolated passage is very similar to that contained in Nicephorus, but adds that the roof of the temple was dome-shaped (σφαιροειδής). The same or a very similar passage also surfaces in several other Greek texts,[65] all ultimately

probably drew the passage from on an early copy of Nicephorus – see the preface to Mango's edition (cf. fn. 8), pp. 25–9.

61   E. Herzfeld, 'Der Thron des Khosrô. Quellenkritische und ikonographische Studien über Grenzgebiete der Kunstgeschichte des Morgen- und Abendlandes', Jahrbuch der Preußischen Kunstsammlungen 41 (1920), pp. 1–24, 102–47.

62   Scholars have found it hard to locate the Gazakos and Thebarmais of Theophanes geographically, because there are several candidates for the former and none for the latter. Gazakos or, better, Ganzak can today with confidence be identified with present-day Leylan, south-east of Lake Urmia, or, more precisely, with ruin-mounds in its vicinity. Thebarmais is more problematic. It is common to identify it with Shīz, or present-day Takht-i Sulaimān, which is the site of a fire temple whose ruins are well-preserved, not far to the east of Ganzak. However, it is a mystery why Theophanes should have called this place Thebarmais, and there is no archaeological evidence for its destruction in the early seventh century. See further K. Schippmann, Die iranischen Feuerheiligtümer (Religionsgeschichtliche Versuche und Vorarbeiten 31) (Berlin/New York, 1971), pp. 347–9; M. Boyce, 'Ganzak', and D. Huff, 'Takt-e Solaymān' at <www.iranica.com>.

63   E.g. H. P. L'Orange, Studies on the Iconography of Cosmic Kingship in the Ancient World (Instituttet for sammenlignende kulturforskning, ser. A: Forelesninger 23) (Oslo etc., 1953), p. 19. For notes on more scholarship from the point of view of the history of religions, as well as for an overview of how Chosroe's tower was depicted in Western medieval literature and art, see Baert (cf. fn. 4), pp. 149–163.

64   L. Sternbach calls this manuscript Π. In 'De Georgii Pisidae apud Theophanem aliosque historicos reliquiis', Rozprawy Akademii Umiejętności, Wydział Filologiczny, ser. II, t. 15 (Krakowie, 1900), pp. 1–107, p. 68, he quotes the added passage in Π in full, with variae lectiones from Cedrenus.

65   L. Sternbach, 'De Pisidae fragmentis a Suida servatis', Rozprawy Akademii Umiejętności, Wydział Filologiczny, ser. II, t. 15 (Krakowie, 1900), pp. 108–98, pp. 139–40,

dependent on Nicephorus or his source.[66] The ultimate origin of the passage cannot be determined with certainty. It is clear, at any rate, that no Greek source with any claim to originality locates the object, whatever it was, to a named place.

We could, therefore, write the throne of Chosroes off as pure fiction, were it not for the existence of an independent Persian tradition about it. Tha'ālibī mentions that Chosroes had a throne called Takht-i Tâqdîs, 180 cubits long, 130 cubits wide and 15 cubits high, covered by a canopy of gold with representations of the signs of the Zodiac, and with a mechanism that indicated the hours of the day.[67] We find something similar in Bel'ami, in his version of the Chronicle of Tabari: Chosroes (whom he calls Parwîz) had a throne called Tâkdîs, one hundred cubits high (i.e. more like a tower than a throne) and with four legs made of rubies.[68] The most fanciful description is that of Firdausi in his *Shah-Nama*, where among many other wonders the throne is said to have reached a height of 170 royal cubits – the equivalent of about 300 meters![69] Despite the exaggerations, the fact that there are several independent strands of tradition about this object suggests that it did once exist, and was in the possession of Chosroes. Where it stood, however, remains unknown.

Stefan Heid has suggested that perhaps we hear an echo of a rumoured dome of Chosroes in a sermon attributed to St. John of Damascus. This sermon, if genuine, was held in the Anastasis church in Jerusalem toward the end of the seventh century and refers to the dome of the Anastasis as a true image of the universe.[70] The description does evoke the description of the idol of Chosroes in

---

adduces the following in parallel columns: Georgius Monachus; Leo Grammaticus (Leo Grammaticus, Chronographia, ed. I. Bekker [CSHB 44] [Bonn, 1842], p. 151); Theodosius Melitenus (Theodosius Melitenus, Chronographia, ed. T. L. F. Tafel, München 1859, p. 105); and Ps.-Pisides (ined., fol. 408v–9r).

66 The (main) source of Nicephorus for this period was probably a Constantinopolitan chronicle; see the preface to Mango's ed. (cf. fn. 8), pp. 12–4.

67 Tha'ālibī (Histoire des rois des Perses par bou Mansour 'abd Al-Malik ibn Mohammad ibn Isma'il al-Tha'alibî: historien et philologue arabe de la Perse [A.H. 350–430], ed. & trans. H. Zotenberg [Paris, 1900]), pp. 698–9. This seems to be to be the most realistic description, if indeed the object ever existed.

68 Bel'ami (Chronique de Abou-Djafar-Mo'hammed-ben-Djarir-ben-Yezid Tabari, tra-duite sur la version persane d'Abou-'Ali Mo'hammed-Bel'ami, trans. H. Zotenberg, I–II [Paris, 1867–74]), II, p. 304.

69 Assuming that the English translation by Warner & Warner (The Sháhnáma of Firdausí, 9 vols., trans. A. G. & E. Warner [London, 1905–25]) is correct in saying that a Persian royal cubit corresponds to an English fathom.

70 S. Heid, Kreuz – Jerusalem – Kosmos. Aspekte frühchristlicher Staurologie (JbAC, Ergänzungsband 31) (Münster Westf., 2001), pp. 94–5.

Nicephorus, and the fact that a dome is mentioned both in other Greek versions of that passage and in the *Reversio* strengthens the parallel.[71]

There is, then, an obvious similarity between the objects described in these various Greek, Latin and Oriental sources, but there are also distinct differences. *Reversio* and *Sermo* are alone in talking about a tower made of silver. They are also alone in saying that Chosroes, when sitting there, had the Cross of Christ next to him or even rested his shoulders on it (*Reversio* § 5; *Sermo* §§ 4 and 11).

Particularly interesting is the image invoked in *Reversio* of Chosroes having placed the Cross beside his throne 'as if he were a colleague of God'. Chosroes is here paying a certain respect to the Cross (evoked again in *Reversio* § 11) but does so in an intolerably haughty way. There is a striking similarity between this scene and the way Byzantine emperors, at least in the tenth century, would leave the right part of their throne free for the invisible Christ on Sundays and feast days, once a year even placing a relic of the Cross on that empty seat.[72] Such a custom could indeed be interpreted as if the emperor made himself 'a colleague of God'. It is not attested for the seventh century, but it has been convincingly argued that the late sixth and early seventh centuries saw 'a "liturgification" of court ceremony, a heightened emphasis on the divine source of imperial authority, and a greater focus on Constantinople as the legitimate – and legitimating – seat of empire'.[73] Although we cannot say exactly how far this process had evolved in the time of Heraclius, it seems natural to regard the source behind *Sermo* and *Reversio* – with its dominant emphasis on humility as the royal virtue *par excellence* – as in some measure a reaction against it. In *Reversio*, more than in *Sermo*, that reaction has been brought to the fore: the theme of humility vs. pride is strongly underlined, Heraclius is not at all depicted as a saintly person, and the idea of him as a new David has been suppressed.

The Humiliation of Heraclius

The entry of Heraclius into Jerusalem with the recovered relic of the Cross is mentioned in several Greek and Oriental sources, most graphically by Sebeos. But no known Oriental text describes the miracle that constitutes the climax of

---

71 'Tholum' in Reversio (§ 4) is an emendation of 'thorum' in one manuscript and 'thronum' in all the others. The emendation was, however, prompted purely by considerations internal to the Latin text (its sense and the odd reading in one manuscript), not by a comparison with other sources that mention a dome.

72 O. Treitinger, Die oströmische Kaiser- und Reichsidee nach ihrer Gestaltung im höfischen Zeremoniell, 2. unveränderte Aufl. (Jena, 1956 [1938]), pp. 32–4.

73 J. Haldon, 'The Reign of Heraclius. A Context for Change?', in: Reinink & Stolte (cf. fn. 55), pp. 1–16, p. 14; see also Klein (cf. fn. 11), pp. 39–41 (both with further lit.).

both *Reversio* and *Sermo:* when the emperor approaches the city dressed in royal attire and sitting on his war horse, the gates turn into a solid wall and an angel comes down from heaven, admonishing him to imitate the humility of Christ. Only after Heraclius has done penance do the gates open again, and he enters barefoot, simply dressed, with praises on his lips.

This scene could easily have been thought to be a literary invention by the author of the text that lies behind *Reversio* and *Sermo,* but there exists iconographical evidence that the story – or something quite similar – was known also in the East, and as early as the 630s. Recent studies of the carved lintel over the north portal of the church of Mren (today in eastern Turkey), founded c. 639/40, indicate that it depicts precisely the restitution of the Cross to Jerusalem by Heraclius. Its unusual iconography, with what must be Heraclius crouching in humble garb before a cross while his war horse stands to one side, can be explained as a reflection of the story in *Reversio* and *Sermo,* as Christina Maranci has now shown.[74]

Remarkably, this story is attested nowhere else. Instead, we find depictions of a festive *adventus imperatoris* to Constantinople (presumably in late 628), where references to Christ's entry into Jerusalem may perhaps be detected, but where the overtones are entirely glorious and triumphal:

> When the people of the City had learnt of his coming, all of them, with unrestrained eagerness, went out to meet him … holding olive branches and lights and acclaiming him with tears of joy … all the people sent up to God hymns of thanksgiving. After receiving the emperor in this fashion, they entered the City dancing with joy.[75]

The images clash. That a Christian emperor should be close to God was nowhere in question, but what that means and how it should be expressed – about such things there was evidently disagreement. Even in the wake of Heraclius' victories the panegyrists seem to have been gainsaid by others who stressed humility.

However, I would suggest that the most interesting thing about the texts we have studied is not that they display plurality and divergence (all phenomena do), but that they allow us to glimpse how images and interpretations of great historical events were being formed even while the events themselves were taking place. In other words, they take us to the growing point of history. For the

---

74　C. Maranci, 'The Humble Heraclius: Revisiting the North Portal at Mren', REArm 31 (2009) [in print].

75　Theoph., Chron. ad AM 6119 (Theophanis Chronographia, ed. C. de Boor, I–II [Leipzig, 1883–5], p. 328, trans. Mango & Scott, p. 457); fragments from a lost poem by George of Pisidia have been detected in this passage. See also the less elaborate description in Niceph., Brev. 19 (Nicephori archiepiscopi Constantinopolitani opuscula historica, ed. C. de Boor [Leipzig, 1880], p. 22, trans. Mango, p. 67).

fact that some images take hold in some places but not in others, while other images fail to take hold at all – that is what creates the phenomenon we call history, which must always be both science and story.

* * *

Editorial Methods

The method used for an edition must always be worked out with an eye to the character of the text and the purpose of the edition. There are also inevitable constraints due to the nature of the manuscript evidence.

In the case of the *Sermo de exaltatione*, the choice of method was simple. This text survives in only two known manuscripts, and the Latin in both is unpredictable with regard to both grammar and spelling. Since it is not possible to determine with certainty which oddities are due to the author and which have arisen during transmission, the manuscripts cannot be used to correct one another. The only course of action open to the editor, then, is to use one manuscript as base manuscript, reproducing its text exactly, and to give the variants from the other manuscript in the apparatus. The manuscript chosen as base manuscript is *B*, for the simple reason that the other manuscript, *V*, has four lacunae, of which at least three seem to be caused by *saute du même au même*. The text of *B*, then, is more complete. It also happens to be the older manuscript of the two.

All peculiarities of spelling, grammar and syntax in *B* have been retained. The exceptions are (a) that e *caudata*, which occurs sporadically in *B* (not in *V*), has been replaced with an ordinary e; (b) that seven obvious scribal errors in *B* have been corrected by means of *V*; and (c) that 'diadêma' in § 11 has been conjecturally emended to 'schêma'. All this is noted in the apparatus.

Modern punctuation has been introduced. The division into paragraphs has been done in such a way as to facilitate comparison with *Reversio Sanctae Crucis*. Paragraph numbers in brackets refer to corresponding paragraphs in that text.

The *Reversio Sanctae Crucis* poses entirely different challenges to the editor. First of all, it is written in good Latin. The author was clearly well educated. There are no obvious errors of grammar or spelling, the text is pleasantly rhythmical throughout, with a competent use of *cursus*, and the style is elevated without being laboured or artificial. However, this cannot readily be seen in most surviving manuscripts. A lot of careless copying evidently took place in the early history of the text. Endings were maltreated in a way which is characteristic of the centuries before the Carolingian reform: -a and -am, -o and -um, -i and -e were not clearly distinguished and the one easily changed into the other. The attempts made in the ninth and following centuries to improve the text did not make things any better – numerous variants caused by contamination or pure guesswork entered the textual tradition.

In such a situation, the abundance of manuscripts is both an asset and a problem. An asset, because diligent use of a large body of manuscript evidence should make it possible to come very close to the original text of the author. A challenge, because the acquisition and comparison of manuscripts requires much time and effort, and the abundance of variants that that they contain has to be strongly reduced and systematized in order to produce a reasonably sized and readily intelligible critical apparatus.

I have not tried to collect all extant manuscripts containing this text. Instead, using the Bollandist catalogues as my point of departure, I have collated and/or ordered copies of a generous selection of manuscripts, concentrating especially on the oldest ones. Knowing when to stop was largely a matter of experiment. Among the first twenty-five there were not enough good manuscripts to produce a reliable edition. Eventually I stopped at forty-six (including the two printed manuscripts in Mombritius and the *Patrologia Latina*). By that time I had identified six manuscripts which seemed to represent faithfully three early exemplars, which we may call a, b and c – two representatives of each exemplar. It was quite clear, moreover, that these six manuscripts contained sufficient evidence for a confident reconstruction of the original text. At this point, then, the other forty manuscripts were put aside.

Having chosen the six manuscripts on which the edition would be based, I made lists of the conjunctive errors they contained.[76] Somewhat surprisingly, the conjunctive errors were completely different for each pair of manuscripts. There was nothing which obviously tied two pairs of manuscripts to a common hyparchetype. Therefore, I first made a trial edition based on the assumption that the three exemplars were independent representatives of the archetype (which, *nota bene*, I do not assume to have been the author's original text). This trial edition allowed me to make a more careful and focused study of the variants, and that study led me to conclude that a and c had a common ancestor.

---

76 A conjunctive error is a variant that occurs in two or more manuscripts, is obviously erroneous and highly unlikely to have arisen in two or more manuscripts independently. It points, then, to a common ancestor that first had this error, and thus 'conjoins' the descendants of that manuscript.

This gave the following stemma:

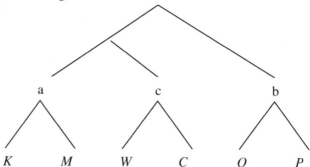

A stemma is always a supposition. The figure above represents the supposition I have followed in making the edition. Its validity can be checked by seeing if it explains how the variants in the manuscripts have arisen. In my opinion, it makes sense of most variants in a convincing way. For this reason, I regard it as a fair representation of reality.

The stemma, of course, does not allow a mechanical establishment of the text. As every editor knows, the choice of the correct reading can be a delicate matter. For instance, the stemma strongly favours readings on which *K M O P* agree against *W C*, or *W C O P* against *K M*. In spite of this, I have in one place found it right to reject a reading in *K M O P* in favour of one in *W C*. This is in § 1, where the reading 'signum crucis' in *W C* was adopted rather than 'signum sanctae crucis' in the other four manuscripts. The reason for that choice was that the author seems to reserve the appellation 'sancta crux' for the relic of the Cross, whereas in § 1 he is talking of a cross-shaped sign in the sky. In § 16, where another sign of the cross appears in the sky, all manuscripts have 'signum crucis'. But if 'signum crucis' was the original reading in § 1, how could the adjective 'sanctae' have entered the manuscript tradition on two or more independent occasions, as the stemma demands? The answer is that 'sanctae' occurs in the title of the piece, just one or two lines above the place under discussion. It is not at all implausible that two or more scribes should have had the word in mind and added it independently of one another in a case such as this, especially since 'sancta crux' is a very common expression.

But if the stemma cannot be used mechanically to establish the text, it is a most efficient aid when it comes to identifying variants that must be rejected. For instance, presuming the stemma correctly represents reality, it will readily be seen to be most unlikely that one of the manuscripts *K, M, W* or *C* alone should preserve an original reading. In other cases, a variant can be seen to be erroneous because the stemma suggests a plausible explanation of how it originated. Since the manuscripts used have a great deal of individual variation – they differ from the edited text in about seventy places each on an average – it is important to be able to sort out the garbage easily so that attention can be focused on the real critical choices to be made.

The critical apparatus has been constructed with the same goal in mind. In principle, it presents only the choices that have been made between different presumed readings in the three exemplars, a, b and c. Variants that appear in only one of the six manuscripts have not been retained, unless there is uncertainty about what the reading in the exemplar was or, exceptionally, a single manuscript contains a reading which has a chance of being the correct one.

In order to make the critical choices yet more clear, I have introduced the Greek letters α, β and γ to signify a consensus of *K M, O P* and *W C* respectively. Note that the Greek letter only signifies a real agreement between two manuscripts – never a conjecture as to what *might* have been in the supposed exemplars a, b or c.

Finally, it must be made quite clear that the archetype – i.e. the manuscript from which all the manuscripts I have inspected ultimately derives – can *not* have been the author's original. At the same time, I have seen it as my task to reconstruct the text as the author intended it to be. When the evidence of the manuscripts suggests a reading in the archetype which I have not found it possible to retain in the edition, then that reading is given in the apparatus followed by the letter *Ω*. If the presumed reading of the archetype is likely but not certain, I add *ut uid.*; if it is uncertain, I add a question mark. In most of the instances where the archetype would seem to have been corrupt it is merely a question of the kind of uncertain spelling that one finds in Latin texts from the seventh and eighth centuries: 'suffecet' for 'suffecit', for instance, or 'regnaquae' for 'regnaque'. Such spelling variation may seem innocent enough, but it has caused no little confusion in the manuscript tradition when scribes have guessed at how it should be corrected. It is not these spelling variants, however, that make it necessary to presume a corrupt archetype, since one could imagine an author in this period who was highly literate but whose spelling was nevertheless somewhat uncertain. The place that makes it absolutely clear that the archetype was not produced directly by the author is the interpolated phrase in § 20 which has already been discussed above. The words 'dulce mucro dulce asta' have been unnecessarily and ungrammatically added by someone who was more pious than literate. Once there, they became a part of the manuscript tradition. Some scribes changed the adjective to 'dulcis', so that it would agree with the gender of the adjacent nouns, others recognized the addition for what it was and left it out.[77]

---

77   The original line by Fortunatus can be grammatically construed in different ways. For a
     study of medieval interpretations, see C. H. Kneepkens, '*Nil in ecclesia confusius quam
     ymni isti cantantur. A Note on Hymn Pange, lingua, gloriosi*', in: Fructus Centesimus.

The fact that the six manuscripts used in the edition allow us to reconstruct both an odd insertion and small spelling errors in the archetype says a lot about their usefulness. I believe that the image they provide of the archetype is highly reliable. Moreover, except for the insertion and the spelling errors, I believe that the archetype faithfully reflects the author's original composition. *Reversio Sanctae Crucis* as presented in the present edition is, at any rate, a grammatically and stylistically convincing text.

Since this is a critical edition, giving the text of no single manuscript, the spelling has been normalized. It may be of interest to see a list of major spelling variants in the six manuscripts that were used for the edition:

1. tecis β γ, thecis α
4. equis α *O W*, aequis *P C*
10. trono *P W**, throno *cet. (et W post corr.)*
14. subsecuntur *K C P*, subsequuntur *M O W*
16. reliquit α, reliquid β γ
18. prouincia *M O*, prouintia *cet.*
20. tronis *W**, thronis *cet. (et W post corr.)*
    passim Heraclius/Eraclius *K M*, Eraclius *O C*, Heracleus/Eracleus *P W* (Eracleus *etiam semel in C; Ω?*)
    Chosroe, Chosroes, Chosdroe

It seems likely that the name of the Byzantine emperor was spelt Eracleus in the archetype; I have chosen Heraclius as being a more common form which is also attested by the manuscripts. Similarly, Chosroes has been used throughout instead of other spellings which occur erratically.

Modern punctuation has been introduced. The division into paragraphs has been done in such a way as to facilitate comparison with the *Sermo de exaltatione sanctae crucis*. Paragraph numbers in brackets refer to corresponding paragraphs in that text.

Manuscripts Studied for the Edition of Reversio Sanctae Crucis

A full study of the manuscript tradition has not been attempted here. Instead, using the characteristic conjunctive errors of the supposed exemplars a, b and c, the manuscripts have been classified in families, *a*, *b* and *c.* Within family *c* a clearly identifiable subgroup has been distinguished, which I call *c2.*

Mélanges offerts à Gerard J. M. Bartelink, ed. A. A. R. Bastiaensen, A. Hilhorst, C.H. Kneepkens (Instrumenta patristica 19) (Steenbrugis, 1989), pp. 193–205.

In the list below, the manuscripts are sorted in their respective families and numbered consecutively. The conjunctive errors are also listed and numbered; by means of them it should be easy to classify any manuscript not listed here.

After the list some comments will be found on characteristic features of the text of *Reversio* in individual manuscripts. I would here like to draw attention to two interesting examples of how the text has been altered by scribes in the course of transmission.

Nos. 34 and 35 graphically illustrate how contamination can occur. No. 34 was first copied from a manuscript with variants from both family *a* and *b*. It was then corrected by another scribe, in the margins and between lines, using a manuscript from family *c2*. Finally, a clean copy was made, and this is manuscript no. 35. If we had only no. 35, its text would be very difficult to classify. Thanks to the preservation of no. 34, we can both classify it and understand how it came to be the way it is.

A different example of how *Reversio* has been treated by scribes is afforded by nos. 28 and 29. These two manuscripts contain a polished revision of the text. The basis seems to be a manuscript of family *c* which has been corrected using a manuscript of family *b*. The corrector has then gone over the text carefully and improved its grammar and style as he thought fit, without reference to the manuscript tradition.

Family *a*

Representatives manuscripts used in the edition

K   Karlsruhe, Badische Landesbibl., cod. Aug. perg. 91, fol. 106r–7v; s. x, Reichenau?[78]

M   München, Bayer. Staatsbibl., clm 4547, fol. 245r–7r; s. xi in.[79]

Conjunctive errors

(i)   § 2   cum exigente mole peccaminum] exigente mole peccaminum ut *a*
(ii)   § 3   infra limitaneum] infra limitario *a*
(iii) § 11 acceptis] *om. a*
(iv)   § 11 sin autem – interibis] *om. a*
(v)   § 18 momento eodem] *add.* die *a*
(vi)   § 22 incrementa] *om. a*

78   A. Holder, Die Handschriften der Badischen Landesbibliothek in Karlsruhe, 5. Die Reichenauer Handschriften, 1. Die Pergamenthandschriften, Neudruck mit bibliographischen Nachträgen (Wiesbaden, 1970), pp. 241–248.

79   K. Bierbrauer, Die vorkarolingischen und karolingischen Handschriften der Bayerischen Staatsbibliothek: Text- u. Tafelband (Katalog der illuminierten Handschriften der Bayerischen Staatsbibliothek in München 1) (Wiesbaden, 1990), p. 80.

Characteristic common variants

(vii)   § 2 et coli … et uocari *a* [coli … et uocari *b c*]
(viii) § 4 ubi] ibique *a*
(ix)   § 4 fabrica] fabricata *a*
(x)   § 12 ipseque] ipse quoque *a*
(xi)   § 16 mirarentur] admirarentur *a*
(xii)   § 16 terga] dorsum *a*
(xiii) § 18 balsama … myrram] balsami … myrrae *a*
(xiv)   § 19 gloriosus] gloriosissimus *a*

Other manuscripts

1. Vatican, BAV, ms. Vat. lat. 5771, fol. 125v–7v; s. ix ex./x in.
2. Milano, Bibl. Ambrosiana, ms. P 113 sup., fol. 113v–16v; s. x
3. Milano, Bibl. Ambrosiana, ms. E 84 inf., fol. 190v–2r; s. xii
4. Paris, BN, ms. lat. 3789, fol. 285v–8v; s. xi

Family *b*

Representative manuscripts used in the edition

O Orléans, BM, ms. 341 (289), pag. 162–7; s. ix ex./x
P Paris, BN, ms. lat. 5574, fol. 13r–18r; s. x in., England (Mercia?)[80]

Conjunctive errors

(xv)   § 3 regnaque quae] regna quaeque *uel* regna quoque *b*
(xvi)   § 7 cum suo] *om. b*
(xvii) § 11 seruum te illius esse] *add.* promiseris *b*
(xviii) § 12 paruulum – inuenerat] *om. b*
(xix)   § 16 accipiens] aspiciens *b*

Characteristic common variants

(xx)   § 3 adiit] aduenit *b*
(xxi)   § 9 benigne] benigniter *b*
(xxii) § 12 filiumque] filium autem *b*
(xxiii) § 15 descendens *b* [descendisset *a c*]

Other manuscripts

5. Bruxelles, Bibl. Royale, ms. 64 (3129), fol. 186r–7v; s. xi
6. Roma, Bibl. Vallicelliana, t. IX, fol. 83r–4r; s. xi
7. Milano, Bibl. Ambrosiana, ms. B 55 inf., fol. 125r–7v; s. xi

---

80 F. Avril & P. D. Stirnemann, Manuscrits enluminés d'origine insulaire VIIe–XXe siècle (Paris, 1987), p. 11; M. Clayton & H. Magennis (eds.), The Old English Lives of St Margaret (Cambridge, 1994), pp. 95–6.

8. Roma, Bibl. Vallicelliana, t. VIII, fol. 113r–15v; s. xi ex./xii in.
9. Napoli, BN, VIII.B.1, fol. 57r–9r; s. xii ex./xiii in.

Printed editions of single manuscripts
PL 110, cols. 131–134 (Hrabanus Maurus, Homiliae, hom. LXX)
Mombritius, Sanctuarium, ed. nova, Paris 1910, vol. 1, pp. 379–381

Family *c*

Representative manuscripts used in the edition

W Wien, Österr. Nationalbibl., cod. 420, fol. 156v–8v; s. viii ex./ix in. (785–821)[81]
C Chicago, Newberry Library, ms. f3 (olim Ry 15), fol. 55v–7v; s. xi, Novalesa[82]

Conjunctive errors

(xxiv)   § 3 subigeret] subiret *c*
(xxv)   § 14 Hierosolimam properat] *om. c*
(xxvi)   § 17 porta se subrigens] porta subrigens *c*
(xxvii)   § 21 renouante] renouantur *c*
(xxviii) § 22 ex regiis sumptibus] et regiis sumptibus *c*
(xxix)   § 22 rediit] rediens *c*
(xxx)   § 22 signaculo] miraculo *c*

Characteristic common variants

(xxxi)   § 1 signum crucis *c* [signum sanctae crucis *a b*]
(xxxii)   § 3 suffecit] sufficit *c*
(xxxiii) § 3 extra et infra] infra et extra *c*
(xxxiv) § 3 glomerabantur] conglutinabantur *c*
(xxxv)   § 4 fecerat namque sibi] fecerat namque *c*
(xxxvi) § 6 erat fide catholicus] erat in fide catholicus *c*
(xxxvii) § 7 decretum etiam cum iuramento processit] decretum etiam est
                     cum iuramento *uel similiter c*
(xxxviii) § 16 equi potentis uehiculum] equo potentis uehiculum *c*
(xxxix) § 16 ad caelum *c* [caelo *a b*]
(xl)   § 19 erumpens] inrumpens *c*
(xli)   § 21 mortuus unus] mortuus *c*

---

81 G. Vielhaber, 'De codice hagiographico C. R. Bibliothecae Palatinae Vindobonensis lat. 420', AB 26 (1907), pp. 33–65; E. A. Lowe, Codices Latini Antiquiores. A Palaeographical Guide to Latin Manuscripts prior to the Ninth Century, 11 vols. + 1 suppl. (Oxford, 1934–71), X (1963), no. 1479.

82 P. Saenger, A Catalogue of the Pre-1500 Western Manuscript Books at the Newberry Library (Chicago, 1989), pp. 10–4.

83 §§ 1–3 and most of § 4 are missing due to a lost leaf (inc. 'in circuitu trahentibus').

Other manuscripts
10. Wolfenbüttel, Herzog August Bibl., ms. Guelf. 48 Weissenb., fol. 1r–3r; s. x[83]
11. Montpellier, Bibl. Universitaire de médecine, ms. 156 (358), fol. 226v–32v; s. ix
12. Douai, BM, ms. 867, fol. 46v–8v; s. xi (x?)
13. Arras, BM, ms. 841 (491), fol. 127r–8r; s. xi
14. Paris, BN, ms. lat. 3783, t. II, fol. 204v–6r; s. x (xi?)

Family *c2*

Representative manuscripts (not used in the edition)
15. Paris, BN, ms. lat. 5310, fol. 198v–201r; s. x
16. Bruxelles, Bibl. Royale, ms. II 975, fol. 39r–41v; anno 938
17. Bruxelles, Bibl. Royale, ms. II 1181, fol. 276v–8v; s. xii in. (xi?)
18. Paris, BN, ms. lat. 5327, fol. 198r–9v; s. x
19. Paris, BN, ms. lat. 17002, fol. 83r–4r; s. x

*Conjunctive errors in addition to errors already listed under Family **c***

(xlii)   § 3 ligni salutaris partem] ligni salutare partem *uel* ligni salutare / lignum salutare *c2*
(xliii) § 18 egressa tunc rediit] *om. c2*
(xliv)   § 22 perseuerante in sanctae crucis signaculo] perseuerat/perseuerauit in fide catholica *c2*

*Characteristic common variants in addition to variants already listed under Family **c***

(xlv)   § 10 erat contrarius ... amatus] odiosus erat ... dilectus *c2*
(xlvi)   § 11 a te pacis] *om. c2*
(xlvii) § 17 facie lacrimis] lacrimis facie *c2*
(xlviii) § 17 progrediens] prodiens *c2*

Other manuscripts
20. Paris, BN, ms. lat. 13760, fol. 13v–19v; s. ix
21. Paris, BN, ms. lat. 15437, fol. 175v–6v; s. xi
22. Paris, BN, ms. lat. 5274, fol. 156r–7v; s. xii in.
23. Paris, BN, ms. lat. 5308, fol. 40v–1v; s. xii

Strongly contaminated manuscripts

a + b
24. Tours, BM, ms. 1013, fol. 1r–4v; s. x
25. Rouen, BM, U.26, fol. 199v–201v; s. xi
26. Paris, BN, n.a. lat. 235, fol. 202r–7r; s. xi, Spain

b + c

27. Paris, BN, ms. lat. 13758, fol. 155v–8r; s. xi
28. Paris, BN, ms. lat. 2339, fol. 99v–100r; s. x
29. Paris, BN, ms. lat. 5321, fol. 78r–81r; s. x/xi, Limoges

a + b + c

30. Orléans, BM, 191 (168), fol. 62r–66r; s. ix
31. Montpellier, Bibl. Universitaire de médecine, ms. 360, fol. 131v–3r; s. x
32. Orléans, BM, 197 (174), fol. 137r–40r; s. x
33. Paris, BN, ms. lat. 5293, fol. 39v–41v; s. xii
34. Rouen, BM, U.40, fol. 50r–2v; s. x ex./xi in.
35. Rouen, BM, U.2, fol. 24v–6r; s. xii
36. München, Bayer. Staatsbibl., clm 9504, pag. 233–5; 1160–80, Oberaltaich
37. Paris, BN, ms. lat. 5301, fol. 187v–9v; s. x, Limoges
38. Rouen, BM, U.32, fol. 117v–18v; s. xii

Comments on manuscripts not used in the edition

No. 1 represents *a* almost as well as the chosen mss. *K* and *M*, while no. 2 has more corrections. Nos. 3 and 4 are contaminated.

Nos. 5–6 and the ms. edited in PL are good representatives of *b* but have some corrections – they are perhaps slightly contaminated. Nos. 7–9 and the ms. edited by Mombritius are quite clearly contaminated and have a characteristic variant in § 14: alii pergunt atque] exierunt et cum magna iubilatione exultantes alii precedebant *7 8 9 Momb.*

No. 10 is very similar to the chosen ms. *W*, perhaps even a direct copy of it. No. 11 is likewise very similar to the chosen ms. *C*, but has a few more corrections. No. 12 is a pure *c* ms., but features several clumsy corrections. No. 13 is slightly contaminated, while no. 14 is quite clearly so, certainly by an *a* ms. and perhaps also by a *b* ms.

Nos. 15–19 are good representatives of *c2*, whereas nos. 20–23 have suffered more corrections and some contamination, probably from a ms. or mss. of family *b*.

No. 24 gives a good text with few obvious errors. It seems to be an amalgam of mss. from families *a* and *b*. No. 25 is similar but somewhat abbreviated. No. 26 seems also to be an amalgam of *a* and *b* but its text is poorer than and rather different from that of no. 24. There appear to be points of contact with nos. 30–31, e.g. in § 18, where the edition reads *uolitante diuinitus aura*, no. 26 has *uolitante cleomitus aura*, and nos. 30–31 have *uoluntate deuotius aura*.

No. 27 has no obvious errors. The presence of characteristic variants from families
b and *c* shows that it is an amalgam of mss. from those families. Nos. 28 and 29 are
unrelated to no. 27. They are very similar to one another and represent a careful
revision of the text based on a *c* ms. but using a *b* ms. to correct errors.

Nos. 30–33 are all related. They contain none of the conjunctive errors of *a*, *b* or *c*,
but numerous individual errors and some common variants. Of nos. 30–33 no. 30 is
oldest. It *may* represent an amalgam of a ms. similar to *P* and a ms. similar to no. 14,
which has then suffered substantial corruption. Nos. 31 and 32 are probably direct
copies of no. 30, the former very faithful, the latter with attempts at correction. I
know no. 33 only through samples, which show a strong similarity to no. 32.

No. 34 is an amalgam of *a* and *b* which has been corrected *secunda manu* using a
c2 manuscript similar to no. 16. No. 35 is a clean copy of no. 34, incorporating
the corrections. No. 36 derives from an exemplar similar to no. 34. In no. 37 the
first half of the legend derives from an exemplar similar to no. 34 whereas the
second half of the legend is copied directly from a *c* manuscript, which was
probably also used to correct the first half.

No. 38 is so strongly abbreviated that it cannot be classified.

* * *

Conspectus Siglorum

< >	*inserendum*
[]	*delendum*
*	*lectio ante correctionem (i. e. W* = lectio in W ante corr.)*
–	corpore – deditus: *omnia verba a 'corpore' ad 'deditus' includuntur in lemma*
…	indicio … regina: *verba inter 'indicio' et 'regina' non includuntur in lemma*

Codices Adhibiti

BHL 4181a:

B	Roma, Biblioteca Casanatense, cod. 713, fol. 82vb–85rb	s. xi
V	Roma, Biblioteca Vallicelliana, t. XXVI, fol. 179rb–181rb	s. xii

BHL 4178:

K	Karlsruhe, Badische Landesbibliothek, cod. Aug. perg. 91, fol. 106r–7v	s. x

M	München, Bayerische Staatsbibliothek, Clm 4547, fol. 245r–7r	s. xi in.
O	Orléans, Bibliothèque Municipale, cod. 341 (289), pag. 162–7	s. ix/x
P	Paris, Bibliothèque Nationale, lat. 5574, fol. 13r–18r	s. ix/x
W	Wien, Österreichische Nationalbibliothek, cod. 420, fol. 156v–8v	s. viii/ix
C	Chicago, Newberry Library, cod. f3 (olim Ry 15), fol. 55v–7v	s. xi?
α	*consensus codicum K et M*	
β	*consensus codicum O et P*	
γ	*consensus codicum W et C*	
Ω	*archetypus omnium codicum indagatorum*	

Note on the Apparatus Fontium

The *apparatus fontium* contains only verbal reminiscences. For possible sources of factual statements, see the footnotes to the translations. Note also that Biblical references are given according to the Latin Vulgate.

Abstract

The medieval Western image of the Byzantine emperor Hercalius (c. 575–641) was largely formed by a Latin legend (*BHL* 4178) composed for the celebration of *Exaltatio Crucis* (14 Sept.). The main purpose of the article is to present a critical edition of this legend, together with an *editio princeps* of a Latin sermon (*BHL* 4181a) that tells the same story, as well as annotated English translations of both. First, however, the origin of the two texts is considered. A feast of Ὕψωσις τοῦ σταυροῦ seems to have been created in Constantinople in or soon after 614, when the sacred relic of the Cross was abducted from Jerusalem by the Persians. When Heraclius brought the Cross back in 630, the feast began to spread. It was introduced in Rome no later than 645 and came to be called *Exaltatio Crucis*. The popes added the veneration of a relic of the Cross to the traditional celebration of Cornelius and Cyprian on 14 September, while other churches introduced a special mass and office. Our two texts originated in these circumstances, at some time between the end of the seventh and the middle of the eighth century. However, they derive from an Eastern original composed between 630 and 636. The article goes on to consider sources and analogues of three prominent themes in the texts: a duel on a bridge, a silver tower, and a miracle in Jerusalem. The first two have parallels in various texts, both Western and Eastern, while the third has no know textual analogue but is depicted as a carving on an Armenian church founded c. 639/40. Together, the various sources give us an idea of the stories that were told about the Persian campaigns of Heraclius in the decade after they ended.

[*BHL* 4178]

REVERSIO SANCTAE CRVCIS

1. Tempore illo, postquam Constantino augusto contra Maxentium tyrannum properante ad bellum signum crucis caelitus fuisset ostensum, et ipso feliciter obtinente triumphum ab Helena, iam dicti principis matre, sancta crux fuisset inuenta atque per sanitatem aegroti et resuscitationem mortui fuisset euidenti indicio uirtutis declarata, regina uoti compos effecta ita salutare lignum fecit secari per medium, ut et crucem Constantinopolim deferret ad filium et crucem Hierosolimis thecis argenteis conditam reseruaret in loco, sapienti usa consilio scilicet, ut ubi fuerat membris dominicis aptata supplicio, ibidem glorificata ueneraretur a populo.

2. (2.) Multorum itaque temporum labente curriculo, cum exigente mole peccaminum flagellari permitteret Dominus populum Christianum per saeuitiam paganorum, Chosdroe quidam profanus et impius regnum est adeptus Persarum. Qui in tantam prorumpere est ausus proteruiam, ut ab incolis uicinarum gentium, quas impetu uastans barbarico suo nefando subiugarat dominio, coli se iuberet ut Deum et uocari se Regem regum et Dominum dominantium.

3. (3.) Nec hoc solum ei suffecit ad suae damnationis interitum. Verum etiam, Syriam et Palestinam cum subiugasset, et Aegyptum regnaque, quae

---

1. per sanitatem aegroti] cf. Rufinus, Hist. Eccl., p. 970.14–19 || resuscitationem mortui] cf. Inventio Crucis A, § 10 (ed. Borgehammar, [cf. fn. 12], p. 267) || evidenti indicio … regina voti compos effecta] Rufinus, Hist. Eccl., p. 970.19–20 || salutare lignum – reseruaret in loco] cf. Rufinus, Hist. Eccl., p. 970.24: *ligni vero ipsius salutaris partem detulit filio, partem vero thecis argenteis conditam dereliquit in loco.*

2. Regem regum et Dominum dominantium] cf. 1 Tim. 6,15

Titulus: REVERSIO SANCTAE CRUCIS γ, REVERSIO SANCTAE ATQUE GLORIOSISSIME CRVCIS *O*, EXPLICIT DE INVENTIONE SANCTAE CRVCIS, INCIPIT DE EIVSDEM EXALTATIONE *K*, *om.* M P

1. properante] α β *W*, properanti *C* || signum crucis] γ, signum sanctae crucis α β || glorificata ueneraretur] *P C*, glorifica ueneraretur *K W** *(Ω?)*, glorificę ueneraretur *M*, glorificaretur *O*

2. cum exigente mole peccaminum] β γ, exigente mole peccaminum ut α || flagellari] *P C*, flagellare *cet. (Ω ut vid.)* || quas] *K P* γ, quos *M O* || subiugarat] *scripsi*, subiugurat *O*, subiugaret *P*, subiugauerat α γ || coli] β γ, et coli α

3. suffecit] *P*, sufficeret *K*, suffecerat *M*, sufficiebat *O*, sufficit γ (suffecet *Ω?*) || regnaque quae] α *W*, regna quaeque β, regna quoque *C* (regnaquae quae *Ω ut vid.*) || extra et infra] α β, infra et extra γ || limitaneum] *C*, limitario α, limitaneo β *W (Ω ut vid.)* || glomerabantur] α β,

[BHL 4178]

THE RETURN OF THE HOLY CROSS

1. In those days, after the Sign of the Cross had been shown in the sky while the emperor Constantine was hastening to war against Maxentius the tyrant, and when, after his happy triumph, the Holy Cross had been found by Helena, mother of the aforementioned prince, and had been proved authentic by an evident display of its power through the healing of a sick person and the revival of a dead, the Empress, having achieved her purpose, had the salvific wood cut in half, in order that she would be able both to take the Cross to her son in Constantinople and to keep the Cross in Jerusalem where it belonged, enclosed in a silver casket, ensuring through this wise provision that where it had been applied in torture to the limbs of the Lord, there it would be venerated by the people in glory.[84]

2. (2.) After a long succession of years had passed, when a mound of sins required God to let the Christian people be chastised by the viciousness of the pagans,[85] an unholy and impious man by the name of Chosroes attained the reign of Persia. This man dared to burst forth into such insolence that he demanded to be worshiped as God[86] and to be called King of Kings and Lord of Lords[87] by the inhabitants of the neighbouring lands, which he barbarically had attacked and laid waste and had subjugated to his own abominable sovereignty.

3. (3.) Nor was this enough for him on his road to condemnation and ruin. No, after he had subjugated Syria and Palestine and was subjecting Egypt too[88] and the kingdoms clustering around it on either side of the border to his detestably cruel dominion, he entered Jerusalem, broke down the churches of Christ,[89] and ravaged, burnt and looted the whole adjacent region. When he

---

84 The first paragraph is partly quoted from Rufinus, Hist. Eccl. X 8 (Rufinus, Historia Ecclesiastica, ed. T. Mommsen [GCS 9:1–2 = Eusebius Werke 2:1–2] [Berlin, 1903–9], p. 970).

85 The fall of Jerusalem and the abduction of the Cross a chastisement from God: Acta Anastasii, e.g. § 6 (Acta Anastasii Persae [BHG 84], ed. B. Flusin, in: id. [cf. fn. 22], I, pp. 41–91, p. 47).

86 Cf. Niceph., Brev. 12 (ed. & trans. Mango, pp. 56–7): ἑαυτὸν θεοποιήσας.

87 Cf. 1 Tim. 6:15. Haughtiness of Chosroes: cf. Sebeos, 123 (trans. Thomson, p. 79) where Chosroes in a letter calls himself 'honoured among the gods, lord and king of all the earth' and Heraclius 'our senseless and insignificant servant'.

88 Same sequence of conquests in Theoph., Chron. ad AM 6099 (ed. de Boor, p. 295, trans. Mango & Scott, p. 424), based on a Syriac chronicle of c. 750.

89 The Persians burnt and/or destroyed churches: Chron. Pasch. ad an. 614 (ed. Dindorf, p. 704, trans. Whitby, p. 156) and Eut., Ann. (Das Annalenwerk des Eutychios von Alexandrien, ed. & trans. M. Breydy [CSCO 471–2, Scr. Ar. 44–5] [Leuven, 1985]), p.

extra et infra limitaneum glomerabantur per circulum, suo crudelissimo subigeret dominatui, Hierosolimam adiit, ecclesias Christi subuertit totamque finitimam regionem uastauit, incendit atque praedauit. Ad sepulchrum ergo Domini cum uoluisset accedere, territus rediit, sed tamen ligni salutaris partem, quam religiosa regina ibi in testimonium uirtutis reliquerat, asportauit.

4. (14.) Fecerat namque sibi turrim argenteam, in qua interlucentibus gemmis tholum exstruxerat aureum, ubi solis quadrigam et lunae uel stellarum imaginem collocauerat atque per occultas fistulas aquae meatus adduxerat, ut quasi deus pluuiam desuper uideretur infundere. Et dum, subterraneo specu equis in circuitu trahentibus, circumacta turris fabrica mouere uidebatur, quasi quodammodo rugitum tonitrui iuxta possibilitatem artificis mentiebatur.

5. (4.) In hoc itaque loco sedem sibi parauerat atque iuxta eam, quasi collega Deo, crucem dominicam posuerat. Filio suo regno tradito ipse in fano huiuscemodi residebat.

6. (7.) Illo itaque tempore Eraclius arcem tenebat imperii, uir armis strenuus, lingua eruditus, corpore decorus et, quamuis saeculari actui deditus, totus tamen erat fide catholicus et erga Dei cultores supplex, beniuolus ac deuotus.

7. (8.) Pergens igitur filius Chosdroe contra Eraclium, iuxta Danubium magnum fluuium cum suo consedit exercitu. Tandem inspirante clementia Saluatoris utrisque principibus placuit, ut ipsi singuli in medio ponte fluminis dimicaturi confligerent, et cui sors uictoriam contulisset, ipse sine damno utriusque exercitus imperium usurparet. Decretum etiam cum iuramento processit, ut si aliquis ex eorum populo principi suo uenire in auxilium praesumsisset, cruribus excisis et brachiis ab eo in flumine mergeretur.

---

conglutinabantur γ || subigeret] α β, subiret γ || dominatui] *K* β *W*, dominatu *M C* || adiit] α γ, aduenit β

4. sibi] *om.* γ || tholum] *scripsi*, thorum *M* (Ω?), thronum *cet.* || ubi] β γ, ibique α || infundere] *M* β *C*, infundi *K W* (infunderi Ω?) || fabrica] β γ, fabricata α *(et O post corr.)* || mouere] *K* β *W*, moueri *M C*

5. collega] *(vel colliga)* α β *C*, collegam *W* (colligam *ante corr.*) || Deo] α *O* γ, Dei *P* *(et C post corr.)* || fano] α *O* *(et W post corr.)*, fanum *P* γ *(Ω ut vid.)*

6. corpore – deditus] *om. M* || actui] *P, om. M*, actu *cet.* *(Ω ut vid.)* || fide] α β, in fide γ || cultores] α *O* γ, cultoribus *P*

7. cum suo] *om.* β || ponte fluminis] *O C*, pontis fluminum *K*, pontis fluminis *M*, pontis flumine *P W* *(Ω ut vid.)* || decretum etiam cum iuramento processit] α β, decretum etiam est cum iuramento γ

wanted to approach the Sepulchre of the Lord he withdrew in terror, but the portion of the salvific wood that the pious Empress had left there as a testimony of power he carried off.

4. (14.) For he had made himself a silver tower, in which he had constructed a golden dome[90] set with glimmering gems, where he had placed a chariot of the sun and the likeness of moon and stars and had installed hidden pipes for running water, so that he would seem to pour out rain from above like a god. And while horses pulled in circles in a cave below the earth, causing the structure of the tower to turn as if he were moving it, a roar as of thunder was imitated as well as art permitted.[91]

5. (4.) In this place, then, he had prepared a seat for himself, and beside it he had placed the Cross of the Lord, as if he were a colleague of God. Having turned the reign over to his son he settled in the temple thus described.

6. (7.) At this time Heraclius held the summit of imperial power, a man fervent in battle, educated in speech, attractive in appearance and, though dedicated to secular activities, yet fully orthodox in faith and suppliant, benevolent and devout towards the servants of God.[92]

7. (8.) The son of Chosroes, then, proceeded against Heraclius and took up a position with his army next to the great river Danube. At length, prompted by the forbearing Saviour, the two princes agreed that they alone should meet in battle in the middle of a bridge over the river, and he whose fortune it would be to win would without resistance take command of both armies. A decree sealed with an oath was also issued, that if anyone of their people should dare to come to the aid of his leader, he would be thrown by him into the river with legs and arms cut off.

99; Strategius mentions specifically 'Anastasis afire, Sion in smoke and flames, and Jerusalem devastated' ([Antiochus Strategius], La Prise de Jérusalem par les Perses en 614, ed. & trans. [Latin] G. Garitte [CSCO Scr. Iber. 12] [Louvain, 1960]; 'Account of the Sack of Jerusalem in A.D. 614', trans. F. C. Conybeare, EHR 25 [1910], pp. 502–17, p. 510). That Chosroes was personally present and that he could not approach the Holy Sepulchre is found in no other source.

90 'Dome' is a conjecture, the mss. read 'throne'.

91 Descriptions of a similar object: Nikeph., Brev. 12 (ed. de Boor, p. 16, trans. Mango, p. 57); Geo. Mon. (ed. de Boor), II, pp. 671–2; Cedr. (ed. Bekker), pp. 721–2; Bel'ami (trans. Zotenberg), II, p. 304; Tha'ālibī (ed. & trans. Zotenberg), pp. 698–9; Firdausi (trans. Warner & Warner), VIII, pp. 391–5 (The Epic of the Kings. Shah-Nama, the National Epic of Persia by Ferdowsi, trans. R. Levy [Chicago, 1967], pp. 383–6, Le Livre des rois par Abou'lkasim Firdousi, 7 vols., trans. J. Mohl [Paris, 1876–8], VIII, pp. 249–55).

92 Similar brief characterizations of Heraclius: Theoph., Chron. ad AM 6117 (ed. de Boor, p. 316, trans. Mango & Scott, p. 447); Fredegar, IV, 65 (ed. & trans. Wallace-Hadrill, pp. 52–53); Eut., Ann. (trans. Breydy), p. 102 (cf. PG 111, col. 1085). A somewhat longer description in Leo Gramm. (ed. Bekker, p. 145) recurs in several Greek texts – see Sternbach (cf. fn. 64), p. 46 n. 1 and p. 54.

8. (9.) Cumque utrique populo haec pactio placuisset, inuicem, ut dictum est, dimicantes diu multumque in pontis medio sunt congressi. Tandem pulsatus Dominus lacrimis Christianorum per uirtutem sanctae crucis, cui se die eodem memoratus princeps attentius commendarat, fideli suo Eraclio Christus concessit de hoste triumphum.

9. (10.) Tantaque mentis mutatio Chosdroe inuasit exercitum, ut non solum praedictam pactionem nequaquam uellent transcendere, sed etiam uoluntarie cum omni sua familia atque prole Eraclio se subderent, tam potestate quam fide. Quos ille benigne suscipiens in hoc illis clementiam praestitit, ut omnes ad baptismum conuolarent; quod ita se facturos esse omnes pariter spoponderunt.

10. (11.) Ipse autem christianissimus princeps cum suo tantum exercitu regna, quae Chosdroe tenuerat, circumquaque perlustrans ad sedem ipsius uenit, cum paucis ad eum ascendit sedentemque eum in throno aureo repperit. Nullus namque ex eius exercitu fuerat, qui ei exitum belli aliquatenus nuntiasset, quia propter suae crudelitatis superbiam omnes eum exosum habebant; nec immerito, quippe qui manifeste Deo erat contrarius, quomodo a creatura Dei esse potuisset amatus?

11. (12.) Cumque tremefactus salutationis uerba proferret Eraclio, ille respondit: 'Si uis salutem habere pro eo, quod lignum sanctae crucis, quamuis indignus, honorifice iuxta modulum tuum tractasti; si credere domino Iesu Christo uolueris et seruum te illius esse, cuius ego sum famulus, in ueritate confessus fueris, regnum tibi Persarum tantum cum patrimonio et uitam, acceptis a te pacis obsidibus, dabo. Sin autem aliud egeris, mox meo gladio interibis.' Cumque ille nequaquam adquiesceret, Eraclius extracto gladio caput illius amputauit. Sepeliri eum iussit, quia rex fuerat.

12. (13.) Filiumque eius paruulum, quem cum eo inuenerat, baptizari mandauit, ipseque eum de sacro fonte suscepit. Erat enim iam decem annorum. Descriptiones etiam regni Persarum sub eius nomine fecit.

---

8. pactio] *M O W (et C in marg.)*, pacto *K C* (Ω?)*, patio *P* || commendarat] *O W*, commendaret *K*, commendabat *M*, commendauerat *P C*

9. tantaque] α, tantaeque β γ *(Ω ut vid.)* || uoluntarie] *scripsi*, uoluntariae *O (Ω?)*, uoluntarię *P*, uoluntarii α γ || benigne] α γ, benigniter β

10. fuerat] α β, erat γ || superbiam omnes] α β, *om. W*, immanitatem *C*

11. esse] α γ, esse promiseris β || uitam] α *P W*, uita *O C* || acceptis] *om.* α || a te pacis] *O C*, a te paucis α *P*, antepadis *W* || Sin autem – interibis] *om.* α || sepeliri] *K*, sepelire *cet. (Ω ut vid.)* || iussit quia rex fuerat] α, iussit tamen quia rex fuerat β, quia rex fuerat iussit γ

12. filiumque] α γ, filium autem β || paruulum – inuenerat] *om.* β || baptizari] α, baptizare β γ *(Ω ut vid.)* || ipseque] β γ, ipse quoque α || etiam] *M O W, om. K*, quoque *P C*

8. (9.) After this pact had been accepted by each people they fought man to man, as was said, battling long and hard in the middle of the bridge.[93] Finally, battered by the tears of the Christians, the Lord Christ gave His faithful servant Heraclius victory over his enemy through the power of the Holy Cross, to which the said prince had intently commended himself on that day.

9. (10.) And such a change of heart invaded Chosroes' army that they not only had no least wish of breaking the aforesaid pact, but also with all their families and offspring freely submitted themselves to Heraclius with respect both to his power and his faith. Receiving them courteously he showed them mercy on this condition, that all would speed together to baptism; and they all with one accord promised so to do.

10. (11.) But the most Christian prince himself, coursing with only his own army through all parts of the kingdom that Chosroes had held, came to his abode, ascended with a few men to him, and found him sitting on a golden throne. For there was no-one of his own army who had told him the least thing about the outcome of the war, because due to his cruel pride everyone found him detestable;[94] and not unjustly, for how could he, who manifestly was opposed to God,[95] have been loved by a creature of God?

11. (12.) When, shaken, he had extended words of greeting to Heraclius, the latter replied: 'If you wish to be spared due to the fact that you, though unworthy, have treated the wood of the Holy Cross honourably in your own way; if you will believe in the Lord Jesus Christ and will truly confess your allegiance to Him whose servant I am, then I will grant you the kingdom of Persia only, together with your inheritance and your life, in return for hostages of peace. But if you act otherwise you shall die at once by my sword.' When he by no means would comply, Heraclius drew his sword and cut off his head. He ordered him to be buried because he had been a king.

12. (13.) His small son, whom he had found with him, he commanded to be baptized, and himself received him from the sacred font.[96] He was then ten

---

93 A duel on a bridge: Theoph., Chron. ad AM 6116 (ed. de Boor, p. 314, trans. Mango & Scott, p. 445). A duel decisive for the outcome of the war: Theoph., Chron. ad AM 6118 (ed. de Boor, p. 318, trans. Mango & Scott, p. 449); Nikeph., Brev. 14 (ed. & trans. Mango, pp. 60–1); Fredegar, IV, 64 (ed. & trans. Wallace-Hadrill, pp. 52–3); Cont. Hisp. 4 (ed. Mommsen, pp. 335–6). The whole war reduced to a single battle: Tabari (trans. Nöldeke), pp. 293–6; Agapius (ed. & trans. Vasiliev), p. 464 [204].

94 Chosroes provoked anger and resentment among his own at the end of the war because of his refusal to accept defeat: Tabari (trans. Nöldeke), pp. 295–6.

95 Chosroes is called 'opponent of God' (θεόμαχος) in a dispatch sent by Heraclius to Constantinople in 628, in which he announces the death of Chosroes: Chron. Pasch. ad an. 628 (ed. Dindorf, p. 733, trans. Whitby p. 187).

96 Cf. Nikeph., Brev. 15 (ed. de Boor, p. 19, trans. Mango, p. 63), who says that Heraclius, after the death of Chosroes and upon the accession of his son (Kavadh) Siroes (in March 628), writes to Siroes calling him 'his son'.

13. (15.) Totumque argentum turris illius in praedam sui exercitus deputauit, aurum uero uel gemmas in uasis uel utensilibus ad restaurationem ecclesiarum, quas tyrannus destruxerat, reseruauit.

14. (16.) Suscipiens igitur lignum gloriosissimae crucis, quod impius asportauerat, Hierosolimam properat. Gaudentes omnes populi cum ramis palmarum, cereis et lampadibus uel diuerso gloriae apparatu, cum hymnis et canticis obuiam alii pergunt atque alii subsecuntur.

15. (17.) Cumque imperator de monte Oliueti descendens per eam portam, quam Dominus intrauerat, quando ad passionem uenerat, ipse equo regio ornamentis imperialibus decorato sedens uoluisset intrare, repente lapides portae descendentes clauserunt se inuicem, et factus est paries unus.

16. (18.) Cumque mirarentur attoniti, nimio maerore constricti, respicientes in altum uiderunt signum crucis in caelo flammeo fulgore resplendere. Angelus enim Domini accipiens illud in manibus stetit super portam et ait: 'Quando rex caelorum, Dominus totius mundi, passionis sacramenta per hunc aditum completurus introiit, non se purpuratum nec diademate nitentem exhibuit aut equi potentis uehiculum requisiuit, sed humilis aselli terga insidens cultoribus suis humilitatis exempla reliquit.' His dictis angelus ad caelum confestim rediit.

---

16. aselli terga insidens] cf. Ioh. 12,14.

---

14. Hierosolimam properat] *om.* γ || uel] β γ, *om. K, ac M*

15. descendens] β, descendisset α γ *(discendisset W)* || quam] α P W, qua O C || decorato] C, decoratus α *(et W post corr.)*, decoratum β W* *(Ω ut vid.)* || se] *om. K C*

16. mirarentur] β γ, admirarentur α || nimio] K P γ, et nimio M O || accipiens] α γ, aspiciens β || hunc] O, hoc α P γ *(Ω ut vid.)* || introiit] K P, introiuit M O γ || equi] α β, equo γ || terga] P W, tergam O, tergi C *(tergit C ante corr. ut vid.)*, dorsum α || ad caelum] γ, caelo α P, de caelo O *(ad caelo Ω?)*

years old.[97] Also, he made assessments of the Persian kingdom in the boy's name.[98]

13. (15.) All the silver of that tower he designated as booty for his army, but the gold and the gems in vessels and utensils he reserved for the restoration of the churches that the tyrant had destroyed.

14. (16.) Thus, taking charge of the wood of the most glorious Cross that the impious one had carried off, he hurries to Jerusalem. All the people are rejoicing, with palm fronds, candles and torches or other signs of glory, with hymns and canticles, some proceeding to meet him and others following in his train.[99]

15. (17.) But when the Emperor, coming down from the Mount of Olives, sitting on a royal horse decorated with imperial ornaments, wanted to enter by the same gate that the Lord had entered when coming to His passion, the stones of the gate suddenly descended and joined themselves to one another, making a solid wall.[100]

16. (18.) As they were wondering in astonishment, constricted by exceeding sorrow, they looked up on high and saw the sign of the Cross in the sky, shining brightly with flaming splendour. An angel of the Lord took it in his hands, stood above the gate and said: 'When the King of the heavens, the Lord of all the earth, entered through this gate on his way to fulfilling the mysteries of the passion, he did not appear in purple or a shining diadem, nor did he ask for a

---

97 Siroes was a grown man; his son Ardashir, when succeeding him later in 628, was about seven years old.

98 Cf. Cont. Byz. Arab. 11 ([Isidori Historia Gothorum] Continuatio Byzantia Arabica a. 741, ed. T. Mommsen, in: Chronica minora II [MGH AA 11] [Berlin, 1894], pp. 334–69, p. 336): Heraclius reformed Persia as a province of the Roman empire (*in Romani imperii provinciae formulam reformavit*); Agapius, fol. 88v (ed. & trans. Vasiliev, p. 466 [206]): after concluding a peace with Kavadh Siroes, Heraclius passed through Mesopotamia and Syria, visited each town in succession, established his governors in all of them without exception, and then returned to Constantinople; and Skout. (Skoutariotes, Σύνοψις Χρονική, ed. C. Sathas, Μεδαιωνικὴ Βιβλιοθήκη 7 [Paris, 1894], pp. 1–556), p. 110: Οὗτος ὁ βασιλεὺς ἀπογραφὴν ἐκέλευσε γενέσθαι, καὶ κηνσευθῆναι πᾶσαν τὴν τῆς Ῥωμαϊκῆς ἐπικρατείας γῆν, διὰ Φιλαγρίου, καὶ κουβικουλαρίου, καὶ σακελαρίου (see further Brandes [cf. fn. 55], p. 34 with bibliography in n. 144).

99 In Sebeos 131 (trans. Thomson, p. 90), the entry of Heraclius into Jerusalem is highly emotional, accompanied by weeping so intense that no-one could sing. The description here rather resembles descriptions of Heraclius's triumphant entry into Constantinople after his victory over Persia, e.g. Nikeph., Brev. 19 (ed. de Boor, p. 22, trans. Mango, p. 67) and esp. Theoph., Chron. ad AM 6119 (ed. de Boor, p. 328, trans. Mango & Scott, p. 457), where, in what seems to be a quotation of a lost poem by Pisides, olive branches and lights are mentioned.

100 The gate of Christ's entry is identified as the Golden Gate in post-Carolingian Latin works; I do not agree with C. Mango, 'The Temple Mount, AD 614–638', in: Bayt al-Maqdis. 'Abd al-Malik's Jerusalem, Part One, ed. J. Raby & J. Johns (Oxford Studies in Islamic Art 9) (Oxford, 1992), pp. 1–16, p. 15, that *Reversio* refers to this gate.

17. (19.) Tunc imperator gaudens in Domino de uisitatu angelico, depositis imperii insignibus discalciatus protinus, linea tantum zona praecinctus, crucem Domini manu suscipiens, perfusus facie lacrimis, ad caelum oculos erigens properabat, ad portam usque progrediens. Mox illo humiliter propinquante duritia lapidum caeleste persensit imperium, statimque porta se subrigens liberum intrantibus patefecit ingressum.

18. (5.) Odorque suauissimus, qui uolitante diuinitus aura de Persarum prouincia per longa terrarum spatia Hierosolimis fuerat illapsus momento eodem, quo de fano Chosdroe sancta crux fuerat Eraclio baiulante egressa, tunc rediit, omniumque pectora se gratanter infudit. Vincebat enim aromata omnia, terebinthina tura uel balsama atque myrram.

19. Confestim igitur popularis gaudii fauor in altum sublatus diuinam laudabat potentiam. Sicque gloriosus augustus erumpens in laudibus ait:

20. 'O crux, admirabile signum, in qua Dominus noster Dei filius suspensus pro nostrorum pondere criminum mortis damnauit supplicium, et sanguis eius, adorandus thronis et angelis et niueis candoribus radiante turba uirtutis, effusus est in pretio nostrae salutis! O crux, splendidior astris, mundo celebris, hominibus multum amabilis, sanctior uniuersis, quae sola digna fuisti portare talentum mundi! Dulce lignum dulce clauo [dulce mucra dulce asta] dulcia ferens pondera! Salua praesentem cateruam in tuis hodie laudibus congregatam, tuo uexillo signatam!'

21. (6.) Haec cum dixisset, pretiosissimam partem ligni, quam secum detulerat, loco suo restituit. Tunc renouante Deo antiqua miracula die eodem mortuus unus recepit propriam uitam, paralitici quattuor adepti sunt sanitatem

---

20. suspensus pro nostrorum pondere criminum] cf. Eusebius Gallicanus, hom. 16, lin. 100 (CCSL 101): *In ligno crucis, cum vitae esset lignum, appensus est, quasi seipsum pensaret in pretio perditorum.* || Dulce lignum dulce clauuo dulcia ferens pondera] cf. Venantius Fortunatus, hymnus *Pange lingua* (ed. Bulst, Hymni, p. 128): *dulce lignum dulce clauo dulce pondus sustinens.*

---

17. tantum zona] β γ, zona tantus *K*, zona tantum *M* || facie] *K O* γ, facię *M*, faciem *P* || se] *om.* γ

18. illapsus] (*vel* inlapsus) α *P C*, inlapsa *O W* || eodem] β γ, eodem die α || terebintina tura] *O*, therebyntina thuris *K*, therebinthi naturam *M*, tenebinti natura *P*, therebinti natura γ *(Ω?)* || balsama] β γ, balsami α || myrram] *P*, myrrae α, myrra/mirra *O* γ *(Ω?)*

19. gloriosus] β γ, gloriosissimus α || erumpens] α β, inrumpens γ

20. digna fuisti] *P W*, fuisti digna α *O C* (*lectio liturgica*) || dulce clauo] *scripsi*, dulce clauum *O (Ω ut vid.)*, dulce claucm *W**, dulcem clauum *K P*, dulces clauos *M*, dulcis clauis *C* || dulce mucra] *W**, dulce mirra *O*, dulce mucro *P C*, dulcis mucro α || dulce asta] *O W**, dulcis hasta α *P*, dulcis asta *C*

21. renouante] α β, renouantur γ (renouantur a *W post corr.*) || unus] α β, *om.* γ

strong horse to carry him, but sitting on the back of a humble donkey[101] he left his servants a paradigm of humility.'[102] This said, the angel quickly returned to heaven.

17. (19.) Then the Emperor rejoiced in the Lord because of the angelic visit, and having removed the tokens of imperial rank he proceeded without shoes, girded only with a linen belt, took the Cross of the Lord in his hands and hastened forward, face covered in tears and eyes raised to the sky, making his way to the gate.[103] As soon as he approached with humility the hard stones sensed the celestial command, and raising itself at once the gate gave free access to those who were going in.

18. (5.) And the sweetest of odours – which had been carried by a breeze from heaven from the province of Persia over vast stretches of land and had flowed into Jerusalem at the very moment when the Holy Cross had been taken out of the temple of Chosroes by Heraclius – now returned and pleasingly poured itself into everyone's breast. It surpassed every perfume, whether incense of terebinth or balsam or myrrh.

19. At once the joyous cheers of the people were rising on high, praising the divine power. And thus said the glorious Emperor, breaking forth in praises:

20. 'O Cross, wonderful sign, in whom Our Lord the Son of God, hanging as a counterweight of our crimes, destroyed the punishment of death, and in whom His blood, worshiped by thrones and angels and the mighty host that shines with snowy radiance, was poured out to pay for our salvation! O Cross, more brilliant than the stars, honoured by the world, very lovable to men, holier than all things, thou who alone wast worthy of carrying the ransom of the world! Sweet wood, sweetly by the nail carrying sweet burdens:[104] save this present crowd gathered today to sing thy praises, carrying thy sign as their standard!'

21. (6.) Having said this, he restored the precious part of the Tree that he had brought with him to its proper place. God then renewed the ancient miracles:[105] on one and the same day a dead person received his life back, four who were lame regained their lost health, ten lepers got their skin cleansed, fifteen

---

101 Cf. John 12:14.

102 Heraclius' entry into Jerusalem compared to that of Christ on Palm Sunday: George of Pisidia, In rest. S. Crucis, lines 6–8 (but for George there is nothing problematic about the event).

103 This is perhaps what is depicted on the lintel of the north portal of the church of Mren, founded c. 639/40; see Maranci (cf. fn. 74).

104 A reminiscence of a line from the hymn *Pange lingua* by Venantius Fortunatus: *Dulce lignum dulce clauo dulce pondus sustinens* (Venantius Fortunatus, Pange Lingua, in: Hymni Latini Antiquissimi LXXV. Psalmi III, ed. W. Bulst [Heidelberg, 1956], p. 128).

105 A general reference to the miracles of the Gospels; perhaps also an allusion to how the Cross restored a young man to life in the *Inventio Crucis* legend, § 10 (ed. in Borgehammar [cf. fn. 12], p. 267).

amissam, leprosi decem cutem receperunt mundam, quindecim quoque caeci luci sunt restituti, plurimi quoque a daemonibus erepti, multique a uariis sunt infirmitatibus liberati.

22. Tunc imperator oratione peracta offerens multa donaria ecclesias Dei reparari fecit ex regiis sumptibus, reddens priuilegia auctoritate praelata. Restituens captiuos in propria, dans oportuna praesidia Constantinopolim rediit, fretus uirtute diuina perseuerante in sanctae crucis signaculo miraculorum plurima incrementa, donante domino nostro Iesu Christo,

23. (21.) cui est honor et gloria cum Patre et Spiritu Sancto, omnipotenti Deo, per omnia saecula saeculorum. Amen.

---

22. reparari] *M* γ, reparare *K* β *(Ω ut vid.)* || ex] α β, et γ || Constantinopolim] α *P W*, Constantinopoli *O C* || rediit] α β, rediens γ || signaculo] α β, miraculo γ || incrementa] β γ, *om.* α ||

blind were restored to the light, numerous people were rescued from demons, and many were set free from various ailments.

22. Then the Emperor, having finished his prayer, offered many votive gifts and arranged for the churches of God to be repaired at the expense of the royal treasury, granting privileges on his explicit authority.[106] Restoring captives to their homes and posting appropriate defences he returned to Constantinople trusting in the divine power, which continued to work an increasing number of miracles in the sign of the Cross through the grace of Our Lord Jesus Christ,

23. (21.) to whom is honour and glory with the Father and the Holy Spirit, almighty God, world without end. Amen.

---

106 Gifts from Heraclius on this occasion: Sebeos, 131 (trans. Thomson, p. 90). But the churches of Jerusalem were restored through the agency of Modestus and Yazdin (a Nestorian courtier of Chosroes) already during the Persian occupation. See further Flusin (cf. fn. 22), II, pp. 175–9.

[BHL 4181a]

Sermo de exaltatione sanctae crucis

1. Inuentione autem sancte crucis domini nostri Ihesu Christi cum gaudio nimio et gloria tertio mense celebrauimus. [83 ra] Hodie uero exaltationis eius aliquid in commemoratione dicamus. Ad memoriam ipsius uiuifice et uenerande crucis atque exultationis, qualiter euenit caritati uestre pandamus.

2. (2.) Post inuentionis eius gloria inuidia ductus diabolus commouit uirum ferrocissimum Chosroi imperatore, immisit in corde eius Hierosolimam pergere et destruere ciuitatem Hierusalem, et uiuifice crucis lignum et omnia uasa, quod erant in templo Domini sacrata, secum duceret cum populo fideli, qui ibidem inuenissent, uinctos catenis in regionem suam.

3. (3.) Quadam denique die uir ille, iniquus et pessimus uastator ecclesiarum Dei, egressus cum exercitu maximo deuenit in ciuitate Hierusalem et introiuit in ea cum furore nimio et interfecit multos habitatores eius dicte ciuitatis sancte Hierusalem aliosque captiuos exinde expulit. Ciuitas autem desolauit, ita ut non delinqueret lapis super lapidem. Lignum uero uiuifice et gloriosissime [83 rb] crucis secum attulit.

4. (5.) Et non permisit illi Deus destruendi loculum ubi tandem crucem beata Helena cum aromatibus dignissimis condierat, sed saluum illum adduxit et posuit in solio suo secus dorsum suum. Quando autem sedebat ille tyrannus in solio suo, scapulas suas super sancta cruce ponebat et sic requiescebat.

---

3. non delinqueret lapis super lapidem] cf. Matth. 24,2 et par.

Titulus: *addidi. Codices nomen festi indicant:* Exaltatio sancte crucis domini nostri Ihesu Christi *B*, Exaltatio sancte crucis *V*

1. dicamus] ducamus *V* || memoriam] *V*, mememoriam *B* || uiuifice] *V*, uiuice *B* || exultationis] exaltationis *V* || caritati] caritate *ante corr. B*

2. ferrocissimum] ferocissimum *V* || chosroi] chosroe *V* || imperatore] imperator *V* || immisit] inmisit *V* || pergere et destruere] pergeret et destrueret *V* || erant] erat *V* || inuenissent] inuenisset *V*

3. quadam] quodam *V* || ecclesiarum] ecclesias *V* || maximo] suo maximo *ante corr. B* || ciuitate] ciuitatem *V* || hicrusalem[1]] ierusalem *V* || et introiuit – hierusalem] *om. (per homoioteleuton) V* || captiuos] captiuus *V* || delinqueret] relinqueret in ea *V*

4. tandem] eadem *V* || adduxit] aduxit *V* || secus dorsum – solio suo] *om. (per homoioteleuton) V*

[BHL 4181a]

A Sermon on the Exaltation of the Holy Cross

1. In the third month[107] we celebrated the Finding of the Holy Cross of Our Lord Jesus Christ with exceeding joy and glory. Today we will say something to commemorate its Exaltation. In memory of the same lifegiving and venerable Cross[108] and of its Exaltation, we will explain to Your Charity[109] how it happened.

2. (2.) After the glory of its Finding the devil, induced by envy, roused a most ferocious man, the emperor Chosroes, and put it in his heart to go to Jerusalem and to destroy the city of Jerusalem and to take with him the wood of the Holy Cross and all the sacred vessels which were in the temple of the Lord together with the faithful people which he found there, bound with chains, and bring them to his own country.

3. (3.) And so one day that man, a wicked and terrible destroyer of the churches of God, went out with a very large army, and he came down to the city of Jerusalem and went into it with great rage and killed many inhabitants of that city, of the holy city of Jerusalem, and others he drove out from there as captives. The city he laid waste, not leaving one stone upon another.[110] The wood of the lifegiving and glorious Cross he took away with him.

4. (5.) And God did not let him destroy the casket where the blessed Helena had placed the same Cross together with the finest spices, but he brought it with him intact and placed it on his throne behind his back.[111] So when the tyrant sat on his throne he leaned his shoulders on the Holy Cross and thus he rested.

---

107 Inventio Crucis was celebrated on 3 May; May was the third month according to Roman reckoning.

108 'Lifegiving and venerable Cross': compare the usual Greek designation, τιμίου καὶ ζωοποιοῦ σταυροῦ.

109 'Your Charity' (*caritas vestra*) was a common mode of address in sermons already in the fourth century.

110 The destruction of Jerusalem: vividly described by Strategius (trans. Conybeare, pp. 506–10), from another perspective by Sebeos, 115–6 (trans. Thomson, pp. 68–70); a brief account in Chron. Pasch. ad an. 614 (ed. Dindorf, p. 704, trans. Whitby, p. 156); a similar account based on a Syriac chronicle, but without the destruction of buildings, in Theoph., Chron. ad AM 6106 (ed. de Boor, pp. 300–1, trans. Mango & Scott, p. 431).

111 The unopened reliquary: mentioned by several (near-)contemporary sources. The insistence on this fact is discussed by A. Frolow, 'La Vraie Croix et les expéditions d'Héraclius en Perse', REB 11 (1953), pp. 88–105, and by C. Mango, 'Deux études sur Byzance et la Perse sassanide: I. Héraclius, Šahrvaraz et la Vraie Croix', TM 9 (1985), pp. 105–18, p. 114.

5. (18.) Multum enim suauitatis hodorem ex ille locus, ubi crux erat, per Domini gratia et lumen inestimabilis procedebat.

6. (21.) Multitudo demoniaci et ceci seu leprosi atque uariis languoribus habentibus ueniebant et uirtutem sancte crucis omnes sani et salui inde rediebant. Sed cum tanta et talia mirabilia ibi cotidie adherant, multi in Christo crediderunt. Sed ille impiissimus tyrannus nullatenus credidit.

7. (6.) Nuntiatum est autem donno Eraclio sanctissimo imperatore apud Constantina urbem, quod ciuitas sancta Hierusalem desolasset et lignum sancte crucis cum populo captiuum inde duxisset. Posuit se in cinere et cilicio lugens fortiter de ligno sancte et uiuifice crucis, qui captus est, ac de ciuitate [83 ua] sancta, que posita est in ruina et desolatione. Subito misit Deus in corde eius ut surgeret pergeretque in regionem illam, ubi erat sancta crux cum uasa sacrata, que fuerant ablata a templo Domini ab iniquissimo et perfido tyranno. Congregansque exercitum maximum innumerabilem et peruenit per ripam fluminis, qui erat inter ambas regiones terminum.

8. (7.) Vt autem audiuit ille ferocissimus, quod Eraclius ad eum ueniret propter lignum sancte crucis, remisit filium suum cum exercitu maximo, ut obuiaret illi, antequam peruenisset ad pontem et transiret in regionem suam. Et morati sunt iuxta flumen modicum tempus et misit Eraclius imperator legatariis ad filium regis perfidum et ait illi: 'Vide, rex, quia dominus meus Eraclius non uult, ut pereant tantos homines innocentes, qui culpam non habent. Sed pro hanc causam misit me ad te, ut uenires cum arma tua solus et ille similiter super pontem, et ibi ostendat Deus potentiam suam atque uirtutem, et non cadant in hore gla- [83 ub] dii tantas generationes. Si autem Dominus donat tibi uictoriam, ut illum occidas, sit regnum eius in tua potestate, et nos tibi subiciemur dominationi. Si autem Dominus illum super te exaltauerit, et tu ab illo interfectus fueris gladio suo, aut uiuum te conprehendet, non dubiteris sub eius dominatione subiacere, et tu et regnum tuum in eius potestate dominentur.' Placuit autem consilium ipsi et ad omnes maiores natu, qui cum illo erant.

---

7. in cinere et cilicio] cf. Matth. 11,21; Luc. 10,13

---

5. enim] namque *V* || hodorem] odorem *V* || gratia] gra— *B*, gratiam *V* || inestimabilis] *V*, inestimalis *B*

6. et uirtutem sancte crucis omnes sani et] *om. V* || rediebant] rediebat *V*

7. autem] *om. V* || donno] domno *V* || eraclio] eracleo *V* || constantina] costantinam *V* || surgeret] surgere *V* || innumerabilcm] innuberabilem *V* || qui erat] qui herat *V*

8. legatariis] legataris *ante corr. B* || hore] ore *V* || nos] nos omnes *V* || fueris] sis *V* || conprehendet] comprehendet *V* || dominatione] dominationi *ante corr. B* || qui cum] quicumque *V*

5. (18.) A great odour of sweetness proceeded from that place where the Cross was, by the grace of the Lord, and a priceless light too.[112]

6. (21.) Many possessed and blind or leprous and people with various sicknesses came, and by the power of the Holy Cross they all returned whole and sound from there. But when so great and many wonders took place there every day, many believed in Christ.[113] But that impious tyrant did not believe at all.

7. (6.) So the news was brought to the lord Heraclius, the most holy Emperor in the city of Constantine, that he had destroyed the holy city of Jerusalem and had taken away from there the wood of the Holy Cross and the captive people. He placed himself in ash and sackcloth, wailing loudly over the wood of the holy and lifegiving Cross that had been captured and over the holy city which lay in ruin and desolation. Suddenly God put it in his heart to rise and go forth to that country where the Holy Cross and the sacred vessels were, which had been taken from the temple of the Lord by the most wicked and faithless tyrant.[114] And gathering a very great, innumerable army he arrived at the bank of the river which was the border between the two countries.

8. (7.) When the ferocious one heard that Heraclius had come to him because of the wood of the Holy Cross, he sent out his son with a huge army to meet him before he should come to the bridge and cross over into his country. And they stayed by the river for a while and the emperor Heraclius sent an envoy to the son of the faithless king and he said to him: 'You must see, o king, that my lord Heraclius does not want that so many innocent people, who are without guilt, should perish. But for this reason did he send me to you, that you should come armed and alone and he in the same way out onto the bridge, and there God will show his power and might, instead of so many generations being killed by the mouth of the sword. If the Lord gives you victory, so that you kill him, then his kingdom will come into your hands and we become subject to your authority. But if the Lord exalts him over you, and you are killed by his sword, or he captures you alive, you must without doubt succumb to his authority and you and your kingdom will come under his power.' This counsel pleased him and all the noblemen who were with him.

---

112 Cf. Acta Anastasii 7 (ed. Flusin, p. 47), where 'rays of power' issued from the Cross as it came to Persia, putting fear into the hearts of the infidels but joy into the hearts of the faithful.

113 This accords well with the view of events in the Acta Anastasii. The author of Reversio seems not to have understood the point of miracles occurring at this point in the story, and has instead made them into a consequence of the restoration of the Cross to Jerusalem.

114 Heraclius laments and receives a divine reply: Tabari (trans. Nöldeke), pp. 293–4.

9. (8.) Alia autem die uterque super pontem uenerunt, et ibi cum magno
timore Eraclius aduersus eum pugnabat. Vnde aspexit in celum beatus Eraclius
et ingemuit mala sua ad Dominum et dixit: 'Christe, rex seculorum, qui mundam
manum tuam in cruce posuisti et donasti uictoriam seruo tuo Dauid aduersus
Goliath: extende brachium et umilia superbum, qui in sua ferocitate confidit, et
da uictoriam seruo tuo, ut cognoscant omnes, quia tu es Deus solus, qui de sinu
Patris tui descendisti et per sanctam crucem [84 ra] tuam mundum illuminasti.
Aperi oculos tuos et respice de sede sancta tua et fac me cum uictoria reuertere
in ciuitatem sanctam Hierusalem cum pretiosum lignum sancte crucis tue. Et
exaltemus nomen sanctum tuum et glorificemus in secula seculorum. Amen.' Et
haec dicens exemit gladium et percussit impium a capite usque a femora, et
cecidit mortuus in duas partes diuisus de ponte in flumine.

10. (9.) Et cum uidisset uniuersus exercitus, quia <Deus> dedit uictoriam
beatissimo Eraclio imperatore, omnes arma proiecerunt et cucurrerunt ad pedes
eius. Eraclius autem <gratias> agens Deo et Ihesu Christo filio eius, qui saluos
facit sperantes in se. Suscepit autem cum magno gaudio omnes illius satellites
docens eos et confirmans in fide Christi, et baptizati sunt in nomine Patris et Filii
et Spiritus Sancti in uitam aeternam. Amen.

11. (10) Deinde autem perrexit cum uniuerso exercitu suo, ubi erat sancta
crux, et inuenit sedentem iuxta crucem ille ferocissimus et iniquus, qui eam ab
Hierusalem abstulit. Tanta erat illius tyranni ira pessima, et nullus erat ausus
[84 rb] ei dicere quia 'gens uenit super te'. Peruenit autem Eraclius usque ad
illum locum, ubi sedebat ille in solio suo coopertum schêma regni et coronam
positam super capud suum et recumbebat scapulas suas super uiuificum lignum
sancte crucis.

12. (11.) Dixitque illi beatus Eraclius: 'Vita et mors posita est hodie tibi in

---

9. rex seculorum] Apoc. 15,3 || Dauid aduersus Goliath] cf. 1 Sam. 17 || extende brachium et
umilia superbum] cf. Ps. 88,11 || cognoscant omnes quia tu es Deus solus] cf. Tob. 8,19 || sinu
Patris] Ioh. 1,18 || Aperi oculos tuos] Dan. 9,18 || respice de sede sancta tua] cf. Deut. 26,15 ||
exaltemus nomen sanctum tuum] cf. Ps. 137,2 (*var. lect.*)

10. qui saluos facit sperantes in se] Ps. 16,7 || baptizati sunt in nomine Patris et Filii et Spiritus
Sancti] cf. Matth. 28,19

---

9. umilia] humilia *V* || me cum uictoria] mecum *V* || ciuitatem sanctam] sanctam ciuitatem *V*
|| haec] hec *V* || a femora] ad femora *V*

10. uidisset] audisset *V* || deus dedit] *V*, dedit *B* || eraclio] heraclio *V* || gratias agens] *V*, agens
B || facit] faciens *V* || confirmans] confirma *V* || aeternam] eternam *V*

11. hierusalem] ierusalem *V* || eraclius] eracleus *V* || schêma] *scripsi*, diadêma *B V* || coronam
positam] corona posita *V*

9. (8.) So on another day both came out onto the bridge, and there Heraclius fought against him with great fear.[115] Therefore the blessed Heraclius looked up into the sky and sighed for worry to the Lord and said: 'O Christ, King of ages, who placed Thy clean hand on the Cross and gave victory to Thy servant David against Goliath:[116] stretch out Thy hand and humiliate the proud one who trusts in his fierceness and give victory to Thy servant, that all may know that Thou alone art God, who descended from the bosom of the Father and illumined the world through Thy Holy Cross. Open Thine eyes and look down from Thy holy throne and make me to return with victory to the holy city of Jerusalem, with the precious wood of Thy Holy Cross. And may we exalt Thy holy name and glorify it for ever and ever. Amen.' And so saying he drew his sword and struck the impious one from head to thighs, and he fell dead divided into two halves from the bridge into the river.

10. (9.) And when the whole army saw that God gave victory to the most blessed emperor Heraclius, they all threw down their weapons and rushed to his feet. Heraclius thanked God and his son Jesus Christ, who saves those who hope in Him. He received all the vassals of that man with great joy, teaching them and encouraging them in the faith of Christ, and they were baptized in the name of the Father and of the Son and of the Holy Spirit unto life eternal. Amen.

11. (10.) Thereafter he went with his whole army to the place where the Holy Cross was, and found sitting there by the Cross that ferocious and wicked man who had taken it away from Jerusalem. Such was the terrible anger of that tyrant, that nobody had dared to tell him that 'foreigners are coming for you.' So Heraclius went right up to the place where that man sat on his throne clad in the vestment of the kingdom and with a crown placed on his head, and leaned his shoulders against the lifegiving wood of the Holy Cross.

12. (11.) The blessed Heraclius said to him: 'Life and death are placed before you today[117] in the mouth of the sword because of the wood of the Holy Cross, which you unjustly removed from the Holy City. For if you will believe in the only-begotten Son of God, who is in the Father's bosom, and let yourself be baptized, you will keep your life and not die. But if you do not want to believe, my sword will kill you.' But he neither rose from his throne nor gave him any

---

115 See note to Reversio, § 8.

116 According to Fredegar, IV, 64 (ed. & trans. Wallace-Hadrill, pp. 52–53), Heraclius 'advanced to the fray like a second David'; according to Cont. Hisp. 4 (ed. Mommsen [cf. fn. 52], p. 336), the opponent of Heraclius was 'tanquam alterum Goliam'.

117 'Life and death are placed before you today': cf. Inventio Crucis A, ed. in Borge-hammar (cf. fn. 12), p. 263, lines 123–4: *Vita et mors praeposita sunt tibi.*

hore gladii propter lignum sancte crucis, quod a sancta ciuitate iniuste abstulisti. Nam si credideris in unigenitum filium Dei, qui est in sinu Patris, et baptizaueris, uita uiues et non morieris. Quod si nolueris credere, interficiet te gladius meus.' Ille autem neque surrexit de solio suo neque ullum responsum dedit ei. Statimque autem imperator Eraclius iussit eum deponi de solio suo et amputari caput a carnificibus suis.

13. (12.) Habebat autem filium adolescentem, quem fecit baptizare in nomine Patris et Filii et Spiritus Sancti. Et omnes, qui in ipso regno manebant, baptizati sunt. Confirmans eos et docens in fide sancte Trinitatis et relinquens adolescentem confirmatus in re- [84 ua] gno patris cum omni exercitu suo.

14. (4.) Nam ipsam turrim, ubi ille impiissimus Chosroi residebat, excelsa erat nimis, extructa namque a fundamento quadris argenteis. Summitate autem eius erat ex auro et lapidibus pretiosis atque gemmis. In ipsa autem turrim erat quasi caelum fabricatum, et in die sollempnitatis sue erat consuetudo talis: sedebat ille tyrannus cum magistratibus suis atque prefectis et faciebat equos per turrim desuper currere, ut putaretur tonitruum esse, et per occultis fistulis in ipsum celum aquam poni et diffundi quasi pluuia. Dicebatque ad suos satellites: 'Non est in terra similis mei, quia ego solus in terra deus, sicut unus deus in cclo.'

15. (13.) Audite simpliciter, que beatus fecit Eraclius. Iussit eandem turrem a fundamento eradicare et omnem argentum in predam sui exercitu destinauit. Aurum uero et lapides pretiosos atque gemmas sibi retinuit propter restaurationem templi Domini, quas destruxit ille iniquissimus et pessimus tyrannus.

16. (14.) Exiuit autem beatissimus Eraclius [84 ub] a ciuitate illa cum magna uictoria et reuersus est in ciuitatem sanctam Hierusalem.

17. (15.) Vt autem appropinquauit ad portam ciuitatis sancte Iherusalem, oblitus est descendere de equo suo et pedibus discalciatis introire cum uiuifice lignum sancte crucis in sanctam ciuitatem, sed cum diadêma regni ad portam uenisset, ut introiret cum equitibus in sanctam ciuitatem. Angelus Domini se-

---

12. unigenitum filium Dei qui est in sinu Patris] Ioh. 1,18

---

12. ciuitate] ciuitate ierusalem *V* || credideris in] credideris *V* || nolueris] noluerit *V* || capud] *corr. in* caput *uel uice uersa B*; caput eius *V*

13. quem] que *V* || baptizare] baptizari *ante corr. (ut uid.) B* || manebant] manebat *V*

14. ipsam] ipsa *V* || excelsa] exelsa *V* || quadris] a quadris *V* || summitate] summitatem *V* || eius] ei *V* || turrim] turre *V* || caelum] celum *V* || tyrannus] tirannus *V* || prefectis] perfectis *V*

15. eraclius] eracleus *V* || turrem] turrim *V* || eradicare] heradicare *V* || iniquissimus et pessimus tyrannus] iniquus tirannus *V*

17. iherusalem] hierusalem *V* || ciuitatem¹] ciuitatim *ante corr. B* || sed cum – sanctam ciuitatem] *om. (per homoiot.) V* || super portam] super portas *V* || clauserat] claudebat *V*

answer.[118] At once the emperor Heraclius ordered him to be removed from his throne and his head to be cut off by his executioners.

13. (12.) He had a young son whom he caused to be baptized in the name of the Father and of the Son and of the Holy Spirit.[119] And all who lived in that kingdom were baptized. He encouraged[120] them and taught them in the faith of the Holy Trinity and left the young boy well established in the reign of his father with all his army.

14. (4.) Now that tower, where the sacrilegious Chosroes resided, was vastly tall and was built of silver bricks right from its foundations. The top was of gold with precious stones and gems. In that tower there was a kind of man-made heaven, and on his festival day[121] this was the custom: that tyrant sat with his magistrates and prefects and made horses run down through the tower from above, so that it would seem like thunder, and through hidden pipes in the heaven he made water to be poured and diffused as if it were raining.[122] And he said to his vassals: 'There is no-one like me on earth, for I alone am god on earth, just as there is one god in heaven.'

15. (13.) Now hear with simplicity what the blessed Heraclius did! He ordered that tower to be torn down to its foundations and he destined all the silver as booty for his army. But the gold and the precious stones and gems he kept, on account of the restoration of the temple of the Lord, which that wicked and detestable tyrant had destroyed.[123]

16. (14.) So the most blessed Heraclius went out of that city with a great victory and returned to the holy city of Jerusalem.

17. (15.) But when he approached the gate of the holy city of Jerusalem, he forgot to dismount from his horse and to enter barefoot into the Holy City with the lifegiving wood of the Holy Cross, and instead he came to the gate with the diadem of the kingdom, in order to enter the Holy City with his cavalry. An angel of the Lord sat down over the city gate and placed stones before the doors and closed them, so that no-one could enter.

---

118 Cf. the story told by Tabari in three different versions (trans. Nöldeke, pp. 308–10), where God sends an angel to Chosroes urging him thrice to repent, and he each time refuses to answer.

119 See notes to Reversio, § 12.

120 Or 'confirmed' (*confirmauit*).

121 Literally 'in the day of his solemnity'. Meaning uncertain.

122 See note to Reversio, § 4.

123 'Temple of the Lord' refers to the Anastasis-Martyrium complex in Jerusalem. But the churches of Jerusalem seem to have been restored through the agency of Modestus and Yazdin (a Nestorian courtier of Chosroes) already during the Persian occupation; the Anastasis-Martyrium complex is specifically mentioned in this context by Eut., Ann. (trans. Breydy), pp. 100–1. See further Flusin (cf. fn. 22), II, pp. 175–9.

debat super portam ciuitatis et ponebat lapides ante portas et clauserat illa, ita ut nullus intrare potuisset.

18. (16.) Beatissimus autem Eraclius, ut uidit portam ab angelo clausam, reuersus est retrorsum cum nimia uerecundia facie sua et cognouit, quia non erat dignus cum tali gloria elationis introire in ciuitatem. Vox diuina facta est ad eum dicens: 'Eracli, non scis, quia ille fabricator totius mundi, qui in hunc lignum pependit, quando ad istam portam uenit et quando super pullum asine sedebat, et populus ante eum cum floribus et palmis obuiam ueniebant et clamabant dicentes: "Osanna, benedictus qui uenit in nomine Domini rex Isrrahel,' et sic introiuit in hac ciuitate?"

19. (17.) Eraclius autem, confusus [85 ra] in semetipso, habiit retro et posuit cynere super capiti suo et induit se cilicio et sacco. Et discalciatis pedibus omnes ad portam cum laudibus et ymnis festinabant. Angelus autem Domini iussit, ut petras, quas ante portas sedebant, ut se reuerterent unaqueque in locum suum, et aperuerunt se porte. Et introiuit beatissimus Eraclius cum magno exercitu, laudantes et benedicentes Dominum, qui facit mirabilia in seruos suos.

20. Venite omnes populi ad laudem et gloriam unigeniti filii Dei, qui per Spiritum Sanctum et sanctam crucem mundum illuminauit et omnes, qui in inferno erant propter originalia peccata, secum inde attulit ad superosque perduxit. Et congregauit angelos atque omnes uirtutes celorum, dixit: 'Congratulamini omnes, quia inueni ouem quem perdideram,' et fuit gaudium magnum coram angelis Dei. Venite omnes adhoremus lignum sancte crucis et magnificemus nomen sancte crucis et celebremus memoriam exaltationis eius octauo decimo kalendas Octobris,

21. (23.) ad honorem et gloriam Domini nostri Ihesu Christi, qui est Deus benedictus nunc et semper et in secula seculorum. Amen.

---

18. super pullum asine – rex Israhel] cf. Ioh. 12,13–15

20. Congratulamini ... quia inueni ouem quem perdideram] Luc. 15,6 || gaudium magnum coram angelis Dei] cf. Luc. 15,10 || Venite ... adhoremus] Ps. 94,6; cf. antiphonam antiquam ad detegendam s. crucem in Parasceue: *Ecce lignum crucis, in quo salus mundi pependit. Venite adoremus!*

---

18. clausam] clausa *V* || retrorsum] retro *V* || gloria] *om. V* || introire] introire introire *V* || ciuitatem] ciuitate *V* || scis] sis *V* || lignum] ligno *V* || obuiam] ouiam *V* || clamabant] *V*, clamababant *B* || in nomine] *om. V* || israhel] israel *V*

19. cynere] cinerem *V* || super] *om. V* || ymnis] imnis *V* || petras] petra *V* || unaqueque] una quem que *V*

20. spiritum sanctum et] *om. V* || mundum] *om. V* || attulit] adtulit *V* || dixit] *om. V* || quem perdideram] que perierat *V (iuxta Luc. 15,6).* || adhoremus] adoremus *V* || magnificemus] magnificemus et glorificemus et exaltemus *V* || octobris] octubris *V*

21. nunc et] *V,* nunc et nunc et *B* || semper et] semper *V* ||

18. (16.) But the most blessed Heraclius, when he saw the gate closed by the angel, turned back, his face blushing with immense shame, and he knew that he was not worthy of entering the city with such exalted glory. A divine voice came to him saying: 'Heraclius, do you not know that when the Maker of all the world, who hung on this wood, when he came to this gate and when he sat on a donkey's foal, that the people in front came towards him with flowers and palm fronds and shouted and said: "Hosanna, blessed is He who comes in the name of the Lord, the King of Israel," and thus he entered this city?'[124]

19. (17.) But Heraclius, confused within himself, went back and put ashes on his head and clothed himself in hairshirt and sackcloth. And so everyone hastened barefoot to the gate with praises and hymns.[125] The angel of the Lord then commanded that the rocks which lay before the gates should return each to its place, and the doors opened themselves. And the most blessed Heraclius entered with a large army, praising and blessing the Lord who performs miracles on his servants.

20. Come all ye people to the praise and glory of the only-begotten Son of God, who illumined the world by means of the Holy Cross and who took with him from hell all those who were there because of original sin and brought them to the highest heavens! And he gathered the angels and all the powers of heaven and said: 'Rejoice with me all of you, for I have found the sheep that I had lost,'[126] and there was great joy before the angels of God. Come ye all, let us adore the wood of the Holy Cross and magnify[127] the name of the Holy Cross and celebrate the memory of its exaltation on the eighteenth day before the Kalends of October,[128]

21. (23.) to the honour and glory of Our Lord Jesus Christ who is blessed God, now and forever, world without end. Amen.

---

124 See note to Reversio, § 16.
125 See note to Reversio, § 17.
126 See Luke 15:6.
127 Ms. *V* adds: 'and glorify and exalt'.
128 14 September.

Narrative Metalepsen und andere Illusionsdurchbrechungen: Das spätantike Beispiel Martianus Capella

Siegmar Döpp

I

In der jüngeren Erzählforschung spielt der Begriff der Metalepse (μετάληψις, metálepsis) eine beträchtliche Rolle. Der Terminus, dessen lateinisches Äquivalent *transsumptio* ist, stammt aus der antiken Rhetorik, deren Theoretiker für ihn unterschiedliche Definitionen gegeben haben; unter anderem verstand man unter einer Metalepse eine Form der Metonymie, bei welcher der erzeugende Gegenstand anstelle der Wirkung gesetzt wird.[1] Den Gebrauch des rhetorischen Begriffs hat Gérard Genette 1972 in *Discours du récit*[2] in die Analyse narrativer Technik übernommen und auf eine der Formen selbstreferentiellen Erzählens[3] angewandt, nämlich auf die Überschreitung der gleichsam „heiligen" Grenze zwischen der Welt, in der man erzähle, und der Welt, von der erzählt werde:[4] Die so genannte narrative Metalepse (*métalepse narrative*), die zur Kategorie der ‚Stimme im Text'[5] gehört, besteht also nach Genette generell in einem Wechsel zwischen der diegetischen und der metadiegetischen oder der extradiegetischen Ebene des Erzähltexts.[6] Als eines der Beispiele nennt Genette

---

1   Zur antiken und spätantiken Theorie des Tropus Metalepse s. Armin Burkhardt: Metalepsis, in: Gert Ueding (Hg.): Historisches Wörterbuch der Rhetorik, Band 5 (Tübingen 2001) 1087–1099; Thomas Riesenweber: Uneigentliches Sprechen und Bildermischung in den Elegien des Properz (Berlin / New York 2007) [Untersuchungen zur antiken Literatur und Geschichte, 86].

2   Gérard Genette: Discours du récit, in: Figures III (Paris 1972); deutsch unter dem Titel „Diskurs der Erzählung" in: Gérard Genette: Die Erzählung. Aus dem Französischen von Andreas Knop, mit einem Nachwort herausgegeben von Jochen Vogt (München ²1998) 9–192.

3   Michael Scheffel: Formen selbstreflexiven Erzählens. Eine Typologie und sechs exemplarische Analysen (Tübingen 1997).

4   Genette (s. Anm. 2) 168 f.

5   S. dazu vor allem Andreas Blödorn / Daniela Langer / Michael Scheffel: Stimme(n) im Text: narratologische Positionsbestimmungen (Berlin 2006); darin Michael Scheffel: Wer spricht? Überlegungen zur ‚Stimme' in fiktionalen und faktualen Erzählungen, 83–99.

6   Genette (s. Anm. 2) 167–174. Enger als von Genette wird der Begriff von Bernd Häsner: Metalepsen: Zur Genese, Systematik und Funktion transgressiver Erzählwei-

Julio Cortázars kurze Erzählung *Continuidad de los Parques* (aus der Sammlung *Final del juego* [1956]),[7] die von einem Leser handelt, der in dem Roman, mit dessen Lektüre er beschäftigt ist, ermordet werden soll.[8] An Genette anknüpfend, kennzeichnete 1997 David Herman die narrative Metalepse als Überschreitung hierarchisch angeordneter diegetischer Ebenen, durch die eben jene Hierarchie unterminiert oder gar aufgehoben wird.[9] Demgemäß zielt dieses erzähltechnische Verfahren wie auch andere nicht auf die Herstellung einer Illusion, sondern gerade auf deren Durchbrechung und lässt sich mit Werner Wolf bestimmen als Inkonsistenz des Erzählens, die durch ein ‚Kurzschließen' erzähllogisch getrennter Ebenen bedingt ist.[10] Aber auch in einem weiteren Sinne, nämlich für das Überschreiten der Grenze zwischen der realen und der erzählten Welt, kann der Terminus heute gebraucht werden.[11]

Überwiegend stammen die Textbeispiele für dieses Verfahren, die in der modernen Erzählforschung analysiert werden, aus neuzeitlichen Werken.[12] Zuweilen nimmt man aber auch antike Literatur in den Blick. So hat Genette

---

sen (Diss. Freie Universität Berlin 2001) (online veröffentlicht 2005: http://www.diss.fu-berlin.de/diss/servlets/MCRFileNodeServlet/FUDISS_derivate_000000001782/0_bernd-haesner.pdf?hosts=) gefasst, der ihn solchen Erzählweisen vorbehält, die ein Verhältnis der Simultaneität zwischen erzählendem *discours* und erzählter *histoire* behaupten.

7 Deutsche Übersetzung: Julio Cortázar: Park ohne Ende, in: Ende des Spiels. Erzählungen. Aus dem Spanischen von Wolfgang Promies (Frankfurt am Main 1977) 9 f. Es scheint mir nicht ganz zutreffend zu sein, wenn Genette (s. Anm. 2) 167 Cortázars Erzählung charakterisiert als „Geschichte eines Mannes, der von einer der Personen des Romans ermordet wird, den er gerade liest".

8 Genette (s. Anm. 2) 167.

9 David Herman: Toward a formal description of narrative metalepsis, in: Journal of Literary Semantics 26.2 (1997) 132–152, 133. Zur Theorie der narrativen Metalepse s. ferner Debra N. Malina: Breaking the frame. Metalepsis and the construction of the subject (Columbus [Ohio] 2002) und John Pier / Jean-Marie Schaeffer (Hgg.): Métalepses. Entorses au pacte de la représentation (Paris 2005), zu Verfahren der narrativen Metaisierung insgesamt Michael Scheffel: Metaisierung in der literarischen Narration: Überlegungen zu ihren systematischen Voraussetzungen, ihren Ursprüngen und ihrem historischen Profil, in: Janine Hauthal / Julijana Nadj / Ansgar Nünning / Henning Peters (Hgg.): Metaisierung in Literatur und anderen Medien. Theoretische Grundlagen – Historische Perspektiven – Metagattungen – Funktionen (Berlin / New York 2007) [spectrum Literaturwissenschaft, 12] 155–171.

10 Zu Formen der narrativen Illusionsdurchbrechung grundlegend Werner Wolf: Ästhetische Illusion und Illusionsdurchbrechung in der Erzählkunst. Theorie und Geschichte mit Schwerpunkt auf englischem illusionsstörenden Erzählen (Tübingen 1993) [Buchreihe der Anglia. Zeitschrift für Englische Philologie, 32] 208–474; s. auch Werner Wolf: Illusionsdurchbrechung, in: Ansgar Nünning (Hg.): Metzler Lexikon Literatur- und Kulturtheorie. Ansätze – Personen – Grundbegriffe (Stuttgart / Weimar ³2004) 282.

11 Burkhardt (s. Anm. 1) 1097.

12 S. etwa Häsner (s. Anm. 6), der sich unter anderem eingehend mit Ariosts *Orlando furioso* befasst; Silke Lahn / Jan Christoph Meister: Einführung in die Erzähltextanalyse (Stuttgart / Weimar 2008) 90–92.

selbst den Platonischen *Theaitetos* angeführt.[13] Dessen Gegenstand ist ein Dialog über das Wesen des Wissens, den der Fiktion nach Sokrates, Theodoros und Theaitetos miteinander geführt hatten und den Sokrates später dem Eukleides erzählte; Eukleides seinerseits hat die Unterredung schriftlich aufgezeichnet, freilich nicht so, dass Sokrates das Gespräch erzählt, sondern so, als ob Sokrates unmittelbar mit Theodoros und Theaitetos rede (Theaitetos 143c): In der Niederschrift, die jetzt durch einen Sklaven vor Eukleides und einem Terpsion verlesen wird, ist somit zugunsten des ersten Erzählers die von Genette so genannte metadiegetische Zwischenstation ausgeschaltet.[14] Die Aufmerksamkeit einiger Interpreten hat ferner jener metaleptische Typus gefunden, der darin besteht, so zu tun, als ob der Erzählende selbst die Dinge bewirke, die er schildert,[15] wie dies beispielsweise in Vergils sechster Ecloge der Fall ist, wenn es über den zum Erzählen genötigten Silen heißt, er umgebe in seiner Schilderung Phaethons (um den Bruder trauernde) Schwestern mit dem Moos bitterer Rinde und lasse sie als Erlen aufragen (ecl. 6,62 f).[16] Des Weiteren hat jüngst Anja Cornils die in ihrer Funktion umstrittenen Wir-Berichte der neutestamentlichen Apostelgeschichte in aufschlussreicher Weise als narrative Metalepsen analysiert.[17]

---

13   Genette (s. Anm. 2) 169.
14   Zu den Funktionen des Vorgesprächs s. Paul Friedländer: Platon II. Die Platonischen Schriften (Berlin / Leipzig 1930) 415–417: Erstens werde „die Geschichtlichkeit und Genauigkeit des Berichtes gesichert", zweitens die „Bedeutung des Hauptgespräches von vornherein gesteigert", drittens dem im Jahre 369 v. Chr. gefallenen Theaitetos „eine Totenfeier" gerichtet; s. auch Vittorio Hösle: Der philosophische Dialog. Eine Poetik und Hermeneutik (München 2006) 171.
15   Genette (s. Anm. 2) 167.
16   Dieses und andere Beispiele in Vergils Eclogen und in den pseudovergilischen *Dirae* behandelt Kai Rupprecht: Cinis omnia fiat. Zum poetologischen Verhältnis der pseudovergilischen „Dirae" zu den Bucolica Vergils (Göttingen 2007) [Hypomnemata, 167] 96–202; s. auch Kai Rupprecht: Warten auf Menalcas. Der Weg des Vergessens in Vergils neunter Ekloge, in: Antike und Abendland 50 (2004) 36–61, 42 f (zu Vergil ecl. 9,19 f); ohne Verwendung der Genetteschen Terminologie hat Godo Lieberg: Poeta creator. Studien zu einer Figur der antiken Dichtung (Amsterdam 1982) zahlreiche Belege aus antiker Literatur gesammelt und interpretiert.
17   Anja Cornils: Vom Geist Gottes erzählen. Analysen zur Apostelgeschichte (Tübingen 2006) [Texte und Arbeiten zum neutestamentlichen Zeitalter, 44] 225–249.

II

Ein spätantikes Fallbeispiel für eine besonders kühne Handhabung narrativer Metalepsen ist allem Anschein nach bislang unbeachtet geblieben: Martianus Capellas in der Moderne durchweg als bizarr charakterisierte[18] Schrift *De nuptiis Philologiae et Mercurii*[19], eine neun Bücher umfassende[20] menippeische Satire[21], d.h. ein Prosa und Verspartien kombinierendes, an urbanem Witz reiches Werk,[22] in dem ein Ich-Erzähler auftritt.[23]

Der Name des Verfassers lautet vollständig Martianus Minneius Felix Capella. Die Datierung der Satire ist in der Forschung seit langem umstritten;[24] am ehesten dürfte das Werk zwischen 410 und 439 entstanden sein.[25]

---

18 Zu modernen Urteilen s. Fanny LeMoine: Martianus Capella. A literary re-evaluation (München 1972) (überarbeitete Fassung einer Dissertation Bryn Mawr College 1968) [Münchener Beiträge zur Mediävistik und Renaissance-Forschung, 10] 1–4.

19 Diese handschriftlich nicht bezeugte Form des Titels begegnet zum ersten Mal am Ende des fünften Jahrhunderts n.Chr. bei dem Mythographen Fulgentius in *Expositio sermonum antiquorum* 45; die in den Codices erscheinenden Titelformen führt James Willis: Martianus Capella, edidit J. W. (Leipzig 1983) p.1 an; s. auch Ilaria Ramelli: Marziano Capella, Le nozze di Filologia e Mercurio. Testo latino a fronte. Introduzione, traduzione, commentario e appendici (Milano 2001) 717 f.

20 Sie pflegen in der Moderne in eintausend Kapitel eingeteilt zu werden.

21 Zu diesem literarischen Genre s. vor allem Peter Dronke: Verse with prose. From Petronius to Dante. The art and scope of the mixed form (Cambridge [Mass.] / London 1994) und Joel C. Relihan: Ancient Menippean satire (Baltimore / London 1993); zu Martianus speziell s. besonders Haijo Jan Westra: The juxtaposition of the ridiculous and the sublime in Martianus Capella, in: Florilegium 3 (1981) 198–214, 199 f; Danuta Shanzer: A philosophical and literary commentary on Martianus Capella's De Nuptiis Philologiae et Mercurii book 1 (Berkeley / Los Angeles 1986) [University of California Publications, Classical Studies, 32] 29–44 und Bernhard Pabst: Prosimetrum. Tradition und Wandel einer Literaturform zwischen Spätantike und Spätmittelalter. Teil 1 und 2 (Köln / Weimar / Wien 1994) [Ordo, 4/1; 4/2] 1,105–133.

22 Seit dem Mittelalter pflegt man diese Kombination als Prosimetrum zu bezeichnen; die spätantiken Werke bespricht Joachim Gruber: Einflüsse verschiedener Literaturgattungen auf die prosimetrischen Werke der Spätantike, in: Würzburger Jahrbücher für die Altertumswissenschaft, Neue Folge 7 (1981) 209–221, zahlreiche Schriften von der Antike bis zum Mittelalter analysiert Pabst (s. Anm. 21).

23 Zitiert wird im Folgenden die kritische Ausgabe von Willis (s. Anm. 19); neben dieser Edition behält auch die Ausgabe von Adolfus Dick: Martianus Capella, edidit A. D. Addenda et corrigenda iterum adiecit Jean Préaux. Editio stereotypa correctior altera editionis anni MCMXXV (Stuttgart 1978) ihren Wert. Eine hilfreiche Übersicht über den Inhalt von *De nuptiis* gibt Hans Günter Zekl: Martianus Capella, Die Hochzeit der Philologia mit Merkur (De nuptiis Philologiae et Mercurii). Übersetzt, mit einer Einleitung, Inhaltsübersicht und Anmerkungen versehen (Würzburg 2005) 23–43.

24 Teils wird die Entstehung zwischen 410 und 439 angesetzt (Paul Wessner: Martianus Capella, in: RE 14 [1930] 2003–2016, 2004; Alan Cameron: Martianus and his first editors, in: CPh 81 [1986] 320–328; Romeo Schievenin: Marziano Capella e il ‚pro-

Geschildert wird eine allegorische Handlung, die Hochzeit einer irdischen Gestalt, Philologia, und des Gottes Merkur, der den „Logos in seiner Doppelrolle: Vernunft und Sprache" personifiziert.[26] Das Fest feiert man, nachdem Philologia vergöttlicht worden ist, in einer Götterversammlung im Himmel. Als Geschenk Merkurs erhält die Braut die sieben personifizierten *Disciplinae cyclicae* (Grammatik; Dialektik [Logik]; Rhetorik; Geometrie; Arithmetik; Astronomie; Harmonie [Musik]); während der Feier stellen sie ihre Lehre jeweils in langen Vorträgen dar.

In der Moderne wird das Werk oft als Lehrbuch mit mythologischem Rahmen bezeichnet[27] – angemessener ist es, von einer Erzählung zu sprechen,

---

consulare culmen', in: Latomus 45 [1986] 797–815; Konrad Vössing: *Rezension zu Muriel Bovey, Disciplinae cyclicae. L'organisation du savoir dans l'oeuvre de Martianus Capella* [Trieste 2003], in: Gnomon 78 [2006] 726–729, 727; Konrad Vössing: Augustinus und Martianus Capella – ein Diskurs im spätantiken Karthago?, in: Therese Fuhrer [Hg.]: Die christlich-philosophischen Diskurse der Spätantike: Texte, Personen, Institutionen. Akten der Tagung vom 22.–25. Februar 2006 am Zentrum für Antike und Moderne der Albert-Ludwigs-Universität Freiburg [Stuttgart 2008] [Philosophie der Antike, 28] 381–404, 383–391), teils in die 470er und 480er Jahre (Shanzer [s. Anm. 21] 12; Samuel I. B. Barnish: Martianus Capella and Rome in the late fifth century, in: Hermes 114 [1986] 98–111) oder gar in die Regierungszeit Thrasamunds, die Jahre 496–523 (Sabine Grebe: Martianus Capella, ,De nuptiis Philologiae et Mercurii'. Darstellung der Sieben Freien Künste und ihrer Beziehungen zueinander [Stuttgart / Leipzig 1999] 21 f; Sabine Grebe: Gedanken zur Datierung von „De nuptiis Philologiae et Mercurii" des Martianus Capella, in: Hermes 128 [2000] 353–368; Sabine Grebe: Martianus Min[n]e[i]us Felix Capella [wahrscheinlich Ende 5. Jahrhundert n. Chr.]. Ein Gelehrter an der Schwelle zwischen Spätantike und Mittelalter, in: Wolfram Ax [Hg.]: Lateinische Lehrer Europas. Fünfzehn Portraits von Varro bis Erasmus von Rotterdam [Köln / Weimar / Wien 2005] 133–163, 134). Falls die Datierung von *De nuptiis* ins fünfte Jahrhundert zutrifft, darf man Martianus getrost zu den vielen Autoren rechnen, die in Boethius' *Philosophiae consolatio* Spuren hinterlassen haben; s. unten IV c Anmerkung 73. Zur Kontroverse über die Frage einer Abhängigkeit des Boethius von Martianus s. Joachim Gruber: Kommentar zu Boethius, De consolatione Philosophiae (Berlin / New York [2]2006) [Texte und Kommentare, 9] 17.

25 Vössing (s. Anm. 24) 383–391; 393; 403.

26 Ilsetraut Hadot: Martianus Capella, Mittler zwischen griechisch-römischer Antike und lateinischem Mittelalter, in: Arbogast Schmitt / Gyburg Radke-Uhlmann (Hgg.): Philosophie im Umbruch. Der Bruch mit dem Aristotelismus im Hellenismus und im späten Mittelalter – seine Bedeutung für die Entstehung eines epochalen Gegensatzbewusstseins von Antike und Moderne. 6. Tagung der Karl und Gertrud Abel-Stiftung am 29. und 30. November 2002 in Marburg (Stuttgart 2009) [Philosophie der Antike, 21] 15–33, 25.

27 S. etwa Martin Schanz / Carl Hosius / Gustav Krüger: Geschichte der römischen Literatur bis zum Gesetzgebungswerk des Kaisers Justinian. Vierter Teil. Zweiter Band: Die Literatur des fünften und sechsten Jahrhunderts (München 1920; Nachdruck 1959) [HdAW VIII.4.2] 166; Gian Biagio Conte: Latin literature. A history. Translated by Joseph B. Solodow. Revised by Don Fowler and Glenn W. Most (Baltimore / London 1994) 700: Es handele sich um „an encyclopedia of classical learning"; die Behauptung,

die Fiktion und Darstellung von Realem miteinander verknüpft und als inte-
grale Bestandteile der fiktiven Handlung Lehrvorträge enthält:[28] Es werden
nicht nur jeweils das Auftreten und das Aussehen der *Disciplinae* beschrieben,
sondern auch mehrfach Reaktionen des göttlichen Publikums auf das Gehörte
geschildert[29] – meist drängen die Götter auf baldige Beendigung des als lang-
weilig empfundenen Vortrags.[30]

Im Folgenden wird strikt zwischen dem Ich-Erzähler und dem realen Autor
geschieden. Die Partien, in denen der Ich-Erzähler erscheint, möchte ich unter
Verwendung des Begriffs der narrativen Metalepse, und zwar ebenso in der
engeren wie in der weiteren Bedeutung,[31] analysieren und dabei gleichzeitig
auch auf andere Formen der Illusionsdurchbrechung achten.[32]

Um der stilistischen Vereinfachung willen wird von jetzt an der Ich-Erzähler
lediglich als Erzähler bezeichnet, ,der reale Autor' lediglich als Autor.

III a: *De nuptiis* 1,1 f

Im Großen besteht die Erzählung von *De nuptiis* aus einer knappen, zweiteili-
gen Rahmenerzählung (1,1 f; 9,997–1000) und einer sehr ausgedehnten Binnenerzählung (1,3–9,996);[33] beide weisen mehrfache Illusionsdurchbrechungen
auf.

Betrachten wir zunächst die Rahmenerzählung!

In ihrem ersten Teil, in 1,1 f,[34] erscheinen als Figuren der Erzähler[35] und sein
Sohn; sie kommen miteinander ins Gespräch, wobei der Vater auf eine alle-

---

der Titel „is correctly applied only to the narrative-allegorical sections of the work
   (books 1 and 2)“, trifft nicht zu – er passt durchaus zum Werkganzen.

28 Westra (s. Anm. 21) 199 betrachtet es als Problem „that the body of learning in Books
   3–9 far outweighs its allegorical framework“ – dieses Bedenken teile ich nicht.

29 Zur Präsentation der Lehrvorträge s. besonders Pabst (s. Anm. 21) 1, 114–116, der zu
   Recht die Elemente spielerischer Komik hervorhebt.

30 4,423; 5,565; 6,704 f; 725–727; 9,888 f.

31 S. dazu oben I.

32 Ausgespart bleibt also die Erzählung der Hochzeitsgeschichte in den neun Büchern –
   die ‚Stimme' in dieser Hauptmasse des Textes zu untersuchen, wäre sicher eine reizvolle
   Aufgabe.

33 Zu den Termini „Rahmenerzählung“ und „Binnenerzählung“ s. vor allem Lahn /
   Meister (s. Anm. 12) 79–90. In der an Genette angelehnten Terminologie entspricht der
   „Rahmenerzählung“ die „extradiegetische“, der „Binnenerzählung“ die „intradiegeti-
   sche Erzählung“.

34 Zur Interpretation s. LeMoine (s. Anm. 18) 21–43. LeMoine unterscheidet in *De nuptiis*
   zwei „Stufen“: „upper“ und „lower stage“; die Partie 1,1 f ordnet sie ebenso wie die
   anderen im Folgenden behandelten Abschnitte der „lower stage“ zu. Im Anschluss an
   LeMoine spricht Pabst (s. Anm. 21) 1,109; 120 von einer „niedereren“ oder „unteren“
   Ebene.

gorische Gestalt Bezug nimmt: Satura, die personifizierte Satire.[36] In späteren Büchern wird der Erzähler auch mit Satura in einen Dialog treten (3,221 f; 6,576–580; 8,806–810).[37]

Traditionellerweise nennt ein antiker Schriftsteller zu Beginn seines Werks sein Thema, nennt Gründe für die Abfassung, hebt das Besondere und Neuartige seines Darstellens hervor, gibt eine Disposition des Ganzen und äußert sich über seine Perspektive und seine Intention. Im Unterschied zu solcher Konvention liegt bei Martianus 1,1–2 ein ‚Erzählen über das Erzählen‘, eine Metanarration,[38] vor. Dabei wird eine dramatische Szene entworfen, die dem Leser die Illusion vermitteln soll, das Entstehen des Werks zu erleben.[39] Eben diese Illusion wird auch in den späteren Partien evoziert, in denen der Erzähler ichsagend hervortritt.[40]

In Buch 1 beginnt die Erzählung unvermittelt mit einem Gedicht (in elegischen Distichen), einem Hymnus an den Hochzeitsgott Hymeneaus, der als Inbegriff kosmischer Harmonie apostrophiert wird. Wie sich aus der darauf folgenden ersten Prosa ergibt, wird dieses Gedicht wiederholt (*crebrius*) gesungen, und zwar von einem im Präsens erzählenden Ich.[41] Während er solchermaßen singe, so versichert der Erzähler, setze er etwas Unerwartetes und Neuartiges ins Werk (*nescio quid inopinum intactumque moliens*), er erhebt also, wie in Werkproömien üblich, Anspruch auf Originalität. Sodann stellt sich der Erzähler vor: als altersgrauen, fünfzigjährigen Vater eines Sohnes mit Namen Martianus.[42] Die Nennung dieses Namens und die Angabe des eigenen Alters statten die Erzählerfigur mit Zügen des Autors aus. Während er den Hymnus vorträgt, so teilt der Erzähler weiter mit, wird er von seinem Sohn unterbrochen, der das Gedicht seinem Inhalt nach als belanglos und im Blick

---

35 Die Binnenerzählung repräsentiert also den homodiegetischen Typus.

36 Zu anderen antiken Darstellungen, in denen Satura als allegorische Gestalt erscheint, s. Relihan (s. Anm. 21) 13–17.

37 Im Blick auf die Dialoge zwischen Erzähler und Satura schreibt Relihan (s. Anm. 21) 139: „Lucian's debate in the *Bis Accusatus* with Dialogue and Philosophy is nearly parallel." Indes, bei Lukian treten zwar ein Syrer als das Alter Ego des Autors und Dialogos als Redende vor Gericht auf, sie führen aber kein Gespräch miteinander.

38 Zu diesem Terminus s. etwa Lahn / Meister (s. Anm. 12) 170–175; 177 f; 180 f.

39 Nach Shanzer (s. Anm. 21) 51 ist dieser Werkanfang ohne Parallele in der lateinischen Tradition. Zur Analyse der Erzähltechnik in 1,1 f s. vor allem Dronke (s. Anm. 21) 28–31.

40 Treffend bemerkt Relihan (s. Anm. 21) 139: „We are witnessing a work in progress."

41 Hingegen heißt es in einer Glosse des Codex Monacensis, es sei Satura, eine Freundin des Martianus, die diese Verse singe (s. Ulricus Fridericus Kopp: Martiani Minei Felicis Capellae, Afri Carthaginiensis, de nuptiis Philologiae et Mercurii et de septem artibus liberalibus libri novem. Ad codicum manuscriptorum fidem ... et commentario perpetuo edidit U. F. K. [Frankfurt am Main 1836] 1 und 7).

42 In 9,997 wird er die erzählte Geschichte als *anilis*, „altweiberhaft", bezeichnen; s. ferner 9,999 und 9,1000 (*ueternum*).

auf die Situation literarischen Hervorbringens als unangemessen empfindet: Er
fragt, warum der Vater nach Art eines schläfrig mit den Augen zwinkernden
Priesters schon zu singen anfange, noch bevor er die Tempeltür geöffnet, das
heißt: bevor er das Thema genannt habe, und bittet um Aufklärung, worauf der
Hymnengesang ziele. In seiner Antwort fragt der Vater zurück, ob der Sohn
denn nicht bemerke, was für ein Werk hier entstehe, pflege auf einen Hymen-
aeus doch eine Hochzeit zu folgen? Damit ist das Thema des Folgenden immerhin angedeutet, freilich ohne dass das Brautpaar genannt würde. Ohne
weiteres voraussetzend, dass sein Sohn erfahren möchte, aus welcher Quelle
dem Vater eine solche Konzeption zuströme, kündigt der Erzähler an, er wolle
ihm, „falls ihn die Weitläufigkeit nicht erschüttere", eine Geschichte erzählend
entfalten, „die Satura erfunden und in winterlicher Nachtwache den zusammen
mit mir matt werdenden Lampen mitgeteilt" habe (... *fabellam tibi, quam Sa-*
tura comminiscens[43] *hiemali peruigilio marcescentes mecum lucernas edocuit, ni*
prolixitas perculerit, explicabo). Der Erzähler behauptet also, nichts von ihm
selbst Erdichtetes schildern zu wollen, sondern lediglich zu übermitteln, was er
von der personifizierten Satire erfahren habe – er fungiert somit in *De nuptiis* als
primärer Erzähler, Satura als sekundäre Erzählerin.[44]

III b: *De nuptiis* 9,997–1000

Nachdem die Wiedergabe der Hochzeitsgeschichte (*fabella*), die Satura dem
Erzähler nächtens vorgetragen hatte, in 9,996 beendet ist, nimmt der Erzähler
im zweiten Teil der Rahmenerzählung den zu Anfang der Satire geschilderten
Dialog wieder auf und wendet sich in einem Gedicht von siebenundzwanzig
jambischen Senaren (9,997–1000),[45] die den Schluss des Werkganzen bilden,[46]

---

43 S. noch 3,221: *commenta*; zu *comminiscor* im Sinne von „ausdenken" (*excogitare*),
    „erfinden" (*fingere*) s. Wilhelm Bannier: *comminiscor*, in: ThLL 3 (1906–1912) 1886–
    1888, 1887,60.
44 Zu den Termini „primärer" und „sekundärer Erzähler" s. besonders Lahn / Meister (s.
    Anm. 12) 79–83.
45 Zur Interpretation s. vor allem LeMoine (s. Anm. 18) 210–230 und Lucio Cristante: La
    sphragis di Marziano Capella (*spoudogeloion*: autobiografia e autoironia), in: Latomus
    37 (1978) 679–704, ferner Relihan (s. Anm. 21) 13–15.
46 Die Textkonstitution in diesem Abschnitt ist außerordentlich schwierig: „omnium lo-
    corum gravissimus", urteilt Camillus [Camillo] Morelli: Quaestiones in Martianum
    Capellam, in: Studi Italiani di Filologia Classica 17 (1909) 231–264, 247. Wenn Morelli
    allerdings meint, der Autor äußere sich hier unter Verzicht auf alle Erfindungen („fic-
    tionibus tandem dimotis"), irrt er: Schon dass Satura auftritt und in 9,999–1000 eine
    Rede hält (s. dazu unten), zeigt den fiktionalen Charakter der Schlusspartie.

erneut an seinen Sohn: *habes anilem*[47], *Martiane, fabulam, / miscillo lusit quam lucernis flamine / Satura* … („Da hast du nun, Martianus, die altweiberhafte Geschichte, welche Satura dank einer Inspiration,[48] welche eine Mischung [aus Vers und Prosa] schafft,[49] den Lampen vorgespielt hat, …" [9,997,1–3a]). Während mit dem Relativsatz (*quam lusit Satura*) die bereits in 1,2 evozierte Vorstellung erneuert wird, dass der Binnenteil Saturas Erzählung wiedergibt, verlässt der Hauptsatz die Ebene des erzählten Dialogs, indem er sich mit dem Wort *habes*[50] auf die schriftliche Fassung des der Fiktion nach mündlich Vorgetragenen bezieht.

Im unmittelbar Folgenden (9,997,3b–5) lässt der Erzähler mit kühner Metalepse die fiktive Gestalt der Satura in die außertextuelle Wirklichkeit des Autors eindringen: … *Satura, Pelasgos dum docere nititur / artes cathedris*[51] *uix amicas Atticis; / sic in nouena decidit uolumina* („ … während Satura sich bemühte, Pelasger [d. h. Nicht-Griechen, namentlich Italiker][52] Disziplinen, die attischen Lehrstühlen kaum vertraut sind, zu lehren; so teilt sie <das Ganze> in neun Bände ein"). Die Nennung von Adressaten der Lehre (*Pelasgos*), der Hinweis auf den Bekanntheitsgrad des Wissensstoffs (*cathedris uix amicas Atticis*) und die selbstreferentielle Bemerkung über die Gliederung der schriftlichen Fassung (*nouena … uolumina*) bringen als Illusionsdurchbrechungen die reale Welt ins Spiel.

Etwas Ähnliches gilt auch für die Fortsetzung des Gedichts. Zum einen formuliert der Erzähler hier ein Urteil über Saturas Darstellung: In ihrer Redseligkeit habe sie Hochgelehrtes mit Altbekanntem gemischt und die Wissenschaften als Personen schwadronieren lassen – das Ergebnis sei ein *agreste plasma*, eine plumpe Fiktion (9,998,6–9). Zum andern lässt der Erzähler in diesem letzten Abschnitt der Rahmengeschichte Satura als Akteurin auftreten, indem er ihr eine Rede in den Mund legt (9,999,10–1000,25). Einen Adressaten ihrer Worte nennt er nicht, und auch Satura selbst apostrophiert niemanden, doch wird sich aus den der Rede folgenden Versen (9,1000,26 f) ergeben, dass

---

47 Dieser *uaria lectio* im Vesontionensis gibt Willis (s. Anm. 19) unter Hinweis auf 5,133 den Vorzug vor überliefertem *senilem* – zu Recht.

48 Georg Dittmann: *flamen*, in: ThLL 6,1 (1912–1926) 859–861, 861,4–12 ordnet den hiesigen Gebrauch von *flamen* zweifelnd („dubitanter") den Beispielen für die Bedeutung „Blasen der Flöte" („de tibiae flatu") zu, führt aber auch die Deutung anderer Philologen an: „‚afflatu, inspiratione' alii interpretantur." Da in *De nuptiis* nirgendwo vorher davon die Rede war, dass Satura ein Musikinstrument benutzt, liegt die Auffassung der „alii", es gehe um Inspiration, doch wohl näher.

49 Zur Bedeutung von *miscillo* s. Georg Pfligersdorffer: *miscellus*, in: ThLL 8 (1936–1956) 1078 und Gruber (s. Anm. 22) 210. Dagegen meint Pabst (s. Anm. 21) 1,110, Martianus spreche in 9,997 „mit keinem Wort von der Mischung von Prosa und Vers".

50 Cristante (s. Anm. 45) 689.

51 *Cathedris* ist Konjektur Morellis ([s. Anm. 46] 247 f); überliefert sind *cagris* und *creagris*.

52 Cristante (s. Anm. 45) 692.

Vater und Sohn ihre Worte hören. Satura behauptet, sie sei mit ihrer Darstellung der Hochzeit der Bitte eines Felix Capella gefolgt, der aus der Stadt Elissas [Didos], d.h. aus Karthago, stamme und in der Rechtsprechung ein Amt innegehabt habe. Mit diesen Bemerkungen über den Erzähler verweist Satura gewissermaßen auf den Autor und ergänzt die in 1,2 vorgetragene Selbstvorstellung des Erzählers: durch die individualisierende Angabe des Namens, des Geburtsorts und des inzwischen aufgegebenen Berufs.[53] Zum Schluss ihrer Rede stellt Satura die rhetorische, auf Verneinung zielende Frage: *ab hoc creatum Pegaseum gurgitem / decente quando possem haurire poculo?* („Wann hätte ich denn aus der Pegasus-Quelle, die von *diesem* [als Felix Capella identifizierten] Manne geschaffen worden ist, mit einem sauberen Becher schöpfen können?" [9,1000,24 f]). Mit diesen Worten bürdet Satura in Metanarration die Verantwortung für die Erfindung der *histoire* dem Erzähler auf; sie selbst sei lediglich an der narrativen Realisierung beteiligt gewesen, gewissermaßen als Urheberin des *discours* (*récit*). Im Unterschied zu dieser Darstellung hatte der Erzähler in 1,2 und 3,221 behauptet, es sei Satura, welche die Hochzeitsgeschichte erfunden habe (*comminiscens*).

Mit den beiden letzten Versen des Gedichts, also ganz am Ende des Werks, wendet sich der Vater noch einmal an den Sohn: *testem ergo nostrum quae ueternum prodidit / secute, nugis, nate, ignosce lectitans* („Geh denn, mein Sohn, dem Zeugen, den meine Altersmüdigkeit hervorgebracht hat, nach, sei den Possen gegenüber beim aufmerksamen Lesen nachsichtig!" [9,1000,26 f]). Mit dem Zeugen (*testis*) ist die in Buchform niedergelegte Erzählung gemeint. Die Fiktion, als Erzähler nur Vermittler, nicht Erfinder der vorgetragenen Geschichte zu sein, hat der Vater jetzt vollends aufgegeben und übernimmt ausdrücklich für das Ganze der Schilderung die Verantwortung, wobei er der Selbstironie Raum bietet. Die vorgelegte Erzählung der Hochzeit bestätige, so gibt er zu verstehen, die Richtigkeit des Urteils, das in Saturas rhetorischer Frage impliziert war: Aus der von Felix Capella, dem Erzähler, zur Verfügung gestellten Quelle lasse sich nicht mit einem „sauberen Becher" (*decens poculum*) schöpfen, das Ergebnis seien vielmehr *nugae*, „Possen", „Tändeleien".

IV a: *De nuptiis* 2,218–220

Wenden wir uns nunmehr der Binnenerzählung zu!

Nicht erst am Ende des Ganzen, sondern bereits innerhalb des Binnenteils wird die Erzählillusion mehrfach durchbrochen.

---

53 Es handelt sich um typische Elemente der Sphragis, nur dass es hier eben nicht der Autor ist, der in eigenem Namen spricht.

Kurz vor Ende des zweiten Buchs ist die Erzählung des Hochzeitsfestes bis zu dem Augenblick gelangt, da Philologia nach ihrer Reise in den Himmel zum ersten Mal in den Rat der versammelten Götter eintreten darf und die Überreichung der Brautgeschenke vorbereitet wird (2,218). Unmittelbar anschließend unterbricht der Erzähler die Wiedergabe der von Satura erdachten Geschichte mit einem Gedicht in jambischen Senaren (2,219–220):[54] Er wendet sich in einer Apostrophe, die auf die Buchfassung[55] verweist, an den Leser – jener Typus der Illusionsdurchbrechung, der auch im Schlussteil von *De nuptiis* begegnet:[56] Nunmehr sei der Plot (*fabula*) zu einem großen Teil (*parte magna*) durchlaufen (219) und der Mythos werde abgeschlossen (*nunc ergo mythos terminatur*, 220), jetzt begännen die Bücher (*libelli*), die den Wissenschaften Raum gäben. Diese Bemerkung trifft nur eingeschränkt zu, da ja auch die Bücher 3–9 noch Elemente des Hochzeitsmythologems enthalten. Dominierend wird von nun an freilich die Unterweisung in den wissenschaftlichen Disziplinen (*artes*) sein, eine Unterweisung, die mit dem Anspruch, Wahres zu präsentieren, die Fiktion verbannt (*nam fruge uera omne fictum* [sc. *libelli*] *dimouent*). Bei aller Nüchternheit des Stoffs solle aber der Scherz nicht fehlen (*nec uetabunt* [sc. *libelli*] *ludicra*).

IV b: *De nuptiis* 3,221 f

Dass von jetzt an die Wahrheit beanspruchende Lehre überwiegen soll, wird zu Beginn des dritten Buchs in einer metafiktionalen Partie bekräftigt: Es handelt sich um ein siebenunddreißig Verse (katalektische Jamben) umfassendes Gedicht (3,221 f),[57] in welchem der Erzähler ein Gespräch wiedergibt, das er mit Camena, einer Muse, über den Anteil von Mythos und Fiktion im vorliegenden Werk führt. Camena muss mit Satura identisch sein.[58] Indem die sekundäre Erzählerin hier als Muse erscheint, ist sie über den Status einer bloßen Personifikation hinausgehoben und erhält göttlichen Rang. Dass die Muse ihrerseits unter ihrem rein römischen Namen Camena auftritt, mag ein Indiz für den Anspruch auf Originalität sein, den der Autor bei aller Anlehnung an griechische Gelehrsamkeit erhebt. Zu der spielerischen Komik, der er in *De nuptiis*

---

54 S. dazu LeMoine (s. Anm. 18) 107–114; Luciano Lenaz: Martiani Capellae De nuptiis Philologiae et Mercurii liber secundus. Introduzione, traduzione e commento di L. L. (Padova 1975) 232–234.

55 S. dazu Cristante (s. Anm. 45) 683 n. 6; 685 n. 16.

56 Zu 9,997 und 9,1000 s. oben III b.

57 S. dazu LeMoine (s. Anm. 18) 114–122.

58 Dies hat bereits im 9. Jahrhundert Remigius von Auxerre erkannt (Cora E. Lutz: Remigii Autissiodorensis commentum in Martianum Capellam. Libri III–IX. Edited by C. E. L. [Leiden 1965] 1); s. auch Relihan (s. Anm. 21) 139. Zu den Dialogen zwischen Erzähler und Satura s. auch oben III a.

frönt, gehört es, dass er den Erzähler in 9,998 Satura als Schwadroneurin charakterisieren lässt.[59]

Camena, so berichtet der Erzähler, schicke sich aufs Neue an, ihm etwas Ausgedachtes (*commenta*) in dichterischem Schmuck zu überbringen (V. 1–11),[60] aber er hält ihr entgegen, es sei unangemessen, sich weiterhin des Mythos zu bedienen, da es doch nunmehr um die wahre Lehre der Wissenschaften (*artes*) gehen werde (V. 12–17). Scherzend entgegnet Camena, die *artes* dürften den künftigen Eheleuten nicht nackt übergeben werden, mit anderen Worten: auch wenn es sich im Folgenden um nüchterne[61] Unterweisung handele, könne die Darstellung nicht auf rhetorischen Schmuck verzichten (V. 18–26). Als der Erzähler daraufhin versichert, die *artes* selbst sollten in den nächsten Büchern das Wort nehmen (V. 27–30),[62] weist ihn Camena darauf hin, dass just dieser Kunstgriff eine Fiktion darstelle – der *figminis*[63] *figura* („Form der Fiktion") könne die Darstellung nun einmal nicht entraten (V. 31–35). Nunmehr gibt sich der Erzähler geschlagen. Von der Muse gefragt, ob er sich etwa davonstehlen wolle – in diesem Sinne wird das Wort *fugis* zu verstehen sein –, kündigt er an, die spielerische Darstellung anzuschließen: *iugabo ludum.*[64]

Alles in allem wird mit diesem Dialog zwischen Erzähler und sekundärer Erzählerin metanarrativ die Poetik von *De nuptiis* entwickelt: Das mythisch-fiktive Element ist nicht nur Schmuck, der auch entfallen könnte, sondern ein fester, unentbehrlicher Bestandteil des Ganzen.

IV c: *De nuptiis* 6,574–580

Eine dramatisch bewegte, durch Metalepsen geprägte Szene leitet das sechste Buch ein.[65] Hatten die Bücher 3–5 den Disziplinen gegolten, die man als Trivium zu bezeichnen pflegt, so beginnt mit dem sechsten Buch die Darstellung der allesamt auf mathematischer Grundlage ruhenden Wissenschaften des so genannten Quadriviums. Am Anfang dieses Werkteils steht zäsurbildend ein hexametrischer Hymnus, den der mit dem Erzähler identische Sprecher an

---

59 S. oben III b.

60 In V. 9 ist mit *lepori* Anmut gemeint (so schon Remigius: Lutz [s. Anm. 58] 1), nicht, wie Zekl (s. Anm. 23) übersetzt, der Hase.

61 S. 2,220: *disciplinas ... sobrias.*

62 Vgl. 9,998; 6–9; dazu s. oben.

63 Zu *figmen* in der Bedeutung „Fiktion" s. Friedrich Vollmer: *figmen*, in: ThLL 6,1 (1912–1926) 708,78–80.

64 Gérard Lévêque / Franz Quadlbauer: *iugo*, in: ThLL 7,2,1 (1956–1979) 632 f, 632,75 f: „i. ‚adiungam carmen', nisi ‚<iug>andis verbis carmen componam'"; Kopp (s. Anm. 41) 253 verweist auf PsVergil, Culex 4–7 (*omnis et historiae per ludum consonet ordo...*).

65 S. dazu besonders LeMoine (s. Anm. 18) 139–156.

Pallas[66] richtet; unter anderem apostrophiert er sie als *rerum sapientia* („Weisheit der Dinge") und *sacer nus* („heiliges Denkvermögen") (6,567–574). Die Schlussbitte des Erzählers lautet, die Göttin möge sich dazu herbeilassen, in das vorliegende Werk, welches ihr eigenes sei, einzukehren und ihm, dem Erzähler, die griechischen Disziplinen in lateinischer Sprache einzugeben: *deprecor: ad proprium dignata illabere munus / inspirans nobis Graias Latiariter artes* (6,574).

Während der Erzähler in seiner sonstigen Darstellung Satura / Camena als Quelle seiner Inspiration erscheinen lässt, weist er hier der Göttin Pallas Athene die Rolle zu, Patronin des schwierigen Unternehmens zu sein, die mathematischen Disziplinen zu latinisieren.

In der auf den Hymnus folgenden Prosa bekundet der Erzähler der Göttin seinen Dank, weil sie seine Bitte durch freundliches Nicken gewähre.[67] Unmittelbar anschließend findet sich eine breit ausgestaltete Metalepse: Der Erzähler übernimmt für einige Zeit (bis zu *prospicio* in 580) die Rolle eines Gastes der Hochzeitszeremonie: *nosco uenerorque quod uidi* („ich nehme [die Zustimmung der Göttin] wahr und ehre, was ich sah"). Das historische Perfekt (*uidi*) sogleich zugunsten des historischen Präsens aufgebend, schildert er sodann, wie der Ars, die erst jetzt in den Götterrat eintritt (gemeint ist Geometria), die auserlesensten der Frauen folgen; es sind zwei, wie sich in 576 f zeigen wird. Sie tragen eine viereckige, grün gefärbte Tafel vor sich her. Der Erzähler bekennt, nicht zu wissen, wer die Neuankömmlinge seien und was da vor sich gehe (575). In diesem Augenblick wendet sich Satura an ihn; sie redet ihn mit dem Namen an, den er mit dem Autor teilt: *Felix meus* („mein lieber Felix"). Auch sie erscheint also jetzt als eine Teilnehmerin der Feier, wird – wie später in 8,804–810[68] und 9,1000[69] – zu einer Figur jenes Geschehens, das der Erzähler nach ihrer Schilderung wiedergibt (576). Charakterisiert wird Satura als zum Scherzen aufgelegt, *iocabunda*. Sie klärt den Unwissenden auf: Die eine der beiden Frauen sei Philosophia, „die Mutter so vieler Übungsstätten und solch bedeutender Koryphäen" (*tot gymnasiorum ac tantorum heroum mater* [576]). In Jupiters Auftrag übermittele sie die Beschlüsse des Himmelsrates und deren Aufzeichnung (*tabula*) der Erdbevölkerung (576):[70] Philosophia vermag also menschliches und göttliches Wissen in einen inneren Zusammenhang zu bringen. Im zweiten Buch hatte es über sie geheißen, Jupiter gewähre einzig über sie

---

66 Zu Martianus' Darstellung der Pallas s. Giovanni Gasparotto: Marziano Capella: Geometria. De nuptiis Philologiae et Mercurii liber sextus. Introduzione, traduzione e commento (Verona 1983) 33; 139–144.

67 Dies wird der Sinn der Worte zwischen *grates* und *nosco* sein, mag auch die Textkonstitution schwierig bleiben. Hingegen meint Willis (s. Anm. 19) im Apparat p. 202: „totum enuntiatum neque intellegere neque emendare possum."

68 S. dazu unten IV d.

69 S. dazu oben III b.

70 S. bereits 1,96: Die Aufzeichnung erfolge auf Bronzetafeln.

den *ascensus in supera*, den „Aufstieg zur Höhe" (2,131), d. h. in die Sphäre des
Intellegiblen – damit war ihre Aufgabe im Sinne des Neuplatonismus bestimmt
worden.[71] Dass der Erzähler Philosophia bei ihrer Ankunft in der Götterversammlung nicht erkannt hat, fordert Saturas Spott heraus: Ihre Identität hätte
ihm doch schon damals klar sein müssen, als sie im Auftrag Jupiters den Namen
von Merkurs Braut bekannt gab.[72] Über der Beschäftigung mit der Rhetorik
habe der Erzähler offensichtlich die Erinnerung an die würdige Frau verloren:
amisisse mihi uideris … huius matronae memoriam (577). Mit dieser Aussage
intendiert Satura wohl eine Analogie zu der Lehre Platons, der zufolge die
Seele, wenn sie, aus der himmlischen Sphäre hinabgesunken, in einen Körper
eingeht, nahezu ihr gesamtes Wissen einbüßt.[73]

Felix, so fährt Satura fort (577 f), wolle auch die zweite Frau nicht erkennen,
Philosophias Schwester, Paedia (das ist Paideia).[74] Die Tafel, welche die beiden
Frauen mitgebracht hätten, sei ein Rechenbrett (*abacus* [579]). Nachdem Felix
die Fähigkeiten der Geometria, die sich nunmehr zu ihrem Vortrag anschickt,
gepriesen hat, geht er dazu über, deren Erscheinung zu schildern. Mit seinem
Ich, als Figur, tritt er bei dem anschließenden Lehrvortrag der Geometria und
auch dem der Arithmetica nicht mehr in Erscheinung; das gilt ebenso für Satura.

IVd: *De nuptiis* 8,804–810

Erst unmittelbar vor dem Vortrag der Astronomia kommt es wieder zu einem
Dialog zwischen Satura und dem Erzähler.[75] Ebenso wie *De nuptiis* 1,1 f repräsentiert der Abschnitt 8,804–810 den Typus der Metanarration.

Nach dem gelehrten Vortrag der Arithmetica verharrt der Götterrat für eine
Weile in ehrfürchtigem Schweigen – Zeichen für die herausragende Bedeutung,
die der Zahlenlehre im neuplatonischen System zukommt. Während die
Hochzeitsgesellschaft den Auftritt der Astronomia erwartet, beginnt Bacchus'

---

71 Ilsetraut Hadot: Arts libéraux et philosophie dans la pensée antique. Contribution à
    l'histoire de l'éducation et de la culture dans l'Antiquité (Paris ²2005) [Textes et Tra-
    ditions, 11] 402 n. 41.
72 Das war 1,96 geschehen.
73 Die Martianus-Partie ist wohl eine der Vorlagen für Boethius, *Philosophiae consolatio*
    1,1 f, wo der Sprecher Philosophia, die ihn einst mit ihrer Milch genährt hat, so lange
    nicht erkennt, bis sie ihm die Augen rein wischt: s. Pierre Courcelle: Le personnage de
    Philosophie dans la littérature latine, in: JS (1970) 209–252, 239.
74 S. noch 7,728. Bereits der Platonische Gorgias (485a) bringt Philosophie und Paideia in
    Zusammenhang: Sich mit der Philosophie einzulassen, soweit es zur Bildung dient, sei
    schön.
75 Die letzte Begegnung zwischen Satura und dem Erzähler findet im Schlussteil der
    Rahmenerzählung statt; s. oben III b.

Erzieher und Begleiter Silen, der, völlig berauscht, in einer Ecke eingeschlafen war, in die Stille hinein plötzlich laut zu schnarchen.[76] Die Hochzeitsgäste können ein Gelächter nicht unterdrücken – *risus* und verwandte oder synonyme Wörter bilden die Isotopie der ganzen Szene.[77] Als der allezeit mutwillige Cupido in die Hände klatscht, wacht Silen auf, schafft es aber auch mit Hilfe seines Stocks nicht, auf die Füße zu kommen, und wird auf Geheiß des Bacchus von einem Satyrn fortgetragen (803–805). In diesem Augenblick wendet sich Satura an den Erzähler; er charakterisiert sie als *illa, quae meos semper curae habuit informare sensus*, „jene, die es sich allezeit angelegen sein ließ, meinen Empfindungen die rechte Form zu geben". Schon die Anrede, die Satura für den Erzähler wählt, zeigt ihren Unmut: *Felix uel Capella uel quisquis es, non minus sensus quam nominis pecudalis*, „Felix oder Capella oder wie immer du heißen magst, dessen Sinn nicht weniger tierisch ist als sein Name" – sie spielt darauf an, dass das Cognomen Capella „kleine Ziege" bedeutet. Nach Saturas Urteil hat Felix geradezu den Verstand zu verlieren begonnen, weil er der Erzählung ein der Situation nicht angemessenes Lachen eingefügt und bei der zuhörenden Gesellschaft wieherndes Gelächter ausgelöst habe: Mit den Formulierungen *incongrui risus adiectione* und *cachinnos te mouisse* bedient sich Satura jenes Typus von Metalepse, der darin besteht, so zu tun, als ob der Erzählende selbst bewirke, was er schildert (806). Jetzt, da sich Astronomia nähere, solle Felix sich packen und sein „possenhaftes Wagnis" hinfort nicht mehr mit dem bei Hochzeiten gewährten Recht zu scherzen bemänteln: *apage sis nec postidhac nugales ausus lege hymeneia … obnuberis*. Es gelte, für sein Tun den rechten Augenblick zu erkennen.

Angesichts solch harschen Tadels sinnt der Erzähler darüber nach, welches Argument er zu seiner Entschuldigung vorbringen könne, und fragt schließlich, was es mit der neuen Vortragenden auf sich habe (807). Daraufhin stellt Satura ihm Astronomia in einem hexametrischen Gedicht vor; am Schluss richtet sie an den Erzähler die Frage, ob er denn fortfahren wolle, Scherzhaftes zu erfinden und [zur Einführung] der jungen Frau, die von den Sternen redet, einen minderwertigen Einfall voranzutragen (*… tu fingere ludicra perstas / uiliaque astriloquae praefers commenta puellae?* [808]).

Mittlerweile hat sich der Erzähler gefangen, und nun ist es an ihm, sich über Satura zu wundern und in Lachen auszubrechen: Sie, die doch stets die Sprache

---

76 Zur Interpretation dieser Szene s. besonders LeMoine (s. Anm. 18) 159–169; Udo Kindermann: Satyra. Die Theorie der Satire im Mittellateinischen. Vorstudie zu einer Gattungsgeschichte (Nürnberg 1978) [Erlanger Beiträge zur Sprach- und Kunstwissenschaft, 58] 100 f; Westra (s. Anm. 21) 204–211; Romeo Schievenin: Racconto, poetica, modelli di Marziano Capella nell'espisodio di Sileno, in: Museum Patavinum 2 (1984) 95–112.

77 804: *risus*; *cachinnos*; *risum*; 805: *ridentes*; *risus*; 806: *laetitiae alacritate*; *risus*; *cachinnos*; 809: *risus*; *ridentem*; *ride*; *ride*.

der Poeten als Schwulst und Unsinn verspottet habe, setze jetzt ihren Ehrgeiz darein, als Dichterin aufzutreten? Mit welchem Grund habe sie ihn denn gescholten, als er über den Schlaf des Silens gelacht habe? *ergone figmenta dimoueam, et nihil leporis iocique permixti taedium auscultantium*[78] *recreabit?* („Soll ich also Erdichtungen entfernen, und wird nicht etwas aus geistreichem Witz und Scherz Gemischtes den Überdruss der Hörer mildern?"). Satura möge sich an den Dichtervers halten: *ride, si sapis, o puella, ride* („Lache, Mädchen, wenn du vernünftig bist, lache!" [809]).[79]

Doch mit dieser Empfehlung ist der Streit zwischen Satura und dem Erzähler beendet, und Apollo kann Astronomia in die Götterversammlung geleiten (810).

Dass der Erzähler im Verlauf der Auseinandersetzung erst wegen eines literarischen Einfalls gerüffelt wird, dann aber seine Position behauptet und den Tadel abzuweisen vermag, lässt sich als Versuch des Autors verstehen, einen erwartbaren Einwand vorwegzunehmen und zu entkräften, d. h. als Strategie der *occupatio*. Es geht dabei um die Frage, wie die Präsentation der Unterweisung gestaltet werden solle: Ist es legitim, in die Wiedergabe gewichtiger Lehre Scherze einzufügen? Der Autor lässt seinen Erzähler diese Frage mit Nachdruck bejahen.

V

Fragen wir zum Schluss, welche Funktion die reichlich angewandten narrativen Metalepsen und anderen Illusionsdurchbrechungen in *De nuptiis* haben könnten!

Das fiktionale Element in Martianus' Menippeischer Satire, zu dem diese erzähltechnischen Verfahren gehören, hat in der bisherigen Forschung nur wenig Aufmerksamkeit und noch weniger Verständnis gefunden. Für die *communis opinio* kann das Urteil Richard Johnsons als repräsentativ gelten, der unter Anspielung auf die Rahmenerzählung (1,2; 9,997) schreibt: „The long wintry nights and the senility of the author we may see as portending the Dark Ages."[80] Zu den wenigen Interpreten, welche die Beziehungen zwischen den

---

78 Während hier an mündliche Erzählung gedacht ist, setzen andere Stellen in *De nuptiis* die für den Leser bestimmte schriftliche Fassung voraus: 2,219 (*lector*); 7,752 (*legentibus*); 9,1000 (*lectitans*).

79 Der Erzähler schreibt den Vers dem „Päligner", also Ovid, zu; indessen stammt der Vers von Martial (epigr. 2,41,1).

80 William Harris Stahl / Richard Johnson / E. L. Burge: Martianus Capella and the seven liberal arts, vol. I and II (New York 1971; 1977) 1, 231. Das Zitat verdanke ich Joel C. Relihan: Martianus Capella, the good teacher, in: Pacific Coast Philology 22 (1987) 59–70, 59.

fiktiven und lehrhaften Abschnitten des Werks näher zu bestimmen suchen,[81] gehört Joel C. Relihan; seine These lautet, „that in *De Nuptiis* Martianus teaches his son the limits of learning and the difference between information and wisdom; and that he does this by writing not an encyclopedia but a Menippean satire that *parodies* encyclopedic knowledge".[82] Relihan fährt fort: „I deny that the *De Nuptiis* is a serious handbook of the Arts and deny that it extols such intellectual attainments pure and simple; rather, the allegory provides the framework in which one is to appreciate the relative value of textbook learning and mystical revelation, of dogma and Truth."[83] Eine auf den ersten Blick attraktive Deutung. Es stellt sich allerdings die Frage, warum der Autor die von Relihan unterstellte Intention für alle sieben Artes liberales und jeweils für das Ganze ihrer Lehre in einer riesigen Fülle von Details durchgespielt hat. Für eine Parodie hätte es doch vollauf genügt, repräsentative Elemente der Lehre einer einzigen Ars vorzuführen und an diesen Elementen „the limits of learning" und den Unterschied zwischen „information and wisdom" zu demonstrieren. Auch bleibt in Relihans These der Begriff der Parodie – den er nicht näher erläutert – problematisch. Wenn nämlich „das Parodieren eine intertextuell ausgerichtete Schreibweise" bildet, „bei der konstitutive Merkmale" eines einzelnen oder mehrerer Texte „übernommen werden, um die jeweils gewählte(n) Vorlage(n) durch Komisierungs-Strategien wie Untererfüllung und/oder Übererfüllung herabzusetzen",[84] dann liegt mit *De nuptiis* keine Parodie vor, weil darin der Bezug auf einen oder mehrere Prätexte nicht markiert wird, die Markierung aber gerade konstitutiv ist.[85]

Wenn bei Martianus alle sieben Artes Gelegenheit erhalten, ihre Lehre auszubreiten,[86] so liegt die Annahme nahe, dass der Autor deren Gegenständen Geltung und hohen Rang zuspricht.[87] Und in der Tat lässt er den Erzähler im Schlussabschnitt des zweiten und im Anfangsteil des dritten Buchs betonen, dass es bei der Lehre um ein Wahres, ein *uerum*, gehe. Gleichwohl, so lässt er ihn dort ebenfalls darlegen, solle sich die Unterweisung einlassen auf spieleri-

---

81 Pionierin in der Untersuchung dieser Beziehungen ist LeMoine (s. Anm. 18) mit den Seiten 14–20 ihrer Dissertation.
82 Ebenso Relihan (s. Anm. 21) 138.
83 Relihan (s. Anm. 80) 59.
84 Theodor Verweyen / Gunther Witting: Parodie, in: Jan-Dirk Müller (Hg.): Reallexikon der deutschen Literaturwissenschaft, Band 3 (Berlin / New York 2003) 23–27, 23 f.
85 Kritisch zu Relihans These äußert sich etwa Vössing (s. Anm. 24) 398.
86 Eine wichtige Charakterisierung des Martianus als eines Enzyklopädisten findet sich bei Vössing (s. Anm. 24).
87 Treffend bemerkt Gruber (s. Anm. 22) 210: „Martianus hat zwar noch eine Vorstellung davon, dass zum Wesen der Satire Spott und Gelächter gehören ... Doch schreibt er ein Lehrbuch für seinen Sohn, das ganz und gar ernst gemeint ist"; s. auch Westra (s. Anm. 21) 199.

sche Komik, auf *ludus* und *ludicra*.[88] Wie etwa auch Ovid in seiner *Ars amatoria* ironisiert der Autor nach Kräften die Rolle des Didaktikers, beispielsweise indem er sein Werk durch den Erzähler als „altweiberhafte Geschichte" (*anilis fabula* [997]), „plumpe Erfindung" (*agreste plasma* [998]) oder „Possen" (*nugae* [1000]) bezeichnen lässt. Doch dabei geht es Martianus nicht darum, das enzyklopädische Wissen zu parodieren, wie Relihan meint, sondern darum, den Eindruck von Arroganz abzuschwächen, die einem Autor zuzuschreiben nahe liegt, der als Vermittler umfassenden, enzyklopädischen Wissens auftritt. Eben angesichts dieser Intention gewinnen spielerische Komik, geistreicher Spott, Ironie und Selbstironie ihre besondere Bedeutung. Genuiner Ort des Scherzhaften sind in *De nuptiis* nicht die Lehrvorträge der Artes selbst, sondern vor allem diejenigen fiktionalen Abschnitte, in denen der Erzähler auftritt. Eine reiche Quelle des Scherzhaften bilden dort die narrativen Metalepsen und die anderen Illusionsdurchbrechungen.

Warum das Scherzhafte für das didaktische Unternehmen so wichtig ist, darf der Erzähler in der Auseinandersetzung mit Satura zu Beginn des achten Buchs erläutern: Urbaner Witz (*lepos*) und Scherz (*iocus*) seien dazu angetan, den Hörer vor Überdruss (*taedium*) zu bewahren (8,809): Es handelt sich also um eine Strategie, die gerade den Erfolg der Lehre beim Rezipienten sichern soll. Indem Martianus in *De nuptiis* solchermaßen Didaxe und Fiktion miteinander verknüpft, folgt er der Devise, welche Horaz dem Dichter mit auf den Weg gibt: Er möge das Nützliche mit dem Angenehmen mischen, indem er den Leser ebenso sehr unterhalte wie belehre – *omne tulit punctum, qui miscuit utile dulci / lectorem delectando pariterque monendo* (epist. 2,3,343 f).[89]

Doch die durch narrative Metalepsen und andere Illusionsdurchbrechungen gekennzeichneten Partien des Werks sind nicht nur für Martianus' didaktisches Konzept aufschlussreich, sondern auch für seine Gattungstheorie: Er hat die fiktionalen Elemente seines Werks dazu genutzt, seine Reflexionen über das Wesen der Menippeischen Satire in Form der Metanarration spielerisch darzulegen. Seine Satura, die auch als Camena auftreten kann, ist, der Ernsthaftigkeit und des Gewichts der Lehre ungeachtet, durchweg zum anmutigen Scherzen aufgelegt, kann *iocabunda* (6,576) und *lepidula* („recht witzig" [8,807]) genannt werden. Besonders auffällig ist, dass der Erzähler bald als bloßer Vermittler des von Satura Erfundenen, bald als eigenständiger Schöpfer der Geschichte erscheint und dass er sich von Satura / Camena wiederholt in eine Diskussion über den Charakter des entstehenden Werks verwickeln lässt (3,221 f; 6,576–580; 8,806–810): All dies lässt erkennen, welch hohe Bedeutung Martianus der literarischen Gattung für die Genese des Werks und den Schaffensprozess zuweist. Was das fiktionale Element seiner Menippeischen Satire

---

88 2,202; s. auch 8,808.
89 So zu Recht Cristante (s. Anm. 45) 686.

betrifft, so betrachtet Martianus es nicht als eine Zutat, die auch wegbleiben könnte, sondern als integralen Bestandteil des Ganzen, lässt er Satura doch 3,222 an den Erzähler die Frage richten: *cur ergo non fateris / ni figminis figura / nil posse comparari?* („Warum also gibst du es nicht zu, dass ohne die Form der Fiktion nichts geschaffen werden kann?").

Dies ist freilich noch nicht die ganze Wahrheit. Nicht vergessen darf man, dass die mit narrativen Metalepsen angereicherten Partien der fiktionalen Erzählung zwar der Auflockerung der didaktischen Strenge und der Unterhaltung des Lesers dienen, die fiktionale Erzählung insgesamt aber darauf angelegt ist, den *Disciplinae cyclicae* einen besonderen Rang zu verleihen, sie in die göttliche Sphäre zu heben: So erweisen sie sich als ein würdiges Geschenk für die vergöttlichte Philologia, d.h. für ‚die, die den Logos liebt'.[90]

Abstract

Owing to Gérard Genette, more recent folkloristics studies have devoted an increasing amount of their attention to the ‚narrative metalepsis' as a crossing of the borders from the world in which narration takes place to the world being narrated. There are a number of examples for this practice in ancient literature. One particularly bold handling of narrative metalepses, a fact seemingly ignored as of yet, can be found in *De nuptiis Mercurii et Philologiae* of Martianus Capella (5th century A.D.). In this Menippean satire the author has the seven *artes liberales* in turn recite their teachings during the wedding of the god with deified philosophy. Several sections of the text feature a first-person narrator; these portions show a number of narrative metalepses and other breaches of illusion. These mainly convey elements of jest, non-aggressive humour, irony and self-mockery, without, however, attempting to parody the notion of encyclopaedic teaching as such. Rather, they primarily serve as a base for a self-referential reflection on the literary genre of the satire and, thus, the goal of somewhat loosening up the rigours of the didaxis in accordance with Horace's motto of *utile dulci miscere.*

---

90   Dazu s. Hadot (s. Anm. 26) 25.

Patriarchs and Politics in Constantinople in the Reign of Anastasius (with a Reedition of *O.Mon.Epiph.* 59)

Jitse Dijkstra & Geoffrey Greatrex

Right from the fourth century bishops of Constantinople found themselves in a precarious position.[1] Although it was not until the fifth century that the city firmly established itself as the seat of the emperor, its preeminent place in the eastern empire accorded its spiritual head considerable influence and importance; this leading position was solidified by the well-known 28th canon of the council of Chalcedon.[2] It is not our intention to discuss the many power struggles that surrounded the bishopric in the fourth and fifth centuries, but a glance at earlier events suffices to demonstrate the importance attached to the position.

In 337 the seat was disputed between Macedonius and Paul as the Arian controversy raged, while at the start of the fifth century John Chrysostom, although popular among much of the city's populace, was ousted as a result of the hostility not only of the Empress Eudoxia, but also of the Alexandrian Patriarch Theophilus and other clergy in and around Constantinople. Some thirty years later, Nestorius was likewise brought down by the efforts of an Alexandrian patriarch, in this case Cyril; he too had alienated at least some

---

1   This paper has benefited considerably from comments made at seminars in Cardiff, Oxford, St Louis, Edinburgh, Heidelberg, Tübingen (Greatrex), Toronto and Ann Arbor (Dijkstra). We are grateful in particular to Peter Bell, Mischa Meier, Volker Menze and Fergus Millar for their input.

2   Already at the council of Constantinople (381) the priority of the bishop of the imperial capital had been asserted, see (e.g.) G. Dagron, Naissance d'une capitale (Paris, 1974), 454–61, F. Winkelmann, Die östlichen Kirchen in der Epoche der christologischen Auseinandersetzungen, 4th ed. (Leipzig, 1994), 72–4, C. Pietri, 'L'établissement de l'église sous Théodose', in: C. and L. Pietri, eds, Histoire du christianisme, vol.2, Naissance d'une chrétienté (250–430) (Paris, 1995), 391, P. Maraval, 'Constantinople, Illyricum et l'Asie Mineure', ibid., 924–5. This was further reinforced, despite Rome's objections, at Chalcedon (451): see Dagron, op. cit., 473–87, Winkelmann, op. cit., 91–2. See also the discussion in Dagron, op. cit., 473–83, P. Maraval, 'Le concile de Chalcédoine', in: L. Pietri, ed., Histoire du christianisme, vol.3, Les Églises d'Orient et d'Occident (430–610) (Paris, 1998), 102–4, R. Price and M. Gaddis, The Acts of the Council of Chalcedon (Liverpool, 2005), vol.3, 67–72, and now P. Blaudeau, Alexandrie et Constantinople (451–491). De l'histoire à la géo-ecclésiologie (Rome, 2006), 401–8.

sections of the people of Constantinople.[3] In the wake of Chalcedon the
situation grew more unstable, as the contrast between the vigorously pro-
Chalcedonian line of the people and clergy of the capital and its surrounding
region and the staunchly anti-Chalcedonian regions of Egypt and Syria became
ever more apparent. The swift retraction of Basiliscus' anti-Chalcedonian
Encyclical in 475, which nonetheless failed to prevent his removal, testifies to
the power of popular sentiment in the capital, in this case boosted by the
presence of Daniel the Stylite.[4] Zeno's *Henotikon* of 482 likewise provoked
fierce opposition in the imperial capital, notably from the Akoimetai monks; in
this case, however, since the document was largely the initiative of the patriarch,
Acacius, it was he who was the prime focus of opposition rather than the
emperor.[5]

---

3   On the struggles between Macedonius and Paul see (e.g.) Dagron (cf. fn. 2), 424–42,
     T.D. Barnes, Athanasius and Constantius (Cambridge, MA, 1993), 36, 212–7, P. Norton,
     Episcopal Elections, 250–600 (Oxford, 2007), 83–5. On the downfall of John
     Chrysostom see W. Liebeschuetz, Barbarians and Bishops (Oxford, 1990), 195–227,
     Winkelmann (cf. fn. 2), 74–6, L. Pietri and L. Brottier, 'Le prix de l'unité: Jean
     Chrysostome et le système théodosien', in: C. and L. Pietri (cf. fn. 2), 489–96, D. Caner,
     Wandering, Begging Monks (Berkeley, 2002), 194–9. T.E. Gregory, Vox Populi
     (Columbus, OH, 1979), 31–79, shows however that a significant proportion of the
     people of Constantinople supported John. P. Hatlie, The Monks and Monasteries of
     Constantinople, ca. 350–850 (Cambridge, 2007), 66–70, discusses the involvement of
     monks in particular in the downfall of both John and Nestorius. For Nestorius' fall see
     W.H.C. Frend, The Rise of the Monophysite Movement (Cambridge, 1972), 16–9,
     Winkelmann (cf. fn. 2), 76–9, C. Fraisse-Coué, 'Le débat théologique au temps de
     Théodose II: Nestorius', in: Pietri (cf. fn. 2), 504–7, Caner, op. cit., 212–23. F. Millar, A
     Greek Roman Empire (Berkeley, 2006), 155–7, notes opposition to the bishop among
     the people of Constantinople. On the succession of crises that marked the bishopric in
     the first half of the fifth century see Dagron (cf. fn. 2), 449.
4   See J. Lebon, Le monophysisme sévérien (Louvain, 1909), 25–9, Winkelmann (cf. fn. 2),
     95–7, P. Maraval, 'La réception de Chalcédoine dans l'empire d'orient', in: Pietri (cf.
     fn. 2), 117, cf. B. Flusin, 'L'essor du monachisme oriental', ibid., 596–7, noting, however,
     that Daniel may have been a supporter of the *Henotikon* rather than Chalcedon.
     Theodore Lector, Kirchengeschichte, ed. G.C. Hansen, 2nd ed., GCS N.F. 3 (Berlin,
     1995), 406 (113.17–20), emphasises the united opposition of clergy and people to
     Basiliscus, such that the Patriarch Acacius saw fit to give his backing to Zeno, cf. Frend
     (cf. fn. 3), 169–73.
5   Lebon (cf. fn. 4), 31–3, E. Stein, Histoire du bas-empire, vol.2 (Paris, 1949), 26–7, Frend
     (cf. fn. 3), 174–85, P. Meyendorff, Imperial Unity and Christian Divisions (Crestwood,
     NY, 1989), 198–200, Maraval (cf. fn. 4), 119–22, Flusin (cf. fn. 4), 597, with Evagrius,
     Church History, ed. J. Bidez and L. Parmentier (London, 1898), tr. M. Whitby, The
     Ecclesiastical History of Evagrius Scholasticus (Liverpool, 2000), III.18–21. Bidez and
     Parmentier's text is republished, with a German translation and notes in A. Hübner,
     Evagrius Scholasticus. Kirchengeschichte (Fontes Christiani, 2 vols., Turnhout, 2007).
     On the Akoimetai see Flusin (cf. fn. 4), 602–4, Blaudeau (cf. fn. 2), 481–5 and below
     n.50.

The development of relations between the eastern patriarchates from Chalcedon to 491, in particular of those between the sees of Constantinople and Alexandria, has recently been subject to detailed analysis by Philippe Blaudeau. As his chapter on Constantinople makes clear, successive patriarchs adopted varying strategies to consolidate their position and that of their see. Hard-line supporters of the council, such as Gennadius (458–471), enjoyed considerable popular support, while those whose adherence was more suspect, such as Acacius (471–489), were apt to find themselves opposed by some of the monasteries and sections of the population.[6] While Acacius and Zeno were able to collaborate, resulting in the *Henotikon*, the situation threatened to spiral out of control under Anastasius, as we shall see: once patriarch and people were united in upholding the council of Chalcedon, the position of the emperor was seriously endangered.

Despite attempts at finding a doctrinal solution, the sources refer to increasing outbreaks of religious violence over the fifth century and at the start of the sixth, and it is clear that Basiliscus' ill-conceived and heavy-handed efforts contributed to his fall.[7] Anastasius similarly came close to losing his throne through his hard-line stance on the addition to the *trishagion* in a riot in November 512, the culmination of rising resentment in the capital. This increasing identification of patriarch and people – at least in cases where the former upheld the council of Chalcedon – was no doubt due in part to doctrinal considerations, but probably also to local loyalties and opposition to outside interference. The patriarchs themselves, even if sometimes ambivalent on issues of doctrine, were at least consistent in upholding the status of their see.[8] It should also be remembered, moreover, that patriarchs – as they were after Chalcedon – came usually to be chosen from among the clergy of Constantinople, whereas John Chrysostom and Nestorius had both been brought in from elsewhere. As we shall see below, Macedonius was even the nephew of a previous patriarch. Thus an increasing solidarity is likely to have emerged, a potent force which greatly boosted the position of the patriarch in any disputes with the emperor.[9]

---

6   See Blaudeau (cf. fn. 2), 392–7. Note also the useful review of Blaudeau's work by L. Wickham, JThS 58 (2007), 729–32.

7   See M. Redies, 'Die Usurpation des Basiliskos (475–476) im Kontext der aufsteigenden monophysitischen Kirche', AnTard 5 (1997), 211–21, Blaudeau (cf. fn. 2), 179–85, 466. On the rising level of violence in the imperial capital and the involvement of monks, see Caner (cf. fn. 3), 208, Hatlie (cf. fn. 3), 118–9.

8   So Blaudeau (cf. fn. 2), 180–2, noting how Acacius galvanised the population against Timothy Aelurus and Basiliscus' *Encyclical* after the synod of Ephesus in 475 called into question the prerogatives of Constantinople, cf. Redies (cf. fn. 7), 217.

9   See Dagron (cf. fn. 2), 493, on the emergence of local clergy as patriarchs over the fifth century, cf. G. Wirth, 'Anastasius, Christen und Perser', JbAC 33 (1990), 93–4, and

It is well known that the reign of Anastasius (491–518) was a turbulent one, particularly in the imperial capital. Constantinople was the scene of violent confrontations, sometimes between members of the increasingly fractious circus factions – a tendency that would reach its climax in January 532 with the Nika riot – and no less frequently between supporters and opponents of the council of Chalcedon. Recent studies by Michael Whitby and Mischa Meier have rightly emphasised that there is no easy way to distinguish factional and ecclesiastical violence: both are interconnected, as Meier brings out so well in his article on the *staurotheis* riot of 512, which in turn fed into the uprising of Vitalian in the following years.[10] Whereas Meier has dealt exhaustively with the riot occasioned by Anastasius' introduction of the formula 'who was crucified for us' (σταυρω-θεὶς δι' ἡμᾶς) into the *trishagion* in Constantinople in November 512, our purpose in this article is to focus on the emperor's relations with the first two patriarchs of his reign, Euphemius (490–496) and Macedonius (496–511), both of whom were exiled to Euchaïta as a result of their opposition to the emperor's increasingly intransigent attitude to the council.[11]

While the story of their downfalls has often been recounted, particularly in the latter case, the situation in the capital has often been misunderstood, we shall argue. Taking into account two letters of Severus of Antioch to Soterichus of Caesarea, both preserved in Coptic and of which we offer new translations, and in one case a new edition, we shall show that the emperor's position was far weaker than is commonly supposed, and that it was for this reason that he was forced to rely on intrigue in order to expel both patriarchs. In his manoeuvrings he was aided by leading anti-Chalcedonians such as Philoxenus and Severus, but the sources, both Miaphysite and Chalcedonian, indicate that among the population of the capital there was little support for Anastasius' consistent opposition to the council.

Blaudeau (cf. fn. 2), 453–5, on the association of people and patriarch. On the rising violence in Constantinople see A. Cameron, Porphyrius the Charioteer (Oxford, 1973), 232–3, M. Meier, 'Σταυρωθεὶς δι' ἡμᾶς – Der Aufstand gegen Anastasius im Jahr 512', Millennium 4 (2007), 229–33. On the terminological question (patriarch/archbishop) see Blaudeau (cf. fn. 2), 19–22, Norton (cf. fn. 3), 142–4.

10 M. Whitby, 'The Violence of the Circus Factions', in: K. Hopwood, ed., Organised Crime in Antiquity (London, 1999), 236–41, cf. idem, 'Factions, Bishops, Violence and Urban Decline', in: J.-U. Krause and C. Witschel, eds, Die Stadt in der Spätantike – Niedergang oder Wandel? (Stuttgart, 2006), 439–61, Meier (cf. fn. 9), 211–6.

11 We follow Meier (cf. fn. 9), 221, in distinguishing the second *staurotheis* riot of 512 from the first *staurotheis* riot of 511. Since the latter occasioned the fall of Macedonius, we shall deal here mainly with the first *staurotheis* riot.

The Fall of Euphemius

From the very start of Anastasius' reign, it was clear that relations between the emperor and the Patriarch Euphemius were strained. Indeed, so sceptical was Euphemius of Anastasius' orthodoxy that he insisted upon him submitting a written profession of faith before he would consecrate him; Anastasius provided the document, presumably including a statement that he accepted the council of Chalcedon, but it was not long before he sought its return.[12] In order to underline his own adherence to the council, Euphemius held a local council in 492, which further confirmed Chalcedon's decisions.[13] This strongly Chalcedonian stance appears to have earned Euphemius few allies outside the capital: Pope Gelasius refused him communion because of his failure to condemn his predecessor Acacius, while the patriarchs of Alexandria and Jerusalem, Athanasius II and Sallust, accused him of heresy to the emperor.[14]

---

12   Frend (cf. fn. 3), 191, Haarer, Anastasius I (Cambridge, 2006), 127. Anastasius recovered the document at some point before Euphemius' deposition: see Theod. Lect. 447 (126.16–7) = Theoph. 139.19–20, cf. frg.40 = Victor of Tunnunna, Chronicon, ed. C. Cardelle de Hartmann, CCSL 173A (Turnhout, 2001), 68 (a.491), 21.346–9, with C. Mango and R. Scott, The Chronicle of Theophanes Confessor (Oxford, 1996), 214 n.5. B.E. Daley, 'Apollo as a Chalcedonian: A New Fragment of a Controversial Work from Early Sixth-Century Constantinople', Traditio 50 (1995), 36, is wrong to suppose that it was only in 511 that Anastasius regained possession of it. For a full discussion of Anastasius' accession see G. Dagron, Emperor and Priest (Cambridge, 2003), 65–8 with 82 and n.111, on the declaration of orthodoxy handed to Euphemius, D. Motta, 'L'imperatore Anastasio: tra storiografia ed agiografia', Mediterraneo Antico 6 (2003), 195–8, Haarer, op. cit., 1–6, cf. Meier (cf. fn. 9), 216 and (more generally) K. Trampedach, 'Kaiserwechsel und Krönungsritual im Konstantinopel des 5. bis 6. Jahrhunderts', in: M. Steinicke and S. Weinfurter, eds, Investitur- und Krönungsrituale. Herrschaftseinsetzungen im kulturellen Vergleich (Böhlau, 2005), 278–80. R.-J. Lilie, 'Die Krönung des Kaisers Anastasios I. (491)', BSl 56 (1995), 7 n.11, is more sceptical of this tradition, however, cf. P. Speck, Kaiser Konstantin VI. Die Legitimation einer fremden und der Versuch einer eigenen Herrschaft (Munich, 1978), 400–1.

13   Theod. Lect. 451 (127.18–9) = Theoph. 137.11–3, cf. Vict. Tonn. 70 (a.492), 22.360–2 (= Theod. Lect. frg.41, 127.1–2), Synodicon Vetus, ed. J. Parker and J. Duffy, The Synodicon Vetus, CFHB 15 (Washington, 1979), 108 (pp.92–3). Cyril of Scythopolis, Vita Sabae, ed. E. Schwartz, Kyrillos von Skythopolis, TU 49.2 (Leipzig, 1939), tr. R.M. Price, Cyril of Scythopolis. The Lives of the Monks of Palestine (Kalamazoo, 1991), 50 (140, tr. Price, 150, but read 'Euphemius' for 'Euthemius'), alludes to this council. P. Charanis, Church and State in the Later Roman Empire (Thessaloniki, 1974), 55, appears to date it to 491, but see Haarer (cf. fn. 12), 136 for 492, cf. V. Grumel, Les Regestes des actes du patriarcat de Constantinople, vol.1.1, 2nd ed. (Paris, 1972), no.177. Euphemius' predecessors had seldom made use of the synodos endemousa, but he clearly felt the need for more support in this case. See Blaudeau (cf. fn. 2), 410–6, esp. 415–6.

14   Frend (cf. fn. 3), 193–4, P.T.R. Gray, The Defense of Chalcedon in the East (Leiden, 1979), 35, Blaudeau (cf. fn. 2), 555, Haarer (cf. fn. 12), 136–7. See also A. Grillmeier,

It was not until spring 496,[15] however, that a synod was called in Constantinople, which condemned the patriarch for heresy – he was accused of Nestorianism, an accusation frequently levelled at Chalcedonians by their opponents – and banished him to Pontus.[16] Given that these accusations were probably made as early as 494, it is striking that Anastasius waited two more years before ridding himself of the patriarch. As Ernst Stein observed, he trod carefully no doubt because of the document that Euphemius had in his possession, as well as on account of his awareness of the loyalties of the city's population, which were shared equally by his wife, Ariadne, whose choice had placed him on the throne.[17] Around this time, two assassination attempts were made against Euphemius, neither of which succeeded; both Theodore Lector and Theophanes, hostile sources, it should be remembered, fail to attribute them to Anastasius, which need not mean, however, that he was not involved in some way.[18] Assassination was a common and effective means of eliminating a rival, particularly in the capital, and had recently been used (unsuccessfully) by Zeno and Ariadne to remove the threat posed by Illus;[19] it was likewise employed,

---

Jesus der Christus im Glauben der Kirche, vol.2.1, 2nd ed. (Freiburg, 1991), 299–301. Gelasius' predecessor, Felix, had been no more accommodating towards Euphemius, Theod. Lect. 442 (123.18–23) = Theoph. 135.17–20, Synodicon Vetus, 108 (pp.92–3), cf. P. Blaudeau, 'Vice mea. Remarques sur les représentations pontificales auprès de l'empereur d'Orient dans la seconde moitié du Ve siècle (452–496)', MEFRA 113 (2001), 1099, Haarer (cf. fn. 12), 127.

15   For the date see Mango and Scott (cf. fn. 12), 215 n.5, against Charanis (cf. fn. 13), 56 (followed by Gray [cf. fn. 14], 35), who places it in 495, for which there is no evidence, cf. Stein (cf. fn. 5), 166, C. Capizzi, L'imperatore Anastasio I (Rome, 1969), 112–3, Haarer (cf. fn. 12), 137. On the council see Synodicon Vetus 109 (pp.92–3), Vict. Tunn. 74 (a.496), 23.376–80. Wirth (cf. fn. 9), 114, oddly places Euphemius' downfall in 498.

16   There were certainly some in Constantinople, especially the Akoimetai monks, who were generally hostile to Cyril of Alexandria and more favourable to the Antiochene tradition; the Patriarch Gennadius himself was probably the author of a strongly anti-Cyrillian tract in the early 430s. Nevertheless, the accusation of Nestorianism was clearly specious. Anti-Chalcedonians tended to view any supporter of the council as a Nestorian. See Blaudeau (cf. fn. 2), 380–7, Haarer (cf. fn. 12), 148 and n.141 (discussing Macedonius).

17   Pseudo-Zachariah of Mytilene, Historia Ecclesiastica, ed. and tr. E.W. Brooks, CSCO ser.3, 38–9, 41–2 (Paris, 1919–24), tr. and comm. R. Phenix, C. Horn and G. Greatrex (forthcoming, Liverpool, 2011), VII.1b (19–20/12–3) with Stein (cf. fn. 5), 165, Frend (cf. fn. 3), 189 n.2 and 200; Cyr. Scyth., Vit. Sab. 53 (145, tr. Price, 154), noting the (Chalcedonian) orthodoxy of Ariadne. Note also Liberatus, Breviarium, ed. E. Schwartz, ACO II.5 (Berlin–Leipzig, 1936), ch.18, §127, p.132, on Anastasius' efforts to avoid confrontation early in his reign.

18   Theod. Lect. 453–4 (127.26–30, 128.9–13), Theoph. 139.17–9. Blaudeau (cf. fn. 2), 554 n.323, countenances the possibility. Cf. the two assassination attempts made on John Chrysostom: see Gregory (cf. fn. 3), 61.

19   Theoph. 127.17–128.5, dated by Mango and Scott (cf. fn. 12), 196, to 481.

most probably by Justinian, in 520, in order to liquidate a powerful rival, Vitalian.[20]

In the end Anastasius was able to engineer Euphemius' removal by undermining the patriarch's credibility in an episode that, somewhat surprisingly, seems to be accepted at face value by most modern historians. According to Theodore Lector, here followed by Theophanes,[21] Anastasius told Euphemius in confidence that, tired of the war with the Isaurians (which had been going on since 492), he would like to make peace; to this end, he asked that Euphemius convene the bishops resident in the city as if they were going to make an appeal on the Isaurians' behalf. Euphemius then reported this to the patrician John, who happened to be the father-in-law of the rebel leader Athenodorus. Theodore concludes his account by describing how John hastened to denounce Euphemius' indiscretion to the emperor, whereupon he became implacably opposed to him.[22] Now there is no reason whatever to suppose that Anastasius at any point considered making overtures to the Isaurian rebels; and, although the chronology of the war is far from certain, it is clear that imperial forces had the upper hand from an early stage, following two victories at the opening of the war in 492. While the two sides seem to have been at a stalemate after these victories, further imperial successes followed in 497 and 498, bringing the war to a victorious conclusion.[23]

Although Anastasius' initiative thus looks surprising, there is no need to call into question Theodore Lector's account. Anastasius, as we have seen, needed leverage if he was going to remove the patriarch without incurring the wrath of the supporters of Chalcedon. Doctrinally, the patriarch was on secure ground, despite the accusations of Nestorianism: his support for Chalcedon was well publicised.[24] It was necessary therefore for the emperor to find other grounds for

---

20 See (e.g.) Stein (cf. fn. 5), 230, A. Vasiliev, Justin I (Cambridge, MA, 1950), 110–3, and now B. Croke, 'Justinian under Justin: Reconfiguring a Reign', BZ 100 (2007), 34–5, G. Greatrex, 'The Early Years of Justin I's Reign in the Sources', Electrum 12 (2007), 105.

21 Theod. Lect. 449 (126.24–8, 127.13), Theoph. 139.6–12.

22 Theod. Lect. 449 (127.13–4), Theoph. 139.12–3.

23 Haarer (cf. fn. 12), 22–8, offers a convenient narrative of the Isaurian war. See also K. Feld, Barbarische Bürger: die Isaurier und das römische Reich (Berlin, 2005), 332–5.

24 Notwithstanding this local support, at a wider level Euphemius was somewhat embattled, deprived of support from Rome, and under attack, as we have seen, from both Alexandria and Jerusalem. In Constantinople itself, the Church historian Zachariah of Mytilene probably brought out his work, in which he advocates strongly an increased role for Alexandria in the running of the Church, in 495 or 496, while the Life of Daniel the Stylite, which also dates from this period, is lukewarm in its attitude to the patriarch, in contrast with its openly favourable attitude to the emperor. See Blaudeau (cf. fn. 2), 554–5 on the publication of Zachariah's work (with n.328), ch.7 on his pro-Alexandrian tendencies, 572 n.414 on the Life of Daniel the Stylite, cf. Motta (cf. fn. 12), 210–4. R. Lane Fox, 'The Life of Daniel', in: M. Edwards and S. Swain, eds,

deposing him, and it is in this context that Theodore's account begins to make sense. Anastasius in effect asked Euphemius to feign sympathy for the rebels' cause, no doubt pretending that he needed such an overture in order to start negotiations without losing face. Faced with such an odd request, since he must have been aware of the progress of the war, Euphemius naturally sought advice; nothing further is known of the patrician John, but given his relationship to the rebel, we may suppose that the patriarch decided to ask him in order to assess the plausibility of the emperor's request. He was outmanoeuvred, however, since by approaching John he had broken Anastasius' confidence. He had been caught in a double bind: he had either to be seen to be supporting the rebels or, in order to find out what was going on, betray the emperor's confidence. From two other brief notices in Theodore Lector it is apparent that he was portrayed by his opponents as backing the Isaurians and accused even of seeking the throne for himself.[25] Thus Euphemius came to be perceived as a traitor and was removed from office by a local council of bishops on the alleged grounds of Nestorianism. Theodore Lector adds that the people of the capital rioted in a show of support for the deposed patriarch and hastened to the hippodrome in order to appeal to the emperor, but evidently their prayers went unheeded.[26]

The Fall of Macedonius

In his place Anastasius appointed Macedonius, the sacristan of the Great Church (Hagia Sophia) in Constantinople, the nephew of the Patriarch Gennadius, and a respected figure. As Theodore relates, it was Macedonius who ensured the safe departure of Euphemius from Constantinople and even supported him financially in his distress.[27] The doctrinal stance of the new patriarch, on the other hand, is not altogether clear, at least in the early stages of

---

Portraits. Biographical Representations in the Greek and Latin Literature of the Roman Empire (Oxford, 1997), 208–10, prefers to view the author as favourable both to Euphemius and Anastasius.

25 Theod. Lect. 450 (127.15–7), cf. Theoph. 140.7–8, Theod. Lect. frg.44 (128.1–4).

26 Ps.-Zach. VII.1b (20/13), Theod. Lect. 455 (128.18–20), frg.45 = Vict. Tonn. 74 (a.496), 23.376–80, Theoph. 140.13–5. Blaudeau (cf. fn. 2), 554, notes that this local council need not necessarily have been the *synodos endemousa*. Mango and Scott (cf. fn. 12), 215, interpret Theophanes as describing the people as performing a litany in the hippodrome; the reference is perhaps rather to an appeal (to the emperor) or to an offering of prayers (en route to the hippodrome). See G. Lampe, A Patristic Greek Lexicon (Oxford, 1961), 804a s.v. λιτανεία. There is absolutely no reason to suppose that Euphemius was in any way involved in the rioting that occurred in Constantinople already in 491, connected probably with the downfall of the Isaurian faction. It was Charanis (cf. fn. 13), 55, who made the suggestion, based on the subsequent allegations made against Euphemius, taken up by Gray (cf. fn. 14), 35, Meier (cf. fn. 9), 228.

27 Theod. Lect. 457–8 (128.23–7, 129.13–4), Theoph. 140.21–7.

his tenure. On the one hand, we have an explicit statement on the part of the sixth-century chronicler Victor of Tonnuna, according to whom Macedonius held a council in 497 at which he condemned Chalcedon, Eutyches and Nestorius.[28] On the other hand, the *Synodicon Vetus*, a later Byzantine compilation of Church council decisions, claims that Macedonius confirmed Chalcedon at a synod, but omitted to mention the *Henotikon* out of fear of Anastasius; no date is associated with the synod.[29] Theophanes, probably following Theodore Lector, describes an initiative on the part of the patriarch, undertaken in 498 or 499 at the suggestion of the emperor, designed to bring the hard-line Chalcedonian monasteries of the capital into communion with him; Theodore Lector himself, however, followed by Theophanes, also claims that Macedonius was persuaded by Anastasius to sign up to the *Henotikon*.[30] As others have noted, there is no way to reconcile all these sources.[31] It is quite possible that Macedonius initially accepted the *Henotikon*, a position not irreconcilable with Chalcedon in that it only required that one not discuss the council, but later, in order to conciliate the monasteries, he explicitly backed Chalcedon (and passed over the *Henotikon*); thus one might seek to make sense

---

28   Vict. Tonn. 75 (a.497), 23.383–6, cf. A. Placanica, Vittore de Tunnuna, Chronica. Chiesa e impero nell'età di Giustiniano (Florence, 1997), 92–3, and Meier (cf. fn. 9), 217 and n.296. On Placanica's ed. and tr. see the useful review of W. Brandes in BZ 92 (1999), 278–9. Placanica suggests that Macedonius may have sought room for manoeuvre by approving the right decisions of Chalcedon, thus implicitly acknowledging that some decisions were not right, cf. Theoph. 141.22–3, Charanis (cf. fn. 13), 59, and Grillmeier (cf. fn. 14), 303–4.The unquestionably Chalcedonian Sabas likewise condemned both Nestorius and Eutyches, Cyr. Scyth., Vit. Sab. 52 (144.14–5, tr. Price, 153) – but so did the undeniably anti-Chalcedonian Timothy Aelurus and the historian Zachariah of Mytilene, cf. Ps.-Zach. iv.12a and gg (ed. Brooks, vol.1, 185–6/129, 201–2/139–40) with Blaudeau (cf. fn. 2), 586–7. This formula might in turn have been misunderstood by Victor. Grillmeier (cf. fn. 14), 303, suggests that the condemnation of Chalcedon amounted no more than approving of the *Henotikon*, which could be interpreted as a rejection of the council. On the other hand, patriarchs were not above practising outright deception, as even favourable sources acknowledge: see Cyr. Scyth., Vit. Sab. 52 (143.20–144.5, tr. Price, 153), cf. Synodicon Vetus 112 (94.4–5), both referring to such a deception used by Patriarch Elias of Jerusalem at the council of Sidon in 511: he claimed to reject novelties to the faith, including Chalcedon 'because of the scandals that resulted from it', implying no doubt that there was nothing intrinsically wrong with it. Cf. Lebon (cf. fn. 4), 42 n.1, for comparable subtleties used by Philoxenus against Flavian of Antioch. Blaudeau (cf. fn. 2), 215–6, argues plausibly that Acacius forged a letter supposedly from Peter Mongus of Alexandria, which was subsequently incorporated into Evagr. HE III.17.

29   Synodicon Vetus 110 (pp.94–5).

30   Theoph. 141.19–142.5 = Theod. Lect. 459 (129.15–25); Theod. Lect. 456 (128.21), Theoph. 140.15–6. On Macedonius' initiative see Grillmeier (cf. fn. 14), 303–4; on his signing up to the *Henotikon*, Haarer (cf. fn. 12), 140–1, Meier (cf. fn. 9), 217.

31   So C.J. Hefele and H. Leclercq, Histoire des Conciles, vol.2.2 (Paris, 1908), 946–7.

of the *Synodicon Vetus*, which otherwise is incomprehensible. Victor's version may represent a misunderstanding of the patriarch's acceptance of the *Henotikon* reported in one of the other sources, since he quite often garbles his information; he also reports a council in Constantinople in 499 at which Philoxenus and Flavian of Antioch presided, which most scholars reject.[32]

It would not be appropriate to enter into a detailed discussion of the confused ecclesiastical politics of the opening years of the sixth century, which remain shrouded in considerable uncertainty; fortunately others have devoted considerable attention to them in any case.[33] We should rather concentrate on developments in the capital itself, where Anastasius seems to have come under the influence, first of Philoxenus, during a visit in 507, and then of Severus, who arrived in Constantinople in 508 with a band of monks.[34] The former succeeded in persuading Anastasius to hold a local synod at which leading figures of two-nature Christology were explicitly condemned. Whether Philoxenus actually presided at the council is doubtful, but it is possible that Macedonius was obliged to accept its decisions.[35] But it was not just zealous adversaries of

---

32 See Placanica (cf. fn. 28), 95 and Haarer (cf. fn. 12), 140–1, who suggests identifying Victor's 497 council (n.28 above), at which Macedonius supposedly condemned Chalcedon, with Macedonius' attempt to reconcile the monasteries of the capital to the *Henotikon* (reported by Theophanes, n.30 above). Haarer (cf. fn. 12), 141–2, is prepared to accept two councils at which Philoxenus was present, whereas A. de Halleux, Philoxène de Mabbog: sa vie, ses écrits, sa théologie (Louvain, 1963), 61–3, combines them into one. See also L. Abramowski, 'La prétendue condamnation de Diodore de Tarse en 499', RHE 60 (1965), 64–5.

33 See (e. g.) Frend (cf. fn. 3), 190–201, Maraval (cf. fn. 4), 126–33, Haarer (cf. fn. 12), 139–57.

34 See de Halleux (cf. fn. 32), 61–3, Maraval (cf. fn. 4), 126, Grillmeier (cf. fn. 14), 304–5, Haarer (cf. fn. 12), 141–2, Meier (cf. fn. 9), 218, and below n.118.

35 Zach. Myt. VII.8o (47–8/33), cf. de Halleux (cf. fn. 32), 61–2, Grillmeier (cf. fn. 14), 305–6, Haarer (cf. fn. 12), 141. De Halleux (cf. fn. 32), 70 n.42, plausibly suggests that Evagr. HE III.31 (p.129, tr. Whitby, 171–2) refers to Philoxenus' attacks on Macedonius in Constantinople, although the reference to 'Dioscorus' is obviously an error. F. Carcione's tr., Evagrio di Epifania. Storia ecclesiastica (Rome, 1998), 177 n.85, notes the proposal of Bidez and Parmentier that the reference should be to Soterichus, rather than Dioscorus, but this seems unlikely: there is no evidence for his presence at Constantinople at this time, and Severus' correspondence (discussed below) would have no raison d'être if his addressee had actually been in the city. Frend (cf. fn. 3), 216, asserts that Macedonius refused to accept the condemnation of these figures, cf. Maraval (cf. fn. 4), 126–7: Theod. Lect. 470 (134.20–3 = Theoph. 150.4–8) insists that the patriarch had nothing to do with Philoxenus, who was obliged to leave the city in the following year because of his unpopularity in the capital, cf. Lebon (cf. fn. 4), 42–3. It is possible therefore that Pseudo-Zachariah cannot be trusted in his assertion that Macedonius accepted the synod's decision. The figures in question, including Nestorius, Diodore of Tarsus and others, represented the more extreme Dyophysites; it is surely significant that the synod stopped short of actually condemning Chalcedon itself.

Chalcedon who made their way to the imperial capital at this time: another visitor was the staunchly Chalcedonian monk Sabas, who was sent by Elias, patriarch of Jerusalem, to ask Anastasius to cease from promoting opposition to the council.[36] He arrived in Constantinople in 511, the very year of Macedonius' deposition, and received several audiences with the emperor; he also visited various leading pro-Chalcedonian figures in the city, such as Anicia Juliana and Anastasius' nephew Pompey. He failed to turn the emperor from his approach and clashed with the praetorian prefect Marinus; before he left in 512, he predicted the burning down of the prefect's house, which occurred in the course of the *staurotheis* riot in November that year.[37]

There is a general consensus among scholars that it was during this period that the emperor hardened his doctrinal stance, moving ever closer to Severus' position of outright condemnation of Chalcedon, thus rendering the *Henotikon* superfluous. Some have sought to find a link between this development and the aftermath of the Persian war, which was concluded in 506. Gerhard Wirth suggests that Anastasius realised the need to harness the anti-Chalcedonian

Flavian, patriarch of Antioch, accepted a similar formulation in 509 at a synod held in Antioch: see Frend (cf. fn. 3), 217, Grillmeier (cf. fn. 14), 306–9, Haarer (cf. fn. 12), 145–6. Given that Macedonius subsequently refused communion with Flavian, however (see n.46 below), it is possible that Flavian conceded more than the Constantinopolitan patriarch (or, as noted, that Macedonius did not make any concessions at all).

36 One might compare the similar mission of Fidus (Cyr. Scyth., Vit. Euthym. 43 [62–4, tr. Price, 59–61]) to Zeno in 478 at the behest of Martyrius, patriarch of Jerusalem (478–86), on which see Blaudeau (cf. fn. 2), 439–40, or that of the anti-Chalcedonian stylite Zooras to Justinian in the early 530 s, on which see H. Leppin, 'Zu den Anfängen der Kirchenpolitik Justinians', in: H.-U. Wiemer, ed., Staatlichkeit und politisches Handeln in der römischen Kaiserzeit (Stuttgart, 2007), 187–9. In the former case, as a result of divine intervention, Fidus never actually reached Constantinople, however. The Palestinian Church was at this point reaching a precarious stability, now thrown into doubt by Anastasius' intransigence: see L. Perrone, La chiesa di Palestina e le controversie cristologiche (Brescia, 1980), 127–31, 159–61, Maraval (cf. fn. 4), 117–9.

37 Cyr. Scyth., Vit. Sab. 50–4 (139–47, tr. Price, 149–56) with K. Trampedach, 'Reichsmönchtum? Das politische Selbstverständnis der Mönche Palästinas im 6. Jahrhundert und die historische Methode des Kyrill von Skythopolis', Millennium 2 (2005), 281–2, Haarer (cf. fn. 12), 152, Meier (cf. fn. 9), 201–2. From the fact that Pompey's house was burnt down by rioters during the disturbances of November 512 despite his well-known adherence to Chalcedon, Meier argues that the protesters were signalling their opposition to Anastasius and his regime, regardless of doctrinal affiliation. While he is certainly right in wanting not to separate religious and political factors, it remains unclear why rioters should have chosen Pompey's house to burn down, when the residences of two other nephews, both of them less favourable to Chalcedon, were available. We continue therefore to find it more plausible to account for the destruction of Pompey's house by supposing either that the crowd hoped to acclaim him emperor, but was disappointed to find him absent, or that it was an accident, cf. G. Greatrex, 'Flavius Hypatius, *quem vidit validum Parthus sensitque timendum*: An Investigation of His Career', Byz 66 (1996), 130–1.

forces within his empire in order to sustain his rule and avoid the instability that had plagued Kavadh as a consequence of the Mazdakite movement. Mischa Meier, building on this idea, sees the anti-Chalcedonians as receiving a boost from refugees from Persian territory, thus inclining the emperor to take their side; moreover, in order to maintain the loyalty of the eastern provinces, gravely damaged by the war, he was keen to support their Christological position.[38]

This line of reasoning does not carry conviction, however. As is clear from the disturbances that shook the capital and surrounding area in the last years of Anastasius' reign, his increasingly vigorous support of the hard-line anti-Chalcedonians did nothing to secure his position; rather, the contrary. It seems more plausible to account for his hardening stance on the one hand by the stability brought to the East by the end of hostilities, and on the other by the influence exercised by prominent opponents of the council in the capital – quite apart from the emperor's own convictions.[39] There is no evidence of large numbers of anti-Chalcedonian refugees crossing the frontier in the course of the war, nor indeed of the persecution of Christians during the reign of Kavadh. In the frontier provinces themselves, opinions were divided: when Justin I came to the throne in 518, it did not prove necessary to replace all the bishops of these provinces, as Severus himself acknowledged, thus implying that there was no need to adopt the line Anastasius took as a means to assure the defence of the region.[40]

---

38   Gray (cf. fn. 14), 37, Wirth (cf. fn. 9), 137–9, Maraval (cf. fn. 4), 126, Haarer (cf. fn. 12), 142–3, Meier (cf. fn. 9), 218. On the war itself see G. Greatrex, Rome and Persia at War, 502–532 (Leeds, 1998), 79–122, Haarer (cf. fn. 12), 47–65. Frend (cf. fn. 3), 215–6, notes suspicions attached to Philoxenus in connection with the Persian war and rumours of treachery over the fall of Amida, thus showing that those whose line Anastasius increasingly took were far from providing a sure bulwark against Persian attacks.

39   Meier (cf. fn. 9), 225–6, on Anastasius' continuing intransigence. See also n.12 above on doubts about his orthodoxy already at the start of his reign. M. Meier, Anastasios I. Die Entstehung des Byzantinischen Reiches (Stuttgart, 2009), ch. 6, argues, on the other hand, that the emperor's shift against Chalcedon took place in 506, even before the arrival of Philoxenus and Severus in the capital, which in turn persuaded him to bring the Laurentian schism to an end.

40   Meier (cf. fn. 9), 218, cf. Haarer (cf. fn. 12), 142–3, both too readily tarring the whole East with the anti-Chalcedonian brush. As Frend (cf. fn. 3), 226, notes, in Cilicia some still venerated Nestorius, on which see also now F. Millar, 'Imperial Government and the Maintenance of Orthodoxy: Justin I and Irregularities at Cyrrhus in 520', Scripta Classica Israelica 28 (2009) (forthcoming), who discusses how Justin had the *magister militum* Hypatius investigate excessive veneration of Theodoret of Cyrrhus, Nestorius, Diodore and Theodore at the city of Cyrrhus in August 520, ACO IV.1, ed. J. Straub (Berlin, 1970), 186–7, cf. PLRE II, Hypatius 6, and G. Greatrex, 'Moines, militaires et défense de la frontière orientale au VIe siècle', in: A. Lewin and P. Pellegrini, eds, The Late Roman Army in the Near East from Diocletian to the Arab Conquest (Oxford, 2007), 288. See Greatrex, art. cit., 285–6, on the problems faced by Anastasius and

We come now to the downfall of Macedonius. As noted, Severus had come to Constantinople in 508 and rapidly gained the confidence of the emperor. His attempts to promote a more explicitly anti-Chalcedonian line did not meet with immediate success, encountering opposition not only in Constantinople, but also in Antioch and Jerusalem.[41] Probably in the first half of 511 the anti-Chalcedonians present in the capital introduced the words 'who was crucified for us' into the *trishagion*, which sparked a riot. Blood flowed as supporters and opponents of the council battled it out in Hagia Sophia and the church of the Archangel; each side claimed that the other had behaved with outrageous brutality.[42] In this show of strength it was the patriarch who clearly gained the upper hand: the crowds hurled insults at the emperor, who retired to the palace and prepared to flee, if the need arose. Instead, however, he summoned Macedonius and endured his reproaches, claiming that he was now in agreement

---

Severus in imposing an anti-Chalcedonian line in the East; Frend (cf. fn. 3), 248–53, offers some figures for the proportion of bishops expelled from their sees under Justin, much higher in Mesopotamia, Osrhoene and Syria I than in Syria II and Cilicia, for instance; cf. Maraval (cf. fn. 4), 138. John of Ephesus, it is true, in the *Lives of the Eastern Saints*, ed. and tr. E.W. Brooks, PO 17 (1923), 143, refers to a letter sent from Anastasius to Kavadh *c.* 499 requesting that the Persian king protect the Christians of his kingdom; cf. Chronicle of Arbela XIX (101), tr. P. Kawerau, Die Chronik von Arbela – Ein Beitrag zur Kenntnis des ältesten Christentums im Orient, CSCO 200 (Louvain, 1985) and tr. I. Ramelli, Il *Chronicon* di Arbela: Presentazione, traduzione e note essenziali (Madrid, 2002), 67. This is slender evidence, however, as Wirth (cf. fn. 9), 128 n.246, rightly notes, cf. Greatrex (cf. fn. 38), 77, *contra* Haarer (cf. fn. 12), 142–3.

41 See (e.g.) Frend (cf. fn. 3), 217–8, Grillmeier (cf. fn. 14), 306–14, P. Allen and C. Hayward, Severus of Antioch (London, 2004), 8–9. A. Mai, Spicilegium romanum, vol.3 (Rome, 1840), 731–7, preserves a declaration of faith composed by Severus and accepted by Anastasius at the time of Macedonius' banishment; see also Grillmeier (cf. fn. 14), 309–15, on the *Typos* of Anastasius produced around this time, cf. Daley (cf. fn. 12), 37, Haarer (cf. fn. 12), 280–1, Meier (cf. fn. 9), 219–20.

42 Theod. Lect. 483–4 (137.23–138.8) = Theoph. 154.3–11 (blaming the anti-Chalcedonians), cf. the first letter of Severus to Soterichus preserved in Coptic, translated and discussed below, giving the opposite side. M.-A. Kugener in PO 2 (1907), 362–3, offers a French tr. of this section of Theod. Lect. The historian describes a two-stage process, first a trial-run in the church of the Archangel in the imperial palace, attended by anti-Chalcedonian ('ἀποσχισταί') monks and a hired crowd; the following Sunday, the addition to the *trishagion* was then chanted in the Great Church (Hagia Sophia), provoking uproar. On the *trishagion* and the controversial addition to it ascribed to Peter the Fuller see Frend (cf. fn. 3), 167–8, Blaudeau (cf. fn. 2), 343–4 and nn.408–10: the addition was unacceptable in Constantinople because it was interpreted as implying that God the father had suffered on the cross, whereas in Antioch it was held as referring just to Christ. See V. Menze, Justinian and the Making of the Syrian Orthodox Church (Oxford, 2008), 165–75, for a detailed discussion, Allen and Hayward (cf. fn. 41), 8–9, for a brief explanation.

with him; as the patriarch made his way to the emperor, both people and soldiers signalled their support for him.[43]

The next event of which we hear is the signing of a document on Wednesday 20 July by Macedonius that at best passed over all mention of Chalcedon and at worst condemned it outright: Pseudo-Zachariah and Evagrius both claim that the patriarch abjured the council explicitly, while Theodore Lector states instead that he was tricked by Celer, the *magister officiorum*, into passing over the councils of Ephesus and Chalcedon in silence.[44] Surprisingly, modern scholars have tended to give more credence to the former view, despite its inherent implausibility.[45] Macedonius had, after all, been a consistently vigorous defender of the council, at least in the recent past, even going so far as to excommunicate Flavian of Antioch when he had attempted to compromise with the anti-Chalcedonians.[46] The reason why Macedonius is seen as having performed such a sudden *volte-face* is that he was forced into it by Anastasius.

Yet such an analysis relies on a serious misreading of the situation in Constantinople in the summer of 511. From the accounts of both Pseudo-Zachariah and Theodore Lector it emerges very clearly that it was the patriarch who was in the ascendant, despite the presence of Severus. Anastasius had had little choice but to effect a reconciliation with Macedonius after the riot, since the extent of popular support for the patriarch had swiftly become apparent. This position of strength, however, was at the same time an extremely precarious one, leaving Macedonius vulnerable to accusations of fomenting revolt – which in the end was one of the reasons given for his banishment – and must have inclined him to seek a rapprochement with the emperor, in order that the evident breach between the two be seen to be healed. The document offered

---

43   So Theod. Lect. 485–6 (138.9–20) = Theoph. 154.11–22, naturally a biased source.

44   Pseudo-Zach. HE VII.80 (41/28), Evagr. HE III.31 (129.15–24), Theod. Lect. 487 (138.21–6) = Theoph. 154.25–155.1. Frend (cf. fn. 3), 218, cf. idem, 'The Fall of Macedonius in 511 – A Suggestion', in: A.M. Ritter, ed., Kerygma und Logos. Festschrift für Carl Andresen (Göttingen, 1979), 192, postulates a theological debate between Severus and Macedonius that preceded the signing; there is no reason to doubt the holding of the debate, but whether it took place on the same day is uncertain. On the theological issues involved, see Frend (cf. fn. 3), 218, idem, art. cit., 192–4, Liberatus, Breviarium, ACO II.5, ch.19, p.133.8–13, with E. Schwartz, Publizistische Sammlungen zum acacianischen Schisma, Abh. der Bayerischen Akademie der Wissenschaften, Phil.-hist. Abt., N.F. 10 (Munich, 1934), 243–4 n.3, and Daley (cf. fn. 12), 38–9.

45   So Charanis (cf. fn. 13), 69, Frend (cf. fn. 44), 191 (although at 190 he seems to accept Theodore Lector's version); Whitby (cf. fn. 5), 181 n.109; *contra* already L. Duchesne, L'Église au VIe siècle (Rome, 1925), 23. Haarer (cf. fn. 12), 148–9 and n.143, is an honourable exception, hesitating between the versions of Theodore and Evagrius; cf. Lebon (cf. fn. 4), 46 and n.2. She also rightly notes that documents under Macedonius' name may have circulated (without his approval), cf. Lebon (cf. fn. 4), 46 n.3.

46   Theod. Lect. 479 (136.28–137.2), cf. Haarer (cf. fn. 12), 147.

to him by Celer must therefore have seemed like a judicious way of lowering the temperature and was no doubt crafted to concede as much as possible to the anti-Chalcedonians while still being acceptable to Macedonius. The patriarch's assent to the document weakened his position more than he had anticipated. Not only had he given ground to his opponents – although it is clear that he had always been willing to accept the *Henotikon*[47] – but he had also allowed them to open up a gulf between him and his most zealous supporters, the Akoimetai monks. A slight concession on the patriarch's part had put his whole position in danger, cutting him off from the base of his support; no doubt his opponents exaggerated the extent of his concession as far as possible, precisely in order to isolate him, thereby giving rise to the version according to which he rejected the council explicitly.[48]

On 22 July, according to the letter of the presbyter Simeon, quoted *in extenso* by Pseudo-Zachariah, Macedonius presided at a dedication festival at a Martyr Church in the Hebdomon at which both Anastasius and Ariadne refused to take communion from him.[49] On Sunday 24 July the monks restored communion with Macedonius, but already on the following day some of them defected to the emperor and made accusations against him to the general Patricius. Anastasius then acted decisively, cutting off the water supply to the monasteries, assuring himself of the support of his court and arresting many of

---

47   Theod. Lect. 456 (128.21), cf. Grillmeier (cf. fn. 14), 301, and the first letter of Severus to Soterichus discussed below, G. Garitte, 'Fragments coptes d'une lettre de Sévère d'Antioche à Sotérichos de Césarée', Mus 65 (1952), 196, where Secundinus refers to Macedonius' signature and his ongoing loyalty to the document. Blaudeau (cf. fn. 2), 558 n.350, exaggerates the extent to which the emperor's entourage and relatives were doctrinally at odds with him. One might cite as counter-evidence the case of Clementinus, *consularis* and patrician, and an enthusiastic backer of Severus at court: see Zach., Vit. Sev. 104 with Norton (cf. fn. 3), 53, and note the impressive ivory diptych produced to commemorate his consulship in 513, for which see H. Maguire, 'From Constantine to Iconoclasm', in: R. Cormack and M. Vassilaki, eds, Byzantium, 330–1453 (London, 2008), 68 (with fig.13, p.72). Significantly, both Anastasius and Ariadne are depicted at the top of the diptych (on each panel). See also n.66 below on Secundinus.

48   In the heated atmosphere of the imperial capital during this crisis, one would expect rumour-mongering to be prolific. Severus (The Sixth Book of the Select Letters of Severus, ed. and tr. E.W. Brooks [Oxford, 1903], VI.1 [408/362]) describes just such a situation in April 518: the rumour spread that the new patriarch, Timothy, had anathematised Severus. Although Timothy paid no heed to the rumours, he nonetheless moved to have those responsible for them arrested. From his letter, it is clear also that Severus was keen to expose the falsity of the rumours.

49   From Theod. Lect. 489 (139.6–10), cf. Theoph. 155.5–9 and 508 (145.18–9 = Theoph. 159.17–9), it is clear that the empress was generally favourable to Chalcedon, cf. Blaudeau (cf. fn. 2), 558 n.350 and see n.17 above. Her opposition to Macedonius in this case may therefore be due to disapproval of his tergiversations and uncertainty about his loyalty to the council.

Macedonius' supporters. Having given donatives to the army on 30 July to secure the soldiers' backing, Anastasius ordered them to guard the gates of the city and the harbours: clearly he hoped thereby to prevent the monks, most of whose monasteries lay beyond the Constantinian walls, from entering the city and causing a disturbance.[50] On 1 August the emperor had the patriarch's deacon Pascasius arrested; he in turn accused Macedonius of raising a rebellion against the emperor. On Saturday 6 August the emperor held a formal meeting of his court at which he refused to hear a defence on Macedonius' behalf; he banished the bishop on the next day.[51] Thus on the evening of 7 August 511, Macedonius was escorted from the city under guard by the *magister officiorum* Celer.[52] Like his predecessor, he was bound for Euchaïta, never to return;[53] he

---

50 On the monasteries concerned see further n.99 below. That of Dius lay in the Lycus valley, see R. Janin, La Géographie ecclésiastique de l'empire byzantin, vol.1.3, 2nd ed. (Paris, 1969), 97–9, that of Matrona in the quarter of Severianae near that of Bassianus and several other monasteries, ibid., 329 with C. Mango, 'Saints', in: G. Cavallo, ed., The Byzantines (Chicago, 1997), 267, that of Dius west of the cistern of Aspar, Janin, op. cit., 60–1, that of Dalmat(i)us just outside the Constantinian walls by the Xerolophos, ibid., 82–4, and that of the Akoimetai, the Irenaion, to the north-east across the Bosporus, ibid., 16–7, cf. Blaudeau (cf. fn. 2), 485, noting that this placed them under the jurisdiction of the bishop of Chalcedon rather than the patriarch. Hatlie (cf. fn. 3), map 3, shows all these monasteries. Ps.-Zach. HE VII.7a (39/26) reports that there were a thousand monks of the Akoimetai at this time, cf. Hatlie (cf. fn. 3), 109. On the divisions among the monks that occurred in this case, perhaps linked to bribery, see Hatlie (cf. fn. 3), 126, with Theod. Lect. 483 (137.24), referring to a 'hired crowd'.

51 Ps.-Zachariah, HE VII.8 (41–7/28–32), cf. Michael the Syrian, Chronique de Michel le Syrien, patriarche d'Antioche (1166–1199), ed. and tr. J.-B. Chabot, IX.9 (p.262). Michael adds the otherwise unsupported detail that Macedonius was the uncle of the future rebel Vitalian. If this is correct – and it is an improbable invention – then the precariousness of Anastasius' position is underlined: Vitalian, the *magister militum per Thracias* launched an uprising that nearly unseated the emperor in 513 or 514 on which see Greatrex (cf. fn. 37), 132–3, and Haarer (cf. fn. 12), 164–7 (who is sceptical about the relationship, 164 n.231). Meier (cf. fn. 9), 203–7, rightly stresses the connection between the riots in Constantinople and the uprising of Vitalian without, however, taking this potential link into account. John of Beth Aphthonia, Vie de Sévère, ed. and tr. M.-A. Kugener, PO 2 (1907), 236–7, cf. Theod. Lect. 490 (139.11–20) and Theoph. 155.9–15 on the arrest of Macedonius. For modern narratives see Charanis (cf. fn. 13), 69–71, Grillmeier (cf. fn. 14), 314–5, Haarer (cf. fn. 12), 149–51. Among the charges that were brought against him was one of sexual misconduct, Theod. Lect. 490 (139.11–5), cf. Evagr. HE III.32, an accusation rendered implausible (albeit not impossible) by his status as a eunuch; it was, however, a convenient method of bringing him down that left doctrine to one side. See Blaudeau (cf. fn. 2), 308 n.274, on this point.

52 Pseudo-Zachariah of Mytilene insists that the task of removing the patriarch from the capital was assigned deliberately to Celer, the *magister officiorum*, because of his sympathies for Macedonius; it is even alleged that he had been bribed by the Chalcedonians. Although some have been prepared to accept such an interpretation, it is far more probable that Pseudo-Zachariah's source is mistaken here: Celer remained

was probably accompanied by Theodore Lector, who would in time provide one of the principal accounts of the events that precipitated his expulsion.[54]

Although the circumstances of Macedonius' downfall have been the subject of considerable discussion – unsurprisingly, given the wealth of material available – it remains the case that not all the relevant evidence has yet been brought to bear. In the following sections, we intend to add two relevant documents, both (parts of) letters written by Severus in which he reports about the events in Constantinople to Soterichus, bishop of Caesarea, and preserved in Coptic translation, which have generally been ignored in this context.[55]

---

in office until the end of Anastasius' reign and only under his successor did he, like others, adopt a more pro-Chalcedonian stance. Had Celer's loyalty been in doubt, then it would have been a risky strategy indeed to place him, a former general, in charge of such a delicate operation. See Ps.-Zach. HE VII.7b, 8n (40–7/27–33). Meier (cf. fn. 9), 192–3, accepts Pseudo-Zachariah's line while noting that Celer had also been charged with restoring Severus' supporters to their monasteries c. 508. The two letters of Severus to or about Celer prove nothing of his allegiance: it does look as though the *magister officiorum* intervened to insist that the patriarch rescind his deposition of Chalcedonian bishops in Syria II (Severus, Select Letters [cf. fn. 48] I.24 [93/84]), but this was probably at a time when Anastasius himself was seeking to calm the situation in these provinces, cf. Evagr. HE III.34 with Greatrex (cf. fn. 40), 286. It is preferable therefore to see Celer as flexible in his doctrinal allegiance, cf. Greatrex (cf. fn. 37), 126–7. Meier (cf. fn. 9), 193, implies that his disappearance during the reign of Justin is surprising, but he fails to take into account his illness: his gout was sufficiently severe that he was unable to be present to announce Justin's elevation in the *kathisma*, Constantine Porphyrogenitus, De cerimoniis, ed. J.J. Reiske, vol.1 (Bonn, 1829), I.92 (p.429). In the case at hand Whitby (cf. fn. 5), 173 n.114, plausibly attributes his involvement to his ability to persuade Macedonius to leave quietly or to his ability to act as a credible guarantor of the patriarch's safety in his departure. The difficulties attending the failure to expel a popular bishop from the capital are well illustrated by the case of John Chrysostom, who survived two months in his residence as tensions mounted before he slipped away from the city in secret: see Gregory (cf. fn. 3), 59–62.

53   Both Euphemius and Macedonius were obliged to flee Euchaïta in 515 on account of a raid of the Sabir Huns, but found refuge at Gangra. Their unauthorised departure from their place of exile may have led to their execution, although the evidence is inconclusive. See Blaudeau (cf. fn. 2), 551, cf. 622 n.24, with Theod. Lect. 514 (148.12–21 = Theoph. 161.28–162.2), Synodicon Vetus 115 (pp.95–6).

54   Ps.-Zach. VII.8n (47/32), Theod. Lect. 492 (139.25–7) with P. Nautin, 'Théodore Lecteur et sa *Réunion de différentes histoires de l'église*', REB 52 (1994), 235–43. Ps.-Zach. here gives the text of the letter of a certain Simeon; see G. Greatrex, 'Pseudo-Zachariah of Mytilene: The Context and Nature of His Work', Journal of the Canadian Society for Syriac Studies 6 (2006), 41, on this source.

55   See (most recently) Haarer (cf. fn. 12), 146–51. In more detail, Frend (cf. fn. 44), 183– 95, cf. Daley (cf. fn. 12), 34–41. Whitby (cf. fn. 5), 195 n.174, and Meier (cf. fn. 9), 173–4, only mention the first of the two letters examined below and its contents without entering into details.

The First Letter of Severus to Soterichus

The first letter has been partly preserved in a fragmentary manuscript, dated to the 10th or 11th century, and containing several works of Severus in Coptic translation, 'un véritable corpus séverien'.[56] Among these works is an abridged version of a letter of Severus to the Antiochenes that has recently been published and is also known in Syriac.[57] Of the letter to Soterichus only the first three and the last two pages have been preserved, which are now kept in collections in Paris and Naples. The extent of the lacuna between these two fragments is unknown; the contents show beyond doubt, however, that they belong together.[58] The text was satisfactorily edited and annotated, and translated into Latin in 1952 by Gérard Garitte and in the following we shall not attempt to supersede the edition; in order to make the text available to a wider audience, however, we offer here for the first time a translation into English:[59]

> **(p. 190)** A letter of the holy Patriarch and Archbishop of Antioch Apa Severus, which he wrote to Soterichus, the bishop of Cappadocia, about the evil that Macedonius, the blasphemer, the bishop of Constantinople, did to the orthodox who were in the imperial city at that time and (about) the way in which the great Severus and other dignitaries in the palace who were orthodox discussed the matter

56   E. Lucchesi, 'Une lettre de Sévère d'Antioche à Thomas, évêque de Germanice, en version copte', Mus 118 (2005), 327.

57   Y.N. Youssef, 'Coptic Fragment of a Letter of Severus of Antioch', Oriens Christianus 87 (2003), 116–22, with the remarks by Lucchesi (cf. fn. 56), 327–8. For an extract of the same letter preserved in Coptic on an ostrakon from the area of the Monastery of Epiphanius, the same monastery from which the ostrakon with the second letter to Soterichus to be discussed below comes, see H. Behlmer, 'Streiflichter auf die christliche Besiedlung Thebens – Koptische Ostraka aus dem Grab des Senneferi (TT 99)', Hallesche Beiträge zur Orientwissenschaft 36 (2003), 24. Recently, Lucchesi (cf. fn. 56) has pointed to the existence of another letter of Severus, also known in Syriac and in part preserved in Coptic in both a manuscript and on an ostrakon. References to earlier editions of still other fragments of Severus' letters in Coptic are given by Garitte (cf. fn. 47), 187 n.6 (to which add the limestone fragment with a letter ascribed to Severus edited by W. H. Worrell, in: idem, ed., Coptic texts in the University of Michigan Collection [Ann Arbor, 1942], 217–21 [IV, no. 1]; we owe this reference to Terry Wilfong). For a useful overview of Severus' works in Coptic in general, see most recently L. van Rompay, 'Severus, Patriarch of Antioch (512–538), in the Greek, Syriac, and Coptic Traditions', Journal of the Canadian Society for Syriac Studies 8 (2008), 11–3.

58   Garitte (cf. fn. 47), 185–9. That the two fragments belong to the same letter appears especially from the Miaphysite victims of the riots who appear again in the second passage (Garrite [cf. fn. 47], 196).

59   We should like to thank Timothy Pettipiece for going over the translation with us and Jacques van der Vliet for further improving our translation on some essential points. In order to be able to compare the Coptic text with our translation we have inserted references to the corresponding pages of Garitte's edition in the translation.

of the right faith, against that impious one.[60] He composed (it) in the imperial city, while still a monk, before he was appointed to the (episcopal) throne of the city of Antioch.

I prayed that the subject of this letter to your holiness would not be the following, but since the prophets of impiety agitated us so completely that we were made the object of ridicule and gossip (**p. 191**) to the Jews and Gentiles, what else is there to do than to bring our misfortune before you, the archpriest of God, in order that you may shed a tear of fatherhood and entreat your God to calm the rage which is currently upon us? Keeping in mind the remembrance of the things that we have written to you previously about the same subject, I shall inform you about the things which have happened now again, which are as follows.

It happened that the Christ-loving crowd gathered together in the Great Church[61] of the imperial city to send up to God the hymn of the *trishagion*, according to the good custom which prevails among you and in every (other) orthodox place. As they cried out, 'ἅγιος ὁ θεός, ἅγιος ἰσχυρός, ἅγιος ἀθάνατος' ['holy God, holy mighty, holy immortal'], they added to it also the formula which comes after this, 'ὁ σταυρωθεὶς δι' ἡμᾶς ἐλέησον ἡμᾶς' ['who was crucified for us, have mercy on us']. They recited this (**p. 192**) to mock and rebuke those who shared the ideas of Nestorius, the impious one, that is, the adherents of the council of Chalcedon, because these people say with their mouths (which deserve to be shut) that a mere human being who has been crucified cannot save himself. Then, while they were still in the church singing hymns and offering praise in this manner, that son of impiety, Macedonius, enflamed by the fire and madness of impiety, commissioned and hired slaves for money along with other people of their sort, outcasts, who will not refuse to do anything evil, and sent them into the church against the orthodox. These inflicted great blows and other wounds which were difficult to heal upon the brothers who uttered the *trishagion*, as they pulled their hair, dragged them, struck them with their hands, kicked them with their feet, poked them in the eyes and plucked off their nails like carnivorous birds. While they continued to beat (**p. 193**) them with sticks, the impious and homicidal members of the clergy aided them in their recklessness by fetching sticks from the sanctuary of the altar and by handing them out to those who were beating the orthodox – in the place meant for putting the life-giving and holy body into the hands of the faithful. Some seized a few of the psalm singers, confined them in dark places, beat them severely and left them (there) discarded and half-dead. Others among the impious stood at the doors of the church calling to all those passing by in the market,[62] shouting, 'Come and see

---

60 We follow here the translation provided by Crum in W.E. Crum and H.G. Evelyn-White, The Monastery of Epiphanius at Thebes. Part II: Coptic Ostraca and Papyri; Greek Ostraca and Papyri (New York, 1926), 164 n.1. Cf. Garitte's translation, *exercuerunt verbum fidei rectae in impium illum* (Garitte [cf. fn. 47], 190).

61 I.e. Hagia Sophia.

62 The market in question is that of the Augustaeum, just west of Hagia Sophia. See A. Berger, Untersuchungen zu den Patria Konstantinupoleos (Bonn, 1988), 235, citing John the Lydian on the market, with the map in C. Mango, The Brazen House. A Study of the Vestibule of the Imperial Palace of Constantinople (Copenhagen, 1959), 23. The patriarch's residence, it is worth noting, also lay in the immediate vicinity, just south of Hagia Sophia, cf. ibid., 51–6.

these impious ones who entered the church of God'. They did this for no other reason than that they were eager to incite the populace against the pious.

They beat them, some they blinded, others (**p. 194**) they beat on their heads and backs causing large wounds; still others, their backs covered in blood and bruises, spent many days lying in their beds in excruciating pain, while some among them even shed blood from their places of evacuation, both on the front and back side. Even though they could have resisted the ones who did these things to them and met them with great strength, they nevertheless chose to endure everything for Christ, as they did not raise their hand at all, but remained there crying in a single voice, 'ὁ σταυρωθεὶς δι' ἡμᾶς ἐλέησον ἡμᾶς', which means 'he who was crucified for us, have mercy on us'. I shall remain silent about the precious garments and cloaks that they tore and the bars[63] and rings of gold that they robbed; for those who were inside singing psalms were not insignificant people, but belonged to the important rich men who were well known. In spite of their bodies being beaten, they nonetheless (**p. 195**) accepted the robbery of their possessions joyfully, as the apostle says.[64] We were in this situation; but the [impious one…

(lacuna)

…] Macedonius [said] to him: 'All these hardships (come) upon me from your house'. The honourable man said to him: 'These hardships (do) not (come) upon you from my house, but from your deeds. For I will not be ashamed before you, since the matter is settled for me as regards the faith and I do not fear the threats of some people. For, what is more, the philanthropy of God will protect us and our pious emperor. In any case, if it is necessary that hardship befall me because of Christ, I too shall say the words that those three holy children uttered: 'Our God, he who is able to save us, is in Heaven. Even if he does not want to save us, let this be clear to you that we shall not serve your gods nor shall we worship the golden image which you have set up'.[65] I know your heart, as I have said just now, because I know (**p. 196**) what kind of person you are; for unless I had seen you subscribe to the *Henotikon* of Zeno, of pious memory, I would not have communicated with you from the beginning; now, again, if you do not assure me, you will not find me communicating with you henceforth'. Still other words of this kind the patrician Secundus[66] and the others said in his presence.

---

63 Garitte (cf. fn. 47), 194 n.12 refers to W.E. Crum, A Coptic Dictionary (Oxford, 1939), 144b s.v. ⲗⲁⲥ d, where he mentions the meaning 'tongue-shaped object' that but missed the specific reference to Jos. 7:21, Crum gives in the same lemma citing our text as an example, from which it appears that ⲗⲁⲥ ⲛⲛⲟⲩⲃ is a translation of Greek γλῶσσα χρυσῆ, 'bar of gold' (see also Lampe [cf. fn. 26], 316b). In the biblical passage Achan provokes the wrath of God by stealing, among other things, a bar of gold, for which he is eventually stoned and burned by the people of Israel. The reference to the 'bar of gold', the significant context and the 'precious garments and cloaks', which evoke another object stolen by Achan, 'a beautiful mantle from Shinar' (ψιλὴν ποικίλην καλὴν), suggest that Severus might have had this biblical passage in mind when writing this sentence.

64 Heb. 10:34.

65 Dan. 3:17–8.

66 I.e. Secundinus, PLRE II, Secundinus 5, the brother-in-law of Anastasius, father of Hypatius and Pompey, and consul in this very year.

But while they were still inside discussing these matters, the place outside filled up with men from among the orthodox, who all cried out because of the blows that had been inflicted upon them and the torrents of blood that had poured from them, and who more and more anathematised Nestorius and his teachers, that is, Diodore, Theodore and Theodoret,[67] and the impure synod (**p. 197**) of Chalcedon, which has attributed two natures to this one and indivisible Christ. In order that I do not say (too) much, the honourable dignitaries went outside and calmed down the crowd by (holding out) some good hopes, which were as follows: either Macedonius would assure them in writing concerning the orthodox faith, while anathematising the synod of Chalcedon and every blasphemy against the right faith, or he would be removed from the throne.

Now I have written these few things to your holiness out of the many things that have occurred here. For Macedonius did say, 'I accept the *Henotikon* of Zeno', because necessity compelled him (to do so), even though the *Henotikon* did not remove the obstacles explicitly. It is necessary for us to be firm in everything, while anathematising the impure synod of Chalcedon and everyone who attributes two natures to this one and indivisible Christ after the ineffable union.[68] That there is no small danger in meddling with such impieties is superfluous for me to mention to you, who knows the law and regulations of our fathers better than many. I am referring to the wise Basil who says in the letter which he wrote to the monk Urbicius as follows: 'It is very much fitting to refrain from communication with the heretics, because we know that mixing with them indiscriminately robs us of the freedom of speech towards Christ'.[69]

This letter is, indeed, 'un document historique important'.[70] As appears from the summary of the contents at the start of the letter, it contains an eye-witness account not only of the violence that broke out in the first *staurotheis* riot but also of a meeting between Macedonius and some representatives of the imperial camp, which we believe can be pinpointed exactly to 20 July 511. Moreover, the letter was written by one who was actively involved in both events, which makes this document into a first-rate, albeit partisan, historical source.[71]

---

67 I.e. Diodore of Tarsus, Theodore of Mopsuestia and Theodoret of Cyrrhus, all perceived as Nestorians by their anti-Chalcedonian opponents, cf. (e. g.) Ps.-Zach. VII.7b (39/27), where Macedonius and the monks are accused of 'being constantly engaged in reading the writings of the school of Diodore and Theodore' and compiling an anthology of Theodoret's work (tr. Phenix and Horn) with our notes *ad loc.*

68 On this vigorously anti-Chalcedonian Christology of Severus see (e. g.) Frend (cf. fn. 3), 208–13, esp. 212 on the one nature after the incarnation, and Allen and Hayward (cf. fn. 41), 34–8.

69 Basil, Ep. 262, ed. and tr. Y. Courtonne, Saint Basile, Lettres, vol.3 (Paris, 1966), p.120.20–2 (PG 32, 975). Severus himself abided by just such a hard-line policy, criticising several anti-Chalcedonian patriarchs of Alexandria, including Peter Mongus, for their willingness to communicate with those who had not condemned Chalcedon. See Severus, Select Letters (cf. fn. 48) IV.2 (288/255), with Blaudeau (cf. fn. 2), 313.

70 Garitte (cf. fn. 47), 186.

71 Direct involvement of Severus in the sufferings of the Miaphysites appears from the place where the first fragment breaks off, 'we were in this situation' (Garitte [cf. fn. 47],

Interestingly, this letter to Soterichus is mentioned by Evagrius in his *Church History* later on in the century. After mentioning that at the emperor's request the phrase 'who was crucified for us' was added to the *trishagion*, he says that violence broke out in Constantinople, then follows his source, Malalas, on the second *staurotheis* riot (of 512). He goes on to affirm that 'in a letter to Soterichus, Severus says that the initiator and champion of this (violence) was Macedonius, together with the clergy under him'.[72] This sentence clearly shows that Evagrius used our letter to Soterichus, on the first *staurotheis* revolt. This appears from the first fragment of the letter, where Severus accuses Macedonius of sending slaves and other outcasts into Hagia Sophia against the Miaphysites and later asserts that clergymen helped them in the violence.[73] Having explained that Severus was still a monk when writing the letter, as in the title of our letter, Evagrius claims that Macedonius' role as instigator of the riot led ultimately to his banishment and then continues by relating the events of the second *staurotheis* riot, again following Malalas. Clearly, in this passage Evagrius has conflated the account of the second *staurotheis* riot in Malalas with the accusation of Macedonius and his clergy as instigators of the first riot, as described in the first letter of Severus to Soterichus.[74]

When, then, did the first *staurotheis* riot take place? Based on the literary sources, it is evident that it must have broken out before 20 July 511, when the emperor asked Severus and some high officials to talk to Macedonius. For this reason, Garitte dated the events described in the letter to 'around 510', whereas other scholars have suggested with greater plausibility that the dating could well be in the first half of 511, in any case before the meeting between Macedonius and the Miaphysite camp on 20 July 511.[75] The dating can be narrowed down further, however, since there are good reasons to believe that the meeting Severus describes in the second half of his letter is none other than the meeting of 20 July, a connection that has not been made by previous scholars.

---

195); direct involvement in the meeting appears from the summary of the contents (Garitte [cf. fn. 47], 190).

72   Evagr. HE III.44 (tr. Whitby [cf. fn. 5], 195).

73   Garitte (cf. fn. 47), 192–3. Garitte, (cf. fn. 47), 185–6, 193 n.9, already noted that these two letters to Soterichus were one and the same. *Contra* Meier (cf. fn. 9), 174, there is no reason to believe that Evagrius based himself on a subsequent, now lost, letter of Severus.

74   We tend to agree with Whitby (cf. fn. 5), 195 n.175, that 'these comments about Macedonius are Evagrius' own addition to the description of the rioting derived from Malalas, and are an intelligent attempt, based on an additional source, to set the violence in a wider context'.

75   'Around 510': Garitte, (cf. fn. 47), 185 n.2, followed e.g. by P. Allen, Evagrius Scholasticus the Church Historian (Louvain, 1981), 165, Whitby (cf. fn. 5), 195 n.175; Haarer (cf. fn. 12), 147–8, implicitly dates the episode to 510. 511: Frend (cf. fn. 44), 189. 510–11: Meier (cf. fn. 9), 174 n.69.

First of all, we know from other sources that this meeting was between Macedonius on the one hand and Severus and other representatives of the emperor on the other hand. Severus is not mentioned in the second part of the letter, which is probably the reason why the connection was not made before, but from the title we know that Severus was present at the meeting and he would have been mentioned in the lacuna. The second argument is that in the letter Macedonius is described as still being in the dominant position. As his opponent Secundinus exclaims in what is preserved of the dialogue in the letter, 'For I will not be ashamed before you, since the matter is settled for me as regards the faith and I do not fear the threats of some people'.[76] On the other hand, it is known that at the same time Macedonius made a concession to the Miaphysite camp on 20 July and signed a document that pleased the anti-Chalcedonian party, even though the exact contents of this document are not entirely clear. In our letter, Secundinus says to Macedonius, 'unless I had seen you subscribe to the *Henotikon* of Zeno, of pious memory, I would not have communicated with you from the beginning; now, again, if do not assure me, you will not find me communicating with you henceforth'.[77] This clearly refers to Macedonius' subscription to the *Henotikon* at the start of his patriarchate in 497, which then already caused him trouble in his dealings with his own Chalcedonian supporters.[78] Now again, Macedonius seems have subscribed to the *Henotikon* – in what form this was expressed is unknown – which led to friction with his own supporters. Since it is unlikely that another meeting was held in which Severus and other high officials were present and in which Macedonius reassured his opponents by subscribing to the *Henotikon*, it seems that we are dealing here with a description of that Wednesday in 511 which marked the turning-point in Macedonius' fortunes.

If we are right, this would mean that the riot about the addition of the phrase 'who was crucified for us' described by Severus will have broken out shortly before 20 July 511, probably within a fortnight. Since Macedonius was banished from the capital on 7 August, this new chronology means that the sequence of events in the first *staurotheis* riot about which we know is much tighter than previously thought, just as the main events of the second riot took place between 4 and 8 November 512, followed by imperial measures over the subsequent days.[79] If the violence that is reported by Severus broke out shortly before 20 July 511, this does not mean that no violence took place beforehand, however. As Severus says at the beginning of his letter, 'Keeping in mind the

---

76 Garitte (cf. fn. 47), 195.
77 Garitte (cf. fn. 47), 196.
78 See p. 9 above on Macedonius' initial subscription to the *Henotikon* and cf. Theod. Lect. 487 (138.25–6) alluding to the two occasions.
79 For a useful table with events during the second riot see Meier (cf. fn. 9), 181–2.

remembrance of the things that we have written to you previously about the same subject, I shall inform you about the things which have happened now again'.[80] This implies that Severus had sent further letters previously to Soterichus about the situation in the capital, and also that conflicts between both groups had occurred before. Nor was Severus' account impartial about who instigated the violence, for, as we have seen above, other sources claim in a similar tone that the Miaphysites caused the violence.[81]

Having placed the first letter in its historical context, we turn next to the second letter to Soterichus that has been preserved in Coptic translation. Before we come to its historical context, however, a reedition of this text is needed, with which we shall begin the next section. As we shall see, the text contains an extract of another meeting that occurred only a few days after 20 July.

The Second Letter of Severus to Soterichus (*O.Mon.Epiph.* 59)

An extract from a second letter from Severus to Soterichus in Coptic translation has been preserved on a limestone fragment from the monastery of Epiphanius, on the West Bank at Thebes (modern Luxor).[82] This monastery, built in and around a pharaonic tomb, was excavated in the 1910s by the Metropolitan Museum of Art, New York, and has yielded a large quantity of papyri and written pot sherds and other stone fragments (ostraka) in both Greek and Coptic.[83] Before the official publication of the texts came out, however, the scholar responsible for the Coptic material, Walter Ewing Crum (1865–1944) already published – 'on account of its historical importance' – a preliminary edition of this ostrakon with translation together with the main body of Severus' correspondence in Syriac in *Patrologia Orientalis* in 1920.[84] He then published

---

80 Garitte (cf. fn. 47), 191.

81 See above, n.42.

82 In addition to the Coptic ostrakon with an extract from a letter of Severus to the Antiochenes, found in a tomb not far away from the monastery (above, n.57), E. Lucchesi, 'L'homélie cathédrale II de Sévère d'Antioche en copte', AB 125 (2007), 7–16, has recently identified a Coptic inscription from another tomb, used as a church by monks of the monastery, as an extract of Severus' second *Cathedral Homily*, otherwise known in Syriac. These three texts, together with two ostraka mentioning books with works of Severus (Lucchesi, art. cit., 13 n.49), demonstrate the diffusion of Severus' works – in Coptic translation – among the monks of the Theban West Bank.

83 For the excavation report, see W.E. Crum and H.E. Winlock, The Monastery of Epiphanius at Thebes. Part I: The Archaeological Material; the Literary Material (New York, 1926). For an edition and translation of the texts, see Crum and Evelyn-White (cf. fn. 60).

84 E.W. Brooks, A Collection of Letters of Severus of Antioch from Numerous Syriac Manuscripts, vol.2, PO 14.1 (Paris, 1920), 290–1 (no. 118).

the ostrakon again with some slight changes to the text and the translation in the second of the two volumes of the monastery of Epiphanius excavations in 1926.[85]

In his second edition of the ostrakon (henceforth *ed.princ.*[2]), Crum corrected a few minor transcription errors in the text of the first edition (henceforth *ed.princ.*[1]). He also gave an idea of the shape of the ostrakon by imitating it in the printing of the text and indicated its line numbers (in *ed.princ.*[1] they were not given), as well as a picture of the front side.[86] In one case, however, the reading of *ed.princ.*[1] is to be preferred and, in addition, we suggest some new readings to the text. Moreover, the translation provided in *ed.princ.*[2] is in some ways of inferior quality to the one in *ed.princ.*[1], and we have improved it in other places. For these reasons we shall offer here a reedition of the text, a critical apparatus (in which both the differences between readings in *ed.princ.*[1] and *ed.princ.*[2] and our new readings can be easily discerned), a new translation and commentary.[87] We also take the occasion to provide for the first time a photograph of both the front and the back sides of the ostrakon (Figs. 1–2).

Monastery of Epiphanius, Thebes   *c.* 600 CE

The text is written on a white-light yellow, roughly pentagonal, piece of limestone measuring 10.8 x 9.7 cm. The ostrakon is generally well preserved. Only in the left upper corner of the front side and the right upper corner of the back side has a flake been chipped off and some letters are missing. The surface is also quite smooth, except for a ridge on the front side, where at the bottom a small flake is missing as well. The right half of the back side is slightly browner and to the extreme right some letters have faded a little. There is also some minor damage to the surface of both the front and the back side. Nevertheless, where it has not flaked off, the text is almost everywhere easily readable.

The scribe did an excellent job in using the available space on the limestone fragment to the best of his ability. For example, on the lower part of the front side he simply continued writing his letters by stopping at the ridge and continuing after it. In line 15 he squeezed in a ⲛ after he had written ϨⲈⲚⲘⲞⲚⲀⲤⲦⲎⲢⲒⲞ, so as to avoid having to finish the word on the next line. Interestingly, he twice wrote letters on the sides of the ostrakon. In line 8, he wanted to add ⲤⲞⲡ right after ⲚⲔⲈ ('another time, again') and decided to continue writing on the side. The surface of the side is much harder to

---

85 Crum and Evelyn-White (cf. fn. 60), 15 (text, no. 59), 164–5 (translation), pl. XI (photograph of front side) = O.Mon.Epiph. 59. The inv. no. of the ostrakon is MMA. 12.180.62.

86 On pl. XI it is not specified that the picture is only from the front.

87 We are grateful for a pleasant first reading session of the ostrakon with Joost Hagen and Jacques van der Vliet in Leiden and further comments on our edition by Van der Vliet later on, which have significantly improved our text. Also many thanks to Christine Brennan, the Metropolitan Museum, for kind help in providing us with good pictures of the ostrakon.

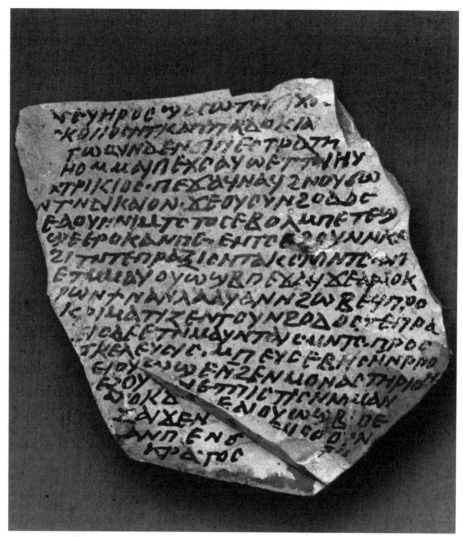

Fig. 1. *O.Mon.Epiph.* 59, front side (The Metropolitan Museum of Art, Rogers Fund, 1912 [12. 180. 62]. Image © The Metropolitan Museum of Art).

write on and the letters, even if clear, are less neat here.[88] At the bottom of the back side (line 41), finally, he only had space to write ⲭⲁⲗ- and added the rest of the word (ⲕⲏⲗⲟⲛ) with a cross to finish the extract (⳨) on the bottom side of the ostrakon (line 42) in larger and thicker letters because of the surface.[89] Since Crum did not indicate in

---

88 The second vertical stroke of the ⲡ ends below in a dot which might be because of the rough surface.

89 It is not clear whether the last dot he wrote is to indicate the end of the extract or whether it belongs to the cross.

Fig. 2. *O.Mon.Epiph.* 59, back side (The Metropolitan Museum of Art, Rogers Fund, 1912 [12. 180. 62]. Image © The Metropolitan Museum of Art).

either of his editions that additional writing is to be found on the sides of the ostrakon, we have included a third picture here in which both spots are visible at one glance (Fig. 3).[90]

The text is written in Sahidic Coptic and dated in *ed.princ.*[1] on palaeographical grounds to *c.* 600, a dating which we follow here. Despite the limitations of surface and space the scribe has clearly a practiced hand and, as Crum notes in *ed.princ.*[2], he is

---

90   Evidently, in Fig. 3 ⲕⲏⲀⲟⲛ ⳨ is shown the other way round because the scribe wrote this after writing on the back.

Fig. 3. *O.Mon.Epiph.* 59, showing the writing added to the sides of the ostrakon by the scribe (The Metropolitan Museum of Art, Rogers Fund, 1912 [12. 180. 62]. Image © The Metropolitan Museum of Art).

probably the same man who wrote a group of forty-two biblical and homiletic texts and eighteen letters preserved from the monastery of Epiphanius.[91] He sometimes divides his text with dots, only rarely uses supralinear strokes,[92] and writes an apostrophe after ⲛⲉⲕⲟⲩⲱϣ in line 21 and a dot above the ⲏ in 27 (these features have all been indicated in the text). The text starts with the address of the letter (lines 1–2) and then continues with what is clearly not the whole letter to Soterichus but an extract from it (lines 3–42).

Front side

    [✝ ⲁⲡ]ⲁ ⲥⲉⲩⲏⲣⲟⲥ ϣⲁ ⲥⲱⲧⲏⲣⲓⲭⲟⲥ

    [ⲡⲉⲡⲓ]ⲥⲕⲟⲡⲟⲥ ⲛⲧⲕⲁⲡⲡⲁⲇⲟⲕⲓⲁ

    [✝ ⲁϥ]ⲧⲱⲟⲩⲛ ⲇⲉ ⲛϭⲓ ⲡⲉⲥⲧⲣⲁⲧⲏ-

    [ⲗⲁⲧ]ⲏⲥ ⲙⲙⲁⲓⲡⲉⲭⲥ ⲁⲩⲱ ⲉⲧⲧⲁⲓⲏⲩ

5   [ⲡ]ⲁⲧⲣⲓⲕⲓⲟⲥ · ⲡⲉϫⲁϥ ⲛⲁϥ ϩⲛ ⲟⲩϭⲱ-

    ⲛⲧ ⲛⲇⲓⲕⲁⲓⲟⲛ · ϫⲉ ⲟⲩⲥⲩⲛϩⲟⲇⲟⲥ

    ⲉⲁⲟⲩⲛ ⲛⲓⲙ ⲧⲥⲧⲟⲥ ⲉⲃⲟⲗ ⲙⲡⲉⲧⲉϣ-

---

91 See Crum and Evelyn-White (cf. fn. 60), 155, for a description of the scribe's hand and the texts he wrote.

92 Note e. g. that the scribe does not write a supralinear stroke above ⲭⲥ in lines 4 and 25.

ⲰⲈ ⲈⲢⲞⲔ ⲀⲚ ⲠⲈ · ⲈⲚⲦⲤ Ⲉ2ⲞⲨⲚ ⲚⲔⲈⲤⲞⲠ
2ⲒⲦⲚ ⲦⲈⲠⲢⲀ3ⲒⲤ ⲚⲦⲀⲔⲤⲘⲚⲦⲤ · ⲀⲠ-

10   ⲈⲦⲘⲘⲀⲨ ⲞⲨⲰⲰⲂ ⲠⲈⲬⲀ Ⲭ ⲬⲈ ⲀⲚⲞⲔ
ⲢⲰ Ⲛ†ⲚⲀⲚ ⲖⲀⲀⲨ ⲀⲚ Ⲛ2ⲰⲂ ⲈⲨⲠⲢⲞ-
ⲔⲢⲒⲘⲀⲦⲒⲌⲈ ⲚⲦⲤⲨⲚ2ⲞⲆⲞⲤ · ⲦⲈⲠⲢⲀ-
3ⲒⲤ ⲆⲈ ⲈⲦⲘⲘⲀⲨ ⲚⲦⲀⲒⲤⲘⲚⲦⲤ · ⲠⲢⲞⲤ
ⲦⲔⲈⲖⲈⲨⲤⲒⲤ · ⲘⲠⲈⲨⲤⲈⲂⲎⲤ ⲚⲠⲢⲢⲞ

15   ⲈⲒⲞⲨⲰⲰ ⲈⲚ 2ⲈⲚⲘⲞⲚⲀⲤⲦⲎⲢⲒⲞⲚ
Ⲉ2ⲞⲨⲚ ⲈⲦⲠⲒⲤⲦⲒⲤ ⲚⲘⲘⲀⲚ
ⲀⲚⲞⲔ ⲆⲈ ⲀⲒⲞⲨⲰⲰⲂ · ⲠⲈ-
ⲬⲀⲒ ⲬⲈ ⲚⲈⲨⲤⲞⲞⲨⲚ
ⲀⲚ ⲠⲈ Ⲛ2[Ⲓ Ⲡ]ⲈⲨ-

20   ⲔⲢⲀⲦⲞⲤ

Back side

ⲬⲈ ⲚⲈⲔⲞⲨⲰⲰ' ⲈⲂⲈⲂⲀⲒⲞⲨ [Ⲛ-]
ⲦⲤⲨⲚ2ⲞⲆⲞⲤ · 2ⲒⲦⲚ ⲦⲈⲠⲢⲀ3Ⲓ[Ⲥ]
ⲈⲦⲘⲘⲀⲨ · ⲀⲨⲞⲨⲰⲰⲂ Ⲛ2Ⲓ ⲠⲀ[Ⲧ-]
ⲢⲒⲔⲒⲞⲤ ⲈⲦⲦⲀⲒⲎⲨ · ⲀⲨⲰ ⲘⲘⲀⲒ-

25   ⲠⲈⲬⲤ ⲠⲀⲨⲖⲞⲤ ⲠⲰⲎⲢⲈ ⲚⲂⲒⲂⲒ-
ⲀⲚⲞⲤ ⲠⲈⲬⲀ Ⲥ · ⲬⲈ ⲀⲨⲰ ⲬⲈⲔⲀⲤ
ⲈⲔⲚⲀ2ⲈⲦⲠ ⲤⲦⲞⲞⲨ Ⲏ †ⲞⲨ Ⲙ-
ⲘⲞⲚⲀⲤⲦⲎⲢⲒⲞⲚ ⲈⲢⲞⲔ · ⲰⲀⲔ-
ⲂⲖ ⲦⲘⲚⲦⲞⲨⲀ ⲦⲎⲢⲤ ⲈⲂⲞⲖ ⲚⲚⲈⲔ-

30   ⲔⲖⲎⲤⲒⲀ ⲠⲈⲬⲈ ⲠⲈⲠⲒⲤⲔⲞⲠⲞⲤ ⲆⲈ
ⲞⲚ ⲚⲀ Ⲥ ⲒⲞⲨⲖⲒⲀⲚⲞⲤ · ⲬⲈ ⲈⲤⲦⲰ
ⲚⲦⲀⲔⲤⲘⲚ ⲦⲈⲠⲢⲀ3ⲒⲤ ⲈⲦⲘⲘⲀⲨ
ⲈⲔⲞⲨⲰⲰ Ⲉ2ⲈⲦⲠ ⲘⲘⲞⲚⲀⲤⲦⲎ-
ⲢⲒⲞⲚ ⲈⲢⲞⲔ · ⲚⲒⲘ ⲞⲚ ⲠⲈⲚⲦⲀ Ⲥ-

35   ⲀⲚⲀⲚⲔⲀⲌⲈ ⲘⲘⲞⲔ ⲈⲬⲒ ⲀⲚⲀⲰ
2Ⲓ 2ⲨⲠⲞⲄⲢⲀⲪⲎ ⲚⲦⲞⲞⲦⲞⲨ
ⲚⲚⲈⲠⲒⲤⲔⲞⲠⲞⲤ ⲈⲦⲔⲬⲈⲒ-
ⲢⲞⲦⲞⲚⲈⲒ ⲘⲘⲞⲞⲨ ⲔⲀ-
ⲦⲀ ⲤⲞⲠ ⲈⲦⲢⲈⲨⲬⲒ

40   ⲧⲥ2ⲩⲛ2ⲟⲆⲟ-

      ⲥ ⲛⲬⲁⲗ-

      ⲕⲏⲆⲟⲛ ⲯ

3. *ed.princ.*[1] [ⲛⲧⲁ ⳓ]ⲧⲱⲟⲩⲛ, *ed.princ.*[2] [ⲉⲁ ⳓ]ⲧⲱⲟⲩⲛ (see comm.) 4. *ed.princ.*[1] ⲙⲙⲧⲓⲡⲉⲭⲥ 7. read ⲉⲁⲟⲩⲟⲛ 8. ⲥⲟⲡ: written on the side of the ostrakon 10. ⲁⲛⲟⲕ scribe first wrote ⲁⲣ- (as noted in *ed.princ.*[2]) 13. read ⲉⲧⲙⲙⲁⲩ 14. read ⲛ̄ⲣⲣⲟ 15. 2ⲉⲛⲙⲟⲛⲁⲥⲧⲏⲣⲓⲟⲛ 23–24. read ⲡⲡⲁ[ⲧ]ⲣⲓⲕⲓⲟⲥ (as noted in *ed.princ.*[2]) 27. *ed.princ.*[1] ⲏ̄, *ed.princ.*[2] ⲏ' 28–29. *ed.princ.*[1] and *ed.princ.*[2] ⲱⲁⲕⲕⲁ 31. *ed.princ.*[1] ⲛⲁⲩ 32. *ed.princ.*[1] and *ed.princ.*[2] ⲛⲧⲁⲛⲥⲙⲛ 34–35. *ed.princ.*[1] ⲡⲉⲛⲧⲁ ⳓⲁⲛⲁⲛⲕⲁⲍⲉ, *ed.princ.*[2] ⲡⲉⲛⲧⲁⲛⲁⲛⲁⲛⲕⲁⲍⲉ (see comm.) 40–41. *ed.princ.*[1] and *ed.princ.*[2] ⲧⲥⲩⲛ2ⲟⲆⲟⲥ; read ⲧⲥⲩⲛ2ⲟⲆⲟⲥ 41–42. *ed.princ.*[1] and *ed.princ.*[2] ⲛⲬⲁⲗⲬⲏⲆⲟⲛ 42. -ⲕⲏⲆⲟⲛ ⲯ: written on the side of the ostrakon

+ Apa Severus to Soterichus, the bishop of Cappadocia. [+] The Christ-loving and honoured general Patricius rose and said to him in just anger: 'It is not fitting for you to bring up again a synod, which everyone has rejected, by means of the *praxis* that you have drawn up'. That man answered and said: 'I for my part will not bring (forward) anything prejudicing the synod. As for that *praxis*, I drew it up at the command of the pious emperor because I wanted to bring some monasteries into the faith with us'. I answered and said: 'His Majesty did not know [back side:] that you wanted to confirm the synod by that *praxis*'. The honoured and Christ-loving patrician Paul, son of Vivianus, answered and said: 'And in order that you may reconcile to yourself four or five monasteries, you will dissolve the whole unity of the churches?' The Bishop Julian also said to him: 'Granted that you have drawn up that *praxis* because you desired to reconcile to yourself the monasteries, who then forced you to take oaths and signatures from the bishops, whom you ordain from time to time, so that they accept the council of Chalcedon?' +

3. The lacuna can be filled in by three or four letters and both of Crum's readings, [ⲛⲧⲁ ⳓ]ⲧⲱⲟⲩⲛ in *ed.princ.*[1] and [ⲉⲁ ⳓ]ⲧⲱⲟⲩⲛ in *ed.princ.*[2], are therefore possible. One expects, however, the passage quoted from the letter after the address to start with [ⲁ ⳓ]ⲧⲱⲟⲩⲛ. As Crum notes, the 'gap [is] too large for [ⲁ ⳓ], too small for [ⲛⲧⲉⲣ ⳓ]' but it may well be that the quoted passage started with a cross: [ⲯ ⲁ ⳓ]ⲧⲱⲟⲩⲛ, which does fill the lacuna.
5. [ⲡ]ⲁⲧⲣⲓⲕⲓⲟⲥ: the note in *ed.princ.*[2], 'possibly [ⲡⲡ], but cf. 23' should be discarded.
9. ⲡⲣⲁ2ⲓⲥ: in *ed.princ.*[2] Crum translates 'action', whereas he had correctly translated 'minute' in *ed.princ.*[1]. To be more specific, a πρᾶξις is a deposition or the acts (of a meeting),[93] in this case of a *synodos endemousa*. See further discussion below.
ⲛⲧⲁⲕⲥⲙⲛⲧⲥ: correctly translated in *ed.princ.*[1] as 'which you have drawn up', but cf. the translation in *ed.princ.*[2]: 'which thou hast approved'.

---

93 Lampe (cf. fn. 26), 1127 s.v. πρᾶξις 5–6.

13. ⲚⲦⲀⲓⲤⲘⲚⲦⲤ: cf. line 9.

28–29. ⲰⲀⲕⲂⲀ: Crum twice read ⲰⲀⲕⲕⲀ, but even if it does not change the translation the text clearly says ⲰⲀⲕⲂⲀ (from ⲂⲰⲖ), which is also to be expected here.

31. ⲒⲞⲨⲖⲓⲀⲚⲞⲤ: no doubt Julian of Halicarnassus, as suggested by Crum in *ed.princ.*[1].

31–32. ⲭⲉ ⲉⲤⲦⲰ ⲚⲦⲀⲕⲤⲘⲚ: incorrectly translated by Crum in both *ed.princ.*[1] ('must we needs draw up') and *ed.princ.*[2] ('were it fitting we should draw up'). As Crum himself had realized later at the time of publication of his *Coptic Dictionary*, ⲉⲤⲦⲰ does not come from ⲉⲤⲦⲞ, but is Greek ἔστω: 'granted that...'.[94]

32. ⲚⲦⲀⲕⲤⲘⲚ: the letter in the middle is slightly damaged and looks perhaps at first sight like a Ⲛ, as Crum transcribed it in both *ed.princ.*[1] and *ed.princ.*[2]. However, the oblique line does not start from the top but from the middle of the vertical stroke and is curved, which makes the reading ⲕ likely, even if the oblique stroke of this letter is slightly reduced (possibly because of the large ⳓ in the line above it). The phrase 'Granted that we have drawn up ...' also would not make sense in the context of the letter, for the *praxis* was clearly drawn up by Macedonius (see line 13).

34. In *ed.princ.*[1] Crum read ⲡⲉⲚⲦⲀⳓⲀⲚⲀⲚⲕⲀⲍⲉ with the remark: 'the ⳓ is uncertain, but is inevitably required by the sense'; he then read ⲡⲉⲚⲦⲀⲚⲀⲚⲀⲚⲕⲀⲍⲉ in *ed.princ.*[2] with the remark: 'must be ⲚⲦⲀⳓ-'. From the photograph it seems, however, that a Ⲛ at the end of line 34 is impossible; there is a vertical line with a curved line coming out of it to the left, which could well be a ⳓ. We therefore read ⲡⲉⲚⲦⲀⳓⲀⲚⲀⲚⲕⲀⲍⲉ.

In this extract from a letter to Soterichus, Severus describes how Macedonius was upbraided not only by Patricius,[95] mentioned also in Simeon's account, but also by Paul, who became consul in 512,[96] Severus himself, and a certain Julian, probably the bishop of Halicarnassus.[97] It is clear from their remarks that

---

94   Crum (cf. fn. 63), 393a. See also the remark by H.J. Polotsky in his review of Crum's *Coptic Dictionary*, in: Journal of Egyptian Archaeology 25 (1939), 111, reprinted in Collected Papers (Jerusalem, 1971), 375.

95   On Patricius see PLRE II, Patricius 14, and Greatrex (cf. fn. 37), 125–6; his support for the anti-Chalcedonian line seems to have been largely opportunistic, cf. Meier (cf. fn. 9), 193–5. John of Beth Aphthonia, Vit. Sev., PO 2, 237, also mentions an interrogation of Macedonius by Patricius and Celer, cf. Lebon (cf. fn. 4), 46 n.3.

96   On Paul see PLRE II, Paulus 34, and John the Lydian, De Mag. III.48 (ed. and tr. J. Schamp [Paris, 2006], vol.2, 103 with vol.1.2, dxcii–dxciv): he was rescued from bankruptcy by the emperor. He also features extensively in the *Conflict of Severus* by Athanasius, a work of the seventh century (see F. Nau in DHGE 6 [1930], 1363–4), which devotes much space to Severus' visit to Constantinople and exchanges with Macedonius, The Conflict of Severus, Patriarch of Antioch, ed. and tr. E.J. Goodspeed, PO 4 (1907), 616–81, cf. Y.N. Youssef, ed. and tr., The Arabic Life of Severus of Antioch Attributed to Athanasius of Antioch, PO 49 (2004), 422/3–456/7. Paul is there described as prefect and Severus' host, PO 4, 636, 646–8 (= PO 49, 426/7, 436/7–438/9) referring to a debate between Macedonius and Severus, at which Paul was present. Athanasius claims further that Paul was among those who urged Anastasius to summon Severus, PO 4, 616 (= PO 49, 408/9).

97   Julian of Halicarnassus' presence in Constantinople at this time is confirmed by Theod. Lect. 484 (138.6–7). The Conflict of Severus, PO 4, 631–4 (= PO 49, 422/3–424/5) refers also to a Julian present in Constantinople with Severus. Youssef, in his edition, PO

Macedonius has drawn up a *praxis*, that is, a deposition or the acts (of a meeting), that had specifically invoked Chalcedon. This he had circulated to four or five monasteries in order to bring them into communion, apparently with the authorisation of the emperor. The most plausible context for this discussion is the immediate aftermath of 20 July, the point at which Macedonius needed most to restore his credibility with the Chalcedonian monks of the city.[98]

We may suppose therefore that it was on 21 July that he explicitly affirmed to the monks his backing for Chalcedon by means of his *praxis*. We may further suggest that he secured Anastasius' support – which is not denied by his interlocutors – by misrepresenting exactly what he would put in the document. The emperor is likely to have backed some sort of conciliatory move at this stage, being still unsure of the balance of power in the city, for it was only on 25 July, following the defection of some of the monks to his side, that he began to move against the monasteries and to prepare the definitive removal of the patriarch. In 498 or 499, moreover, the patriarch had undertaken just such an initiative at the emperor's behest to end the secession of certain monasteries in Constantinople: Theophanes, here relying upon Theodore Lector, describes how Macedonius recommended to the emperor that the *synodos endemousa* approve what had been rightly laid down as doctrine at Chalcedon. This was done, he claims, by means of an *engraphos praxis*, although it appears that the monasteries continued to refuse to accept the *Henotikon*, even if they were on good terms with Macedonius.[99] It is conceivable that the patriarch merely

49, 425 n.57, notes, however, that the Coptic version (tr. by Goodspeed) refers to Julius, bishop of Atramette (i.e. Adramyttion). Nevertheless the identification with Julian of Halicarnassus remains the most plausible.

98 On the basis of the title and beginning of the first letter of Severus to Soterichus but not of the rest of its contents, which were not known to him at that time, Crum in Crum and Evelyn-White (cf. fn. 60), 164 assumed that the extract he edited belonged to the same letter. Garitte (cf. fn. 47), 188 n.13, writes about this issue, 'il est possible que ce fragment appartienne à la même lettre que les feuillets de Paris', and this suggestion was taken over by some scholars (e.g. Lucchesi [cf. fn. 56], 328 n.8: 'probablement la même que celle de Garitte'). The contents of the second letter, however, seem to contradict such an equation, as Macedonius is clearly under attack here about a document he has written that favours the Chalcedonian side, whereas in the first letter he is clearly in a more dominant position but makes a concession to the Miaphysite side.

99 Theoph. 141.19–27 = Theod. Lect. 459 (129.15–21) with frg.46 and Grillmeier (cf. fn. 14) 303–4, Haarer (cf. fn. 12), 140–1; cf. n.30 above. The monasteries named by Theophanes are those of Dius, of Bassianus, of the Akoimetai and of Matrona; both Ps.-Zach. HE VII.8d (42/29) and Theod. Lect. 488 (139.2) mention Macedonius' visit to the monastery of Dalmat(i)us in 511. These would therefore correspond to the 'four or five monasteries' referred to by Paul. The *Conflict of Severus* also emphasises Macedonius' close links with the monasteries, PO 4, 616 (= PO 49, 408/9). On the monasteries and monks of Constantinople in general see G. Dagron, 'Les moines et la ville. Le monachisme à Constantinople jusqu'au concile de Chalcédoine (451)', TM 4 (1970), 229–76, Flusin (cf. fn. 4), 592–8, Blaudeau (cf. fn. 2), 481–5, 622, and now S. Rubenson,

used the same *praxis* in 511, relying upon the authorisation he had obtained long before.

The exchange between Macedonius and the emperor's advisers probably falls therefore on or around 22 July 511, the day on which Anastasius refused communion from the patriarch. They reproached him above all for bringing up the matter of Chalcedon again, an issue that they had hoped to sideline after the meeting a couple of days earlier. Julian's criticisms went further, however. He notes how Macedonius' aim was not to bring the monasteries into communion with the emperor, but rather with himself, as indeed was surely the case; he also rightly accuses the patriarch of having consistently sought to ensure the adherence of his own appointees to the council by receiving written assurances from them, a point confirmed in the case of Soterichus himself, Severus' correspondent.[100]

Concluding Remarks

It remains to draw some conclusions from what has been said about the deposition of patriarchs Euphemius and Macedonius in the reign of Anastasius. First, it is necessary to underline the strong position of both patriarchs. As we have noted, this marks a contrast with the first half of the century and may be ascribed to a combination of factors. On the one hand, it is clear that there was a broad consensus across much of the Constantinopolitan population that Chalcedon and its decisions should be upheld; the monks in particular, since rules were tightened at Chalcedon, were generally under the control of the patriarch and aligned with him.[101]

'Asecticism and Monasticism, I: Eastern', in: A. Casiday and F.W. Norris, eds, The Cambridge History of Christianity, vol.2, Constantine to c.600 (Cambridge, 2007), 661–3 and Hatlie (cf. fn. 3), ch.3.

100 Theod. Lect. 496 (141.13–8) = Theoph. 153.12–5 with E. Honigmann, Évêques et évêchés monophysites d'Asie antérieure au VIᵉ siècle, CSCO 127 (Louvain, 1951), 109.

101 Gray (cf. fn. 14), 57, Flusin (cf. fn. 4), 595–8, with Dagron (cf. fn. 99), 261–76, idem (cf. fn. 2), 515–7, Gregory (cf. fn. 3), 175, Caner (cf. fn. 3), 206–12, 236–41 (arguing that the measures taken at Chalcedon concerning the monks served to bind them more closely to the patriarchs), Blaudeau (cf. fn. 2), 481–3, Hatlie (cf. fn. 3), 38–41, 51–2. As Blaudeau (cf. fn. 2), 644–5, notes, Theodore Lector lays great stress on popular support for Chalcedon and its champions. On popular involvement in Church disputes generally, noting the sensitivity to variations in the liturgy (such as the addition to the *trishagion*) in particular, see M.-Y. Perrin, 'La participation des fidèles aux controversies doctrinales', AnTard 9 (2001), 197–9, cf. Norton (cf. fn. 3), 61, citing a vivid description by Gregory Nazianzen of popular opposition to his election in the 380s. On the participation of monks see n.3 above, and note that even after Chalcedon further legislation was deemed necessary to maintain control of the monks: Codex Justinianus, ed. G. Krueger, Corpus Juris Civilis, vol.2 (Berlin, 1954), I.3.29 (471), tr. in P.R. Coleman-Norton, Roman State and Christian Church (London, 1966), 512 (p.893),

This phenomenon can already be observed during the tenure of Macedonius' uncle Gennadius, who successfully rallied the city both against Timothy Aelurus (in 458) and subsequently, probably in 470, against the Arian Aspar.[102] His successor, Acacius, proved yet more successful, despite a shaky start: it was only after considerable hesitation that he came down decisively against Basiliscus' *Encyclical* in 475. Once he devoted himself to the task of having the imperial legislation abrogated, however, he brought enormous pressure to bear on the usurper. He called upon the assembled people in the Great Church of Constantinople, clad himself in mourning garb, and covered the altar of this church and other churches likewise in black. Once Daniel the Stylite had descended his column and given his backing to the patriarch, it was clear that Basiliscus had little choice but to concede and make his repentance in the Hagia Sophia itself.[103] It is a testament to the power of the patriarch that Basiliscus, before backing down, sought to have him arrested: both the *Life of Daniel* and Malchus allude to such a plan.[104] Acacius was able to exert such influence no doubt partly because of his prominent position in the city. For while all patriarchs were represented on icons that were distributed throughout churches in Constantinople, he in particular is said to have ensured that portraits of him were widely diffused and in prominent settings; one even featured him at the side of Christ, who was seen instructing Gennadius that Acacius would succeed him. That this was also an important weapon in Macedonius' arsenal is indicated by the fact that his successor, Timothy, insisted on impounding all the depictions

aimed at preventing the monks near Antioch entering the city and fomenting sedition, cf. I.3.39 (40), of uncertain date (between 484 and 524), tr. in Coleman-Norton, 531 (p.939), emphasising the control to be exercised by abbots and bishops over monks.

102 Theod. Lect. 378 (106.17–9) with Blaudeau (cf. fn. 2), 413–4; idem (cf. fn. 2), 453–4, on the demonstration against Aspar, cf. G. Greatrex, 'Justin I and the Arians', in: StP 34, ed. M. Wiles and E.J. Yarnold (Louvain, 2001), 75, and R. Snee, 'Gregory Nazianzen's Anastasis Church: Arianism, the Goths, and Hagiography', DOP 52 (1998), 184, offering a detailed analysis of the *Vita Marcelli* on the latter event, and emphasising the (rare) collaboration of emperor, patriarch and monks.

103 See Vita sancti Danielis stylitae, ed. H. Delehaye, Les saints stylites (Brussels, 1923), tr. E. Dawes with N. Baynes in Three Byzantine Saints (Oxford, 1948), ch.70 (p.67, tr. Dawes, 49), 72–4 (pp.69–72, tr. Dawes, 50–3), 83 (pp.77–8, tr. Dawes, 57–8), Theod. Lect. 406–7 (113.17–26), with Blaudeau (cf. fn. 2), 454–5. On Acacius' initial hesitation see Redies (cf. fn. 7), 215–6, Blaudeau (cf. fn. 2), 174–5. The Vit. Dan. clearly brings out how Acacius was able to call upon the backing of monastic leaders, ch.72 (p.69.1–5, tr. Dawes, 50). See also Hatlie (cf. fn. 3), 116–7.

104 Vit. Dan. ch.70 (p.67, tr. Dawes, 49), Malchus, frg.9.3 in R.C. Blockley, The Fragmentary Classicising Historians of the Later Roman Empire, vol.2 (Liverpool, 1983), with Redies (cf. fn. 7), 217–8, who dates the attempt to February 476. Malchus claims that Basiliscus' aim was to exile Acacius.

of his predecessor and destroying them.[105] The publication of the *Henotikon*, it is true, distanced Acacius from the hard-line Chalcedonian monks of the city, but appears not to have seriously damaged his popularity among the populace. Indeed, when in 484 some monks pinned the pope's order of excommunication to Acacius' robes during a church service, it is striking that Acacius' supporters reacted by attacking and even killing some of them; the patriarch himself, according to Theodore Lector, 'paid no heed to the excommunication'.[106] A further indication of the rising importance of the patriarch, moreover, is furnished by his increasing prominence in the coronation of emperors in Constantinople, even if we should not liken the receiving of the crown from the patriarch's hands to a veritable coronation; their role was rather to guarantee the orthodoxy of the new ruler.[107]

The patriarchs' position was no doubt strengthened by the fact that most of the incumbents came from the clergy of Constantinople itself, rather than being external appointees.[108] This front of patriarch, people and monks was indubitably a powerful combination and represented a serious menace to imperial control. Nevertheless, it is clear that there was no absolute unanimity in the capital as to the merits of Chalcedon or indeed the demerits of Peter the Fuller's addition to the *trishagion:* when the latter provoked extensive rioting in November 512, as it had likewise caused already in 511, our sources describe battles and exchanges of blows between two sides. While there is little doubt that supporters of the council were in the ascendant, and caused great damage in the capital, they were not unopposed. The fact that Anastasius chose to defuse the riot by appearing without his crown in the hippodrome demonstrates, however, that he was aware of the limits of his support and hesitant to tackle the rioters head-on, even if in the aftermath of his gesture he initiated a severe clampdown.[109]

---

105 Blaudeau (cf. fn. 2), 457–9, on representations of Acacius with Suda, A 783, to be found in Blockley (cf. fn. 104), 475; Blaudeau (cf. fn. 2), 457 n.340 on the destruction of Macedonius' images, with Theod. Lect. frg.58 (140.9–11).

106 See Blaudeau (cf. fn. 2), 222–3, with Theod. Lect. 434 (120.24–121.12), cf. Hatlie (cf. fn. 3), 117, noting how Chalcedonian monasteries 'withered' as a result of their opposition to Acacius. Despite the excommunication, Acacius retained his popularity even after his death, such that his successors refused to drop his name from the diptychs, cf. e.g. Haarer (cf. fn. 12), 127, 129, and even the Akoimetai subsequently forged documents that supported him, see Blaudeau (cf. fn. 2), 484 n.99, Hatlie (cf. fn. 3), 112.

107 So Dagron (cf. fn. 12), 63, 67–8, cf. Blaudeau (cf. fn. 2), 417–9.

108 This emerges very clearly from the useful table in Flusin (cf. fn. 4), 520–1, see 519–22 generally. According to Liberatus, Breviarium, ch.18, §127, p.133.8, Euphemius was an Alexandrian by birth, but he was a member of the Constantinopolitan clergy at the time of his election, cf. R. Janin in DHGE 15 (1963), 1410–1.

109 See Meier (cf. fn. 9), 181–2, on the 512 riot; above, pp. 13, 18–24, on the disturbances in 511, cf. Frend (cf. fn. 3), 218, Haarer (cf. fn. 12), 147–8. Theod. Lect. 478 (136.21–7, also

This leads naturally on to our second conclusion. As Mischa Meier has rightly emphasised recently, no easy lines can be drawn between adherents of the various possible Christological positions. The labels pro- and anti-Chalcedonian are useful, to be sure, but should not obscure how limited they are. Both groups further subdivided at various times, the anti-Chalcedonians engaging in bitter disputes between supporters of Severus and Julian of Halicarnassus, while the Chalcedonians would be divided by Justinian's attempts to effect a compromise with the opponents of the council.[110] Loyalties shifted easily, as was shown when Justin I ascended the throne in 518: many bishops, as we have noted above, fled from their sees or were expelled, but a far greater number remained in place, accepting the change of stance of the emperor. The enthusiasm felt for Chalcedon in Constantinople is amply attested by the acclamations that greeted Justin's elevation to the throne.[111] What is more, it has seldom been noted that there is very little trace of opposition to the council in the imperial capital from this point onwards. Indeed, it is only in one year, 533, that we hear of concerted popular rallies against the council. Before discussing these two incidents, we should note that they occur in a context not dissimilar to the reign of Anastasius, for it appeared in this year that Justinian was veering towards support for the anti-Chalcedonians, in particular by his definition of faith published in March of this year, in which he adopted the Theopaschite formula promoted by the Scythian monks. It must therefore have seemed, as Grillmeier notes, that the opponents of the council were once again in the ascendant. Not only will this have encouraged the remaining anti-Chalcedonians in the capital to display their opinions, but it will also no doubt have encouraged

---

in PO 2, 362) acknowledges that certain monks and clergy, encouraged by Anastasius, took Severus' side. It is interesting to note that the figure of Macedonius loomed sufficiently large as an adversary of the emperor in the tradition that he is credited by some later sources, such as Evagrius (see above, p. 22) and John of Nikiu, with responsibility also for the outbreak of rioting in 512, on which see Meier (cf. fn. 9), 172–4, who suggests that Severus himself may be the source of this tradition, cf. n.74 above.

110 Meier (cf. fn. 9), 211–6. Meier (pp. 215–6) is hesitant to ascribe a 'Miaphysite' view to Anastasius: we have, after all, no documents in which he expresses his own doctrinal views. Meier insists rather on his efforts to bring unity to the empire, which certainly must have been a consideration. On the other hand, given the way in which his backing for the anti-Chalcedonian line provoked such strong counter-reactions and nearly cost him his throne on more than one occasion, it seems reasonable to suppose that in steadily taking an increasingly hard line against the council he was acting in accordance with deeply held beliefs; furthermore, this fits with the hesitation of Euphemius to consecrate him, on which see n.12 above. See further n.39 above on this issue.

111 See Vasiliev (cf. fn. 20), 136–48, cf. Stein (cf. fn. 5), 223–4. Menze (cf. fn. 42), 22–5, attempts, on the other hand, to play up the vigour of anti-Chalcedonianism in Constantinople even at the accession of Justin. See further n.120 below.

their supporters from elsewhere to return, further swelling their numbers; soon even Severus himself was to return to Constantinople.[112]

We come now to the two episodes in question. In a generally neglected passage, Michael the Syrian refers to a demonstration said to have taken place in late June 533, just as Belisarius' expedition prepared to sail to North Africa.[113] According to Michael, Theodora mobilised the anti-Chalcedonians in the wake of the negotiations held between the two sides in 532, which had failed to find a solution to the points at issue. The account is somewhat confused: it seems that some people assembled at the palace of Hormisdas, then later dispersed, worried by the presence of soldiers. Given the recent massacre in January 532 in the course of the Nika riot, this detail is plausible. Despite their fear, however, some 18–20,000 demonstrators went to the hippodrome and pleaded with the emperor to bring unity to the empire. Moved by their entreaties, he wept and talked with them, but evidently nothing came of it.[114] The *Chronicon Paschale* for its part reports a substantial demonstration against the council in November 533 in the wake of an earthquake that struck the city, albeit without inflicting any damage. The people gathered in the Forum of Constantine, chanted the

---

112 Codex Iustinianus I.l.6 for the decree of 15 March 533 in the wake of the negotiations. See A. Grillmeier, Jesus der Christus im Glauben der Kirche, vol.2.2, 2nd ed. (Freiburg, 2004), 362–3, cf. K. Noethlichs, 'Iustinianus', RAC 19 (2001), 690–2, underlining the presence of monks in Constantinople with Severus, Gray (cf. fn. 14), 55, and Menze (cf. fn. 42), 154 n.41, 189. As Gray (cf. fn. 14), 57–8, notes, Justinian even persuaded Pope John to condemn the Akoimetai monks as Nestorians.

113 Mich. Syr. IX.22–3, tr. Chabot, p.285. His source his uncertain, although it might well be John of Ephesus; J. van Ginkel, John of Ephesus. A Monophysite Historian in Sixth-Century Byzantium (Diss. Groningen, 1995), does not discuss this passage. The chronological detail strengthens the plausibility of the story, since it coincides with Procopius, Wars III.12.1, who places the departure of the expedition at the summer solstice (the Loeb translation quite wrongly refers to the 'spring equinox'). Because this passage has not been noticed, the sailing of the expedition has usually been placed in mid-June 533 (see [e.g.] Stein [cf. fn. 5], 312), whereas Michael refers to the celebration of the Feast of Peter and Paul, held on 29 June, which means that the fleet must have set off rather at the end of the month. The date of AG 850 (A.D. 538/9) is clearly erroneous but is the sort of error one finds also in the chronicle of Pseudo-Dionysius, cf. W. Witakowski, Pseudo-Dionysius of Tel-Mahre, Chronicle (Liverpool, 1996), xxx.

114 Mich. Syr. IX.22–3, tr. Chabot, p.204. The reference to the palace of Hormisdas is interesting, since it was there that negotiations had taken place in the preceding year to effect a reconciliation between supporters and opponents of the council, on which see recently B. Croke, 'Justinian, Theodora and the Church of Sergius and Bacchus', DOP 60 (2006), 35–6, cf. J.A.S. Evans, The Empress Theodora (Austin, TX, 2002), 75. See also now Leppin (cf. fn. 36), 194–9, on the negotiations. The palace itself was transformed into a refuge for leading anti-Chalcedonians: see Croke, art. cit., 40–6, cf. J. Bardill, 'The Church of Sergius and Bacchus in Constantinople and the Monophysite Refugees', DOP 54 (2000), 1–11. Croke places this development somewhat later than Bardill.

trishagion with Peter the Fuller's addition, 'who was crucified for us'. Having spent the night there, they called upon the emperor on the following day to burn the decrees of the council of Chalcedon.[115] There are a handful of other brief allusions in Michael to some anti-Chalcedonians in or around the capital.[116] The fact that neither Pseudo-Dionysius of Tel-Mahre nor Pseudo-Zachariah of Mytilene report anything is surely significant; Michael, as Jan van Ginkel has shown, was not above shaping his material to suit the Miaphysite community of his own day and thus to give undue prominence to their forebears in earlier centuries.[117]

What then became of those who fought for the *trishagion* in 511–512? Two suggestions may be put forward. The ardent supporters of Severus and Philoxenus, those who chanted the addition to the *trishagion* with gusto, may many of them have been immigrants to the capital; a high proportion were probably monks. This at any rate was the perception of their opponents, who brutally murdered at least one eastern monk in the course of the riot of 512, seeing in him an adversary of the council.[118] Endemic opposition to the council

---

115 Chronicon Paschale, ed. L. Dindorf (Bonn, 1832), p.629.10–20, tr. M. and M. Whitby, Chronicon Paschale, 284–628 AD (Liverpool, 1989), 127–8 with n.373, with Menze (cf. fn. 42), 189.

116 See Mich. Syr. X.3, tr. Chabot, p.338, Stephen buried by anti-Chalcedonian soldiers in 571, X.7, tr. Chabot, pp.304–6, measures taken against opponents of the council in Constantinople, including a *cubicularius* (Andreas), who was imprisoned for two years in the monastery of Dalmat(i)us, three ex-consuls and two individuals named Sergius; both references date to the reign of Justin II (565–78), and Michael also refers to two *diaconiai* of the anti-Chalcedonians in the capital, both now closed. Cf. John of Ephesus, Lives of the Eastern Saints, ed. and tr. E.W. Brooks, PO 18 (1924), 528–9, on ordinations performed by John of Hephaestopolis at Derkos in Thrace, cf. Evans (cf. fn. 114), 87–8.

117 J. van Ginkel, 'Making History: Michael the Syrian and His Sixth-Century Sources', in: R. Lavenant, ed., Symposium Syriacum VII (Rome, 1998), 351–8.

118 Malalas, Chronographia, ed. J. Thurn (Berlin, 2000), 16.19, although there are textual variants here (whether one or two people were killed), cf. Meier (cf. fn. 9), 164–8. Malalas also refers here to the mob targeting the house of the praetorian prefect Marinus, blamed as an easterner (ὡς ἀνατολικός, line 24) for influencing the emperor in the matter of the *trishagion*. Cf. the hostile acclamations directed at the Egyptian *magister officiorum* Theoctistus, an associate of Timothy Aelurus, during the reign of Basiliscus, Vit. Dan. ch.83 (p.77–8, tr. Dawes, 58) with Blaudeau (cf. fn. 2), 335. Vit. Dan. ch.17 (pp.17–8, tr. Dawes, 16) implies a certain amount of anti-Syrian prejudice likewise. We may surmise here a combination of doctrinal issues and general xenophobia; on the latter cf. G. Greatrex, 'The Nika Riot: A Reappraisal', JHS 117 (1997), 61 and n.8. See Dagron (cf. fn. 99), 254–5, Blaudeau (cf. fn. 2), 392–7, Hatlie (cf. fn. 3), 94, 118–20, on Constantinople as a magnet for monks from throughout the empire. Severus, it will be remembered, was accompanied by 200 monks when he arrived in 508, cf. Mich. Syr. IX.8, tr. Chabot, p.160, Theod. Lect. 478 (136.21–3), Synodicon Vetus, 114 (pp.95–6), with Lebon (cf. fn. 4), 44, Stein (cf. fn. 5), 169; Theod.

never seems to have gained any momentum: even when the Alexandrian Patriarch Timothy Aelurus was welcomed to Constantinople in 475 as he returned from exile, the crowds involved were most probably comprised largely of Syrians and Egyptians.[119] Despite all of Anastasius' efforts, the population remained resolutely attached to the council, even in the last years of his reign, as Severus' correspondence testifies. The acclamations that greeted the accession of Justin I point to the same conclusion, as do the swift fall from power and execution of Amantius. This point requires emphasis, since Volker Menze has recently insisted that the city was more or less evenly divided in its attitude to the council; in his view, it was only under pressure from the more vocal Chalcedonians that Justin came down in favour of the council. In fact, it is clear from Severus' correspondence that in 518, even before Anastasius' death, it was necessary consciously to mobilise anti-Chalcedonians to regain the initiative and counter rumours that the new patriarch, Timothy, had anathematised Severus. Moreover, he expresses some doubts in the same letter as to the resolution of the *silentiarius* Conon, who had hitherto aligned himself with those opposed to the council. When we recall further that the natural successor of Anastasius, his eldest nephew Hypatius, had already abandoned his support for Severus, it does appear that there was a critical and insuperable momentum in the city favourable to the council.[120] Opponents will presumably have either abandoned

---

Lect. states that their presence caused Anastasius some anxiety, placing him under considerable pressure. As Hatlie (cf. fn. 3), 120, notes, supporters of the council were likewise drawn to Constantinople to oppose Severus and his backer: Theod. Lect. 483 (137.3−4) = Theoph. 152.30−1 refers to Palestinian monks in the city for this purpose, cf. n.34 above.

119 So Blaudeau (cf. fn. 2), 351, cf. 175, citing Ps.-Zach. V.1a (ed. Brooks, vol.1, 210/145). We do hear of some opposition to the council up to the 470s (cf. Ps.-Zach. IV.8, 11, Theod. Lect. 388 [109.13−6]); there were likewise Eutychians in the capital in the 470s, cf. Blaudeau (cf. fn. 2), 597, 394−6. In general, it is clear that the tendency over time was for resistance to the council to diminish, even if it never disappeared entirely, cf. Blaudeau (cf. fn. 2), 399.

120 See Vasiliev (cf. fn. 20), 136−44, and Greatrex (cf. fn. 20), 102, on the acclamations. On rallies in Constantinople in favour of Chalcedon late in Anastasius' reign see Theod. Lect. 523 (151.22−3) = Theoph. 164.12−3, with Vasiliev (cf. fn. 20), 135−6, Menze (cf. fn. 42), 26. For the evidence of Severus' correspondence, Severus, Select Letters (cf. fn. 48), VI.1 (p.408−9/362−3). Menze, (cf. fn. 42), 22−30, for his arguments. Despite his views on Justin's doctrinal neutrality (against which see [e.g.] K. Rosen, 'Iustinus I', RAC 19 [2001], 592−3), he does clearly bring out just how fervent the support of the populace for the council was: they called for the ousting of Amantius (a leading anti-Chalcedonian figure at court) and for the anathematisation of Severus, and hailed Justin as a new Marcian. Given all of this, his insistence (p.23) that the crowds that assembled during the deliberations to choose the new emperor were not seeking a Chalcedonian emperor is baffling: Constantine Porphyrogenitus, De cer. I.92, p.418b, describes how in 491 the people demanded an orthodox emperor, for instance. Note also Theod. Lect. 502 (143.20−3) = Theoph. 157.29−34, describing how the people of Constantinople

the city in 518, just as Severus fled Antioch, or eventually have found refuge with the empress Theodora. Other anti-Chalcedonians may have been more flexible in their convictions and thus have preferred to adjust their views in line with those of the new ruler of the empire. Thus we can take into account the difficulty of doctrinal labels at this time, realising that people might pass from one label ('anti-Chalcedonian' or 'Miaphysite') to another ('Chalcedonian') with relative ease. The remarkable disappearance of this group then becomes explicable: it had owed its existence to an unusual set of circumstances, above all the alliance of emperor and leading theologians of the anti-Chalcedonian camp, in turn attracting supporters of their view to the capital. With Anastasius gone, there was no longer any rallying point for them, at least not until Theodora was able to accommodate some of them in the palace of Hormisdas.[121]

Lastly we must consider Soterichus himself, a figure who is the very incarnation of the unsatisfactory nature of doctrinal labels.[122] At his consecration as bishop of Caesarea, that is, metropolitan of the province of Cappadocia and the diocese of Pontus, he gave Macedonius a written assurance of his allegiance to Chalcedon, as we have seen.[123] Over the following years, however,

---

prevented Patriarch Timothy from replacing Flavian in the diptychs with Severus (c. 513). The fact that the rebel Vitalian, though Chalcedonian, was not supported by the populace of Constantinople does not call their allegiance to the council into question: he was leading a largely barbarian army against the imperial capital and inflicting much damage on its hinterland. See Haarer (cf. fn. 12), 167–79, on the revolt, noting Anastasius' efforts to rally the support of the people. As Greatrex (cf. fn. 20), 105–6, notes, some sources justify the assassination of Vitalian on the grounds of the damage he had inflicted. On Hypatius' desertion of the anti-Chalcedonian camp see Greatrex (cf. fn. 37), 137–8.

121 As has been noted by C. Pazdernik, 'Our Most Pious Consort', Classical Antiquity 13 (1994), 275–9, Theodora's support was of limited use to the anti-Chalcedonians: it afforded them a refuge in Constantinople but did little to further their cause, cf. C. Foss, 'The Empress Theodora', Byz 72 (2002), 171. Croke (cf. fn. 114), 35–6, on the few bishops who found their way to Constantinople after Justin's accession. On the change of allegiance of bishops in 518 see n.40 above. Pseudo-Dionysius of Tel-Mahre (cf. fn. 113), 17, tr. Witakowski, 19, stresses the uproar caused by the acceptance of Chalcedon in 518, but the impression he gives of an (evenly) divided population is, we believe, misleading, cf. n.111 above.

122 So already Allen (cf. fn. 75), 164 n.106: 'Soterichus' career is an instructive example of the fluidity which existed between all groups in the Church at this time.'

123 We may note in passing that the province of Cappadocia was in general quite pro-Chalcedonian: Cyril of Scythopolis reports that Euthymius (Vit. Euth. 16 [25.18], tr. Price, 21), Martyrius, patriarch of Jerusalem (Vit. Euth. 32 [51.3], tr. Price, 47), Sabas (Vit. Sab. 1 [86.28], tr. Price, 94), Theodosius (Vit. Theod. 1 [236.3], tr. Price, 262), and Theognius (Vit. Theog., p.241.13, tr. Price, 269), although they moved to Palestine, were all originally from Cappadocia. The neo-Chalcedonian theologian John the Grammarian, who composed a defence of Chalcedon in the last years of Anastasius' reign, may also have been from Caesarea in Cappadocia, although some scholars prefer Caesarea in

he aligned himself with Severus and the anti-Chalcedonians, and features in certain sources, such as Cyril of Scythopolis, as a leading light of the Miaphysite camp. Yet the correspondence of Severus tells a different story: it is the subject of a detailed analysis by Honigmann, from which it emerges very clearly that the two men had an uneasy relationship. It was not until 516 that Soterichus proposed uniting with Severus; he believed he was also capable of gaining the support of the patriarch of Constantinople, Timothy. Severus treated his offer with some circumspection, and it was only after a certain interval that he felt assured of Soterichus' allegiance. His caution was proved amply justified when the metropolitan performed a spectacular *volte-face* upon the accession of Justin: another letter of Severus' expresses his disappointment and chagrin at this transfer of allegiance, which made a mockery of the Miaphysite cause. One might have thought that this tergiversation would somewhat undermine Soterichus' credibility among his flock, but in fact a letter of the Emperor Justin I to Pope Hormisdas of 7 June 520 testifies to the great respect that he enjoyed throughout the East; Michael the Syrian, on the other hand, claims that he required military protection for having adopted this stance, but his evidence must be treated with caution.[124]

Soterichus' doctrinal flexibility should occasion no surprise: we have discussed elsewhere the similarly ambivalent attitude of various secular officials of the time, such as Patricius, Celer and Hypatius.[125] Not only does Soterichus' case offer an excellent example of the fluidity of doctrinal attitudes at this time, but it also must cause us to reflect upon why Severus chose to write to him at least twice concerning the bitter disputes unfolding in Constantinople. Both letters that we have examined stress the embattled position in which Macedonius was placed, the repeated confutation of the patriarch and the united front of bishops and secular officials in bringing him to account; in this emphasis Severus' letters are not unlike the letter of Simeon reproduced by pseudo-Zachariah, which also insists strongly upon the consensus ranged against the patriarch. We are thus dealing with a determined campaign to portray the events in a certain light, and we are fortunate to have at our disposal rival

---

Palestine. See Menze (cf. fn. 42), 37–8. We are grateful to Sebastian Brock for drawing our attention to this point.

124 The evidence from Severus' correspondence is gathered together in exemplary fashion by Honigmann (cf. fn. 100), 109–13, cf. idem, 'Heraclianus of Chalcedon (537 A.D.?), Soterichus of Caesarea in Cappadocia, Achillius', in: E. Honigmann, ed., Patristic Studies (Vatican City, 1953), 207–11, Frend (cf. fn. 3), 252 (on Soterichus' defection to the Chalcedonians in 519), Greatrex (cf. fn. 40), 288 n.21. Menze (cf. fn. 42), 34–42, offers the fullest discussion of Soterichus, arguing that Pope Hormisdas is referring to the bishop of Caesarea in Palestine rather than Cappadocia. He does not call into question, however, the tergiversations of the metropolitan and even suggests that he may have inspired Justinian's backing for the Theopaschite formula.

125 Greatrex (cf. fn. 37), cf. now Meier (cf. fn. 9), 190–202.

versions, in particular that of Theodore Lector. Severus' letters should enjoy no greater credibility than any other partisan source of the time: they quite deliberately offer only part of the picture. The future patriarch was undoubtedly aware of the prominent position of Soterichus and hoped, through regular dispatches on the gathering momentum of the Miaphysite movement in Constantinople, to draw him into his camp. Eventually his efforts paid off, but, as we have seen, they proved to be ephemeral.

Abstract

This article explores in detail the downfalls of the patriarchs of Constantinople Euphemius (in 496) and Macedonius (in 511). It argues that the Emperor Anastasius (491–518) was obliged to outmanoeuvre both patriarchs in order to re-establish control in a predominantly pro-Chalcedonian city. In a detailed investigation of the events surrounding Macedonius' downfall in July–August 511 it brings to bear two hitherto neglected letters by Severus of Antioch to Bishop Soterichus of Caesarea preserved in Coptic and of both of which we offer new translations and of one (*O.Mon.Epiph.* 59) a new edition. It concludes with some observations about the relationship between the emperor and the patriarch in the imperial capital in Late Antiquity generally, stressing the steadily rising influence of the latter.

Einige Bemerkungen zum Verlauf der Schlacht bei Adrianopel (9. August 378)

Dariusz Brodka

Obwohl die Ereignisse der Völkerwanderungszeit immer wieder intensiv untersucht und dargestellt worden sind, blieb der genaue Verlauf der Schlacht bei Adrianopel, einer der größten Katastrophen der römischen Armee, stets unklar. Den Zweck der vorliegenden Studie bildet die möglichst präzise Rekonstruktion dieser Schlacht, um einige neue Punkte herauszuarbeiten. Deswegen möchte ich mich nur auf den Verlauf der Schlacht selbst konzentrieren und nicht die Kriegshandlungen in den Jahren 376–378 darstellen, weil diese durch die moderne Forschung bereits oft und in allen Einzelheiten analysiert worden sind.

Die umfangreichste Schilderung der Schlacht bietet Ammianus Marcellinus im letzten Buch seines Geschichtswerkes. Sie ermangelt aber der Präzision und Klarheit. Mal beschränkt sich Ammian lediglich auf sehr allgemeine Nachrichten, ein andermal macht er auf wesentliche Einzelheiten aufmerksam. Zu berücksichtigen sind eine offensichtliche literarische Stilisierung, die Anspielungen auf die bekannte Schilderung der Niederlage bei Cannae durch Livius sowie das negative Verhältnis des Historikers zum Kaiser Valens. Alle diese Faktoren üben einen starken Einfluss auf Ammians Bericht aus. Aus diesem Grund sind die Intentionen, die hinter bestimmten Aussagen Ammians stehen, stets zu überprüfen. Die Parallelquellen wie Hieronymus, Eunapius, Orosius, die Kirchenhistoriker oder die Consularia Constantinopolitana erlauben es leider nur in begrenztem Maß, Ammians Bericht zu korrigieren.

Es gibt keine zuverlässigen Zahlenangaben, aufgrund derer man feststellen könnte, wie groß beide Armeen bei Adrianopel waren.[1] In dieser Frage ist man weitgehend auf Spekulationen angewiesen, die lediglich anhand ihrer Plausibilität beurteilt werden können.[2] Ammian deutet nur an, dass Valens zahlreiche

---

1   Zur römischen Armee in der Spätantike vgl. vor allem D. Hoffmann, Das spätrömische Bewegungsheer und die Notitia Dignitatum, Bd. 1–2, Düsseldorf 1969–1970, M. J. Nicasie, Twilight of Empire. The Roman Army from the Reign of Diocletian until the Battle of Adrianople, Amsterdam 1998, Ph. Sabin, H. van Wees, M. Whitby (eds.), The Cambridge History of Greek and Roman Warfare, Vol. II: Rome from the Late Republic to the Late Empire, Cambridge 2007, 235–458.

2   Wenig aufschlussreich sind die parallelen Notizen über eine Kampfgruppe des magister militum Sebastianus bei Ammian und Eunapius. Ammian stellt nur fest, Sebastianus habe aus jedem Truppenteil 300 Soldaten ausgesucht: „cum trecentis militibus per singulos numeros lectis Sebastianus properare dispositus est..." (Amm. 31,11,2). Eu-

gute Truppen aller Gattungen führte, unter denen es viele Veteranen gab (31,12,1). Beachtenswert sind jedoch die hypothetischen Berechnungen von D. Hoffmann. Er meint, dass man aufgrund der Notitia Dignitatum feststellen könne, wie viele und welche Truppen der Ostarmee bei Adrianopel vernichtet wurden: Insgesamt seien 16 Einheiten aufgerieben worden – 9 Legionen, 5 Auxilien und 2 Vexillationen.[3] Wäre diese Hypothese richtig, könnte man auf ihrer Grundlage die Größe des römischen Heeres annähernd bestimmen.[4] Laut Ammian wurden zwei Drittel der Römer bei Adrianopel getötet, wobei die Verluste der Kavallerie, die zu einem großen Teil floh, geringer gewesen sein müssen. Diese Angaben würden darauf hindeuten, dass das gesamte Heer aus etwa 13–14 Legionen, 8–9 Auxilien und 6 Vexillationen bestand. Weiterhin muss man auch die Scholae Palatinae hinzurechnen. Die durchschnittliche Stärke einer Legion in dieser Zeit wird auf etwa 1000 Mann geschätzt, die der Hilfstruppen auf etwa 600–800 Mann und die der Vexillationen und Scholae Palatinae auf 500.[5] Dies ergibt bei den anzunehmenden Abteilungsstärken der vier Truppengattungen eine Stärke von etwa 18 000–20 000 Mann Infanterie und 5000–6000 Mann Kavallerie.[6] Insgesamt könnte das römische Heer etwa

---

napius teilt hingegen mit, Sebastianus habe über 2000 Soldaten verfügt (Eunapius fr. 44,4: „Σεβαστιανὸς τὴν ἡγεμονίαν παρὰ τοῦ βασιλέως Οὐάλεντος εἰληφὼς παρὰ τὴν πάντων ὑπόνοιαν δισχιλίους ᾔτησεν ὁπλίτας."). Die Angaben bei Ammian und Eunapius stimmen also nicht völlig überein. Ammian scheint präzisere Informationen zu haben („cum trecentis militibus per singulos numeris lectis"). Wenn sich „numerus" auf die Legionen bezöge, könnte man die Heeresstärke des Valens zu der Zeit, als Sebastianus seine Kriegshandlungen unternahm, berechnen. Auf die Infanterie scheint der Begriff *hoplitai* bei Eunapius hinzuweisen, obwohl diese Annahme manchmal bezweifelt wird (so M. Speidel, Sebastian's Strike Force at Adrianople, Klio 78, 1996, 434–437, der die *hoplitai* als Scholae Palatinae deutet). Dies würde bedeuten, dass dem Kaiser im Frühling 378 in Thrakien erst etwa 7–10 Legionen bzw. Legionen und Auxilien zur Verfügung standen. Wenn es sich aber hier um Truppen jeder Art (Auxilien, Vexillationen u. a.) handelt, lassen sich daraus keine konkreten Schlussfolgerungen ziehen.

3   Hoffmann (s. Anm. 1), 1, 449 ff. Zustimmend N. Lensky, Failure of Empire. Valens and the Roman State in the Fourth Century A.D., Berkeley, Los Angeles, London 2002, 339. Ablehnend hingegen Nicasie (s. Anm. 1), 246 Anm. 30.

4   Möglicherweise bezieht sich Ammians Feststellung „numquam pensabilia damna" (Amm. 31,13,11) auf die Tatsache, dass einige vernichtete Einheiten nicht mehr wiederhergestellt wurden.

5   Vgl. Hoffmann (s. Anm. 1), 2, 166 Anm. 634, H. Elton, Military Forces, in: Sabin, van Wees, Whitby (s. Anm. 1), 270–309, 279. Man muss aber daran erinnern, dass diese Zahlen einen Maximalwert darstellen. Die Legionen, Vexillationen und Auxilien erreichten während der Kriegshandlungen nicht ihre volle Stärke.

6   Hoffmann (s. Anm. 1), 1, 444 schätzt hingegen die Stärke der römischen Armee auf 30 000–40 000 Mann. Ähnlich auch L. Schmidt, Die Ostgermanen, München² 1941, 408, H. Wolfram, Historia Gotów, Warszawa 2003, 153, M. Kulikowski, Rome's Gothic Wars, Cambridge 2007, 140. Niedrigere Zahlen nehmen hingegen an: P. Heather, Goths and Romans 332–489, Oxford 1991, 147, T. S. Burns, Barbarians within the Gates of Rome.

24 000–26 000 Mann umfasst haben.[7] Diese Schätzungen sind nur sehr grob und ihnen liegen lediglich statistische Spekulationen zugrunde. Es ist nämlich klar, dass Ammians Information, dass kaum ein Drittel des Heeres der Katastrophe entronnen sei, nicht ohne weiteres als Berechnungsgrundlage verwendet werden kann. Falls wirklich 16 Einheiten vernichtet wurden, ist damit nicht gemeint, dass alle ihre Soldaten getötet wurden. Die Einheiten, die entkamen, erlitten ebenfalls große Verluste. Ammians Angabe stellt somit nur einen Orientierungspunkt für unsere Berechnungen dar, deren Ergebnisse daher nur ungefähr und hypothetisch sind.[8]

Die Stärke des gotischen Heeres ist ebenfalls unbekannt, aber mit Sicherheit war es größer als 10 000 Mann. Die römischen Aufklärer meldeten nämlich, dass die Zahl der feindlichen Kräfte 10 000 Mann betrage. Ammian überliefert aber, dass diese Angabe auf Grund eines Irrtums zu niedrig gewesen sei (Amm. 31,12,3). In diesem Fall kann es sich nur um einen Teil der gotischen Kräfte gehandelt haben, den die Römer irrtümlich für die ganze feindliche Streitmacht hielten. Laut Ammian versuchten die römischen Beamten, die 376 die Überfahrt der Goten leiteten, die Anzahl der Ankömmlinge zu berechnen, aber ihre Versuche waren vergeblich (Amm. 31,4,6). Gewisse allgemeine Schätzungen hätten die Römer jedoch anstellen können, denn Eunapius gibt die Größe der Barbarenmenge an und spricht von etwa 200 000 Menschen, die sich 376 an der Donau sammelten.[9] Sehr oft wird die Qualität dieser Überlieferung unterschätzt, weil die Zahlenangabe mit Sicherheit zu hoch ist. Die Gesamtzahl der Barbaren, die 376 auf das römische Ufer übergesetzt wurden, könnte aber um 100 000–150 000 betragen haben. Dies würde bedeuten, dass man mit etwa 20 000–30 000 Kriegern rechnen muss. Abgesehen von den Tervingen, die Valens' Erlaubnis hatten, kamen auch Gruppen der Greuthungen, Alanen und Hunnen nach Thrakien. Während der zweijährigen Kämpfe in Thrakien erlitten die Barbaren selbstverständlich auch gewisse Verluste. Von diesen Voraussetzungen ausgehend kann man aber schlussfolgern, dass Fritigern, ähnlich wie Valens, bei Adrianopel insgesamt etwa 25 000 Krieger, vielleicht etwas mehr,

---

A Study of Roman Military Policy and the Barbarians, ca. 375–425 A.D., Indianapolis 1994, 306 Anm. 146 – etwa 15 000–20 000, Nicasie (s. Anm. 1), 246 – etwa 20 000.

7   Mit Recht nimmt Hoffmann (s. Anm. 1), 1, 443 an, an der Schlacht bei Adrianopel sei die Hauptmasse der östlichen Heeresverbände beteiligt gewesen.

8   Die Liste der vernichteten Verbände enthält einige nicht, die sicher an der Schlacht teilnahmen: *legiones palatinae* Lanciarii und Matiarii, *equites Promoti* und *scholae palatinae*. Diese Einheiten müssen auch große Verluste erlitten haben. Vgl. dazu Hoffmann (s. Anm. 1), 1, 456 ff.

9   Eunapius fr. 42: „τὸ δὲ συναλισθὲν καὶ πρὸς φυγὴν ὁρμῆσαν πλῆθος μὲν οὐ πολὺ τῶν εἴκοσι μυριάδων ἀποδέον, συνῆλθον (...) τὸ μάχιμον ἀκμάζοντες ἄνδρες...“. Burns (s. Anm. 6), 23 hält diese Schätzungen für absurd hoch. Vgl. dazu U. Wanke, Die Gotenkriege des Valens. Studien zu Topographie und Chronologie im unteren Donauraum von 366 bis 378 n. Chr., Frankfurt am Main u. a. 1990, 125 f., mit älterer Literatur.

versammeln konnte.[10] Die Mehrheit seines Heeres bildete das Fußvolk, worunter es zahlreiche Bogenschützen gab, die den Römern im Verlauf der Schlacht große Verluste zufügten (vgl. Amm. 31,13,1; 31,13,3; Oros. 7,33,14).[11] Die Stärke der Reiterei der Drei-Völker-Konföderation unter Alatheus und Safrax ist auf etwa 4000–5000 Mann zu schätzen.[12] Es scheint somit, dass beide Armeen an Größe gleich waren.

Das Schlachtfeld lag 12 Meilen von Adrianopel entfernt (Cons. Const. 378,2), d. h. etwa 17,5 km. Der genaue Ort des Kampfes ist aber unbekannt. Die gotische Wagenburg befand sich auf einem Hügel, worauf die Notiz bei Sozomenos hinweist.[13] Ammian berichtet, dass sich die Goten 15 Meilen (ungefähr 22,5 km) von Adrianopel entfernt hielten und auf den Posten Nike zumarschierten (Amm. 31,12,3).[14] Darüber hinaus musste das römische Heer über bergige Straßen marschieren (Amm. 31,12,10), um den Feind zu finden und anzugreifen. Deswegen kann man Runkels Annahme zustimmen, dass die Straße, die in ostnordöstlicher Richtung über Demirhanli nach Kirklissi führt, der Schilderung Ammians entspricht.[15] Damit ist aber nicht gemeint, dass die heutige Ortschaft Demirhanli auf dem Schlachtfeld liegt, worauf Wanke mit guten Gründen aufmerksam macht.[16] Fritigern verließ wahrscheinlich das Tundschatal, und marschierte in einem nördlich-nordöstlich-östlichen Bogen in 15 Meilen Entfernung von Adrianopel auf Nike zu. Die Station hat er sicher nicht erreicht.[17] Der Schlachtort ist somit nordöstlich von Adrianopel zu suchen,[18] irgendwo in einer Zone zwischen den heutigen Ortschaften Demirhanli-Hacimur-Kayapa-Kavakli. In dieser Gegend befanden sich steil abfallende Täler und

---

10 Diese Berechnung umfasst auch die gotisch-alanisch-hunnische Reiterei von Alatheus und Safrax.

11 Mit Recht betont dies Nicasie (s. Anm. 1), 245. Vgl. Amm. 31,13,1: „proelium (…) terrebat militum animos confixis quibusdam rotatis ictibus iaculorum et sagittarum", 31,13,3: „tela undique mortem uibrantia", Oros. 7,33,14: „legiones (…) primum nubibus sagittarum obrutae", vgl. auch Veget. epit. rei milit. 1,20.

12 R. Delbrück, Geschichte der Kriegskunst im Rahmen der politischen Geschichte, 2. Bd., Berlin 1921, 290 f., N. J. Austin, Ammianus' Account of the Adrianople Campaign. Some Strategic Observations, Acta Classica 15, 1972, 82, Nicasie (s. Anm. 1), 245 schätzen die Stärke der Goten auf etwa 15 000–18 000 Mann, Burns (s. Anm. 6), 30 auf 20 000.

13 Vgl. Sozom. HE 6,40,2: „τοῖς βαρβάροις ἐν ἀσφαλεῖ χωρίῳ στρατοπεδευομένοις."

14 Zur Bewegung beider Armeen direkt vor der Schlacht vgl. insbesondere Wanke (s. Anm. 9), 179 ff.

15 F. Runkel, Die Schlacht bei Adrianopel, Diss. Rostock 1903, 33 ff.

16 Wanke (s. Anm. 9), 214 ff.

17 Wanke (s. Anm. 9), 216.

18 Vgl. Wanke (s. Anm. 9), 216 f. mit Argumenten gegen eine Lokalisierung des Schlachtortes nördlich von Adrianopel (so O. Seeck, Geschichte des Untergangs der antiken Welt, Bd. 5, Stuttgart 1913, 105, Hoffmann [s. Anm. 1], 2, 186 Anm. 160).

Hügel, die gute Verteidigungsstellungen boten.[19] Es gab darüber hinaus auch Bäche, die eine relativ gute Wasserversorgung garantierten. Eine solche Struktur des Geländes gab der Reiterei von Alatheus und Safrax die Möglichkeit, sich versteckt zu nähern und die Römer (vielleicht von oben her) überraschend anzugreifen. Dies passt gut zu der Aussage Ammians, dass die gotisch-alanische Reiterei aus der Nähe der hohen Berge hervorgebrochen sei (Amm. 31,12,17).

Ammian macht vor allem Kaiser Valens für die Niederlage verantwortlich, der leichtsinnig entschieden habe, die Schlacht zu schlagen, ohne auf Gratians Heer zu warten (Amm. 31,12,5–7).[20] Einige Tage vor der Schlacht kam der comes domesticorum Richomeres zu Valens und überbrachte ihm die Bitte Gratians, die Goten erst nach der Vereinigung beider Armeen anzugreifen (Amm. 31,12,4).[21] In dieser Situation berief Valens einen Kriegsrat ein. Man war sich aber nicht darüber einig, welcher Entschluss getroffen werden sollte.[22] Insbesondere Sebastianus, der seinen jüngsten Erfolg überschätzte, und seine Anhänger plädierten für den sofortigen Angriff,[23] während der magister equitum Victor riet, auf Gratians Heer zu warten und mit westlicher Verstärkung gegen die Goten vorzugehen (Amm. 31,12,5–6). Laut Ammian ließ sich Valens vor allem von dem privaten Motiv der Eifersucht leiten: Er wollte es dem Mitkaiser gleichtun, auf dessen Sieg über die Alamannen er neidisch war (Amm. 31,12,1; 31,12,7).[24] Die moderne Forschung erklärt aber die Entscheidung des Valens, die Schlacht ohne die Verstärkung aus dem Westen sofort zu schlagen, vor allem mit militärischen bzw. politischen Motiven. Zweifelsohne war sich Valens seines Übergewichts sicher, weil er sich auf die Meldungen seiner Aufklärer stützte, die die Stärke der Goten nur auf 10 000 schätzten (Amm. 31,12,3). Ammian betont aber ausdrücklich, dass diese Berechnungen

---

19 Vgl. dazu Runkel (s. Anm. 15), 33 ff.

20 Möglicherweise haben wir es hier mit einer literarischen Stilisierung zu tun: Ammian vergleicht Adrianopel mit Cannae (Amm. 31,13,19) und dementsprechend gewinnt Valens die negativen Züge des livianischen Terentius Varro (leichtsinnige Kampfeslust), der bei Livius die Hauptschuld für die Niederlage bei Cannae trägt.

21 Wanke (s. Anm. 9), 199 datiert die Ankunft des Richomeres auf den 7. oder 8. August.

22 Zum Kriegsrat vor Adrianopel vgl. insbesondere Wanke (s. Anm. 9), 199 ff.

23 Zos. 4,23,6 überliefert hingegen, dass nicht Victor, sondern gerade Sebastianus riet, auf Gratian zu warten. Zosimos basiert hier aber auf Eunapius, der Sebastianus aus religiösen Gründen als idealen Feldherrn darstellen wollte (vgl. Eunapius fr. 44, [3]–4). Daher folgt die Mehrheit der Forschung der Auffassung Ammians und hält Eunapius und Zosimos in dieser Hinsicht für weniger zuverlässig als Ammian.

24 In Betracht kommen auch politisch-religiöse Gründe, die von den Kirchenhistorikern genannt werden (vgl. Theodoret HE 4,33, Socr. HE 4,38, Sozom. HE 6,39). Von vielen Seiten angegriffen, könnte Valens den Kampf zum Beweis seiner Tüchtigkeit gesucht haben (vgl. K. K. Klein, Kaiser Valens vor Adrianopel. Der Gotenaufstand und die Religionspolitik des Kaisers, Südostforschungen 15, 1956, 57 ff.).

falsch waren: „incertum, quo errore, procursatoribus omnem illam multitudinis partem, quam uiderant, in numero decem milium firmantibus." Wie oben gesagt wurde, kann es sich hier nur um einen Teil der gotischen Kräfte gehandelt haben, den die Römer irrtümlich für die ganze feindliche Streitmacht hielten.[25] Beweise für die Schwäche der Barbaren hätte Valens dann auch in den Gesandtschaften direkt vor der Schlacht finden können.[26] Einen zusätzlichen zu erwägenden Faktor konnte das Streben danach bilden, die Gesamtheit der gotischen Kräfte auf einen Streich zu vernichten, anstatt viele kleinere Gruppen separat zu bezwingen, wenn die Goten ihre Kräfte wieder teilen würden.[27] Darüber hinaus sind auch strategische Gründe zu beachten: Valens erfuhr, dass die Goten auf den Posten Nike zumarschierten. Deswegen bestand die Gefahr, dass die Barbaren die Verkehrswege unterbrechen und ihn von Konstantinopel abschneiden könnten.[28] Unter diesen Bedingungen könnte der Kaiser den sofortigen Angriff auf die Goten als die beste Lösung betrachtet haben.[29] Man darf also annehmen, dass Ammians Beurteilung der Motive des Kaisers sehr subjektiv ist und aus der negativen Einstellung des Historikers zu Valens resultiert.

Am Morgen des 9. August 378 setzte sich die römische Armee in Marsch, wobei der Tross und das Gepäck im Lager bei Adrianopel zurückgelassen wurden. Nach einem Marsch über bergige Straßen, der etwa acht Stunden dauerte, bekamen die Römer am frühen Nachmittag das gotische Lager zu Gesicht. Die römischen Soldaten hatten Hunger und Durst und waren sowohl vom langen und schweren Marsch als auch von der glühenden Hitze ermüdet (vgl. Amm. 31,13,5; 31,13,7; 31,13,10; vgl. auch 31,12,11; 31,12,13). Um die Hitze zu verstärken, setzten die Goten die weiten Ebenen in Brand. Diese für die Römer ungünstigen Faktoren hatten einen negativen Einfluss auf das Geschehen.[30]

Das Gros des gotischen Fußvolkes nahm eine gute Verteidigungsstellung auf einem Hügel inmitten einer kreisförmigen Wagenburg ein: „octaua tandem hora hostium carpenta cernuntur, quae ad speciem rotunditatis detornatae di-

---

25 Vgl. Delbrück (s. Anm. 12), 285, Runkel (s. Anm. 15), 29 ff., Hoffmann (s. Anm. 1), 1, 446, B. Stallknecht, Untersuchungen zur römischen Außenpolitik in der Spätantike, Bonn 1967, 67, Schmidt (s. Anm. 6), 410.
26 Vgl. Hoffmann (s. Anm. 1), 1, 446 f., Wolfram (s. Anm. 6), 151.
27 Nicasie (s. Anm. 1), 242, 255, H. Elton, Warfare in Roman Europe, AD 350–425, Oxford 1996, 214 ff., P. Rance, Battle, in: Sabin, van Wees, Whitby (s. Anm. 1), 342–378, 363.
28 Lensky (s. Anm. 3), 337.
29 Vgl. die richtige Schlussfolgerung von Nicasie (s. Anm. 1), 256 f.
30 Vgl. insbesondere Amm. 31,12,13: „cui malo aliud quoque accedebat exitiale, quod homines et iumenta cruciabat inedia grauis." Die Erschöpfung der römischen Soldaten wird auch im Verlauf der Schlachtschilderung hervorgehoben: „exhausti labore atque periculis pedites" (Amm. 31,13,5).

gesta exploratorum relatione affirmabantur" (Amm. 31,12,11).[31] Die Wagenburg wurde zum zentralen und wichtigsten Punkt der gotischen Befestigungen.
Es ist aber möglich, dass die Goten mit den Wagen teilweise auch die leicht
zugänglichen Aufstiege sperrten.[32] Zweifelsohne wurden sie durch eine solide
Verteidigungslinie gesichert.[33] Außerhalb der Befestigungen befand sich hingegen die greuthungisch-alanische Reiterei unter Alatheus und Safrax, um
deren Anwesenheit die Römer nicht wussten und auf deren Flankenangriff sie
nicht vorbereitet waren. Darüber hinaus befanden sich auch die leichtbewaff-
neten Einheiten des Fußvolks vor der Wagenburg.

Valens postierte auf dem rechten Flügel in der ersten Linie die Reiterei.
Hinter ihr stand die Infanterie (Amm. 31,12,11). Es scheint, dass die Reiterei
dabei etwas nach rechts und nach vorne gestellt wurde, um vor allem die Flanke
der Infanterie zu decken, die die feindlichen Befestigungen angreifen sollte.[34]
Die Hauptmasse der Fußtruppen stand im Zentrum, das im Verhältnis zur
Reiterei auf der rechten Flanke etwas nach hinten gestellt wurde. Der linke
Flügel der Reiterei konnte nur mit großen Problemen seine Stellungen ein-
nehmen, weil er zum großen Teil noch auf dem Marsch verstreut war
(Amm. 31,12,11–12). Auch auf diesem Flügel gab es Fußtruppen, was sich aus
Ammians Darstellung der Schlacht ablesen lässt (vgl. Amm. 31,13,2), wobei ein
Teil der Kavallerie auch auf diesem Flügel die Außenposition einnahm. In der
Reserve standen die Bataver (31,13,8–9). Der Kaiser selbst befand sich auf dem
rechten Flügel.

Als die Feinde in Sicht kamen, begriff die römische Führung wohl, dass die
Kräfte der Barbaren größer waren als erwartet, und dass die Goten eine sehr
günstige Verteidigungsstellung eingenommen hatten. Am 9. August versuchten
die Goten erneut, Friedensverhandlungen aufzunehmen.[35] Die erste Gesandt-

---

31 Unbekannt bleibt, wie viele Wagen die Goten hatten und wie groß diese Wagenburg
    war. Zu erwägen ist aber Malchos fr. 20. Diesen Angaben gemäß zogen ungefähr 10 000
    Goten mit etwa 2000 Wagen. Ein solcher Vergleich würde etwa 4000–5000 Wagen bei
    Adrianopel ergeben. Wanke (s. Anm. 9), 155 Anm. 55 meint, dass die gotischen Wagen
    länger als zwei Meter gewesen sein dürften. Diese hypothetischen Berechnungen wür-
    den darauf hinweisen, dass die Wagenburg bei Adrianopel aus zwei oder drei konzen-
    trischen Ringen bestanden haben könnte. Der Durchmesser hätte in diesem Fall zwi-
    schen 1000 und 1500 Metern betragen.

32 T. Burns, The Battle of Adrianople. A Reconsideration, Historia 22, 1973, 343 Anm. 42
    meint hingegen, dass nicht nur die Wagen, sondern auch ein Erdwall die gotische Be-
    festigungslinie bildeten.

33 Vgl. Amm. 31.12,16: „eo ad uallum hostile tendente".

34 Vgl. auch Nicasie (s. Anm. 1), 247.

35 Eine erste Gesandtschaft war schon am 8. August eingetroffen. Die Gesandten machten
    aber keinen Vertrauen erweckenden Eindruck, wurden somit nicht beachtet und ent-
    fernten sich wieder (Amm. 31,12,8–9).

schaft dieses Tages wurde wegen ihres niedrigen Ranges nicht beachtet.[36] Laut Ammian wollten die Goten damit Zeit gewinnen, damit die Reiterei von Alatheus und Safrax rechtzeitig zurückkehren konnten (31,12,12–13). Unmittelbar vor Ausbruch der Schlacht schickte Fritigern erneut eine Botschaft. Diesmal entschied Valens, Verhandlungen zu beginnen. Die Römer waren sogar bereit, Geiseln zu stellen (vgl. Amm. 31,12,14–17). Die Gründe für Valens' Wankelmütigkeit sind nicht völlig klar.[37] Mit Sicherheit brauchte der Kaiser Zeit, alle Truppen in Schlachtordnung zu stellen (Amm. 31,12,11). Obwohl Ammian die unheilvolle Entschlossenheit des Kaisers („funesta principis destinatio") kritisiert (Amm. 31,12,7), scheint es, dass Valens die Möglichkeit einer Übereinkunft mit Fritigern sehr ernst nahm. Darauf deutet vor allem die Bereitschaft hin, Geiseln zu Fritigern zu schicken, die einen Waffenstillstand garantieren sollten (vgl. 31,12,14–16). Fritigern hingegen zog die Sache absichtlich in die Länge: Zum einen brauchte er Zeit für Alatheus und Safrax, zum anderen war er kompromissbereit. Der Bericht Ammians suggeriert, dass es unter den Goten keine Einmütigkeit gab, wobei die Gruppe um Fritigern wirklich bereit war, Frieden mit Rom zu schließen (vgl. Amm. 31,12,14). Ungeachtet der wirklichen Intentionen beider Seiten machte die Disziplinlosigkeit der römischen Truppen jeglichen Verhandlungen ein Ende.

Die Römer hatten zu Beginn der Schlacht große Probleme mit der Ordnung und der Koordination der Kampfhandlungen. Valens verlor sehr schnell die Kontrolle über das Geschehen. Zwei Abteilungen – Sagittarii und Scutarii unter der Führung von Bacurius und Cassio, gemeint sind wohl die Scholae Palatinae,[38] griffen ohne Befehl die gotischen Befestigungen an (Amm. 31,12,16–17).[39] Möglicherweise wurden sie auf Erkundung ausgeschickt, um die Schwachpunkte in den gegnerischen Befestigungen zu suchen. Als sie eine Gelegenheit zum Angriff erblickten, versuchten sie die Chance auszunutzen. Aller Wahrscheinlichkeit nach erfolgte der Vorstoß der Scutarier und Sagittarier auf dem linken römischen Flügel, auf welchem die Reiterei wie auf dem rechten Flügel teilweise in der ersten Linie gestanden haben muss. Daraus ließe sich erklären, warum Ammian später vom Rest der Reiterei spricht, der die Infanterie auf dem linken Flügel im Stich ließ („a reliquo equitatu desertum")

---

36 Wanke (s. Anm. 9), 212 f. meint hingegen, dass diese Gesandtschaft durch die Drei-Völker-Konföderation von Alatheus und Safrax ausgesandt wurde, die nächste dagegen erneut von Fritigern (vgl. Amm. 31,12,14–15).

37 Zu den Gesandtschaften vor der Schlacht bei Adrianopel vgl. detailliert Wanke (s. Anm. 9), 206 ff.

38 Vgl. Hoffmann (s. Anm. 1), 1, 288.

39 Nicasie (s. Anm. 1), 248 Anm. 237 und Kulikowski (s. Anm. 6), 142 vermuten, dass sich die Scholae Palatinae auf dem rechten Flügel, in der Nähe des Kaisers Valens befanden. Man braucht aber nicht anzunehmen, dass alle Einheiten der Scholae Palatinae an derselben Stelle gesammelt wurden.

(Amm. 31,13,3). Die vordere Reihe hätten dann gerade die Scutarier und Sagittarier gebildet.

Damit kam es spontan zur Schlacht. Der Angriff der Scutarier und Sagittarier wurde schnell zurückgeschlagen: „auidius impetu callenti progressi iamque aduersis conexi, ut immature proruperant, ita inerti discessu primordia belli foedarunt" (Amm. 31,12,16). Ihre Flucht provozierte aber die Reaktion des römischen Fußvolks auf dem linken Flügel und es rückte als erstes vor. Dadurch kam der linke Flügel schnell bis unmittelbar an die Wagen heran. Als die Römer hier erfolgreich nach vorne drängten, erschien die greuthungisch-alanische Kavallerie des Alatheus und Safrax auf dem Schlachtfeld, was die römische Führung völlig überraschte.[40] Das Eingreifen der Reiterei in die Schlacht wirkte sich entscheidend auf den Verlauf des Geschehens aus. Ammian macht keine Angaben darüber, wo sie die Römer angriff. Die gotischen und alanischen Reiter nutzten die Struktur des Geländes – Täler und Höhen – aus, um sich unentdeckt dem Kampfplatz zu nähern. Dann griffen sie die römische Reiterei, welche die Außenposition einnahm, überraschend von den Höhen in der Flanke (vielleicht sogar im Rücken) an.[41] Der Flankenangriff richtete sich aller Wahrscheinlichkeit nach gegen den vorgerückten linken römischen Flügel.[42] Die überraschte römische Reiterei leistete keinen Widerstand und ergriff die Flucht: „equitatus Gothorum cum Alatheo reuersus et Safrace Halanorum manu permixta ut fulmen prope montes celsos excussus, quoscumque accursu ueloci inuenire comminus potuit, incitata caede turbauit" (Amm. 31,12,17). Auf diese Weise wurde der vorgerückte linke römische Flügel entblößt, die gotischen und alanischen Reiter umringten die römische Infanterie von Westen her und gelangten in den Rücken der gesamten römischen Schlachtreihe. Es wurde sogar vermutet, dass sie die Römer umgingen und die Reiterei auf dem zweiten Flügel im Rücken angriffen.[43] Ammians Darstellung ist hier an einigen Punkten nicht völlig eindeutig, aber die Parallelquellen liefern wertvolle Ergänzungen. Hie-

---

40 Zur Kampftaktik der gotischen Reiterei vgl. Wolfram (s. Anm. 6), 345 ff.

41 Die moderne Forschung ist sich nicht darüber einig, auf welchem Flügel die Attacke der greuthungisch-alanischen Reiterei stattfand. Wolfram (s. Anm. 6), 153 spricht vom rechten römischen Flügel. Burns (s. Anm. 32), 343 und Burns (s. Anm. 6), 33 meint, die gotische Reiterei sei in die Lücke gestoßen, die auf dem linken römischen Flügel zwischen der Kavallerie und der Infanterie entstand. Plausibler ist aber der Angriff gegen die Reiterei auf der Außenposition. Den linken Flügel nehmen auch an: Hoffmann (s. Anm. 1), 1, 448, B. Rutkowski, Bitwa pod Adrianopolem (9 VIII 378) i jej następstwa, Meander 11–12, 1978, 535, Nicasie (s. Anm. 1), 250 f. und P. Heather, Upadek Cesarstwa Rzymskiego, Poznań 2006, 214.

42 Nicasie (s. Anm. 1), 251 meint hingegen, dass ein Teil der Reiterei am Angriff gegen die gotische Wagenburg teilgenommen habe, während der Rest hinten geblieben sei. In diese Lücke, die zwischen den Einheiten der römischen Kavallerie entstand, sei die gotische Reiterei vorgestoßen.

43 Vgl. Wolfram (s. Anm. 6), 153.

ronymus und Orosius sprechen von der Flucht der römischen Kavallerie, und von der Umgehung und Vernichtung der Infanterie (Hier. Chron. 378; Oros. 7,33,13–14).[44] Die Tatsache, dass die feindlichen Reiter in den Rücken der römischen Armee gelangten, wird durch die Notiz bestätigt, dass Haufen toter Pferde den römischen Soldaten die Flucht erschwerten (Amm. 31,13,11). Demnach hatte dieses Gebiet vorher im Aktionsradius der Reiterei des Alatheus und Safrax gelegen. Dies erklärt auch, warum die Bataver flohen, die die taktische Reserve bildeten: Als sie die feindlichen Reiter im Rücken der römischen Reihen sahen, traten sie kampflos den Rückzug an (vgl. Amm. 31,13,9).

Ammian wusste, dass die Situation der Römer durch den gotischen Flankenangriff bereits in der Anfangsphase der Schlacht kritisch war – daher hebt seine Schilderung von Anfang an die kommende Katastrophe hervor: „ Cumque (...) lituos (...) Bellona luctuosos inflaret in clades Romanas solito immanius furens..." (Amm. 31,13,1). Der Historiker sagt nichts über den Verlauf des römischen Angriffs im Zentrum und auf dem rechten Flügel, sondern stellt sofort fest, dass die römischen Fußtruppen zurückweichend Widerstand leisteten: „cedentes nostri multis interclamantibus restiterunt et proelium flammarum ritu accrescens terrebat militum animos confixis quibusdam rotatis ictibus iaculorum et sagittarum" (Amm. 31,13,1).[45] Im folgenden Satz berichtet er hingegen über den Verlauf des Geschehens auf dem linken Flügel. Die Abfolge der berichteten Ereignisse sowie die Einzelheiten in Ammians Darstellung sind aufschlussreich: Bei näherer Betrachtung geht aus 31,13,1 hervor, dass Valens die Gefahr erkannte, die mit dem Flankenangriff der gotischen Reiterei entstand, und in der kritischen Situation entsprechende Maßnahmen zu treffen versuchte. Der Satz „cedentes nostri (...) restiterunt" lässt darauf schließen, dass der Kaiser den Angriff aufhalten wollte, um seine Armee vor einer drohenden Umzingelung zu retten, wenn sie durch einen Kampf an zwei Fronten gebunden wäre. Valens verstand somit sehr schnell, welche Gefahr wegen des Eingreifens der feindlichen Reiterei drohte, d. h. dass seine Hauptmacht – die Infanterie – den von zwei oder drei Seiten vorgetragenen Angriffen der feindlichen Scharen schutzlos preisgegeben sein würde. Deswegen berichtet Ammian, dass die Römer zurückwichen, obwohl er noch keinen richtigen Kampf dargestellt hatte – abgesehen von der Überraschungsattacke der feindlichen Reiterei.[46] Der

---

44 Hier. chron. 378: „deserente equitum praesidio Romanae legiones a Gothis cinctae usque ad internecionem caesae sunt." Socrates Scholasticus spricht sogar vom Verrat der Kavallerie, die an der Schlacht nicht teilgenommen habe (Socr. HE 4,38).

45 Diese wichtige Information blieb bisher unbeachtet. „Cedentes" bedeutet hier „zurückweichen, zurücktreten", sonst hätte die Verbindung mit „restiterunt" keinen Sinn.

46 Ammian ist Valens gegenüber negativ eingestellt, weshalb er den Kaiser, anders als Julian, nicht zu einer großen tragischen Figur stilisieren will. Valens ist bei Ammian lediglich ein Versager, kein tragischer Feldherr, der vergeblich die Katastrophe aufzuhalten versucht hätte.

Versuch, das Vorrücken der angreifenden Truppen aufzuhalten, richtete Verwirrung in den Reihen der Infanterie an: Darauf verweist die Notiz über „multis interclamantibus". Möglicherweise entstand eine Lücke zwischen den Einheiten, die bereits in den Kampf verwickelt waren, und denjenigen, die zurückwichen. Die zurückweichenden römischen Truppen erlitten Verluste, die ihnen von den gotischen Bogenschützen zugefügt wurden. Es gelang den Römern also nicht, sich vom Feind zu lösen. Auf das Manöver der Römer reagierend, verließ das gotische Fußvolk die Wagenburg und ging auf der ganzen Linie zum Gegenangriff über: „deinde collisae in modum rostratarum nauium acies" (31,13,2).[47] Auf dem linken Flügel, der am weitesten vom Kaiser entfernt war und zuerst zum Einsatz kam, war Valens nicht mehr imstande, den Vorstoß und damit die verhängnisvolle Entwicklung zu stoppen. Möglicherweise kam seine Reaktion einfach zu spät, weil Staubwolken die Sicht verschlechterten. Das Fußvolk griff dort anfangs unmittelbar die Wagenburg an. Laut Ammian wäre es sogar möglich gewesen, die feindlichen Linien zu durchbrechen, wenn diese Attacke eine Unterstützung bekommen hätte: „et quia sinistrum cornu ad usque plaustra ipsa accessit ultra, si qui tulissent suppetias, processurum a reliquo equitatu desertum multitudine hostili urgente ac si ruina aggeris magni oppressum atque deiectum est" (31,13,2). Etwa zur selben Zeit zwang die Reiterei der Greuthungen und Alanen die römische Kavallerie zur Flucht: Damit waren die Flanke und der Rücken der bisher erfolgreichen Einheiten den feindlichen Vorstößen ausgesetzt. Diese günstige Situation nutzte Fritigern mustergültig aus. Er hatte volle Handlungsfreiheit und ließ die Goten genau zu diesem Zeitpunkt den Frontal- und zugleich Flankenangriff durchführen. Die römischen Legionen auf dem linken Flügel wurden von zwei und bald darauf von drei Seiten angegriffen. Als die gotische Reiterei in den Rücken der Römer kam, konnte sie die Römer zumindest teilweise umzingeln: „Steterunt improtecti pedites ita concateruatis manipulis, ut uix mucronem exserere aut manus reducere quisquam posset" (Amm. 31,13,2). Die umzingelten Legionen wurden immer mehr zusammengedrängt und waren dabei ein leichtes Ziel für die gotischen Bogenschützen (Amm. 31,13,3).[48] Ammians Bericht macht klar, dass die Katastrophe auf dem linken Flügel begann: Von dieser Flanke her wurde die

---

47 Nicasie (s. Anm. 1), 251 meint hingegen, dass die römische Infanterie den ersten Angriff der Goten zurückschlug. Erst als gleichzeitig das Fußvolk und die Reiterei erneut angriffen, seien die römischen Linien zusammengebrochen. Ammians Bericht weist aber auf eine andere Entwicklung, d.h. nicht auf zwei Angriffe der gotischen Infanterie, sondern auf einen, hin.

48 Nach Burns (s. Anm. 32), 344 wurde eine natürliche Bewegung der Infanterie nach rechts zum wesentlichen Faktor, der dazu führte, dass die römische Infanterie zusammengedrängt wurde: „With the right holding fast and the left now retreating (no longer just hedging) toward the right, the Roman infantry was pressed into an ever denser mass where their superior skills were to no avail."

römische Infanterie aufgerollt. Gerade diese Situation wollte Valens verhindern, indem er dem Zentrum und dem rechten Flügel befahl, sich zurückzuziehen. Trotz der kritischen Situation leisteten die Römer einige Stunden tapferen Widerstand. Der linke römische Flügel wurde fast völlig vernichtet.[49] In anderen Abschnitten hielten die römischen Linien ungefähr bis zum Abend. Die Goten verstärkten aber allmählich ihren Druck im Zentrum und endlich auch auf dem rechten Flügel.[50] Schließlich wurden die von Hunger und Durst erschöpften Soldaten durch den Druck der anstürmenden Goten zum Weichen gebracht und wandten sich in völliger Unordnung zur Flucht, wo dies möglich war (Amm. 31,13,7). Keinen Erfolg hatte die römische Reiterei auf dem rechten Flügel, die wohl auch relativ früh von den anstürmenden Goten zur Flucht gezwungen wurde. Zwar wurde ein Teil des Fußvolks eingekreist, aber trotzdem scheint es, dass die Römer die größten Verluste während der Flucht erlitten, was für antike Schlachten recht typisch ist. Ammian weist darauf eindeutig hin.

Erst nachdem Ammian den Verlauf der Schlacht geschildert hat, richtet er seine Aufmerksamkeit auf das Schicksal des Valens. Der Aktivität des Kaisers schenkt er im Prinzip keine Beachtung.[51] Dies steht im scharfen Kontrast zur Schilderung der Schlacht bei Straßburg, die die Person Julians und seine Aktivität stark hervorhebt. Das Stillschweigen über Valens scheint zwei Grunden zu haben. Zum einen erlitten die Römer eine Niederlage, damit waren Valens' Handlungen und Entscheidungen während des Kampfes aus Ammians Perspektive bedeutungslos. Zum anderen hegte Ammian eine große Abneigung gegen diesen Kaiser, und deswegen beschränkte er sich auf Informationen über seinen Tod, ohne ihn zum tragischen Helden zu stilisieren. Anders als im Fall Julians will Ammian kein neues *exemplum virtutis* schaffen. Ammians Darstellung ist zweifelsohne sehr tendenziös, aber selbst aus seinem Bericht lässt sich ablesen, dass der Kaiser im letzten Moment die Katastrophe zu verhindern versuchte. Gerade auf dem rechten Flügel, wo sich Valens befand, leisteten die Römer am längsten Widerstand. Hier wurden die Römer offensichtlich nicht umzingelt, wenn sich z. B. Richomeres oder der magister equitum Victor, der die Bataver zum Einsatz bringen sollte, retten konnten. Man kann natürlich die Handlungen des Kaisers nicht vollständig rekonstruieren, aber die Tatsache, dass er in der Endphase ohne jeglichen Schutz zu den Mattiariern und Lanceariern flüchtete, ist aufschlussreich: Valens nahm persönlich am Kampf teil und beschränkte sich nicht nur auf das Kommandieren. Als die römischen Truppen

---

49 Amm. 31,13,5: „exhausti labore et periculis pedites (...) diffractis hastarum plerisque collisione assidua gladiis contenti destrictis in confertas hostium turmas mergebant salutis immemores circumspectantes ademptum esse omne euadendi suffugium.“

50 Vgl. Amm. 31,13,8 „...dum multitudo tolerabatur hostilis, fixis corporibus steterant inconcussi.“

51 Valens befand sich anfänglich auf dem rechten Flügel (so auch Burns [s. Anm. 32], 344).

im Zentrum allmählich in Unordnung gerieten bzw. zusammenzubrechen begannen, ist es sehr plausibel, dass er mit einigen Einheiten (vielleicht mit den Scholae Palatinae) die Situation zu stabilisieren und die Schlachtreihen wiederherzustellen versuchte. Dies könnte den überraschten Ausruf Trajans erklären, dass der Kaiser schutzlos sei (Amm. 31,13,8).[52] Dieser Umstand zeigt auch, dass die Scholae Palatinae wohl vernichtet wurden.[53] Beachtenswert ist, dass Valens nicht vom Schlachtfeld fliehen wollte, sondern sich zu denjenigen Einheiten wandte, die immer noch Widerstand leisteten, d.h. zu den Palatinlegionen der Mattiarier und Lancearier: „qui, dum multitudo tolerabatur hostilis, fixis corporibus steterant inconcussi" (Amm. 31,13,8). Das unmittelbare Kommando hatte hier wohl Trajan, da Ammian auf seine Reaktion aufmerksam macht: Trajan war von dem Eintreffen des Kaisers offensichtlich überrascht (vgl. Amm. 31,13,8). All dies zeigt, dass der rechte Flügel fast bis zum Schluss standhielt. Die relative Stabilität des rechten Flügels wird auch durch den Umstand bewiesen, dass man bis zum Eintreffen des Kaisers nicht versuchte, die in der Reserve stehenden Bataver zum Einsatz zu bringen. Allerdings könnte das persönliche Eingreifen des Kaisers in den Kampf dazu geführt haben, dass in diesem Moment niemand in der römischen Führung das gesamte Geschehen kontrollierte. Der (allzu) späte Versuch, die taktische Reserve zum Einsatz zu bringen, weist also erneut auf die Schwächen in der römischen Führung hin. Andererseits aber bleibt die Frage offen, ob nur die Bataver die taktische Armeereserve bildeten. Wie gesagt, wollte der magister equitum Victor erst in diesem kritischen Moment die in geringer Entfernung als Reserve aufgestellten Bataver zusammenziehen, damit sie die Mattiarier und Lancearier unterstützten und dem Kaiser Schutz gewährten. Die Auxilien der Bataver sollten dem Rest der Armee einen geordneten Rückzug ermöglichen.[54] Die Bataver waren aber geflohen, und Victor fand niemanden mehr vor (Amm. 31,13,9). Dies entschied über das Schicksal der bisher standhaltenden Legionen. Mit dem wachsenden Druck der Goten brach der Widerstand an den letzten Punkten allmählich zusammen, und auch auf dem rechten Flügel ergriffen die Römer ungeordnet die Flucht. Erst die Nacht beendete das Blutbad (Amm. 31,13,11). Ammian liefert zwei Versionen vom Tod des Kaisers. Gemäß der ersten, die aus der Analyse des Geschehens resultiert, fand der Kaiser den Tod mitten unter den Mattiariern und Lanceariern: „Primaque caligine tenebrarum inter gregarios imperator, ut opinari dabatur – neque enim uidisse se quisquam uel praesto fuisse asseuerauit – sagitta perniciose saucius ruit spirituque mox consumpto decessit nec postea

---

52 Amm. 31,13,8: „eoque uiso Traianus exclamat, spem omnem absumptam, ni desertus ab armigeris princeps saltim aduenticio tegeretur auxilio."

53 Kulikowski (s. Anm. 6), 142 nimmt zu Recht an, dass dies auf die Vernichtung aller Einheiten der Palatinscholen hinweist.

54 Vgl. Nicasie (s. Anm. 1), 251 f.

repertus est umquam" (31,13,12).[55] Dort fiel wohl auch Trajan, der in der Endphase der Schlacht in der Nähe des Kaisers war. Gemäß der späteren zweiten Version soll der verwundete Kaiser in ein Landhaus gebracht und dort verbrannt worden sein. (Amm. 31,13,14–16).[56]

Bei Adrianopel entkam kaum ein Drittel der Armee; außer dem Kaiser fanden zahlreiche hohe Offiziere den Tod. Insgesamt kann man die römischen Verluste auf etwa 16 000 Tote schätzen. Die Niederlage resultierte nicht aus einer falschen Strategie des Valens, sondern aus ganz konkreten Schwächen im taktischen Bereich und aus einem bestimmten Verlauf des Geschehens auf dem Schlachtfeld: Die römische Armee wurde überraschend von der Flanke und dann im Rücken angegriffen, und dies reichte aus, die Schlacht zu entscheiden. Darüber hinaus waren die römischen Soldaten vor Hunger, Durst und wegen des langen Marsches in brennender Hitze erschöpft. Der Hauptfehler des Kaisers bestand darin, dass er die Entwicklung kaum kontrollierte: Er ließ sich in den Kampf hineinziehen, ohne Maßnahmen zu treffen, die ihn vor unerwarteten Entwicklungen hätten schützen können,[57] er riskierte den Kampf, obwohl seine Soldaten sehr müde waren. Als sich die Schlacht ungünstig entwickelte, versuchte Valens seine taktischen Fehler wettzumachen, indem er das Vorrücken der Infanterie stoppte, und dann durch persönliche Tapferkeit zu kompensieren. Er blieb bis zum Schluss bei seinen Soldaten und wollte sich nicht durch Flucht retten. Ohne Zweifel versagte der Kaiser Valens als General, aber nicht als Soldat.

Anhang: Ein Überblick über die Hauptphasen der Schlacht

1. Der spontane, misslungene Angriff der Scutarier und Sagittarier auf dem linken Flügel.
2. Angriff des ganzen linken römischen Flügels, allmähliches Vorrücken der anderen Truppen.
3. Die Infanterie auf dem linken Flügel kommt bis unmittelbar zu den gotischen Wagen; überraschender Angriff der Reiterei der Greuthungen und Alanen auf die Flanke der römischen Reiterei auf dem linken Flügel, die sofort zur Flucht gezwungen wird.

---

55 Diese Version wird auch durch die frühe Überlieferung des Libanios aus dem Jahr 379 gestützt (Liban. or. 24, 3–4). Vgl. dazu Lensky (s. Anm. 3), 341.
56 Die erste Version scheint plausibler zu sein, weil Ammian klar sagt, es habe keine überlebenden Augenzeugen des Todes des Kaisers gegeben (Amm. 31,13,12: „neque enim uidisse se quisquam uel praesto asseuerauit."). Im zweiten Fall beruft sich der Historiker hingegen auf einen Leibwächtern, was offensichtlich im Widerspruch zu seiner Feststellung in 31,13,12 steht.
57 Nicasie (s. Anm. 1), 256, vgl. auch Hoffmann (s. Anm. 1), 1, 445.

4. Valens erkennt die Gefahr und stoppt den Angriff im Zentrum und auf dem rechten Flügel.

5. Gegenangriff des gotischen Fußvolks auf der ganzen Linie: Der linke römische Flügel wird umzingelt und allmählich vernichtet, und dementsprechend verschlechtert sich allmählich die Situation der römischen Infanterie im Zentrum. Valens' misslungener Versuch, in den bedrohten Abschnitten die Ordnung wiederherzustellen.

6. Valens' Rückzug zu den Lanceariern und Mattiariern, misslungener Versuch, die Bataver zum Einsatz zu bringen, Zusammenbruch des römischen Widerstands.[58]

Abstract

The article reexamines the progress of the battle of Adrianople. Despite of the large number of sources there remain many gaps in our knowledge of the course of events. The analysis showed that the battle went wrong for the Romans because of tactical mistakes and mismanagement. Although Valens made some crucial mistakes on the tactical level before the combat, it seems clear, that during the battle he noticed the danger which arose from an unexpected charge of the Gothic cavalry and tried to prevent the disastrous outcome.

---

58 Ich bedanke mich sehr herzlich bei Thomas Gerhardt für die sprachliche Korrektur dieses Aufsatzes.

Barbaren *ante portas:* Die *gentes* zwischen Beutemachen und Ansiedlung am Beispiel von Bazas

Helmut Castritius

Was wollten barbarische Gruppen – von schlichten Räuberbanden[1] einmal abgesehen – in der Völkerwanderungszeit[2] wirklich, wenn sie die Reichsgrenzen überschritten und sich einer unbekannten und weithin nicht selbst bestimmten Zukunft anvertrauten? Zogen sie weitgehend ziellos und ahnungslos durch das Römerreich und vertrauten darauf, dass es ihnen in Zukunft auf jeden Fall besser ergehen würde als in ihren heimatlichen, nach der eigenen Wahrnehmung ärmlichen Ausgangsregionen oder brachen sie mit festen Vorstellungen von dem auf, was erreichbar und durchsetzbar sein könnte? Durchliefen sie auf ihren jahrelangen Wanderbewegungen und bei den häufigen oft mehrjährigen Zwischenaufenthalten einen Lernprozess, so dass sie am Ende mit den römischen Autoritäten auf Augenhöhe kommunizieren konnten? Eine totale Ahnungslosigkeit jedenfalls wird man ihnen nicht unterstellen können, standen doch schon vor dem großen Aufbruch, der die Völkerwanderungszeit konstituierte, mehrere Generationen von barbarischen Landsleuten im Dienst des Imperiums, mit denen ein Austausch von Informationen stattfinden konnte und, wenn auch in unterschiedlicher Intensität, stattfand. Nur selten erhalten wir auf diese Fragen nachvollziehbare Antworten, und wenn dies einmal geschieht, so misstraut man der Überlieferung, besonders wenn sie hagiographischen Quellen oder der Dichtung verdankt wird.

Der Zufall der Überlieferung will es, dass die südwestgallische Stadt Bazas[3] im Fokus einer ausführlichen Berichterstattung über die Bedrohung gallischer

---

1 Zum Räuberunwesen im Römerreich vgl. Th. Grünewald, Räuber, Rebellen, Rivalen, Rächer: Studien zu Latrones im römischen Reich, Stuttgart 1999; zu einigen Beispielen aus Spätantike/Frühmittelalter im Hinblick auf soziale Gruppen, deren Status zwischen gemeinen Räubern und Sozialverbänden oszilliert, vgl. Verf., Ethnogenetische Vorgänge am Ende der Antike: Unvollendete bzw. erfolglose Ethnogenesen, in: R. Bratož (Hrsg.), Slowenien und die Nachbarländer zwischen Antike und karolingischer Epoche, Ljubljana 2000, bes. S. 337.

2 St. Krautschick, Zur Entstehung eines Datums: 375 – Beginn der Völkerwanderung, Klio 82, 2000, S. 217–222; M. Springer, Art. „Völkerwanderung", RGA 32, 2006, S. 509–517; S. Brather, Art. „Völkerwanderungszeit", ebd. S. 517–522.

3 In den Quellen begegnen verschiedene Variationen des Stadtnamens: *Cossio Vasatum/ civitas Vasatum/civitas Vasatica/Vasates.* Paulinus von Pella, Eucharistikos 331 f. gibt den Stadtnamen mit *urbs Vasatis* wieder.

Städte im frühen 5. Jahrhundert n. Chr. steht. Aber im Gegensatz zu den pauschalen Bemerkungen zu den Gefährdungen, Plünderungen und Zerstörungen von Stadt und Land sowohl durch marodierende Barbarengruppen als auch durch größere, bereits politisch organisierte *gentes* – plakativ in der Bemerkung des Bischofs Orientius von Auch (Augusta) zusammengefasst, ganz Gallien habe wie ein einziger Scheiterhaufen geraucht[4] – liegen uns nämlich zwei detaillierte Schilderungen der Nöte der Bevölkerung von Bazas in einem recht kurzen Zeitraum (ca. 408–415) vor. Beide Male konnte jedoch das Schlimmste verhindert werden, die Barbaren konnten die befestigte Stadt nicht einnehmen und zogen ab, wenn auch aus unterschiedlichen Gründen. Den Berichten Historizität und Authentizität zuzuerkennen sträubt sich die Forschung in nicht geringem Maße, weil es sich um Quellensorten handelt, die man mindestens im ersten Fall – da eine hagiographische Darstellung im Gewand einer Wundergeschichte – als unhistorisch ansieht und im zweiten Fall – da autobiographische Verarbeitung und Stilisierung eines Lebenslaufs und -werks in gebundener Rede – sehr skeptisch betrachtet. Auch handelt es sich in beiden Fällen, bezogen auf Bazas, um Nachrichten und Deutungen, die durch keine Parallelüberlieferung abgesichert sind.

Wie man mit hagiographischen Quellen sinnvoll umgeht und wie man sie im Hinblick auf Informationen, die sonst nicht belegt sind, mit Erfolg auswertet, ist mittlerweile allerdings erkannt und wird praktiziert. Hier helfen die Analyse von Weltverständnis und Bewusstseinslage des Verfassers und das Herausfiltern tendenzneutraler oder atypischer Aussagen und vor allem die Einsicht in die Genese solcher Wunderepisoden. Heiligenviten und Mirakelerzählungen sind ein in der Regel bereits in mündlicher Überlieferung ausgeformtes Erzählgut aus dem Umkreis von Heiligen, von heiligen Stätten und Schreinen und von als heilig angesehenen Objekten, das eine bis zwei Generationen nach seiner Entstehung und Vervollkommnung schriftlich fixiert und häufig noch mit weiteren Erzählelementen angereichert wurde.[5] Diese Geschichten waren gleichsam „verbal relics", konnten oder mussten aber – wie die materiellen Reliquien durch Zukauf bzw. Neuerwerb – aktualisiert werden. Derartige Aktualisierung betraf zum Zeitpunkt der schriftlichen Fixierung vor allem die Namen der Hauptakteure, die also zunächst vom Heiligen selbst einmal abgesehen noch

---

4   Orientius, Commonitorium II 184; zu ähnlichen zeitgenössischen Äußerungen vgl. G.M. Berndt, Konflikt und Anpassung. Studien zu Migration und Ethnogenese der Vandalen, Husum 2007 (Historische Studien 489), S. 96 f.

5   Methodisch und in der Anwendung grundlegend hierzu sind die Arbeiten von F. Lotter, Legenden als Geschichtsquellen, DA 27, 1971, S. 195–200; Severinus von Noricum. Legende und historische Wirklichkeit, Stuttgart 1976, bes. S. 156 177 u. Zur Interpretation hagiographischer Quellen, Mittellateinisches Jahrbuch 19, 1984, S. 37–62; vgl. auch R. van Dam, Saints and their Miracles in Late Antique Gaule, Princeton 1993, bes. S. 136–144.

austauschbar waren. Wirkliche Ereignisse werden in diesem Prozess bestimmten Typen von Wundern angeglichen und nicht selten bis zur Unkenntlichkeit verfremdet.[6]

Eine solche Wundergeschichte, die unter diesen methodischen Prämissen interpretiert werden kann, liegt im *Liber in gloria martyrum* c. 12 aus der Feder Gregors von Tours[7] für Bazas vor. Die zugrunde liegende Realität ist darin zwar zu einem fernen Spiegel geworden, der nur undeutlich reflektiert und die Sicht darauf trübt, aber sie bleibt letztendlich doch erkennbar. Für G. Scheibelreiter[8] in seinem großen Werk über die barbarische Gesellschaft waren solche und ähnliche Geschichten Zeugnisse für die vorherrschende Mentalität vom 5. bis zum 8. Jahrhundert, und so war von diesem Ansatz her die Frage nach dem jeweils realhistorischen Hintergrund und nach der Identität der handelnden Personen unerheblich. Andererseits kommt Scheibelreiter nicht umhin zu konstatieren: „Was Gregor hier unbewusst fast ins Rationale transportiert, verchristlicht er an anderer Stelle."[9] Das berichtete Wunder, das zu einer „innere(n) Kapitulation"[10] der Barbaren führte, d. h. zu ihrem völligen Abzug, und ein Folgewunder bestanden in der Perspektive der Überlieferer aus durch numinose Mächte veranlassten Erscheinungen, die es dem Anführer der Belagerer als sinnlos erscheinen ließen, die Stadt weiter zu belagern. Dieser wird mit dem Namen Gausericus und als *rex barbarorum*, die Barbaren zudem als Hunnen eingeführt. Während einer schon länger andauernden Belagerung wird den Belagerern an mehreren Abenden ein seltsames Schauspiel geboten. Zunächst schreitet der Bischof der Stadt, für die Barbaren gut sichtbar, jede Nacht Psalmen singend und betend die Stadtmauern ab,[11] ohne dass diese ihm besondere Beachtung schenken. Sie verlegen sich vielmehr auf das Plündern und Zerstören der Häuser, Äcker und Weingärten auf dem flachen ungeschützten Land und auf das Wegtreiben des Viehs. Anschließend wird der Barbarenkönig selbst mit einer Erscheinung konfrontiert. Diesmal begehen nun in Weiß gekleidete Gestalten Psalmen singend und angezündete Kerzen tragend den Mauerkranz. Der König ist über die darin zum Ausdruck kommende Sorglosigkeit und Anmaßung der Belagerten erzürnt und schickt Boten in die Stadt,

---

6 Charakteristisch für diesen Prozess sind Motivhäufung, Synchronisation verschiedener Vorgänge und Dubletten, vgl. Lotter (Severinus, s. Anm. 5), S. 141–155.

7 Gregor v. Tours, Liber in gloria martyrum c. 12 (MGH SS rer. Merov. I 2, 1885, ed. B. Krusch, S. 46).

8 G. Scheibelreiter, Die barbarische Gesellschaft. Mentalitätsgeschichte der europäischen Achsenzeit. 5.–8. Jahrhundert, Darmstadt 1999.

9 Scheibelreiter (s. Anm. 8), S. 248.

10 Scheibelreiter (s. Anm. 8), S. 248.

11 Gregor v. Tours, ed. Krusch (s. Anm. 7), S. 46, 3: *omni nocte sacerdos … circuibat psallendo et orabat* (konkret ist hier mit *circu(m)ire* das Schreiten auf dem Mauerkranz gemeint).

die von den Bürgern Aufklärung über ihr Tun verlangen. Diese stellen sich jedoch ahnungslos, und die Boten kehren unverrichteter Dinge zu ihrem König zurück. Und in der darauf folgenden Nacht werden König und Belagerungsheer Zeugen einer Erscheinung, zu deren Erklärung sie noch weniger fähig sind: ein großer Feuerball steigt über die Häuser in den Himmel empor, obwohl nirgends ein Brand auszumachen ist.[12] Wiederum schickt der König Boten in die Stadt mit dem Auftrag herauszufinden, was es mit der Feuerkugel auf sich habe. Die so Befragten wollen wiederum nichts gesehen haben, und so bleibt die Ursachenforschung erneut ergebnislos. Der König nimmt den Belagerten ihre Unkenntnis ab und zieht daraus den überraschenden Schluss, dass ihnen ihr Gott – *Deus eorum* – Beistand leiste, und bricht die Belagerung ab. „Gregor macht den König in seiner Nüchternheit fast zu einem Rationalisten",[13] der nach Ursachen forscht und aus den erhaltenen Informationen und aus eigener Anschauung seine (zunächst überraschenden) Schlüsse zieht. Den standhaften Bewohnern von Bazas wird unmittelbar anschließend ein weiteres Wunder teilhaftig. Von der Kirchendecke fallen drei gleichgroße kristallklare Tropfen auf den Altar, die sich schließlich in einer silbernen Patene zu einer kostbaren Gemme vereinigen.[14] Vor der in ein goldenes Kreuz später eingearbeiteten Gemme geschehen dann viele Wunder, auf die einzugehen sich bei unserer Fragestellung erübrigt.

Für das Verständnis der Geschichte von den drei Tropfen gibt Gregor von Tours selbst die Deutung. Sie sind Symbol und Versinnbildlichung der Einheit in der Trinität und damit auch ein Zeugnis für die Orthodoxie der von den Barbaren bedrohten Bevölkerung von Bazas. Die Rechtgläubigkeit der Bewohner von Bazas wird der *iniquam et Deo odibilem Arrianam heresim* gegenübergestellt, die sich damals überall ausgebreitet habe.[15] Aus dieser Feststellung ergibt sich nun ein klarer Fingerzeig zu einer genauen Identifizierung der Hunnen/ Barbaren unter dem König Gausericus, die die Belagerung aufgegeben hatten. Denn auch das goldene Kreuz mit der die Dreieinigkeit in der Einheit symbolisierenden Gemme wird für die Flucht der Barbaren verantwortlich gemacht.[16] Die Hunnen waren ein Synonym für Barbaren, aber sie waren keine arianischen Christen, sondern Heiden. Mit der Anspielung auf die arianische Häresie und der Namennennung Gausericus können wir die Belagerer vielmehr eindeutig als Vandalen identifizieren.

Die Wundererzählung lässt sich noch weiter historisch auswerten, ungeachtet dessen, dass es überhaupt nicht die Absicht derer war, die am Anfang

---

12 Gregor v. Tours, ed. Krusch (s. Anm. 7), S. 46, 13: *Alia vero nocte vidit quasi globum magnum ignis super urbem discendere.*
13 Scheibelreiter (s. Anm. 8), S. 247.
14 Gregor v. Tours, ed. Krusch (s. Anm. 7), S. 46, 23–25.
15 Gregor v. Tours, ed. Krusch (s. Anm. 7), S. 46, 26–27.
16 Gregor v. Tours, ed. Krusch (s. Anm. 7), S. 46, 33: *Nec mora, fugato, ut diximus, hoste civitas liberata est.*

ihrer mündlichen Fixierung standen, der Nachwelt ein historisches Ereignis als solches zu überliefern. Es wird allgemein angenommen, dass die Vandalen nach ihrem Rheinübergang und auf ihrem Durchzug durch Gallien mit dem Ziel Spanien auch Bazas berührt haben werden.[17] Das mag im Jahr 408 oder im Frühjahr 409 gewesen sein.[18] In den Jahren davor sollen die *gentes* nach dem Zeugnis des Hieronymus[19] eine Vielzahl von Römerstädten jenseits des Rheins zerstört bzw. eingenommen haben. Die Aufzählung der betroffenen Städte bei Hieronymus ist so unsystematisch, dass daraus keine wirkliche Marschrichtung der Verbände erschlossen werden kann. Die Invasoren mögen sich dabei zunächst auf die nordostgallischen Regionen konzentriert haben, bevor sie dann die südwestgallischen Gebiete in Richtung Pyrenäen durchzogen und in Spanien ankamen. Deutliche Zerstörungs- und Brandhorizonte lassen sich jedenfalls nicht feststellen,[20] beim Fehlen einer für Belagerungen effektiven Ausrüstung dürften Objekt der Begierde vorrangig die von den Kommunen eingelagerten

---

17 Verf., Die Vandalen. Etappen einer Spurensuche, Stuttgart 2007, S. 54 f. mit Karte 2 u. 58 (vgl. auch dens., Art. „Wandalen", RGA 33, 2006, S. 181). Berndt (s. Anm. 4), S. 159 spricht bezüglich der von Gregor von Tours geschilderten Belagerung von Bazas von einer Verwechslung, wobei nicht klar wird, ob Berndt dabei an eine Dublette denkt und von zwei verschiedenen Schilderungen ein und derselben Belagerung von Bazas ausgeht. Eine Verwechslung kann jedenfalls nur den Namen des Königs betreffen, die Situationen sind hingegen so verschieden, dass es sich nicht um eine Dublette handeln kann.

18 Für das Jahr 409 sind 2 Pyrenäenübergänge der *gentes* – am 28. 9. und am 13. 10. – präzis datiert (Hydatius 42). Das rechtfertigt die Annahme – allerdings unter der Voraussetzung, dass die *gentes* während ihres gesamten Gallienaufenthalts zusammengeblieben sind –, dass der Übergang über die Pyrenäen eine längere Phase in Anspruch nahm, eben den Zeitraum von gut zwei Wochen (so Berndt [s. Anm. 4], S. 101–103). Geht man davon aus, dass die *gentes* sich spätestens nach den Rheinübergängen getrennt hatten und Gallien auf verschiedenen Routen durchzogen, dann machen die beiden Daten für den Übergang über die Pyrenäen bzw. die Ankunft in Spanien durchaus Sinn (so Verf. [Die Vandalen, s. Anm. 17], S. 58 f.). Auch der Rheinübergang der *gentes* erfolgte nicht an einem einzigen Ort und zur gleichen Zeit, vielmehr wird man von zwei Rheinübergängen am Ende des Jahres 405 ausgehen können (Verf. [Die Vandalen, s. Anm. 17], S. 46–53 mit Karte 2, S. 55 u. A. Alemany Vilamajó, Sources on the Alans. A Critical Compilation, Leiden–Boston–Köln 2000 [Handbook of Oriental Studies – Handbuch der Orientalistik VIII 5], S. 58). Ende 405 statt 406 auch bei L. Schumacher, Mogontiacum, in: M.J. Klein (Hrsg.), Die Römer und ihr Erbe, Mainz 2003, S. 23 f.

19 Hieronymus, ep. 123, 15 gibt einen regelrechten Völkerkatalog wieder, der sich auf die Völkerlawine bei ihrem Übergang über die Donau beziehen muss und die Situation bei den Rheinübergängen nicht wiedergibt; so gehörten Ende des Jahres 405 die Burgunder ebenso wenig dazu wie Sarmaten, Gepiden, Heruler, Sachsen (!) und Alemannen, jedenfalls nicht als gentile Einheiten, wie Hieronymus vorgibt (vgl. F. Lotter/R. Bratož/ Verf., Völkerverschiebungen im Ostalpen-Mitteldonau-Raum zwischen Antike und Mittelalter 375–600, Berlin–New York 2003, S. 32 f. u. S. 90–92).

20 Berndt (s. Anm. 4), S. 96 f.; Verf. („Wandalen", s. Anm. 17), S. 179 f. u. ders. (Die Vandalen, s. Anm. 17), S. 53.

Wintervorräte gewesen sein. Die Barbaren konnten davon ausgehen, sowohl im unmittelbaren Umland der Städte ausreichend Getreide und andere Versorgungsgüter für Mensch und Vieh durch Plünderungen zu gewinnen als auch durch Übereinkunft mit den städtischen Autoritäten als Kompensation für ihren Abzug die Versorgung mit Proviant auszuhandeln. Unsere Wundererzählung offenbart dies zur Genüge in der tendenzneutralen, für eine Mirakelgeschichte eher untypischen Angabe, die Barbaren hätten von der Belagerung zeitweise Abstand genommen und seien plündernd und sengend durch das Umland gezogen. Eher untypisch, dafür aber glaubwürdig – wenn auch auf den ersten Blick überraschend – ist auch die Schilderung der anscheinend nie abgebrochenen Kommunikation zwischen Belagerern und Belagerten. Man hat eher den Eindruck, als glaubten die Belagerer selbst nicht an ihren Erfolg, versuchten vielmehr, mit den Bewohnern von Bazas immer wieder ins Gespräch zu kommen. Dass diese Kommunikation nach unserer Quelle nicht um konkrete materielle Dinge ging – um die es zweifellos in Wahrheit ging –, wird der hagiologischen Perspektive des Autors bzw. der ihm vorliegenden mündlichen Überlieferung verdankt, die daran nicht interessiert waren, sondern Beispiele für die Wirkmächtigkeit eines festen, durch Wunder gestärkten Glaubens unter den Hörern und Lesern verbreiten wollten.

Der auffallend rational agierende Barbarenkönig trägt in der Mirakelgeschichte den Namen *Gausericus*. Dass mit ihm Geiserich gemeint sei, ist communis opinio und auch zweifellos richtig.[21] Zum König erhoben wurde Geiserich allerdings erst in Spanien und wohl im Zusammenhang einer neuerlichen Ethnogenese nach den Niederlagen der Alanen und Silingen durch die Westgoten Valias.[22] Zum Zeitpunkt des Zugs der Vandalen durch Gallien nach Spanien und

---

21 Vgl. Krusch (s. Anm. 7), S. 46 Anm. 1. Zu den Namenvarianten des Vandalenkönigs vgl. N. Wagner, Gaisericus und Gesiric, Beiträge zur Namenforschung 37, 2002, S. 259–270 u. N. Francovich Onesti, I Vandali. Lingua e storia, Rom 2002, S. 155 f.

22 Zur vandalischen Ethnogenese in Spanien als Folge des Untergangs der Silingen und Alanen nach deren Niederlagen gegen die im römischen Auftrag handelnden Westgoten unter Valia vgl. Verf. (Die Vandalen, s. Anm. 17), S. 67–72. Nach Berndt (s. Anm. 4), bes. S. 172–174 bildete sich die *gens Vandalorum* erst nach dem Übergang nach Nordafrika heraus. Der Untergang der Silingen und spanischen Alanen als selbständigen Sozialverbänden und die Königserhebung Geiserichs noch in Spanien und noch zu Lebzeiten seines Bruders Gunderich spricht für eine Konstituierung eines neuen Großverbands noch in Spanien (vgl. auch Verf. [„Wandalen", s. Anm. 17], S. 185–187 u. dens. [Die Vandalen, s. Anm. 17], S. 67–72). – Zu den Kämpfen mit den in römischem Dienst stehenden Westgoten unter Valia in Spanien vgl. H. Wolfram, Die Goten. Von den Anfängen bis zur Mitte des 6. Jahrhunderts. Entwurf einer historischen Ethnographie, München 4. Aufl. 2001, S. 176 f.; Berndt (s. Anm. 4), S. 160 u. G. Kampers, Geschichte der Westgoten, Paderborn 2008, S. 109.

damit auch bei der Ankunft der *gens* vor Bazas führte sein Vater Godegisel[23] die Vandalen an. Als man vielleicht zwei Generationen später an die Verschriftlichung der Episodenerzählung vom durch göttliche Hilfe bewirkten Scheitern der Vandalen vor Bazas ging, war der – zudem lange regierende – Vandalenkönig Geiserich der bekannteste Barbarenfürst der Zeit. Ihm, „dem gewaltigsten Kämpfer unter allen Männern und dem König des Landes und des Meeres",[24] widerstanden zu haben, war eine besondere, ja geradezu einmalige Auszeichnung für den Beharrungswillen der Einwohner von Bazas und für deren durch Verdienst erworbene Gnade Gottes. Den Namen des weniger bekannten Vandalenkönig Godegisel[25] im Zusammenhang des Zeitpunkts der Verschriftlichung der Wundergeschichte durch den Namen Gausericus/Geiserich zu ersetzen, war eher ein kleiner Schritt. Und als Gregor von Tours ca. 100 Jahre später sie in seinen *Liber de gloria martyrum* einfügte, war ihm dabei sicher kein Fehler unterlaufen,[26] war doch der Name Gausericus/Geiserich bereits zu einem festen Bestandteil des Wunders von Bazas geworden.

Wenige Jahre nach der gescheiterten Belagerung von Bazas durch die Vandalen hatte sich die politische Landkarte in den germanisch-gallischen Provinzen des weströmischen Reiches gründlich verändert. Sowohl nach Absprachen mit der weströmischen Zentralregierung in Ravenna als auch durch Vereinbarungen mit Usurpatorenregimen, dazu in unautorisierten Besitznahmen römischen Provinzialbodens durch barbarische Gruppen erlebte dieser Großraum im 2. Jahrzehnt des 5. Jahrhunderts einen gewaltigen Umbruch. Die Völkerlawine, die wohl schon zum Jahresende 405[27] den Rhein überschritten hatte, war bereits im

---

23 Es ist vollkommen unverständlich, dass der Tod Godegisels noch vor den Einfall der Vandalen in Spanien angesetzt wird (so jetzt wieder Berndt [s. Anm. 4], S. 92). Dem widersprechen sowohl das Zeugnis des Renatus Profuturus Frigeridus bei Gregor v. Tours, hist. Franc. II 9 wie die eindeutigen Aussagen bei Prokop, b. V. I 3,2; 3,23–25 u. 32–34 als auch die seinem Nachfolger Gunderich gegebenen 18 Regierungsjahre, womit dessen Herrschaftsbeginn in der Nachfolge Godegisels erst in das Jahr 410 fällt (Isid., hist. Wandal. 73; Hydatius 79). Zu erklären ist dies wohl damit, dass man dem von Gregor v. Tours eingearbeiteten Frigeridusfragment nicht traut und relativ späten Zeugnissen wie dem von Prokop oder von Isidor von Sevilla die Glaubwürdigkeit abspricht.

24 Prokop, b. V. I 3,24; Theophanes 5941.

25 Zum Namen Godegisel vgl. Francovich Onesti (s. Anm. 21), S. 159 f. Dass die Namen Godegisel und Gausericus/Geiserich alliterieren, könnte den Namenaustausch ebenfalls erleichtert haben.

26 So Berndt (s. Anm. 4), S. 159, der den Prozess der Aktualisierung im Zuge der Verschriftlichung der Mirakelgeschichte nicht in Rechnung stellt.

27 Eine Vordatierung des Rheinübergangs auf Ende 405 wurde mit guten Gründen von M. Kulikowski, Barbarians in Gaul, Usurpers in Britain, Britannia 31, 2000, S. 325–345 vorgenommen. Der Mainzer Althistoriker L. Schumacher und der Verf. möchten sich ihm anschließen, weil dadurch zahlreiche Ungereimtheiten in der Überlieferung zu den

Herbst 409 nach Spanien weitergezogen, unter Zurücklassung von mindestens zweier Gruppen von Alanen.[28] Dafür war aber mit den Westgoten, die gerade erst aus einer „Fahrten- und Schicksalsgemeinschaft" zu einem Volk geworden waren,[29] ein neuer und starker Faktor im Kräftespiel zwischen rechtmäßiger Regierung in Ravenna, dem Usurpatorenregime des von den Burgundern[30] und einer Teilgruppe der Alanen unterstützten Iovinus und der gallorömischen Senatsaristokratie aufgetaucht. Die Westgoten unter ihrem König Athaulf hatten – zunächst in Absprache mit Ravenna – 413 wichtige südwest- und südostgallische Zentren – Bordeaux, Toulouse, Narbonne – erobert, dabei auch wieder mit Priscus Attalus[31] ein Usurpatorenregime reaktiviert und damit Ravenna vor den Kopf gestoßen.[32] In diese beiden Jahre der erstmaligen Festsetzung der Westgoten im südwestgallischen Raum gehört das detaillierte Stimmungsbild, das uns als ein umfangreiches autobiographisches Zeugnis in Gedichtform – in Hexametern – aus der Feder eines Mitakteurs vorliegt. Der Titel des Gedichts ist eher ungewöhnlich: „Danksagung an Gott in Verbindung mit dem Text meines Tagebuchs" (*Eucharistikos Deo sub ephemeridis meae textu*).[33] Der Verfasser Paulinus von Pella,[34] ein Enkel des berühmten Ausonius, war als Mitglied der gallorömischen Senatsaristokratie zu den Westgoten und zum von diesen unterstützten oder überhaupt erst etablierten Usurpatorenregime des Priscus Attalus übergelaufen und hatte diesem in einer hohen Funktion – als *comes privatarum largitionum* –[35] gedient. In dieser Eigenschaft sah er sich mit

turbulenten Jahren zwischen 405 und 407 beseitigt werden könnten, vgl. auch J.F. Drinkwater, The Alamanni and Rome 213–496 (Caracalla to Clovis), Oxford 2007, S. 321.

28 Zu den über Europa und Asien verstreuten verschiedenen Alanengruppen vgl. B.S. Bachrach, A History of the Alans in the West, Minneapolis 1973, das monumentale, alle erdenklichen Belege zusammentragende und interpretierende Werk von Alemany Vilamajó (s. Anm. 18) u. jetzt V. Kouznetsov/I. Lebedynsky, Les Alains. Cavaliers des steppes, Paris 2007.

29 Wolfram (s. Anm. 22), S. 167 u. Kampers (s. Anm. 22), S. 110–117.

30 Zum ersten Burgunderreich am Mittelrhein vgl. R. Kaiser, Die Burgunder, Stuttgart 2004, S. 26–37 u. Verf., Die Völkerlawine der Silvesternacht 405 oder 406 und die Gründung des Wormser Burgunderreichs, in: V. Gallé (Hrsg.), Die Burgunder. Ethnogenese und Assimilation eines Volkes, Worms 2008, S. 31–47.

31 PLRE II, 1980, S. 180 f.

32 Wolfram (s. Anm. 22), S. 167–169 u. Kampers (s. Anm. 22), S. 112 f.

33 Paulin de Pella. Poème d'action de graces et prière, Paris 1974 (SC 209). Deutsche Übersetzung mit Einführung von J. Vogt, Der Lebensbericht des Paulinus von Pella, in: Festschr. Fr. Vittinghoff, Köln–Wien 1980, S. 527–572. Eine englische Übersetzung findet sich in der Ausonius-Ausgabe der Loeb Library: Ausonius II, transl. by H.G.E. White, Cambridge–London ND 1985, S. 304–35; auch hier (S. 335) wird *sors oblata* ausschließlich übertragen verstanden und mit *chance* wiedergegeben.

34 K.F. Stroheker, Der senatorische Adel im spätantiken Gallien, Reutlingen 1948 (ND Darmstadt 1970), bes. S. 202 f.; PLRE I, 1971, S. 677 f. (Paulinus Nr. 10).

35 Paulin., Eucharistikos 295.

einer alanischen Gruppe konfrontiert, die im Einverständnis mit den Westgoten Athaulfs gerade Bazas belagerte und mit der er eine Verständigung zu erreichen suchte. Es gelang Paulinus überraschenderweise damals, die Alanen zum Abzug zu bewegen und sie aus der Allianz mit den Westgoten zu lösen.[36]

Die Bedeutung des Gedichts liegt für den Historiker nun darin, dass es Passagen mit wichtigen Informationen enthält, die bisher nicht oder nur unzulänglich gewürdigt worden sind, z.T. auch dadurch, dass die poetische Ausdrucksweise des Paulinus nicht verstanden worden ist (um nicht zu sagen, dass sie falsch übersetzt wurde). Schon die Identifizierung des Anführers der alanischen Belagerer bereitet Schwierigkeiten. Von Paulinus König – *rex* – genannt und als Freund eingeführt[37] kann es sich nicht um den in den Quellen mehrfach bezeugten, bei der Erhebung des Usurpators Iovinus eine erhebliche Rolle spielenden Goar[38] gehandelt haben. Dieser war Heide, während der barbarische *rex* vor Bazas offensichtlich ein Christ war.[39] Ebenso auffällig wie schon bei der Belagerung von Bazas durch die Vandalen wenige Jahre zuvor (s.o.) sind die anscheinend kaum eingeschränkten Möglichkeiten der Kommunikation zwischen Belagerern und Belagerten. Paulinus geht aus der Stadt heraus, um den Alanenkönig zu treffen und zu sprechen, der König wiederum gibt zu verstehen, dass er Paulinus nur dann wieder in die Stadt zurückkehren lassen könnte, wenn dies in seiner Begleitung geschehe, er selbst in die Stadt aufgenommen werden würde.[40] Nach Beratungen mit den Häuptern der Stadt – *primates urbis* – kommt es dann zum Seitenwechsel des Königs und zu einem Vertragsabschluß.[41] Die Alanen übernehmen als neue Schutzmacht die Sicherheit der Stadt und stellen als Unterpfand der Einhaltung ihrer Verpflichtungen sogar Gattin und Sohn ihres Königs als Geiseln.[42] Die Westgoten Athaulfs sind nun der gemeinsame Feind.[43] Folge davon ist, dass sich gotische Truppen, die sich im Umland der Stadt zu Plünderungszwecken aufhalten, einfach davon machen.[44] Und schließlich ziehen sogar die Alanen ab, nach den Worten des Paulinus „entschlossen den Frieden mit den Römern zu wahren".[45] Befremdlicherweise wird die in gebundene Rede gegossene ausführliche Darstellung des Paulinus in

---

36 In Paulin., Eucharistikos 382 wird vom „gemeinsamen gotischen Feind" gesprochen (*communi tamquam Gothico … ab hoste*).
37 Paulin., Eucharistikos 346.
38 PLRE II, 1980, S. 514 f.
39 Paulin., Eucharistikos 375: *auxiliante Deo, cuius iam munus habebat*; *munus* meint hier zweifellos die göttliche Gnade; vgl. auch PLRE II, 1980, S. 1236 (Anonymus 118).
40 Paulin., Eucharistikos 353–361.
41 Paulin., Eucharistikos 368–376.
42 Paulin., Eucharistikos 379 f. u. 383–385.
43 Paulin., Eucharistikos 382.
44 Paulin., Eucharistikos 390–395.
45 Paulin., Eucharistikos 397 f.: *fidem pacis servare parati Romanis…*

wichtigen Punkten immer wieder missverstanden. Der Westgotenkönig Athaulf wird zwar einmal namentlich genannt, aber bei dem Anführer der alanischen Belagerer von Bazas handelt es sich um den Alanenkönig, dessen Namen Paulinus uns verschweigt, und nicht um den König der Westgoten. Diese Verwechslung ist anscheinend nicht auszurotten, aber sie bleibt eine Verwechslung und führt zu einer Reihe von Fehlinterpretationen.[46]

Die wie eine Peripetie im antiken Drama plötzlich eingetretene neue Situation in Bazas wird im Eucharistikos äußerst anschaulich geschildert und zudem so, dass man spürt, dass hier eigenes und unmittelbares, totalen Anteil nehmendes Erleben zugrunde liegt. Danach strömen die Frauen der bewaffneten alanischen Krieger nach Bekanntwerden der Übereinkunft aus ihren Unterkünften (sedes) heraus und vereinigen sich mit ihren Männern, auf den Mauern der Stadt wiederum steht die waffenlose Menge der Bürger beiderlei Geschlechts, während sich die bisherigen Feinde außerhalb der Mauern und geschützt durch ihre Wagen und Waffen aufhalten.[47] Dieses farbige Bild, das Paulinus von Pella von der Aufnahme des Friedensschlusses durch beide Parteien zeichnet, enthält eine Reihe von aufschlussreichen Hinweisen, die sich sehr gut in unsere aus den sonstigen Quellen gewonnene Vorstellung von den Migrationen der gentes einfügt. Auch die alanische Belagerungstruppe, nicht nur der Anführer, war komplett mit Frau und Kind unterwegs. Ihr Transportmittel war – neben den Reitpferden – der Wagen (plaustrum), auf dem die Familie Platz fand. Diese Wagen waren unterhalb der Stadtmauern postiert, d. h. man musste nicht befürchten, dass sie von den Belagerten von der Stadtmauer herab in Brand gesetzt würden. Hier fassen wir eine schöne Parallele zu den Ereignissen während der Belagerung von Bazas durch die Vandalen einige Jahre vorher. Auch damals war das Tischtuch zwischen den Kontrahenten nicht wirklich durchtrennt worden, zweifellos in der Erwartung, dass es zu einer Einigung kommen würde. Wie aber ist dieses Verhalten zu erklären? Setzt man eine gewisse Rationalität auf Seiten der Barbaren voraus, dann fällt eine Erklärung nicht schwer. Den Barbaren mag längst bewusst gewesen sein, dass sie keine Chance hatten, eine befestigte, mit Vorräten versehene römische Stadt in einer angemessenen Belagerungszeit zu erobern. Andererseits waren die Stadtbewohner an einem baldigen Abzug der Belagerer interessiert und suchten deshalb nicht die Konfrontation um jeden Preis. Hätten sie die Wagen der Alanen zerstört, dann wären sie diese kaum losgeworden. Abzugsverhandlun-

---

46 Paulin., Eucharistikos 311: regis … Atiulfi (sc. der Westgotenkönig); ebd. 346 u. 352 kann nur der namentlich ungenannte Alanenkönig gemeint sein, ebenso 379 f., wo von uxor regis und regis caro quoque nato die Rede ist, allein schon deshalb, weil in Vers 378 die Alanen genannt werden. Deshalb denkt auch Vogt (s. Anm. 33), S. 572 Anm. 13 zu Vers 346 an den Alanenkönig Goar.

47 Paulin., Eucharistikos 377 f., 386–389.

gen, die den Belagerten in der Regel natürlich einiges kosteten, war immer das Gebot der Stunde. Und ebenso endete selbst die Einnahme einer Stadt durch eine Barbarentruppe nicht regelmäßig in deren Zerstörung, sondern sie geschah auf dem Verhandlungswege und mit gewissen Garantien für Leib und Leben der Bevölkerung. Dies war auch die entscheidende Voraussetzung dafür, dass städtisches Leben und städtische Kultur in den frühmittelalterlichen Reichen jedenfalls auf dem Boden des Imperium Romanum nicht zum Erliegen kamen.

Die „Danksagung an Gott" aus der Feder des Paulinus von Pella enthält zudem einen besonders wichtigen Hinweis, mit der ein ganz aktueller Streitpunkt in der Forschung entschieden werden kann. Es geht um das Problem, ob die Barbaren im Zusammenhang ihrer Reichsgründungen wirklich auf echte Landzuweisungen aus waren und dafür umfangreiche Landenteignungen in Gang gesetzt werden mussten. Seit den Forschungen von Goffart hat diesbezüglich eine Richtung an Boden gewonnen, die solche Landzuweisungen vehement bestritten und ausschließlich von der Zuweisung von Steueranteilen an die Land nehmenden Barbaren ausgeht.[48] Diese ‚fiskalistische' These wollen Goffart und im Anschluss an ihn Durliat auf alle völkerwanderungszeitlichen barbarischen Reichsgründungen mehr oder weniger flächendeckend angewandt wissen. Nun mag sich eine Kriegerschicht in einer Übergangsphase mit der Zuweisung von Steueranteilen zufrieden gegeben haben, aber nur mit der handfesten Option auf Landbesitz, zumal die Barbaren nie daran dachten, zu bodenständigen Ackerbauern zu werden, sondern die ihnen übereigneten Güter von Pächtern und Sklaven bewirtschaften ließen. Eine solche Erwartungshaltung wird an der alanischen Barbarentruppe unter ihrem namentlich unbekannten *rex* in kaum zu überbietender Klarheit deutlich, sofern man die entsprechende Stelle bei Paulinus von Pella richtig übersetzt. Die Verse 395–398 des Eucharistikos lauten: …*Cuius non sero secuti / exemplum et nostri quos diximus auxiliares / discessere, fidem pacis servare parati / Romanis, quoquo ipsos sors oblata tulisset.* In der Übersetzung von J. Vogt[49] nimmt sich diese Passage aus dem Eucharistikos so aus: „Diesem Beispiel folgten alsbald auch die übrigen, die wir Hilfstruppen nannten, und räumten das Feld, entschlossen den Frieden mit den Römern treu zu wahren, wohin immer das kommende Geschick sie bringen würde." Völlig unverständlich ist hierbei die Wiedergabe von *nostri* (Vers 396) mit „die übrigen", nicht exakt ist zudem die Übersetzung

---

48 W. Goffart, Barbarians and Romans. AD 418–584. The Techniques of Accomodation, Princeton 1980; J. Durliat, Le salaire de la paix sociale dans les royaumes barbares (V^e–VIe siècles), in: H. Wolfram/A. Schwarcz (Hrsg.), Anerkennung und Integration. Zu den wirtschaftlichen Grundlagen der Völkerwanderungszeit 400–600 (Veröffentlichungen der Kommission für Frühmittelalterforschung 11), Wien 1988, S. 21–72.

49 Vogt (s. Anm. 33), S. 559. Richtiges Verständnis von *sors* als Landlos bei R. W. Mathisen, Roman Aristocrats in Barbarian Gaul. Strategies for Survival in an Age of Transition, Austin 1993, S. 71.

von *sors oblata* (Vers 398) mit „kommende(m) Geschick". *Nostri* sind die neuen Verbündeten, die Alanen des namentlich nicht bekannten *rex*, die dadurch zu *auxiliares* (verbündete Truppen) des von Paulinus von Pella repräsentierten Regimes des Priscus Attalus werden. Und *sors oblata* hat zunächst einmal die Bedeutung „übertragenes, angebotenes Landlos",[50] wobei damit ein schönes Wortspiel verbunden ist. Denn ein zugewiesenes, übertragenes Landlos – wo auch immer auf römischem Reichsboden – ist auch die Manifestation eines individuellen wie kollektiven Schicksals. Die Passage sollte in etwa also lauten: „Diesem Beispiel alsbald folgend zogen auch die Unsrigen, die wir (jetzt) Hilfstruppen nannten, ab, bereit mit den Römern Friedenstreue zu bewahren, wohin auch immer das (ihnen) angebotene Landlos sie bringen würde." Es spricht auf Grund dieser Formulierung einiges dafür, dass das kurzlebige Usurpatorenregime des Priscus Attalus im südwestlichen Gallien durch seinen hohen Funktionsträger Paulinus von Pella den Alanen für ihren Abzug aus Bazas auch konkret Ansiedlungsflächen zusagte. Damit fallen die Geschehnisse von Bazas in eine bisher von der Forschung nicht zur Kenntnis genommene Phase, in der Priscus Attalus den Versuch unternahm, von der westgotischen Bevormundung loszukommen und sich vielleicht im Einklang mit der gallorömischen Senatsaristokratie eine eigenständige Position und Neuorientierung sowohl gegenüber Ravenna als auch gegenüber den Westgoten aufzubauen. Dieser – sich aus verschiedenen Gründen schnell erledigende – Versuch lässt sich durchaus in die politischen Ereignisse und Konstellationen nach dem Erscheinen der Westgoten in Gallien genauer einordnen. Noch im Jahre 414 musste Priscus Attalus zwar in der Rolle des Gefolgsmanns bei der Vermählung des Gotenkönigs mit der kaiserlichen Prinzessin Galla Placidia in Narbonne – eine Heirat, die als Verbindung der „Königin des Südens mit dem König des Nordens" stilisiert wurde – das Hochzeitsgedicht aufsagen.[51] Im folgenden Jahr aber zogen die Westgoten in die im Nordosten Spanien gelegene Tarraconensis ab, im Sommer 415 fiel ihr König durch Mörderhand.[52] Der Versuch einer Neuorientierung des Priscus Attalus und seines politischen Anhangs, sich von den Westgoten zu lösen und ‚die alanische Karte' zu ziehen, gehört zeitlich in diese wenigen Monate, ja Wochen, als sich abzeichnete, dass Ravenna massiv in die Verhältnisse in Gallien eingreifen würde, wie es alsbald auch erfolgreich geschah.[53] Der als Marionette Alarichs mit den Goten nach Gallien gezogene Usurpator von 409/410 hatte zunächst und erfolglos versucht, die Westgoten

---

50 *oblata* ist bekanntlich ein Partizipium Perfekt und kein Präsenspartizip.

51 Wolfram (s. Anm. 22), S. 169 f.

52 Wolfram (s. Anm. 22), S. 170 f.; Kampers (s. Anm. 22), S. 108 f.

53 Wolfram (s. Anm. 22), S. 170; E. Demougeot, La formation de l'Europe et les invasions barbares II 2, Paris 1979, S. 464–469; A. Demandt, Die Spätantike. Römische Geschichte von Diocletian bis Justinian 284–565 (HdAW III 6), München 1989, S. 147–149.

unter Athaulf zu einer Unterstützung des Usurpators Iovinus zu gewinnen. Nach dem Sturz des Iovinus 413 und dem Abzug der Westgoten nach Spanien 415 hatte er sich dann mit seinen Gefolgsleuten, darunter Paulinus von Pella, auf eigene Füße gestellt und versucht, das südliche Gallien gegen die Armee der Zentralregierung in Ravenna zu behaupten und eine eigene Herrschaft zu etablieren. Gegen die Streitkräfte unter dem Heermeister Constantius, der als Constantius III. später sogar die Kaiserwürde erringen sollte, war Priscus Attalus jedoch chancenlos. Er wurde noch im Jahre 415 oder ein Jahr später gefangen genommen, nach Rom verbracht und dort im Jahre 416 im Triumph mitgeführt. Zudem wurde er auf Befehl des Kaisers Honorius verstümmelt und beschloss sein Leben in der Verbannung auf den Liparischen Inseln.[54] Obwohl eine isolierte, nicht durch Parallelbelege zu kontrollierende Aussage, lässt sich aus wenigen Zeilen des Eucharistikos des Paulinus von Pella ein Szenario sonst verloren gegangener Reichsgeschichte des 2. Jahrzehnts des 5. Jahrhunderts rekonstruieren.

Forschungsmäßig gesehen bedeutsamer ist zweifellos das hier aufgezeigte Verständnis von *sors oblata;* darunter ist jedenfalls kein einem Barbaren jährlich zu übereignender Steueranteil zu verstehen, sondern ganz konkret ein Stück Land von welchem Umfang auch immer. Werden immerhin mittlerweile in der Forschung unter den *sortes Vandalorum* überwiegend wieder die Zuweisung von Landgütern an die Vandalen verstanden, so dass man auf Seiten der ,Fiskalisten' sich anscheinend darauf verständigt hat, die nordafrikanischen Verhältnisse zur Ausnahme zu deklarieren, so könnte die klare Aussage des Paulinus von Pella bezüglich der den Alanen angebotenen Landlose zu einer Umbesinnung in der Forschung im Hinblick auf die Arrangements führen, die bei einer Ansiedlung barbarischer *gentes* über die Bühne gingen. Heiligenviten, Mirakelgeschichten und poetische Werke sollten für eine relativ quellenarme Epoche wie Spätantike/frühes Mittelalter[55] nicht vernachlässigt, ja stärker berücksichtigt werden, ermöglichen sie doch unter Beachtung eines strikt methodisch-kritischen Ansatzes ereignisgeschichtliche wie strukturelle Erkenntnisse, die uns die häufig dürftigen chronikalischen und historiographischen Quellen verweigern.

Abstract

Bazas in south-western Gaul is an impressive example for a scenario continuously repeating itself throughout the fourth and fifth centuries: a siege by a horde of barbarians, the danger of losing one's life or, at the very least, house

---

54 PLRE II, 1980, S. 181.

55 Ein weiteres Manko für Erschließung und Verständnis dieser Epoche ist die immer dünner werdende inschriftliche und urkundliche Überlieferung.

and property and being abducted. Only seldom are we hereby provided with insights on the mindsets, sensitivities, hopes and goals of the barbarians and, if at all, merely from an exterior vantage point. Evidence authentic to the barbarians themselves, however, is extremely seldom. Accordingly, for the case of the situation of Bazas between the year 408 and 415 we likewise only possess the views of those under threat, in the form of poetry (Paulinus of Pella) and hagiography (Gregory of Tours). Still, they believably convey a faculty for rational action on the side of the barbarians. Moreover, Paulinus of Pella offers a convincing argument against the „fiscalistic" hypothesis of Goffart and Durliat.

Autoren dieses Bandes

Prof. Dr. Stephan Borgehammar, Praktisk teologi / Practical Theology, Centrum för teologi och religionsvetenskap (CTR), Allhelgona Kyrkog. 8, SE-223 62 Lund, Sweden

Prof. Dr. Dariusz Brodka, Uniwersytet Jagielloński, Instytut Filologii Klasycznej, Al., Mickiewicza 9/11, Pl-31-120 Kraków, Polen

Univ.-Prof. a. D. Dr. Helmut Castritius, Frankfurter Landstr. 52, 64291 Darmstadt

Dr. Gian Franco Chiai, Berlin-Brandenburgische Akademie der Wissenschaften, Jägerstr. 22/23, 10117 Berlin

Dr Jitse H.F. Dijkstra, Department of Classics and Religious Studies, University of Ottawa, Ottawa, ON, K1N 6N5, Canada

Prof. Dr. emer. Siegmar Döpp, Calvinstraße 23 Gartenhaus, 10557 Berlin

Prof. Dr. Geoffrey Greatrex, Department of Classics and Religious Studies, University of Ottawa, Ottawa, ON, K1N 6N5, Canada

Prof. Dr. Elke Hartmann, Humboldt-Universität zu Berlin, Philosophische Fakultät I, Alte Geschichte, Unter den Linden 6, 10099 Berlin

Dr. Laura Mecella, Universität Basel (SNF Projekt Iulius Africanus), Nadelberg 10, 4051 Basel, Schweiz

Timothy Pettipiece Ph.D, Carleton University, College of Humanities, 1125 Colonel By Drive, Ottawa, ON, K1S 5B6, Canada

Prof. Dr. Jan Stenger, Exzellenzcluster TOPOI, Freie Universität Berlin, Hittorfstraße 18, 14195 Berlin

Abkürzungen
(Editionen, Zeitschriften, Reihen, Nachschlagewerke)

AA	Archäologischer Anzeiger
AASS	Acta Sanctorum
AB	Analecta Bollandiana
ABSA	Annual of the British School at Athens
ACO	Acta conciliorum oecumenicorum
ACR	American Classical Review
ADSV	Antičnaja drevnost' i srednie veka
AE	L'année épigraphique
AHC	Annuarium historiae concilio rum
AHR	American Historical Review
AION	Annali del Istituto Orientale di Napoli
AIPHOS	Annuaire de l'Institut de Philologie et d'Histoire Orientales et Slaves
AJA	American Journal of Archaeology
AJAH	American Journal of Ancient History
AJPh	American Journal of Philology
AJSLL	American Journal of Semitic Languages and Literatures
AKG	Archiv für Kulturgeschichte
AnatSt	Anatolian Studies
AncSoc	Ancient Society
ANRW	Aufstieg und Niedergang der römischen Welt
AntAfr	Antiquités africaines
AnTard	Antiquité tardive
AntCl	L'antiquité classique
AOC	Archives de l'Orient chrétien
AP	Ἀρχεῖον Πόντου
APF	Archiv für Papyrusforschung
ArchDelt	Ἀρχαιολογικὸν Δελτίον
ASS	Archivio storico Siracusano
AT	Antiquité tardive
B.	Basilica, edd. H.J. Scheltema/N. van der Wal/D. Holwerda
BAR	British Archaeological Reports
BASOR	Bulletin of the American Schools of Oriental Research
BASP	Bulletin of the American Society of Papyrologists
BBA	Berliner Byzantinistische Arbeiten

BBS	Berliner Byzantinistische Studien
BBKL	Biographisch-bibliographisches Kirchenlexikon
BCH	Bulletin de correspondance héllenique
BF	Byzantinische Forschungen
BGA	Bibliotheca Geographorum Arabicorum
BHAC	Bonner Historia-Augusta-Colloquium
BHG	Bibliotheca Hagiographica Graeca
BHL	Bibliotheca hagiographica Latina antiquae et mediae aetatis
BJ	Bonner Jahrbücher
BK	Bedi Kartlisa
BKV	Bibliothek der Kirchenväter
BM²	J.F. Böhmer, Regesta Imperii I: Die Regesten des Kaiserreiches unter den Karolingern 751–918, neubearbeitet von E. Mühlbacher. Innsbruck ²1908 (Nachdruck Hildesheim 1966).
BMGS	Byzantine and Modern Greek Studies
BN	Catalogue général des livres imprimés de la bibliothèque nationale
BNJ	Byzantinisch-Neugriechische Jahrbücher
BollGrott	Bollettino della Badia Greca di Grottaferrata
BS	Basilikenscholien
BS/EB	Byzantine Studies/Études byzantines
BSOAS	Bulletin of the School of Oriental and African Studies
BSOS	Bulletin of the School of Oriental Studies
BSl	Byzantinoslavica
BThS	Bibliotheca theologica salesiana
BV	Byzantina Vindobonensia
BWANT	Beiträge zur Wissenschaft vom Alten und Neuen Testament
Byz	Byzantion
ByzBulg	Byzantinobulgarica
BZ	Byzantinische Zeitschrift
BZNW	Beihefte zur Zeitschrift für die neutestamentliche Wissenschaft
C.	Codex Iustinianus, ed. P. Krueger
CAG	Commentaria in Aristotelem Graeca
CAH	The Cambridge Ancient History
CahArch	Cahiers archéologiques
CAM	Cambridge Ancient History
CAVT	Clavis apocryphorum Veteris Testamenti
CC	Corpus christianorum
CCAG	Corpus Codicum Astrologorum Graecorum
CCSG	Corpus christianorum, series Graeca

CCSL	Corpus christianorum, series Latina
CCCM	Corpus Christianorum continuatio medievalis
CE	Chronique d'Égypte
CFHB	Corpus fontium historiae byzantinae
CIG	Corpus Inscriptionum Graecarum
CIL	Corpus Inscriptionum Latinarum
CJ	Classical Journal
CLA	E.A. Lowe, Codices Latini antiquiores: A Paleographical Guide to Latin Manuscripts prior to the Ninth Century, I–XI, Suppl. Oxford 1934/1072.
CPG	Clavis patrum Graecorum
CPh	Classical Philology
CPL	Clavis patrum Latinorum
CPPM	Clavis patristica pseudepigraphorum medii aevi
CQ	Classical Quarterly
CR	Classical Review
CRAI	Comptes rendus des séances de l'Académie des inscriptions et belles-lettres
CRI	Compendia rerum Iudaicarum ad Novum Testamentum
CSHB	Corpus scriptorum historiae Byzantinae
CSCO	Corpus scriptorum christianorum Orientalium
CSEL	Corpus scriptorum ecclesiasticorum Latinorum
CTh	Codex Theodosianus
D.	Digesta, ed. Th. Mommsen
DA	Deutsches Archiv für Erforschung des Mittelalters
DACL	Dictionnaire d'archéologie chrétienne et de liturgie
DHGE	Dictionnaire d'histoire et de géographie ecclésiastiques
DNP	Der neue Pauly
Dölger, Regesten	F. Dölger, Regesten der Kaiserurkunden des Oströmischen Reiches von 565–1453, I. München 1924.
DOP	Dumbarton Oaks Papers
DOS	Dumbarton Oaks Studies
DOT	Dumbarton Oaks Texts
DThC	Dictionnaire de théologie catholique
EA	Epigraphica Anatolica
EEBS	Ἐπετηρὶς ἑταιρείας Βυζαντινῶν σπουδῶν
EPhS	Ὁ ἐν Κωνσταντινουπόλει Ἑληηνικὸς Φιλολογικὸς Σύλλογος
EEQu	East European Quarterly
EHR	English Historical Review
EI²	The Encyclopaedia of Islam, 2. Aufl.
EI³	The Encyclopaedia of Islam, 3. Aufl.

EKK	Evangelisch-katholischer Kommentar zum Neuen Testament. Neukirchen
EWNT	Exegetisches Wörterbuch zum Neuen Testament, hg. von Horst Balz und Gerhard Schneider, I–III. Stuttgart u.a. 1992.
EO	Échos d'Orient
FDG	Forschungen zur deutschen Geschichte
FDS	Karlheinz Hülser (Hg.): Die Fragmente zur Dialektik der Stoiker. 4 Bde. Stuttgart 1987/1988.
FGrHist	Felix Jacoby (Hg.): Die Fragmente der griechischen Historiker. Leiden 1923–1958.
FHG	Fragmenta historicorum Graecorum, collegit, disposuit, notis et prolegomenis illustravit C. Mullerus, I–VI. Paris 1841/1870.
FM	Fontes Minores
FMSt	Frühmittelalterliche Studien
FR	Felix Ravenna
FRLANT	Forschungen zur Religion und Literatur des Alten und Neuen Testaments
GCS	Die griechischen christlichen Schriftsteller
GRBS	Greek, Roman and Byzantine Studies
Grumel, Regestes	V. Grumel, Les regestes des actes du patriarcat de Constantinople, I/1: Les regestes de 381 à 751. Paris ²1972; V. Grumel, Les regestes des actes du patriarcat de Constantinople, I/1–3: Les regestes de 715 à 1206, 2ᵉ éd. par J. Darrouzès. Paris 1989.
Gym	Gymnasium
GWU	Geschichte in Wissenschaft und Unterricht
HAC	Historiae Augustae Colloquium
Hell	Ἑλληνικά
HBS	Henry Bradshaw society
HdAW	Handbuch der Altertumswissenschaft
HJb	Historisches Jahrbuch
HNT	Handbuch zum Neuen Testament
HSPh	Harvard Studies in Philology
HThK	Herders theologischer Kommentar zum Neuen Testament
HThR	Harvard Theological Review
HZ	Historische Zeitschrift
I.	Institutiones, ed. P. Krueger
İA	İslâm Ansiklopedisi
ICC	International critical commentary
IG	Inscriptiones Graecae
IEJ	Israel Exploration Journal

IJMES	International Journal of Middle East Studies
ILS	Inscriptiones Latinae Selectae
IstMitt	Istanbuler Mitteilungen
JA	Journal asiatique
JAOS	Journal of the American Oriental Society
JbAC	Jahrbuch für Antike und Christentum
JDAI	Jahrbuch des Deutschen Archäologischen Institutes
JE	Ph. Jaffé, Regesta pontificum Romanorum ab condita ecclesiae ad annum post Christum natum MCXCVIII ..., auspiciis W. Wattenbach curaverunt S. Loewenfeld/F. Kaltenbrunner/P. Ewald. Leipzig ²1885/1888.
JECS	Journal of Early Christian Studies
JEH	Journal of Ecclesiastical History
JESHO	Journal of the Economic and Social History of the Orient
JHS	Journal of Hellenic Studies
JJP	Journal of Juristic Papyrology
JJS	Journal of Jewish Studies
JMH	Journal of Medieval History
JNES	Journal of Near Eastern Studies
JÖAI	Jahrbuch des Österreichischen Archäologischen Instituts
JÖB	Jahrbuch der Österreichischen Byzantinistik
JÖBG	Jahrbuch der Österreichischen Byzantinischen Gesellschaft
JQR	Jewish Quarterly Review
JRA	Journal of Roman Archaeology
JRAS	Journal of the Royal Asiatic Society of Great Britain and Ireland
JRGZM	Jahrbuch des Römisch-Germanischen Zentralmuseums
JRS	Journal of Roman Studies
JS	Journal des Savants
JSS	Journal of Semitic Studies
JThS	Journal of Theological Studies
JWarb	Journal of the Warburg and Courtauld Institutes
KAT	Kommentar zum Alten Testament
KEK	Kritisch-exegetischer Kommentar über das Neue Testament. Begr. von Heinrich August Wilhelm Meyer. Göttingen 1832 ff.
LACL	Lexikon der antiken christlichen Literatur, hg. von Siegmar Döpp und Wilhelm Geerlings. Freiburg/Basel/Wien ³2002.
LAW	Lexikon der Alten Welt
LexMa	Lexikon des Mittelalters
LIMC	Lexicon Iconographicum Mythologiae Classicae
LThK	Lexikon für Theologie und Kirche

MAMA	Monumenta Asiae Minoris Antiqua
Mansi	G.D. Mansi, Sacrorum conciliorum nova et amplissima collectio, I–LIII. Paris/Leipzig 1901/1927.
MBM	Miscellanea Byzantina Monacensia
MDAI(A)	Mitteilungen des Deutschen Archäologischen Instituts, Athenische Abteilung
MDAI(R)	Mitteilungen des Deutschen Archäologischen Instituts, Römische Abteilung
MEFRA	Mélanges de l'École française de Rome: Antiquité
MEFRM	Mélanges de l'École française de Rome: Moyen âge – Temps modernes
MGH	Monumenta Germaniae Historica

	AA	= Auctores antiquissimi
	Capit.	= Capitularia
	Conc.	= Concilia
	Epp.	= Epistolae
	Poet.	= Poetae Latini aevi Carolini
	SS	= Scriptores
	SS rer. Lang. Et It.	= Scriptores rerum Langobardicarum et Italicarum
	SS rer. Merov.	= Scriptores rerum Merovingicarum

MH	Museum Helveticum
MIÖG	Mitteilungen des Instituts für Österreichische Geschichtsforschung
Mus	Le Muséon
N.	Novellae, edd. R. Schöll/W. Kroll
NA	Neues Archiv der Gesellschaft für ältere deutsche Geschichtskunde
NC	Numismatic Chronicle
NE	Νέος Ἑλληνομνήμων
NP	Der Neue Pauly. Enzyklopädie der Antike
NTS	New Testament Studies
OC	Oriens Christianus
OCA	Orientalia Christiana Analecta
OCP	Orientalia Christiana Periodica
ODB	The Oxford Dictionary of Byzantium, ed. by A. Kazhdan. Oxford 1991.
ÖTK	Ökumenischer Taschenbuchkommentar zum Neuen Testament
PBE	Prosopography of the Byzantine Empire
PBSR	Papers of the British School at Rome
PCPhS	Proceedings of the Cambridge Philological Society
PG	Patrologia Graeca
PIR	Prosopographia Imperii Romani

PL	Patrologia Latina
PLRE	Prosopography of the Later Roman Empire
PmbZ	Prosopographie der mittelbyzantinischen Zeit
PO	Patrologia Orientalis
P&P	Past and Present
QFIAB	Quellen und Forschungen aus italienischen Archiven und Bibliotheken
RA	Revue archéologique
RAC	Reallexikon für Antike und Christentum
RB	Revue bénédictine
RbK	Reallexikon zur byzantinischen Kunst
RE	Pauly's Real-Encyclopaedie der classischen Altertumswissenschaft
REA	Revue des études anciennes
REArm	Revue des études arméniennes
REAug	Revue des études augustiniennes
REB	Revue des études byzantines
REG	Revue des études grecques
REI	Revue des études islamiques
REJ	Revue des études juives
REL	Revue des études latines
RESEE	Revue des études sud-est européennes
RevPhil	Revue de philologie
RBPhH	Revue belge de philologie et d'histoire
RGA	Reallexikon der germanischen Altertumskunde
RGG	Religion in Geschichte und Gegenwart
RH	Revue historique
RHE	Revue d'histoire ecclésiastique
RHM	Römische Historische Mitteilungen
RhM	Rheinisches Museum für Philologie
RHR	Revue de l'histoire des religions
RIDA	Revue international des droits de l'antiquité
RIS	Rerum Italicarum Scriptores
RN	Revue numismatique
RNT	Regensburger Neues Testament
ROC	Revue de l'Orient chrétien
RPh	Revue philologique
RQ	Römische Quartalschrift für christliche Altertumskunde und Kirchengeschichte
RSBN	Rivista di studi bizantini e neoellenici
RSI	Rivista Storica Italiana
RSLR	Rivista di storia e letteratura religiosa

RSO	Rivista degli studi orientali
SBB	Stuttgarter biblische Beiträge
SBN	Studi Bizantini e Neoellenici
SBS	Studies in Byzantine Sigillography
SC	Sources chrétiennes
SE	Sacris erudiri
Script	Scriptorium
SEG	Supplementum epigraphicum Graecum
Sett	Settimane di studio del centro italiano di studi sull'alto medioevo
SI	Studia Islamica
SK	Seminarium Kondakovianum
SM	Studi medievali
SNTS.MS	Society for New Testament Studies. Monograph Series
SO	Symbolae Osloenses
Spec	Speculum
StP	Studia Patristica
StT	Studi e testi
SubHag	Subsidia Hagiographica
SVF	Hans von Arnim (Hg.): Stoicorum veterum fragmenta. 4 Bde. Leipzig 1903–1924
TAM	Tituli Asiae Minoris
TAVO	Tübinger Atlas des Vorderen Orients
TAPA	Transactions and Proceedings of the American Philological Association
ThLL	Thesaurus Linguae Latinae
ThLZ	Theologische Literaturzeitung
ThQ	Theologische Quartalschrift
ThR	Theologische Rundschau
TIB	Tabula Imperii Byzantini
TM	Traveaux et Mémoires. Collège de France. Centre de recherche d'histoire et civilisation de Byzance
TRE	Theologische Realenzyklopädie
TRW	Transformation of the Roman World
TU	Texte und Untersuchungen zur Geschichte der altchristlichen Literatur
UaLG	Untersuchungen zur antiken Literatur und Geschichte
VChr	Vigiliae Christianae
VetChr	Vetera Christianorum
VSWG	Vierteljahrschrift für Sozial- und Wirtschaftsgeschichte
VTIB	Veröffentlichungen der Kommission für die Tabula Imperii Byzantini

VuF	Vorträge und Forschungen
VV	Vizantijskij Vremennik
WBC	Word Biblical Commentary
WBS	Wiener Byzantinistische Studien
WdF	Wege der Forschung
WI	Die Welt des Islam
WSt	Wiener Studien
WZKM	Wiener Zeitschrift für die Kunde des Morgenlandes
ZA	Zeitschrift für Assyrologie
ZAW	Zeitschrift für die alttestamentliche Wissenschaft
ZBK.AT	Züricher Bibelkommentare. Altes Testament
ZBLG	Zeitschrift für bayerische Landesgeschichte
ZDA	Zeitschrift für deutsches Altertum und deutsche Literatur
ZDMG	Zeitschrift der Deutschen Morgenländischen Gesellschaft
ZDPV	Zeitschrift des Deutschen Palästina-Vereins
ZKG	Zeitschrift für Kirchengeschichte
ZMR	Zeitschrift für Missionskunde und Religionswissenschaft
ZNW	Zeitschrift für die neutestamentliche Wissenschaft
ZPE	Zeitschrift für Papyrologie und Epigraphik
ZRVI	Zbornik radova vizantološkog instituta
ZRG germ. Abt.	Zeitschrift der Savigny-Stiftung für Rechtsgeschichte, germanistische Abteilung
ZRG kan. Abt.	Zeitschrift der Savigny-Stiftung für Rechtsgeschichte, kanonistische Abteilung
ZRG rom. Abt.	Zeitschrift der Savigny-Stiftung für Rechtsgeschichte, romanistische Abteilung
ZThK	Zeitschrift für Theologie und Kirche